Brennpunkt

NEUE AUSGABE

CLAIRE SANDRY · JUDY SOMERVILLE

PETER MORRIS · HELEN ABERDEEN

This edition first published in 2000 by:
Thomas Nelson and Sons Ltd

Reprinted in 2006 by:
Nelson Thornes Ltd
Delta Place
27 Bath Road
CHELTENHAM
GL53 7TH
United Kingdom

06 07 08/ 10 09 08 07

A catalogue record for this book is available from the British Library

ISBN 0 17 449153 0

Printed and bound in China by Midas Printing International Ltd

Überblick

Überblick

Zeittafel der deutschen Geschichte

Vor dem 17. Jahrhundert

800 Karl der Große wird vom Papst zum ‚Kaiser der Römer' gekrönt.

1250 Niedergang des ‚Heiligen Römischen Reiches'. Zunehmende Macht der deutschen Fürsten. Entstehung von Territorien wie Bayern, Hessen, Baden und Württemberg.

1440 Erfindung der Buchdruckerkunst von Johannes Gutenberg.

1517 Die Reformation. Die Thesen Martin Luthers führen zur Entwicklung der protestantischen Kirche.

1543 Nikolaus Kopernikus erkennt, dass die Erde nicht in der Mitte des Universums ruht, sondern sich um die Sonne dreht.

17. Jahrhundert

Die absolutistischen Fürstenhöfe und die wiedererstarkte absolutistische Kirche sind zugleich die Träger einer neuen Kultur, der Kultur des Barocks. Die Komponisten Johannes Sebastian Bach und Georg Friedrich Händel gelten als die größten Meister der Barockmusik.

1618– 1648 Der Dreißigjährige Krieg, Folge der Spannungen zwischen den katholischen Habsburgern und den protestantischen Fürsten.

18. Jahrhundert

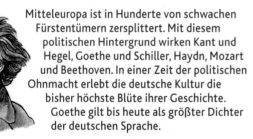

Mitteleuropa ist in Hunderte von schwachen Fürstentümern zersplittert. Mit diesem politischen Hintergrund wirken Kant und Hegel, Goethe und Schiller, Haydn, Mozart und Beethoven. In einer Zeit der politischen Ohnmacht erlebt die deutsche Kultur die bisher höchste Blüte ihrer Geschichte. Goethe gilt bis heute als größter Dichter der deutschen Sprache.

1793 In Mainz rufen deutsche ‚Jakobiner' im Schutz der französischen Militärherrschaft für kurze Zeit die erste Republik auf deutschem Boden ins Leben.

19. Jahrhundert

1800 Deutschland ist nach wie vor ein politisches Vakuum, von zahlreichen Fürstentümern beherrscht und mehreren Staatsgrenzen zerteilt.

1814 Wiederherstellung der alten Monarchien wie Preußen, Österreich, Bayern nach der Niederlage Napoleons.

1816 Bau der ersten deutschen Dampfschiffe.

Industrielle Revolution. Neben Männern werden auch Frauen und Kinder in die Arbeit mit einbezogen.

1835 Inbetriebnahme der ersten deutschen Eisenbahnstrecke von Nürnberg nach Fürth.

1847 Gründung des Bundes der Kommunisten in London unter Führung von Karl Marx und Friedrich Engels.

1848 Scheitern der nationalen und liberalen Revolution in Deutschland und anderen Staaten Europas.

1866 Krieg gegen Österreich.

1871 Otto von Bismarck erzwingt die erste deutsche Einigung durch Krieg gegen Frankreich. Es entsteht ein mächtiges Reich – Deutschland ist zum ersten Mal eine Nation.

Führend in der Literatur der Epoche sind Schriftsteller wie Heinrich Heine, Eduard Mörike, Theodor Storm, Wilhelm Raabe und Theodor Fontane.

20. Jahrhundert

1914 Ermordung des österreichischen Thronfolgers Erzherzog Franz Ferdinand durch serbische Nationalisten in Sarajewo. Ausbruch des Ersten Weltkriegs.

1918 Ende des Ersten Weltkriegs. Revolution in Deutschland. Ausrufung der Republik. Ende des Reiches.

1919 Unterzeichnung des Versailler Vertrags. Verkündung der Weimarer Republik.

1923 Gescheiterter Hitler-Putsch in München. Neue Währung.

1929 Beginn der Weltwirtschaftskrise.

1933 Machtübernahme durch Hitler.

1938 Anschluss Österreichs.

1939 Beginn des Zweiten Weltkriegs.

1945 Selbstmord Hitlers. Kapitulation der deutschen Streitkräfte. Besatzung Deutschlands.

1948 Blockade Westberlins durch die UdSSR.

1949 Gründung der Bundesrepublik und der DDR.

1953 Gescheiterter Aufstand in der DDR.

1961 Bau der Berliner Mauer.

1989 Fall der Berliner Mauer. Zusammenbruch der DDR.

1990 Wiedervereinigung Deutschlands.

Berühmte Schriftsteller des Jahrhunderts sind Thomas Mann, Bertolt Brecht, Hermann Hesse, Robert Musil, Günther Grass und Heinrich Böll. In den bildenden Künsten sind Maler wie Paul Klee, Otto Dix, George Grosz und Emil Nolde führend.

Karte von Deutschland, Österreich und der Schweiz

DÄNEMARK

NORDSEE

Kiel ■

Schleswig-Holstein

•Rosto

Schwerin

Hamburg ■

Mecklenbu
Vorpomm

Bremen ■

Niedersachsen

NIEDERLANDE

Hannover ■

Pots

BUNDESREPUBLIK
DEUTSCHLAND

■ Magdebu

Nordrhein-Westfalen

Sachsen-
Anhalt

Lei

Düsseldorf ■

Köln •

Erfurt
■

Bonn •

Hessen

Thüringen

BELGIEN

Koblenz
•

Frankfurt am Main

Wiesbaden ■
•
■ Mainz

LUXEMBURG

Rheinland-Pfalz

Nürnberg •

Saarland

Heidelberg •

■ Saarbrücken

Stuttgart ■

Bayern

FRANKREICH

Baden-
Württemberg

• München

•Freiburg

Bodensee

■ Bregenz

Tirol

Vorarl-
berg

■ Innsbruck

SCHWEIZ

Osttiro
Lie

ITALIEN

vi

OSTSEE

POLEN

TSCHECHISCHE
REPUBLIK

Dresden

SLOWAKIEN

Niederösterreich

St Pölten   Wien

Linz

erösterreich

Eisenstadt

UNGARN

ÖSTERREICH   Burgenland

Steiermark

Graz

Kärnten

Klagenfurt

SLOWENIEN

erlin

denburg

sen

burg

burg

Switzerland inset:

Schaffhausen

Basel   Fraumenfeld

Delémont   Aaargau   Zürich   St Gallen

Solothurn   Herisau

Zug   Appenzell

Neuchâtel   Luzern   Schwyz

Bern   Stans   Glarus

Fribourg   Sarnen   Altdorf

Lausanne   Chur

Genève   Sion   Bellinzona
(Genf)

Liebe Leser

Welcome to the new edition of *Brennpunkt*. We are confident that you will enjoy using this course, which has been designed with your needs in mind. The first edition of the course helped thousands of students develop their German to an advanced level. So, why a new edition?

Firstly, language and society are constantly changing and it is important that textbooks provide up-to-date information. Secondly, examinations change, so the tasks which you will be required to do throughout the course take account of these changes, matching very closely the types of questions you will meet in your examinations. The topics, too, reflect those of current examinations, enabling you to understand and discuss relevant, factual knowledge about Germany and German-speaking countries.

Brennpunkt is organised in such a way that the first eight chapters will help you develop essential language skills – understanding authentic spoken and written language, building up vocabulary and using a wider range of structures. These chapters are also designed to equip one-year students with all the skills required in their course. All essential skills are reinforced and developed further in the second half of the course (Chapters 9–15), with greater emphasis on investigation, analysis and the presentation of personal opinion on contemporary themes. We have deliberately looked for new ways of introducing and presenting the topics, and relating them closely to the life-style and study or work aspirations of young people.

Language study at an advanced level makes certain demands on students and you will often be expected to take control of your own learning. There is a **Self-study Booklet** and **Cassette** for your independent study, with lots of additional exercises to help you practise. Your teacher can make copies of the Self-study Cassette for you. If you need extra help at the beginning of your course, there is also a **Bridging Resource Book** offering straightforward guidance and reminders about some of the basics of German.

The *Brennpunkt* **Student's Book** itself is designed for ease of use. The first page of every chapter, as well as setting out the key learning objectives, offers a range of items to stimulate initial discussion of the topics to be covered. Then the topics are presented in various ways – through photographs, texts, cartoons, diagrams, graphs and statistics – together with different types of exercises calling upon all your language skills and introducing you to new structures and vocabulary.

In every chapter, **Kommunikation!** boxes help you with phrases, and the frequent **Grammatik** boxes give explanations and practice of new grammatical items. Don't forget to use the detailed **grammar reference section** at the end of the book (pages 231–252). Almost all chapters provide examination practice under the title **Prüfungstraining**, and there is a further special **examination practice section** at the end of the book. **Wussten Sie schon ...?** boxes give snippets of useful background information and **Achtung!** are quick reminders of tricky points or rules. Additional **reading material** on the themes can be found on the **Zum Lesen** pages: 61–80 and 189–216. Throughout the book, clear instructions in German guide you through the activities.

The following symbols identify certain study activities:

a listening exercise, designed for the whole class

a worksheet which your teacher will copy for you

a listening activity in the Self-study Booklet

an activity in the Bridging Resource Book

Brennpunkt also has its own **website**, Brennpunkt online, with a regular newsletter, discussion groups, further exercises and hot-links to other sites where you can get up-to-date information for your projects. So look out for the mouse symbol: www.brennpunkt.nelson.co.uk

We have done our best to create a comprehensive, interesting and challenging new course. We have had great fun writing it. But, most of all, we hope that this new edition of *Brennpunkt* will prove to be an enjoyable, rewarding and successful experience for you.

Viel Spaß!

Claire Sandry

Judy Somerville

Peter Morris

Helen Aberdeen

1

Themen	Kommunikation	Grammatik	Lerntipp
● Wer bin ich? ● Erwachsenwerden ● Generationskonflikte ● Jugendrechte	● Konversationspausen ● jemand nach seiner Meinung fragen ● mit etwas (nicht) einverstanden sein	● das Präsens ● Modalverben	● Vokabeln speichern und ordnen ● Verben im Wörterbuch

Wer sind wir?

Inhalt

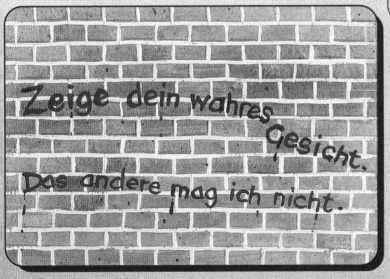

Zeige dein wahres Gesicht.
Das andere mag ich nicht.

Angie, 16

IST DUMMHEIT DIE INTELLIGENZ VON MORGEN?

Dany, 18

BIN ICH ...

aktiv? intelligent?
arrogant? kommunikativ?
blöd? kreativ?
chaotisch? lustig?
cool? nett?
doof? optimistisch?
egoistisch? pessimistisch?
humorvoll? unkonventionell?
impulsiv? Wer weiß?

Marco, 16

Viele sagen

viele wollen

viele denken

viele träumen

aber nur wenige tun.

Karin, 17

1 Lesen Sie die Gedichte und Parolen oben. Wie könnte man die Autoren dieser Gedichte und Parolen beschreiben? Benutzen Sie die Adjektive in Marcos Gedicht, um die anderen zu beschreiben.

1

1 Was für eine Person sind Sie? Lesen Sie das Quiz und beantworten Sie die Fragen auf einem Blatt Papier.

Was für eine Person bist du?

PSYCHOTEST

		Ja	Nein
1	Ich möchte gern einen Bungeejump machen.	☐	☐
2	Gewinnen ist für mich wichtig.	☐	☐
3	Jede Situation hat ihre gute Seite.	☐	☐
4	Ich finde es schwer, über mich und meine Probleme zu sprechen.	☐	☐
5	Ich fahre gern ins Ausland.	☐	☐
6	Ich telefoniere immer mit meinen Eltern, wenn ich spät nach Hause komme.	☐	☐
7	Meine Kleidung ist oft unkonventionell.	☐	☐
8	Ich kaufe immer Recyclingpapier.	☐	☐
9	Ich finde die Nachrichten langweilig.	☐	☐
10	Ich sehe etwas Gutes in jeder Person.	☐	☐

		Ja	Nein
11	Ich kaufe oft impulsiv.	☐	☐
12	Ohne Fantasie ist das Leben langweilig.	☐	☐
13	Ich rede gern mit Leuten, die ich nicht kenne.	☐	☐
14	Ich kenne meine eigenen Grenzen.	☐	☐
15	Ich erzähle gern Witze.	☐	☐
16	Mir ist egal, wie viele Medaillen wir bei den Olympischen Spielen gewinnen.	☐	☐
17	Andere Leute gehen mir leicht auf die Nerven.	☐	☐
18	Ich probiere gern ungewöhnliches Essen.	☐	☐
19	Ich tue immer mein Bestes, wenn ich arbeite.	☐	☐
20	Ich möchte die Welt verändern.	☐	☐

kreativ?
fleißig?
optimistisch?
spontan?
gut informiert?
individuell?
kommunikativ?
revolutionär?
risikobereit?
lustig?
umweltbewusst?
politisch interessiert?

selbstsicher?
ehrgeizig?
engagiert?
nationalbewusst?
geduldig?
selbstständig?
verantwortungs-
bewusst?
anpassungsfähig?
rücksichtsvoll?
aufgeschlossen?
großzügig?

AUSWERTUNG

40 Punkte:
Das kann nicht stimmen! Entweder hast du gelogen oder du kannst nicht rechnen.

31–39 Punkte:
Nicht schlecht. Du bist fast perfekt.

8–30 Punkte:
Na ja ... Du bist völlig normal!

0–7 Punkte:
Kein Kommentar!

1 J = 2 N = 0	6 J = 2 N = 0	11 J = 2 N = 0	16 J = 0 N = 2
2 J = 2 N = 0	7 J = 2 N = 0	12 J = 2 N = 0	17 J = 0 N = 2
3 J = 2 N = 0	8 J = 2 N = 0	13 J = 2 N = 0	18 J = 2 N = 0
4 J = 0 N = 2	9 J = 2 N = 0	14 J = 2 N = 0	19 J = 2 N = 0
5 J = 2 N = 0	10 J = 2 N = 0	15 J = 2 N = 0	20 J = 2 N = 0

erzählen	to tell
die Grenze (-n)	limit
kennen	to know
die Nachrichten *pl.*	the news
ungewöhnlich	unusual
verändern	to change
die Welt (-en)	world
der Witz (-e)	joke

2 Schauen Sie sich die Adjektive neben dem Psychotest **links** an. Versuchen Sie ihre Bedeutungen auf Englisch zu geben. Schlagen Sie dann die Wörter in einem Wörterbuch nach, um ihre Übersetzungen zu überprüfen.

3 Schauen Sie sich die Adjektive neben dem Psychotest **rechts** an. Ordnen Sie jedem deutschen Wort das passende englische Wort aus der Liste unten zu. Benutzen Sie wieder ein Wörterbuch, wenn Sie sich nicht sicher sind.

- adaptable
- ambitious
- committed
- considerate
- generous
- independent
- nationalistic
- open-minded
- patient
- responsible
- self-confident

4 Jede Quizfrage testet eines oder mehrere der Adjektive auf Seite 2, aber welche(s)?

z.B. 1 = risikobereit, selbstsicher ...

5 🔲 Schauen Sie sich die Fotos von Sasskia an. Was für eine Person ist sie Ihrer Meinung nach? Wählen Sie jeweils zehn Adjektive, die Ihrer Meinung nach Sasskia beschreiben. Hören Sie sich dann die Kassette ‚Was für eine Person ist sie?' gut an. Ein Freund von Sasskia stellt ihr die Quizfragen. Notieren Sie ihre Antworten. Ist sie so, wie Sie sie sich vorstellen?

6 Was für Personen sind Ihre Klassenkameraden? Stellen Sie sich jetzt gegenseitig Fragen. Benutzen Sie die Adjektive auf Seite 2 in Ihren Fragen. Benutzen Sie / adaptieren Sie die Quizsätze in Ihren Antworten.

z.B. **A:** Bist du umweltbewusst?

B: Ich bin ziemlich umweltbewusst. Ich kaufe oft Umweltpapier.

A: Bist du spontan?

B: ...

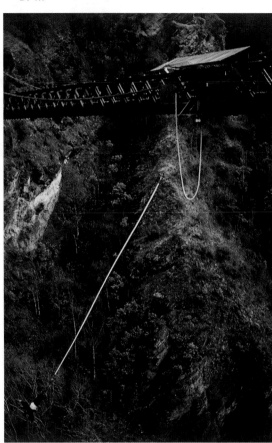

7 Machen Sie schriftlich oder auf Kassette ein anonymes Selbstprofil. Benutzen Sie die Sätze und Adjektive aus dem Psychotest. Benutzen Sie auch Adverbien wie **sehr, ziemlich, relativ, nicht besonders** usw.

z.B. Ich bin nicht besonders risikobereit und würde nie Bungeejumping machen. Aber ich bin sehr rücksichtsvoll und helfe gern anderen Menschen. Manchmal bin ich ...

Lesen Sie oder hören Sie anschließend alle Profile der Gruppe. Wer ist wer? Raten Sie mal!

LERNTIPP

✎ Sammeln Sie nach Bearbeitung jeden Textes neue Wörter in Ihrem Vokabelheft oder in einer Datenbank. Lernen Sie die Wörter regelmäßig und testen Sie sich zu zweit.

WAS MACHT MENSCHEN ERWACHSEN?

1 Fühlst du dich erwachsen?

„Ich fühle mich noch nicht erwachsen. Ich lebe in den Tag hinein, sitze so rum. Zur Zeit arbeite ich nicht. Ich sehe das alles ganz locker. Irgendwann werde ich vielleicht wieder normal leben."

Torsten, 19

2 Wie siehst du das Leben als Erwachsener?

„Manchmal habe ich Angst, dass das Leben, der Beruf und die Partnerschaft langweilig werden."

Manuela, 17

3 Wie verstehst du dich mit deinen Eltern?

„Meine Eltern behandeln mich manchmal wie eine Erwachsene: Ich mache zum Beispiel Babysitten und den Haushalt für sie. Oft behandeln sie mich aber wie ein Kind: Sie geben mir keine Freiheit. Ich möchte am Wochenende mehr ausgehen und später nach Hause kommen."

Nicole, 17

4 Was bedeutet Erwachsenwerden?

„Ich bin 17 und werde nun bald volljährig, aber ich muss sagen, ich fühle mich keineswegs so, als ob ich bald erwachsen werde. Einige Leute denken, dass Erwachsensein heißt: nicht mehr träumen. Irgendwie lebt man mit einer Maske als Erwachsener."

Simone, 17

---

1  Hören Sie sich die Kassette ‚Erwachsen?' an und machen Sie die Übungen auf Blatt **1.1**, bevor Sie die Texte oben lesen.

2 Lesen Sie die Texte 1–8 und beantworten Sie die Fragen.

a Was findet Susanne positiv am Erwachsenwerden?
b Fühlt sich Simone erwachsen?
c Wie sieht Torsten das Leben?
d Wie behandeln Nicoles Eltern ihre Tochter?
e Was findet Marc gut am Erwachsenwerden?
f Was erkennt Peter als Erwachsener?
g Was findet Manuela vielleicht langweilig im späteren Leben?
h Mit wem verbringt Verena jetzt weniger Zeit zusammen?

3 Siehe Self-study Booklet, Seite 2, Übung 1.

behandeln	to treat
die Erfahrung (-en)	experience
erst	only, not until
erwachsen	adult
die Fähigkeit (-en)	capability
in den Tag hineinleben	to live for the moment
sich lösen	to detach oneself
die Meinung (-en)	opinion
volljährig werden	to reach the age of majority

4 Mit welchen Meinungen und Erfahrungen im Artikel können Sie sich identifizieren? Machen Sie eine Liste.

z.B. *Ich lebe in den Tag hinein. Ich …*

Unsere Reporterin hat Jugendlichen Fragen zu diesem Thema gestellt. Hier sind einige Antworten ...

Was findest du gut am Erwachsenwerden?

„Gut am Erwachsenwerden finde ich, dass man Auto fährt oder abends in Diskos geht. Angst habe ich davor, dass später nichts aus mir wird, dass ich keinen Job finde und dass ich die Verantwortung für eine eigene Familie nicht tragen kann."

Marc, 16

Was heißt Erwachsenwerden für dich?

„Erwachsenwerden heißt: Ich akzeptiere mein Unwissen. Als Erwachsener erkenne ich meine Grenzen. Erwachsenwerden heißt aber auch andererseits, dass ich meine Fähigkeiten erkenne. So gesehen kann man schon mit 14 oder aber erst mit 40 erwachsen sein."

Peter, 16

Hast du gute Erfahrungen mit dem Erwachsenwerden?

„Ich habe gute Erfahrungen mit dem Erwachsenwerden. Das liegt wahrscheinlich daran, dass ich mit meinen Eltern über alle Probleme spreche. Positives beim Erwachsenwerden: Man bekommt immer mehr Rechte."

Susanne, 17

Wie ist man als Erwachsener anders?

„Für mich war es schwierig, im Kreis meiner Freunde eine eigene Meinung zu haben. Als Erwachsene mache ich viel alleine. Ich löse mich von Freunden und Eltern und fühle mich selbstständig."

Verena, 17

5 Wie finden Sie das Erwachsenwerden? Führen Sie einen Dialog zu zweit. Benutzen Sie die Fragen und Sätze aus dem Artikel, die Wendungen unten und andere Ideen.

z.B. **A:** Ich habe gute Erfahrungen mit dem Erwachsenwerden. Ich fühle mich sehr selbstständig.

B: Ich auch. Aber meine Eltern behandeln mich manchmal wie ein Kind.

Kommunikation!

Jemand nach seiner Meinung fragen

Was meinst du (dazu)?
Bist du damit einverstanden?

Ich auch. / Ich nicht.
Ich finde das gut/schlecht usw.
Ich finde ... / Ich glaube ...
Ich bin (gar nicht) damit einverstanden.
Ich sehe das ganz anders.

6 Schreiben Sie jetzt einen Text von ca. 80 Wörtern zum Thema ‚Erwachsenwerden'. Beschreiben Sie sich und Ihre Erfahrungen. Verbinden Sie Sätze mit **und/aber/oder/denn** und eventuell mit **weil** und **obwohl**.

ACHTUNG!

Nach **weil** und **obwohl** steht das Verb am Ende des Satzes.

z.B. ..., weil/obwohl meine Eltern mich wie ein Kind **behandeln**.

7 Siehe Self-study Booklet, Seite 2, Übung 2.

Grammatik: das Präsens

Siehe auch Grammatik, Seite 232.

Textbeispiele

– Ich **akzeptiere** mein Unwissen.

– Ich **habe** gute Erfahrungen mit dem Erwachsenwerden.

– Ich **sehe** das alles ganz locker.

Diese Sätze sind im Präsens. Das Präsens kann zwei Bedeutungen auf Englisch haben.

z.B. Ich habe = I have oder I am having.

In einem Wörterbuch enden alle Verben mit -(e)n.

z.B. spielen, schlafen

Diese Form heißt **der Infinitiv** oder *the infinitive*. Auf Englisch ist das *to play, to sleep* usw.

Der Infinitiv ohne -(e)n heißt **der Stamm** oder *the stem*.

z.B. spiel-, schlaf-

Die meisten deutschen Verben sind im Präsens entweder wie das Verb **spielen** oder wie das Verb **schlafen** und haben die folgenden Endungen nach dem Stamm:

		spielen	**schlafen**
I	Ich	spiel**e**	schlaf**e**
you	du	spiel**st**	schläf**st***
he/she/it	er/sie/es	spiel**t**	schläf**t***
we	wir	spiel**en**	schlaf**en**
you	ihr	spiel**t**	schlaf**t**
you/they	Sie/sie	spiel**en**	schlaf**en**

*Hier gibt es manchmal einen anderen Vokal (*vowel*) im Stamm.

z.B. fahren   du fährst   fährt
nehmen   du nimmst er nimmt
sehen   du siehst   er sieht

Diese Formen (**fahren/fährst/fährt** usw.) stehen in einer Verbliste im Wörterbuch. Sie heißen starke (*strong*) oder unregelmäßige (*irregular*) Verben. Schwache (*weak*) oder regelmäßige (*regular*) Verben wie **spielen** sind aber nicht in der Liste!

ACHTUNG!
Wenn der Stamm mit -**t** oder -**d** endet!
z.B. arbei**t**en: du arbei**t**est, er/sie/es/ihr arbei**t**et
ba**d**en: du ba**d**est, er/sie/es/ihr ba**d**et

Vergessen Sie nicht: **man** (*one, you, people*) hat dieselbe Endung wie **er, sie, es**.

z.B. „Man bekommt immer mehr Rechte." (Susanne)

Zwei wichtige Verben sind im Präsens völlig unregelmäßig:
sein   *to be*
haben *to have*

Lernen Sie diese Verben! Siehe Seite 226!

Szene aus dem Comic-Thriller *Mörderische Entscheidung*, © Carlsen Verlag

ÜBUNGEN

Machen Sie die Grammatikübungen auf Blatt **1.2**.

Weitere Grammatikübungen finden Sie auf der Brennpunkt-Website: http://www.brennpunkt.nelson.co.uk

Siehe auch Brennpunkt Bridging Resource Book, Blätter **23**, **24** und **25**.

a Spielen Sie zu dritt. Benutzen Sie die Verbliste auf Seite 250–252. Eine Person ruft auf Englisch ein Verb in der **er/sie**-Form aus, z.B. *she is eating* oder *he drinks*. Die beiden anderen versuchen so schnell wie möglich das Verb ins Deutsche zu übersetzen. Sie versuchen auch, den Infinitiv anzugeben, z.B. **Sie isst**. Der Infinitiv ist **essen**.

b Wählen Sie Spiele von Blatt **1.3**. Bitten Sie Ihren Lehrer / Ihre Lehrerin um die Spielregeln.

c Stellen Sie sich vor, Sie sind Mutter/Vater. Schreiben Sie über Ihren 16-jährige/n Tochter/Sohn. Adaptieren Sie Sätze aus den Texten auf den Seiten 4 und 5.

z.B. Susanne: „Ich **habe** gute Erfahrungen ..." ➞ Susannes Mutter/Vater: „Meine Tochter **hat** gute Erfahrungen ... Sie **spricht** über alle Probleme mit uns ..."

d Siehe Self-study Booklet, Seite 2–3, Übungen 3 und 4.

Verständnisbarrieren?

1 Die Jugendlichen erwarten, dass man alles für sie macht.

2 Zu viele Jugendliche sehen das Leben total locker, leben in den Tag hinein und bereiten sich nicht auf die Zukunft vor.

3 Die Jugendlichen sind überhaupt nicht umweltbewusst. Der Planet hat keine Chance.

4 Die junge Generation ist die Drogengeneration.

5 Alle Jugendlichen, die ich kenne, interessieren sich überhaupt nicht für Politik.

A Ich bin gar nicht damit einverstanden. Jugendliche sind heute viel anpassungsfähiger als früher, gerade weil die Zukunft gar nicht sicher ist.

B Ich finde, die Generation, die die Erde am meisten verschmutzt, sollte sie als erste wieder sauber machen.

C Das kann ich nicht akzeptieren. Es sind die Politiker, die ich langweilig finde, nicht die Themen.

D Das sehe ich ganz anders. Die Alten geben uns ein schlechtes Beispiel durch ihren Konsum von Alkohol, Nikotin und anderen Drogen.

E Das ist ja nicht logisch. Viele Jugendliche müssen heute mehr selbst machen, weil die Eltern so wenig zu Hause sind. Frag Oma.

1 Frau Jauß diskutiert mit ihrem Sohn Michael über die Jugend von heute. Lesen Sie ihre Vorwürfe (1–5) oben. Welche von Michaels Antworten (A–E) passt jeweils am besten?

2 Herr Jauß äußert sich ebenfalls über die jüngere Generation. Hören Sie sich die Kassette ‚Verständnisbarrieren' an und entscheiden Sie, welche von Michaels Antworten oben am besten zu den vier Kommentaren von Herrn Jauß passen.

Kommunikation!

Mit etwas (nicht) einverstanden sein

Das stimmt.
Ja, sicher.
Eben!
Genau!

Davon bin ich nicht überzeugt.
Ich weiß nicht, ob das stimmt.

Das stimmt (doch) nicht.
Das ist überhaupt nicht logisch.
Ach, Quatsch!
Bist du / Sind Sie verrückt?

Generationskonflikt in Graz

Vati, ich will nicht, dass ich die gleichen Fehler mache wie du.

Trina, wenn du keine Fehler machst, kannst du nicht davon lernen und dadurch erwachsen werden.

Herr Babbel, 45 Jahre   Trina Babbel, 17 Jahre

3 Schreiben Sie die nächsten fünf Szenen dieser Fotogeschichte. Benutzen Sie / Adaptieren Sie die Ideen und Meinungen von dieser Seite sowie von den vorigen Seiten. Nehmen Sie Ihren Dialog auf Kassette auf.

Was dürfen deutsche Jugendliche wann?

Pflichten   Rechte

 18

- Ende der Schulpflicht.
- Wehrpflicht: Männer müssen Militär- oder Zivildienst leisten, Frauen nicht.
- Man ist für alle Verbrechen verantwortlich. Die Bestrafung nach dem Erwachsenenrecht ist jetzt möglich, je nachdem, wie reif man ist.

- Man besitzt das Wahlrecht und darf wählen.
- Man darf heiraten.
- Man darf CD-Spieler, PCs usw. ohne die Zustimmung der Eltern kaufen.
- Führerschein: man darf mit Fahrschulausbildung Auto oder Motorrad fahren.
- Der Eintritt in Spielhallen ist erlaubt.
- Sex: Der homosexuelle Geschlechtsverkehr ist erlaubt, solange der/die Sexpartner/in nicht mehr als zwei Jahre jünger ist.

16

- Jugendliche müssen einen Personalausweis oder Pass haben.
- Schulpflicht: Realschüler/innen dürfen die Vollzeitschule verlassen, um eine Lehre zu machen und die Berufsschule zu besuchen.

- Jugendliche dürfen Filme sehen, die ,ab 16 Jahre' freigegeben sind.
- Jugendliche dürfen bis 24 Uhr Tanzveranstaltungen, Kinos und Lokale besuchen und alkoholische Getränke (außer Branntwein) trinken.
- Man kann sein Testament machen.
- Ehe: nur in Ausnahmefällen darf man heiraten.
- Man darf Mokick oder Moped fahren.
- Sex: Der heterosexuelle Geschlechtsverkehr ist erlaubt, solange der/die Sexpartner/in nicht mehr als zwei Jahre jünger ist.
- Man darf rauchen.

15

- Schulpflicht: Hauptschüler/innen dürfen die Vollzeitschule verlassen, um eine Lehre zu machen und die Berufsschule zu besuchen.

- Man darf Mofa fahren.

- Man ist strafmündig.

14

- Man ist religionsmündig.

die Ausnahme (-n)	exception
die Bestrafung	punishment, sentencing
der Geschlechtsverkehr	sexual intercourse
die Pflicht (-en)	duty
das Recht (-e)	right, law
religionsmündig	old enough to decide on one's own religion
strafmündig	old enough to be sentenced for a crime
das Verbrechen (-)	crime
wählen	to vote

1 Richtig oder falsch? Lesen Sie den Text auf Seite 8 und verbessern Sie die falschen Sätze unten.

z.B. **a** Das stimmt nicht. In Deutschland müssen 16-Jährige das Kino vor 24 Uhr verlassen.

a In Deutschland müssen 18-Jährige das Kino vor 24 Uhr verlassen.
b 15-Jährigen ist das Rauchen in Deutschland verboten.
c Alle alkoholischen Getränke sind mit 16 erlaubt.
d Mit 15 dürfen alle Schüler/innen die Schule verlassen.
e Deutsche dürfen mit 18 Motorräder fahren.
f Mit 16 zu heiraten ist keine Ausnahme.
g Erst mit 18 darf man in Deutschland alles kaufen, was man will.
h Mit 18 müssen alle Deutschen entweder Militärdienst oder Zivildienst leisten.

2 Siehe Self-study Booklet, Seite 3, Übung 5.

3 🔲 Hören Sie sich die Kassette ‚Rechte und Pflichten' an. In welchen der folgenden Bereiche kennt dieser 17-Jährige seine Rechte und Pflichten?

> Diskobesuch   Ehe   Führerschein   Religion
> Militär- und Zivildienst   Kneipenbesuch

4 Machen Sie in einer Gruppe ein Quiz über die Rechte und Pflichten auf Seite 8. Die Spieler/innen versuchen, möglichst vollständige Antworten zu geben.

> **Mit wie vielen Jahren darf man** ein Lokal besuchen?

> **Mit 16 darf man** ein Lokal besuchen, aber nur bis 24 Uhr.

> Korrekt! **Mit wie vielen Jahren muss man** … ?

5 Besprechen Sie die Rechte und Pflichten auf Seite 8 mit einem Partner / einer Partnerin. Benutzen Sie die Tabelle unten, um längere Antworten zu formulieren.

> Mit 16 darf man in Deutschland die Kneipe besuchen. Bist du damit einverstanden?

> Ich bin damit total einverstanden. Mit 16 ist man schon reif genug, um ein bisschen Alkohol zu trinken. Was meinst du dazu?

Mit 14	ist man	(nicht) erwachsen genug,	um das zu machen.
Mit 15		zu jung,	um zu rauchen.
Mit …		zu unreif,	um … zu machen.
		(nicht) alt genug,	um … zu … .
		(nicht) reif genug,	um zu ……… .

6 Was für Rechte und Pflichten haben Jugendliche in Ihrem Land? Schreiben Sie einen Artikel von ca. 100 Wörtern darüber. Adaptieren Sie die Informationen auf Seite 8 und die Zusammenfassung auf Blatt **1.4**, um die Situation in Ihrem Land darzustellen.

1 Grammatik: Modalverben (Präsens)

Siehe auch Grammatik, Seite 235.

Textbeispiele
- Mann **kann** sein Testament machen.
- Jugendlich **können** vor Gericht kommen.
- Man **darf** Moped fahren.
- Frauen **dürfen** heiraten.
- Der Film **muss** vor 24.00 Uhr beendet sein.
- Jugendliche **müssen** einen Personalausweis haben.

Diese drei Verben **können**, **dürfen** und **müssen**, zusammen mit den drei Verben **mögen**, **wollen** und **sollen**, sind Modalverben oder auf Englisch *modal verbs*.

▶ **Was bedeuten die Modalverben auf Englisch in den Beispielen oben?**

▶ **Suchen Sie andere Sätze mit Modalverben in dem Text ‚Was dürfen wir?' auf Seite 8.**

▶ **Was bemerken Sie an**
  - den Verbendungen mit **man**?
  - den Verbendungen mit **Jugendliche**?
  - anderen Verben nach dem Modalverb? (zwei Sachen)

Alle Modalverben sind:

ACHTUNG!

Ich muss nicht in die Schule gehen.
I don't have to go to school.
Ich darf nicht in die Schule gehen.
I must not / am not allowed to go to school.

LUCY, WO STECKST DU DENN? ICH BIN'S ... ICH MUSS MIT JEMANDEM REDEN ... DU GLAUBST NICHT, WAS MIR ALLES PASSIERT IST.

Szene aus dem Comic-Thriller
Mörderische Entscheidung.
© Carlsen Verlag

unregelmäßig im Singular:

	können	dürfen	müssen	mögen	wollen	sollen
ich	kann	darf	muss	mag	will	soll
du	kannst	darfst	musst	magst	willst	sollst
er sie } es	kann	darf	muss	mag	will	soll

und regelmäßig im Plural:

	können	dürfen	müssen	mögen	wollen	sollen
wir	können	dürfen	müssen	mögen	wollen	sollen
ihr	könnt	dürft	müsst	mögt	wollt	sollt
Sie } sie	können	dürfen	müssen	mögen	wollen	sollen

Man findet alle Modalverben in der Verbliste auf Seite 250–252.

Andere Verben nach Modalverben sind immer am Ende des Satzes und stehen im Infinitiv.

z.B.   Das kannst du vergessen! *You can forget that!*
Das mag wohl sein … *That may well be …*
Ich will nach Hause gehen. *I want to go home.*
Er soll intelligent sein.
He is said to be / supposed to be intelligent.
Sie soll nächste Woche nach Berlin fahren.
She is to go to Berlin next week.

ÜBUNGEN

Machen Sie die Grammatikübungen auf Blatt **1.5**.

▶ Weitere Grammatikübungen finden Sie auf der Brennpunkt-Website: http://www.brennpunkt.nelson.co.uk

▶ Siehe auch Brennpunkt Bridging Resource Book, Blätter **26**, **27** und **28**.

a Kennen Sie Ihre Stärken? Machen Sie eine Liste von dem, was Sie können!

  z.B.   Meine Stärken: Ich kann viel Deutsch verstehen. Ich kann …

b Es ist wichtig, beim Lernen gut organisiert zu sein. Machen Sie eine Liste von sechs oder mehr persönlichen Zielen für diese Woche, für dieses Jahr.

  Beginnen Sie jeden Satz mit einem Modalverb.

  z.B.   Heute: Ich muss meine Vokabeln lernen.
      Ich will vor 23.00 Uhr ins Bett gehen.

c Was für Rechte und Pflichten sollten die Lehrer und Lehrerinnen an Ihrer Schule haben? Machen Sie eine Liste.

  z.B.   1 Hausaufgaben: die Lehrer dürfen nur in Ausnahmefällen Hausaufgaben aufgeben.

d ♫ Siehe Self-study Booklet, Seite 3, Übung 6.

Themen	Kommunikation	Grammatik	Prüfungstraining
• Verhältnisse	• **ja**, **doch**, **schon** benutzen	• Adjektivendungen	• ein Thema mündlich präsentieren
• Familie	• **ja**, **aber** vermeiden	• trennbare Verben	
• Alter	• seine Meinung äußern	• das Perfekt	
		• Wortstellung	

1 Schauen Sie sich die Fotos und die Sprechblasen an. Raten Sie, wer was sagt!

2 a 🔲 Hören Sie sich die Kassette ‚Zusammen oder allein?' an. Haben Sie richtig geraten?

b Welche der sechs Aussagen kommt Ihrer eigenen Meinung am nächsten?

Inhalt

A

> Meine Freunde sind mir wichtiger als eine feste Beziehung.

B

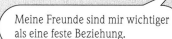

> Der traditionelle Begriff einer Familie ist nur **eine** Möglichkeit.

D

> Das Familienleben ist für mich das Allerwichtigste.

C

E

> Natürlich kann ich allein zurechtkommen, aber ich ziehe eine Partnerschaft vor.

> Ich schätze meine Freiheit und will noch keine Verantwortung!

> Wieso zusammen **oder** allein? Man kann doch Selbstständigkeit **und** Partnerschaft genießen!

F

Zusammen oder allein?

Eindruck machen!

Wie wirkt man attraktiv?

Eins ist klar – auf Jungs (Mädchen) attraktiv zu wirken, kommt nicht automatisch: Das will gelernt sein!

BRAVO befragte Jungs und Mädchen, was sie wirklich ‚antörnt' bzw. ‚abtörnt'.

WAS TÖRNT BOYS AN?
lange Haare
ein pfiffiger Kurzhaarschnitt
ein sympathisches Lachen
viel Humor
geheimnisvolle Augen
schlank, aber nicht dürr sein
natürlich sein
ehrlich und treu sein

WAS TÖRNT GIRLS AN?
ein offenes Lachen
witzige Klamotten
ein durchtrainierter Körper
ein gepflegtes Aussehen
gutes Aftershave
gut zuhören können
Komplimente machen
höflich sein

WAS TÖRNT BOYS AB?
Tonnen von Make-up
ein schmuddeliges Aussehen
abgeblätterter Nagellack
ein affektiertes Auftreten
die Beleidigte spielen
ein Plappermaul sein
untreu sein
vulgär sein

WAS TÖRNT GIRLS AB?
vom Rauchen vergilbte Zähne
   und Finger
fettige Haare
lange Fingernägel
cool sein
Sauftouren mit Kumpels machen
unpünktlich sein
egoistisch sein

1 Lesen Sie den Artikel oben und suchen Sie im Text deutsche Wörter oder Ausdrücke für:

flaking nail varnish; a well-groomed appearance; being honest and faithful; a messy appearance; pub crawls with the mates; a chatterbox; pretending to be offended; off-beat clothes; being polite; slim but not skinny; mysterious eyes; a smart short haircut; an affected manner; making an impression

2 a Und Sie? Was törnt Sie an und ab? Machen Sie Ihre eigenen zwei Listen. Benutzen Sie die Ausdrücke oben und die Adjektive auf Seite 2.

b Vergleichen Sie Ihre Listen mit anderen in der Gruppe. Gibt es Unterschiede zwischen dem Artikel und den Resultaten Ihrer Gruppe?

3 a Lesen Sie die Kleinanzeigen links.

b ✏ Schreiben Sie dann Ihre eigene Kleinanzeige. Sie dürfen ruhig lustig sein! Benutzen Sie diese Seite, die Adjektive auf Seite 2 und ein Wörterbuch. Lesen Sie auch den Tipp unten.

LONELY HEARTS ♥

MW

Ich bin lebenslustig, spontan und sportlich. Ich habe einen guten Sinn für Humor, ein offenes Lachen und einen pfiffigen Kurzhaarschnitt.

Du bist sensibel und warmherzig. Du hast schöne Augen und ein süßes Lächeln. Wann treffen wir uns?

✉ 10 0231

MM

Ich bin ehrlich und treu. Ich habe meinen eigenen Stil und

WM

Ich bin unkompliziert und vielseitig interessiert. Ich habe ein attraktives Aussehen und ein fröhliches Wesen.

Du bist charmant und selbstbewusst, aber keinesfalls egoistisch. Du hast ein ausgeprägtes Kinn, aber bitte keinen stoppligen Bart! Lass bald von dir hören!

✉ 10 0115

WW

Ich bin verständnisvoll, gut gelaunt und zuverlässig. Ich habe viel Persönlichkeit und

ACHTUNG!
Adjektivendungen!

ein pfiffig**er** Kurzhaarschnitt (Maskulinum)

Aber mit **haben**: Ich habe ein**en** pfiffig**en** Kurzhaarschnitt.

Femininum, Neutrum und Plural bleiben nach **haben** unverändert – kein Problem!

z.B. Ich habe eine schön**e** Nase. (Fem.) Du hast ein offen**es** Lachen. (N.) Du hast lang**e** Haare. (Pl.)

(Siehe auch Grammatik, Seite 243.)

4 Siehe Self-study Booklet, Seite 4, Übung 1.

ALLER ANFANG IST SCHWER
Probleme des Kennenlernens

Den ersten Schritt macht ER. So was hat man früher erwartet, aber wie ist es heute mit dem Kennenlernen? Ist es meistens immer noch so?

5 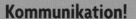 Siehe Brennpunkt Bridging Resource Book, Blatt **20**.

📼 Hören Sie sich die Kassette ‚Aller Anfang ist schwer' an. Machen Sie die Aufgaben auf Blatt **2.1**.

6 a 📼 Hören Sie sich die Meinungen von Ali noch einmal an und lesen Sie den Kommunikationstipp unten.

Kommunikation!

ja, doch und schon benutzen

Wir Jungen machen das **ja** schließlich auch.
Das ist **doch** heute normal.
Manchmal ist es aber **schon** etwas komisch.

b Was bedeuten diese Sätze auf Englisch?

c Was bedeuten die sechs Beispiele rechts?

d 📼 Suchen Sie andere Beispiele von **ja**, **doch** und **schon** auf der Kassette und üben Sie die richtige Intonation.

> Das ist ja klar.

> Das stimmt doch nicht!

> – Bonn ist eine schöne Stadt.
> – Ja, schon, aber Berlin ist noch schöner.

> Hör doch auf!

> – Du hast deine Hausaufgaben nicht gemacht!
> – Ich hab sie doch gemacht!

> – Ich habe meine Brille verloren.
> – Was?! Schon wieder?

7 **Rollenspiel**
Zwei schüchterne Leute wollen einander kennen lernen. Was sagen sie zueinander? Und was denken sie **wirklich**? Lesen Sie den Anfang des Rollenspiels unten und machen Sie zu zweit weiter.

a Planen Sie zu zweit das Gespräch und die Gedanken. Benutzen Sie auch Wörter und Ausdrücke von der Kassette ‚Aller Anfang ist schwer' und von den Seiten 12 und 13.

b Schreiben Sie dann die **Gedanken** in Form von Gedankenblasen auf.

c Spielen Sie den Sketch durch und zeigen Sie gleichzeitig die Gedankenblasen.

> Du hast ja ein offenes Lachen ...

> Mensch! Du hast ein affektiertes Auftreten. Ich will doch allein sein!

> Darf ich mich zu dir setzen?

> Ja, natürlich.

Die Tür ist offen

An einem Freitag, dem 13., beginnt ein neues Leben. Kevin ist geboren worden.

Andrea zieht mit ihrem Baby in die komplett eingerichtete Zwei-Zimmer-Neubauwohnung in Berlin-Altglienicke. Ein Alptraum für die Achtzehnjährige.

Andrea ist mit 16 auf eigenen Wunsch ins Heim gekommen. Das liegt jetzt knapp drei Jahre zurück.

„Als ich 15 Jahre alt war, ist meine Oma gestorben und mein ‚Onkel' ist ausgezogen. Ich war mit meiner Mutter allein; sie hat getrunken und hat mich geschlagen. Nachdem ein Saufkumpan eingezogen ist, wurde die Situation noch unerträglicher …

Ein Jahr lang habe ich versucht, eine Lösung zu finden. Ich habe die Schnapsflaschen versteckt oder ins Waschbecken gegossen, aber meine Mutter hat es nicht durchgehalten. Ich bin weggegangen.

Im Heim hatte jeder Zeit. Wenn es Probleme gibt, ist immer einer da, mit dem man reden kann. Das war plötzlich wie eine große Familie. Ich hab's echt toll gefunden, aber als Frank aufgetaucht ist, bin ich Hals über Kopf davongelaufen. Erst nach und nach habe ich begriffen, dass er Anführer einer kriminellen Clique war.

Dann wurde ich schwanger, Frank ist ins Gefängnis gekommen. Sieben Jahre ohne Bewährung. Ich wollte das Kind, den Vater nicht mehr. Mit dem Kind konnte ich nicht im Heim wohnen bleiben. Ich habe Glück gehabt und eine Neubauwohnung in Altglienicke bekommen …"

„Das war plötzlich wie eine große Familie."

„Ich wollte das Kind, den Vater nicht mehr."

Das Baby schreit und trinkt nicht. Das Alleinsein in der neuen Wohnung fällt Andrea schwer. Der Weg zum Heim ist weit. Sie kehrt dennoch regelmäßig zurück. Sie braucht das Gespräch mit den Erzieherinnen und den Kontakt zu den anderen Mädchen.

In Altglienicke wartet Marco, ihr neuer Freund. Kommt Andrea nach Hause, nimmt er ihr Kevin ab, hat nur noch Augen für ‚seinen' Sohn. Andrea verkriecht sich in eine Ecke und fragt: „Wo bleibe ich?"

der Alptraum (¨-e)	nightmare
auftauchen (sep.)	to appear
ausziehen (sep.)	to move out
begreifen	to comprehend
die Bewährung	probation
durchhalten (sep.)	to survive, to see through
einziehen (sep.)	to move in
die Erzieherin (-nen)	social worker, care assistant
das Gefängnis	prison
Hals über Kopf	head over heels
das Heim (-e)	home, centre
der Saufkumpan	drinking companion
schwanger	pregnant
unerträglich	unbearable

4 Ergänzen Sie die folgenden Sätze mit den Präfixen **ab-, auf-, aus-, durch-, ein-, weg-** oder **zurück-**. Alle Verben stehen im Text!

z.B. Andrea hat ihre Zwei-Zimmer-Neubauwohnung **ein**gerichtet.

a Als Andrea 15 war, ist ihr ‚Onkel' ......gezogen.
b Ein Saufkumpan ist ......gezogen.
c Die Mutter hat es ohne Alkohol nicht ......gehalten.
d Andrea ist ......gegangen.
e Frank ist im Heim ......getaucht.
f Andrea kehrt jetzt regelmäßig ins Heim ....
g Marco nimmt Andrea das Baby ....

> **ACHTUNG!**
> Diese Verben sind trennbar (*separable*, oder in einem zweisprachigen Wörterbuch *sep.*).
> Siehe Grammatik, Seite 241.

5 Ergänzen Sie das folgende Raster mit Hilfe des Textes und eines Wörterbuchs.

Nomen	Verb
der Auszug	......
der Begriff	......
die Bewährung	......
......	einrichten
......	einziehen
das Gespräch	......
......	lösen
......	reden
die Rückkehr	......
......	versuchen

> **LERNTIPP**
>
> Machen Sie nach jedem Text ein ähnliches Raster. Schreiben Sie einige Vokabeln vom Text auf und benutzen Sie ein Wörterbuch, um Ihren Wortschatz zu erweitern. Was bemerken Sie an Nomen, die mit **-ung** enden?

1 Lesen Sie den Text ‚Die Tür ist offen' auf Seite 14. Ordnen Sie die folgenden Sätze aus Andreas Tagebüchern in der richtigen Reihenfolge.

a Ich habe Frank getroffen.
b Frank ist ins Gefängnis gekommen.
c Meine Mutter hat getrunken und hat mich geschlagen.
d Ich habe eine Neubauwohnung bekommen.
e Meine Oma ist gestorben.
f Mein Baby ist geboren worden.
g Ich besuche regelmäßig das Heim.
h Ich bin schwanger geworden.
i Ich bin auf eigenen Wunsch ins Heim gegangen.
j Ich wohne in Altglienicke bei meinem Freund Marco.

> **Kommunikation!**
>
> *Ja, aber …* **vermeiden**
>
> Das gebe ich zu, aber …
> Das mag wohl sein, aber …
> Das kann ich verstehen, aber …
> So einfach ist es nicht, denn …

2 Was für Probleme hatte Andrea:

a als 15-Jährige?
b nachdem sie Frank kennen gelernt hatte?

6 **Rollenspiel**
a Andrea und Marco erklären einem/einer Berater/in ihre Situation. Benutzen Sie Informationen von Seite 14, Ihre eigene Fantasie und die Ausdrücke oben, um eine Rolle auf Blatt **2.2** vorzubereiten.
b Besprechen Sie dann zu dritt die Probleme und mögliche Lösungen.

3 Was sind die Vor- und Nachteile ihres Lebens heute? Machen Sie zwei Listen.

z.B.

Vorteile	Nachteile

7 🎧 Siehe Self-study Booklet, Seite 4, Übung 2.

📐 Siehe auch Brennpunkt Bridging Resource Book, Blatt **15**.

Grammatik: das Perfekt

Siehe auch Grammatik, Seite 232.

Textbeispiele

– Sie **hat getrunken** und (**hat**) mich **geschlagen**.

– Frank **ist** ins Gefängnis **gekommen**.

Diese Sätze sind im **Perfekt** (*the perfect tense*). Das Perfekt kann zwei Bedeutungen auf Englisch haben.

z.B. Sie hat viel getrunken.
She has drunk a lot. / She drank a lot.

Meistens benutzt man das Perfekt in einem Gespräch oder einem Brief, wenn man die Vergangenheit (*past*) beschreibt.

▶ **Suchen Sie andere Verben im Perfekt im Text ‚Die Tür ist offen'. Schreiben Sie die Beispiele auf. Was haben Ihre Beispiele gemeinsam?**

Alle Verben im Perfekt haben zwei Teile:

1 eine Präsensform von **haben** oder **sein** (das Hilfsverb); dieses Verb verändert sich:

z.B. ich habe ..., er ist ...

Verben mit **sein** beschreiben oft eine Bewegung:

z.B. er **ist** aufgetaucht

2 das Partizip Perfekt am Satzende:

z.B. ... gemacht, ... gegangen.

Das Perfekt mit *haben*

ich	habe	......	gemacht
du	hast	......	gekauft
er/sie/es	hat	......	gearbeitet
wir	haben	......	getrunken
ihr	habt	......	gesehen
Sie/sie	haben	......	besucht usw.

Das Perfekt mit *sein*

ich	bin	......	gefahren
du	bist	......	gegangen
er/sie/es	ist	......	gekommen
wir	sind	......	gerannt
ihr	seid	......	gesprungen
Sie/sie	sind	......	gelaufen usw.

ACHTUNG!
Verben mit **be-**, **ver-**, **emp-**, **ent-**, **er-**, **ge-**, **zer-** oder **-ieren** haben kein **ge-** im Partizip Perfekt.
z.B. Ich habe besucht.
Trennbare Verben haben **ge-** in der Mitte des Partizips.
z.B. Ich habe mein Zimmer ein**ge**richtet.
Sie ist weg**ge**gangen.

LERNTIPP

Das Partizip Perfekt für ein schwaches Verb wie **machen** oder **kaufen** ist normalerweise (**ge**) + Stamm + **t**.

Das Partizip Perfekt für ein starkes Verb wie **trinken** (**getrunken**) oder **gehen** (**gegangen**) ist auf einer Verbliste im Wörterbuch und auf Seite 250–252 zu finden.

Verben mit **sein** = *v.i. aux. sein* im zweisprachigem Wörterbuch.

ÜBUNGEN

Machen Sie zuerst die Grammatikübungen auf Blatt **2.3**.

🔖 Weitere Grammatikübungen finden Sie auf der Brennpunkt-Website:
http://www.brennpunkt.nelson.co.uk

🌉 Siehe auch Brennpunkt Bridging Resource Book, Blätter **32** und **33**.

a Gegen die Uhr! Sie haben 2 Minuten, um so viele Verben im Perfekt wie möglich zu notieren. Achtung! Benutzen Sie die **er/sie/es**-Form der Verben ohne Hilfe Ihres Lehrbuchs oder eines Wörterbuchs! Wer hat die meisten richtigen Verben in der Gruppe?

b Gruppenspiel. Haben Sie ein Alibi für gestern Abend? Die Spielregeln sind wie bei ‚Kennen Sie Ihre Freundin/Ihren Freund?' auf Blatt **1.3**, aber alle Fragen und Antworten sind im Perfekt!

c 🔖 Benutzen Sie den Text auf Seite 14 und Ihre Fantasie und schreiben Sie Ihren eigenen Text von 80–100 Wörtern im Perfekt. Schreiben Sie
entweder
(1) das Tagebuch von Frank, Marco oder Andreas Mutter in der **ich**-Form
oder
(2) eine Fortsetzung der Geschichte in der **er/sie**-Form. Zwei Jahre sin vergangen. Was ist mit Andrea und Marco passiert?

Die Ehe - eher nicht?

WARUM ÄRGERN SICH FRAUEN ÜBER IHRE EHEMÄNNER?

RESULTATE EINER UMFRAGE DER ZEITSCHRIFT _HÖR ZU_

◆ Sie sind unordentlich, unpünktlich, vergesslich. ◆ Sie erziehen die Kinder falsch. ◆ Sie haben einen Putzfimmel. ◆ Sie haben immer Ausreden. ◆ Sie halten Versprechen nicht. ◆ Sie nehmen sich zu viel Zeit für ihre Arbeit; das Familienleben leidet darunter. ◆ Sie gehen ungern zum Arzt. ◆ Sie können nicht organisieren. ◆ Sie führen zu lange Telefongespräche. ◆ Sie erzählen zu wenig von ihrem Beruf. ◆ Sie sind intolerant in ihrer politischen Meinung. ◆ Sie sind zu unentschlossen. ◆ Sie helfen zu wenig im Haushalt. ◆ Sie rauchen zu viel. ◆ Sie sind nie pünktlich. ◆ Ihr Hobby kostet zu viel Zeit. ◆ Sie sind rechthaberisch. ◆ Sie arbeiten zu lange.

WARUM ÄRGERN SICH MÄNNER ÜBER IHRE EHEFRAUEN?

---

1 Lesen Sie die Resultate in der Umfrage oben.

a Raten Sie, wer was gesagt hat! Ordnen Sie die Aussagen in zwei Listen: ‚Frauen über ihre Ehemänner' und ‚Männer über ihre Ehefrauen'.

b 📼 Hören Sie sich die Kassette ‚Die Ehe – eher nicht?' an. Haben Sie richtig geraten? Korrigieren Sie Ihre Listen wenn nötig.

2 📼 Siehe Self-study Booklet, Seite 5, Übungen 3 und 4.

„Sie sollten ihn mal hören! … Erst knurrt er mich an und bellt wie verrückt, und dann glaubt er, er kann alles ungeschehen machen, indem er mich hinter den Ohren kratzt"

3 Rollenspiel

Schauen Sie sich die Karikatur oben an. Arbeiten Sie zu zweit, benutzen Sie die Kritiken oben und führen Sie den Ehestreit der zwei Hunde weiter.

a Machen Sie zuerst für Ihre/n Partner/in eine Liste mit fünf Problemen aus der Umfrage.

b Tauschen Sie die Listen aus.

c Bereiten Sie eine schriftliche Antwort auf jede Kritik vor. Benutzen Sie das Wort **weil**:

z.B. – Du hast einen Putzfimmel!
– Ja, **weil** du so unordentlich **bist**!
– Du rauchst zu viel!
– Ja, **weil** ich so gestresst **bin**!

d Nun streiten Sie sich mündlich!

WUSSTEN SIE SCHON …?

● Immer mehr Deutsche leben freiwillig als Single. Ende der 90er Jahre war jede zweite Wohnung in den deutschen Großstädten ein Single-Haushalt.

● Die Zahl der Scheidungen in Deutschland steigt. 40% aller Ehen enden vor dem Scheidungsrichter.

● Je länger Ehepaare zusammenleben, desto weniger streiten sie sich.

● Verheiratete Männer leben länger als unverheiratete.

4 ✏ Schreiben Sie jetzt einen Brief von 100–120 Wörtern an die Problemseite einer Zeitschrift: Erzählen Sie, warum Sie sich über Ihren Ehemann / Ihre Ehefrau ärgern. Geben Sie Beispiele dafür aus den letzten Wochen.

z.B. Lieber Onkel Rufus! / Liebe Tante Elsa!

Ich ärgere mich über meinen Ehemann / meine Ehefrau. Er/sie hilft zu wenig im Haushalt. Ich bin am Mittwochabend nach Hause gekommen und …

5 a Was für Ratschläge könnte der Briefkastenonkel/die Briefkastentante geben? Machen Sie mit Hilfe der Umfrage oben eine Liste: ‚Tipps, um Ehestreite zu verhindern'.

z.B. Man muss pünktlich sein.
Man darf nicht zu lange arbeiten.

b Welche Tipps sind Ihrer Meinung nach die wichtigsten? Besprechen Sie Ihre Meinungen zu zweit.

ACHTUNG!
Nach **weil** steht das Verb **am Ende** des Satzes.

2 Neue Väter hat das Land!

Der Trend geht zum Teilen: Die Statistiken zeigen, dass immer mehr Väter und Mütter ihren Erziehungsurlaub aufsplitten und sich abwechselnd um die Kinder kümmern.

Am frühen Vormittag legt Michael Specht eine Mußestunde ein, denn dann liegt der kleine Daniel in seinem Bett und schläft. Michael ist an der Reihe, den Sohn zu versorgen. Er ist der Meinung, dass viele Väter zu wenig Zeit mit ihren Kindern verbringen. „Es ist wichtig, dass Väter nicht nur Schönwetterzeiten mit dem Kind erleben."

Nach der Geburt hat sich zunächst die Mutter um Daniel gekümmert. Jetzt bleibt der Vater zu Hause und sie geht arbeiten. Bis zum dritten Lebensmonat des Kindes müssen die Eltern festlegen, wer von ihnen Erziehungsurlaub nimmt oder ob sie ihn sich teilen wollen.

Immer mehr Männer sind bereit, die Kinder zu versorgen, auch wenn ihre Zahl noch immer klein ist. Nach offiziellen Angaben erhalten nur 2 Prozent aller deutschen Väter das Erziehungsgeld. Die neuen Väter kommen aber aus allen Schichten: Automechaniker sind genauso darunter wie Software-Spezialisten.

1 Lesen Sie den Text oben mit Hilfe eines Wörterbuchs. Suchen Sie im Text deutsche Wörter oder Ausdrücke für:

a die Zeit, in der man die Arbeit aufgibt, um ein Kind zu versorgen:
der E _ _ _ _ _ _ _ _ u _ _ _ _ _
b im ständigen Rollentausch: a _ _ _ _ _ _ _ _ _ _
c ein bisschen Freizeit: eine M _ ß _ _ _ _ _ _ _
d gute Zeiten verbringen:
S _ _ _ _ _ _ _ _ _ _ z _ _ _ _ e _ _ _ _ _
e zuerst: _ _ _ _ _ _ _ _
f sagen können: f _ _ _ _ _ _ _ _
g splitten: t _ _ _ _ _
h Geld für die Fürsorge eines Babys:
das E _ _ _ _ _ _ _ _ _ _ _ _

Kommunikation!

Seine Meinung äußern

Ich finde es wichtig, dass ...
    gut, dass ...
    schlecht, dass ...
Ich bin der Meinung, dass ...
Ich glaube, dass ...
Ich bin fest davon überzeugt, dass ...

ACHTUNG!
Nach **dass** steht das Verb am **Ende** des Satzes.

2 Beantworten Sie die folgenden Fragen auf Deutsch.

a Was macht Michael Specht morgens?
b Wer ist Daniel?
c Was hat Frau Specht nach Daniels Geburt gemacht?
d Was macht sie jetzt?
e Wie viele deutsche Männer bekommen das Erziehungsgeld?
f Was für Männer sind sie?

3 📼 Hören Sie sich die Kassette ‚Das Familienrecht' an. Machen Sie kurze Notizen (auf Deutsch oder Englisch) unter den folgenden Überschriften.

a Erziehungsgeld
b Erziehungsurlaub
c Kindergeld

4 a Schauen Sie sich die Kommunikationsausdrücke und die Karikatur oben an. Vervollständigen Sie die Kommunikationsausdrücke mit Hilfe des Textes und Ihrer Notizen von der Kassette. Äußern Sie dabei Ihre Meinung über neue Väter.

b Besprechen Sie Ihre Meinung zu zweit. Stimmen Sie miteinander überein? Benutzen Sie auch die Kommunikationsausdrücke auf Seite 7!

5 Siehe Self-study Booklet, Seite 5, Übung 5.

Grammatik: Wortstellung

Siehe auch Grammatik, Seite 247.

Textbeispiele
- Der Trend **geht** zum Teilen.
- Jetzt **bleibt** der Vater zu Hause.

In einem deutschen Satz steht das Verb normalerweise an **zweiter** Stelle , d.h., es muss die zweite Information dieses Satzes sein.

▶ **Finden Sie andere Sätze im Text ‚Neue Väter hat das Land!', wo das Verb an zweiter Stelle steht.**

Textbeispiele
- Jetzt **bleibt** der Vater zu Hause und sie (die Mutter) **geht** arbeiten.
- Am frühen Vormittag **legt** Michael Specht eine Mußestunde ein, denn dann **liegt** der kleine Daniel in seinem Bett.

Die Wörter **und, denn, aber, oder** und **sondern** verbinden zwei Sätze und beinflussen die normale Wortstellung nicht. Diese Wörter heißen **Konjunktionen** oder auf Englisch *conjunctions*.

Es gibt aber auch noch andere Konjunktionen:

Text- und Kassettenbeispiele
- Er ist der Meinung, dass viele Väter zu wenig Zeit mit ihren Kindern **verbringen**.
- Für eine feste Beziehung ist es mir schon lieber, wenn das Mädchen etwas anständiger **ist**.
- Normalerweise spreche ich unbekannte Jungen nicht an, weil ich Angst **habe**.

Wo steht das Verb nach Konjunktionen wie **dass, wenn** und **weil**?

Und was passiert bei Modalverben?

Sie **will** mit den Erzieherinnen sprechen. ➡ Andrea kehrt ins Heim zurück, wenn sie mit den Erzieherinnen sprechen **will**.

Was passiert bei trennbaren Verben?

Immer mehr Väter und Mütter **splitten** ihren Erziehungsurlaub **auf**. ➡ Die Statistiken zeigen, dass immer mehr Väter und Mütter ihren Erziehungsurlaub **aufsplitten**.

Und bei Verben im Perfekt?

Das Baby **hat** ständig **geschrien**. ➡ Andrea wurde deprimiert, weil das Baby ständig **geschrien hat**.

Wenn ein Satz mit einer Konjunktion beginnt, sieht die Wortstellung so aus:

Kassettenbeispiele
- Wenn ein Junge nicht den ersten Schritt **macht, kannst** du es sowieso vergessen.
- Wenn man wie ich in einer Band **spielt, wird** man oft von Mädchen angesprochen.

Hier ist das Schema: **Verb – Komma – Verb**.

„Ich befürchte, dass du durch die zunehmende Rationalisierung in der Küche eines Tages ohne Arbeit dastehst ..."

ÜBUNGEN

Machen Sie zuerst die Grammatikübungen auf Blatt **2.4**

✎ Weitere Grammatikübungen finden Sie auf der Brennpunkt-Website: http://www.brennpunkt.nelson.co.uk

a Schauen Sie sich die Umfrage auf Seite 17 an. Bilden Sie sechs Sätze über Frauen und sechs Sätze über Männer. Benutzen Sie in jedem Satz **weil** oder **dass**.

   z.B. Frauen ärgern sich über ihre Ehemänner, weil …
   Männer glauben, dass …

b Schauen Sie sich die Karikatur oben rechts an. Wovon träumt die Frau vielleicht? Bilden Sie Sätze mit **dass** und Modalverben.

   z.B. Ich hoffe, dass ich eines Tages nicht mehr abspülen **muss**.
   Ich glaube, dass ich … **will**.

c (1) Schreiben Sie 16 Sätze mit den folgenden Ausdrücken auf ein Blatt Papier oder ein Stück Karton; versuchen Sie, die Sätze so lustig oder ungewöhnlich wie möglich zu machen:

   Am Wochenende …
   Es ist wichtig, dass …
   Ich habe Angst, dass …
   Weil ……….. , …………

   (2) Spielen Sie jetzt das ‚Dominospiel'. Bitten Sie Ihren Lehrer / Ihre Lehrerin um die Spielregeln.

d Siehe Self-study Booklet, Seite 5, Übung 6.

Was wird aus der Familie?

1 🔲 Hören Sie sich die Kassette ‚Was ist eine Familie?‘ an. Mit welchen Meinungen sind Sie einverstanden? Notieren Sie nach jeder Meinung:

✔ (= ja) ✗ (= nein) ❓ (= es kommt darauf an)

Möchtest du mal Kinder?

Junge Leute äußern sich hier dazu:

Ich habe da noch eine geteilte Meinung. Einerseits finde ich es verantwortungslos, Kinder in diese Welt zu setzen, weil ich nicht weiß, ob sie in zehn Jahren noch eine Zukunft haben. Andererseits gehören Kinder für mich zu einer Familie. Natürlich hat man mit ihnen viel Arbeit, aber sie machen auch viel Spaß.

Markus, 17

Kinder sind doch toll, aber ich muss nicht unbedingt ein Kind haben. Wenn ich bloß daran denke, wie stressig so ein Baby oder ein Kleinkind sein kann! Außerdem sehe ich an mir selbst, was Jugendliche für Probleme haben. Eltern haben's heute bestimmt schwer. Na klar, die Verantwortung für eine Familie kann gut für einen sein. Es kann auch Selbstbestätigung bedeuten und das Gefühl, etwas aufgebaut zu haben.

Steffi, 16

WUSSTEN SIE SCHON ...?

Die Deutschen werden immer weniger:
- Die Geburtenzahl sinkt. Zur Zeit gibt es ca. 82 Millionen Einwohner in der BRD; im Jahr 2040 wird es nur noch 68,8 Millionen geben.

Die Deutschen werden immer älter:
- Zur Zeit sind ca. 21,5% der Bevölkerung in der BRD 20 Jahre und jünger. Bis zum Jahr 2040 wird dieser Anteil auf 15% absinken. Die Anteile der über 60-Jährigen steigen im gleichen Zeitraum von 21% auf fast 37%.

Die deutschen Familien werden immer kleiner:
- ‚Einelternfamilien‘ sind heutzutage eine ganz normale Lebensform. Nach offiziellen Angaben gibt es mehr als 1,7 Millionen Alleinerziehende – etwa 15% davon sind Männer.

- In Deutschland lebten Ende des 20. Jahrhunderts von insgesamt 19,7 Millionen Ehepaaren 8,9 Millionen Ehepaare ohne Kinder im Haushalt.

2 a Lesen Sie die Meinungen der zwei Jugendlichen zum Thema ‚eigene Kinder‘. Schreiben Sie die Argumente dafür und dagegen in zwei Listen.

b 🔲 Hören Sie sich die Kassette ‚Möchtest du mal Kinder?‘ (die Meinungen von sechs anderen Jugendlichen) an. Schreiben Sie auch die neuen Argumente in Ihre Listen.

c Und Sie? Möchten Sie mal Kinder? Besprechen Sie Ihre Meinungen zu zweit.

3 🔲 Schauen Sie sich das Schaubild an und lesen Sie ‚Wussten Sie schon ...?‘. Stellen Sie sich vor, Sie wohnen in einer deutschen Stadt im Jahr 2040. Beschreiben Sie die Leute, die Gebäude und das Leben.

4 🎧 Siehe Self-study Booklet, Seite 5, Übung 7.

PRÜFUNGSTRAINING

Ein Thema mündlich präsentieren

Benutzen Sie Blatt **2.5**, um eine kurze Rede (1–2 Minuten) zum Thema ‚Heutige Trends im deutschen Familienleben‘ vorzubereiten und zu halten.

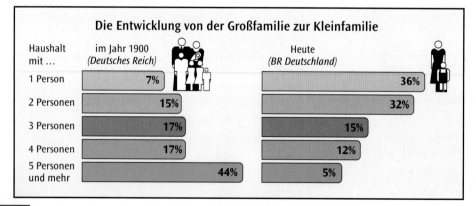

Die Entwicklung von der Großfamilie zur Kleinfamilie

Haushalt mit ...	im Jahr 1900 (Deutsches Reich)	Heute (BR Deutschland)
1 Person	7%	36%
2 Personen	15%	32%
3 Personen	17%	15%
4 Personen	17%	12%
5 Personen und mehr	44%	5%

Themen	Kommunikation	Grammatik	Prüfungstraining
• Freizeit • Urlaub • Umwelt	• zwei Sachen vergleichen • Statistiken präsentieren • Aufsätze schreiben	• **um … zu …** • das Subjekt (Nominativ), das Objekt (Akkusativ), das Indirekte Objekt (Dativ) • das Imperfekt	• nützliche Wendungen speichern • unregelmäßige Verben nachschlagen und lernen

Pause machen!

← A
↓

Inhalt

← D
↓

B →

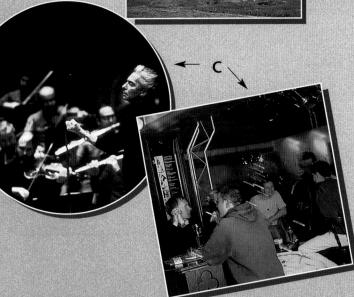

← C

1 🔲 Sie hören jetzt sieben ‚Werbespots für Ferienorte'. Vier davon passen zu den Orten A–D oben. Notieren Sie die Fotos und die Werbespots, die zusammenpassen.
z.B. 1 – A

2 🔲 Hören Sie noch einmal zu und versuchen Sie, jeweils den Namen der Stadt, Gegend oder des Landes zu notieren.

🔲 Siehe auch Brennpunkt Bridging Resource Book, Blatt **21** .

Was machen die Deutschen in ihrer Freizeit?

Die Deutschen hören in ihrer Freizeit vor allem Musik und sehen fern. Das ergab neulich eine Umfrage. Von je 100 Befragten nannten als regelmäßige Freizeitaktivität:

Musik hören	42%
Fernsehen	34%
Essen gehen	33%
Einkaufsbummel machen	31%
Mit Freunden zusammen sein	23%

Nur 11% der Deutschen gehen regelmäßig in die Disko oder ins Kino.

Museen, Kunstausstellungen, und Theater-, Konzert- und Opernaufführungen besuchen nämlich nur 6% der Deutschen.

Die deutschen Sportvereine zählen über 24 Millionen Mitglieder. 3,5 Millionen suchen pro Jahr Deutschlands 5500 Fitnesscenter auf.

Fast jeder vierte Deutsche ist Mitglied eines Vereins. Die deutschen Gesangvereine zählen über 2 Millionen Mitglieder.

Immer mehr Deutsche machen bei Bürgerinitiativen mit. Dabei kann es um die Rettung alter Bäume gehen, um fehlende Kinderspielplätze oder um die Verhinderung eines Flughafenbaus. 3,2 Millionen Deutsche machen bei freiwilligen Hilfsorganisationen mit, z.B. Feuerwehr, Alten- und Krankenpflege.

Die Mannschafts- und Fun-Sportarten gehören zu den absoluten Hits bei den deutschen Jugendlichen. Laut einer Studie hielten deutsche Jugendliche die folgenden Sportarten für ‚in':

Streetball	78%
Snowboarding	75%
Bungeejumping	74%
Mountainbiken	72%
Beachvolleyball	70%

Es sind jedoch die etablierten Sportarten Schwimmen (♀), Fußball (♂), Basketball (♂) und Volleyball (♀), die von deutschen Jugendlichen am meisten ausgeübt werden.

Absolut ‚out' bei deutschen Jugendlichen sind weniger eindrucksvolle Sportarten:

- Angeln
- Golf
- Skilanglauf

oder Sportarten, die an langweilige, mit den Eltern verbrachte Wochenenden erinnern:

- Wandern, Bergsteigen, Trekking
- Kegeln, Bowling
- Minigolf

Warum?

1 anderen helfen
2 die Arbeit vergessen
3 die Schule vergessen
4 eine Herausforderung erleben
5 etwas Sinnvolles machen
6 etwas anderes als den täglichen Trott machen
7 mit Freunden zusammen sein
8 neue Leute kennen lernen
9 Neues entdecken
10 sich ablenken
11 sich amüsieren
12 sich bilden
13 sich entspannen
14 sich fit halten
15 sich verwirklichen
16 Spaß haben

1 Lesen Sie den Text auf Seite 22. Sind die folgenden Sätze richtig oder falsch oder gibt es keine Informationen im Text?

a Die deutschen Fitnesscenter zählen über 3,5 Millionen Sportbegeisterte pro Jahr.
b 90% der Bevölkerung besuchen Museen.
c Eine typische Familie in Deutschland gibt ca. 20% ihres Geldes für Freizeitgestaltung aus.
d Eindrucksvolle Sportarten wie Bungeejumping sind bei drei Vierteln der Deutschen ‚in'.
e Statistisch gesehen ist Fernsehen populärer als Essen gehen.
f Über 3 Millionen Deutsche arbeiten freiwillig bei Hilfsorganisationen.
g Über 25% der Bevölkerung sind Mitglied in einem Verein.
h Die meisten deutschen Jugendlichen halten Skilanglauf für eine Fun-Sportart.

2 🔲 Schauen Sie sich den Ausschnitt ‚Warum?' auf Seite 22 an. Hören Sie sich jetzt auch ‚Drei Kurzgespräche über Freizeitbeschäftigungen' an. Welche Motive haben die Sprecher?

z.B. **a** 4, ...

3 Schauen Sie sich den Ausschnitt ‚Warum?' auf Seite 22 noch einmal an. Warum gibt es Ihrer Meinung nach die verschiedenen Freizeitbeschäftigungen? Ergänzen Sie die folgenden Sätze.

z.B. **a** Man sieht fern, **um** sich **zu** entspannen und **um** ... **zu** ...

a Man sieht fern, um ... zu ... und um ... zu ...
b Man probiert gefährliche Sportarten aus, um ... zu ...
c Man geht ins Theater, um ... zu ...
d Man macht bei Hilfsorganisationen mit, um ... zu ...
e Man geht tanzen, um ... zu ...
f Man wird Mitglied in einem Verein, um ... zu ...

> **ACHTUNG!**
> **um ... zu ...** (Siehe auch Seite 240.)
> **zu** steht normalerweise vor dem Infinitiv am vorletzten Platz.
> **z.B.** Man macht bei Hilfsorganisationen mit, um etwas Sinnvolles **zu** machen.
> Aber bei trennbaren Verben: Man geht tanzen, um neue Leute kennen **zu** lernen.

4 Und Sie? Was machen Sie in Ihrer Freizeit? Und warum? Machen Sie Notizen.

z.B. Ich sehe jeden Abend eine Stunde fern, um mich zu entspannen und ...

5 Bereiten Sie einige Fragen zum Thema ‚Freizeit' vor und besprechen Sie das Thema ‚Freizeit' zu zweit.

z.B.

● Was machst du in deiner Freizeit? Warum?
● Was machst du, um dich zu entspannen / zu amüsieren / fit zu halten usw.?
● Besuchst du Museen/Kunstaustellungen/ Theateraufführungen? (Wie oft?)
● Welche Sportarten sind deiner Meinung nach in/out?
● Was hältst du von ... ?

6 🎧 Siehe Self-study Booklet, Seite 6, Übungen 1, 2 und 3.

7 Lesen Sie die Resultate einer Umfrage unten. Wählen Sie die Statistiken, die Sie interessieren, und schreiben Sie einen Bericht darüber. Benutzen Sie die Ausdrücke auf Seite 22 und die Satzmuster auf Blatt [3.1] .

z.B. Deutsche Jugendliche üben in ihrer Freizeit vor allem Wassersportarten aus. 55% aller Jungen gehen gern schwimmen.

Hitliste der in der Freizeit ausgeübten Sportarten (Jugendliche 12–21 Jahre)	Jungen (%)	Mädchen (%)
1 Wassersport	59	71
● Schwimmen	55	70
● Surfen	5	3
2 Mannschaftssport	76	45
● Fußball	56	9
● Basketball	31	15
● Volleyball	19	27
3 Ballspiele	53	50
● Tennis	23	18
● Badminton	14	21
4 Fun-Sportarten	52	34
● Mountainbiken	28	14
● Inline-Skating	8	18
● Snowboarding	5	3
5 Ausdauer- und Fitnesstraining	31	31
● Joggen	17	19
● Bodybuilding	15	10

Grammatik: Nominativ, Akkusativ und Dativ

Siehe auch Grammatik, Seite 242.

Beispiel

– Die deutschen Jugendlichen bevorzugen den Fun-Sport.

In diesem Satz ist **Die deutschen Jugendlichen** das **Subjekt** und **den Fun-Sport** das **Objekt**. Das Subjekt steht im **Nominativ** und das Objekt steht im **Akkusativ**. Das Subjekt **handelt** und das Objekt **empfängt** das Handeln.

▶ **Suchen Sie das Subjekt und das Objekt in diesen Sätzen:**

– 59% aller Haushalte haben einen Computer.

– Es gibt einen Bericht über Freizeittrends.

– Sie verhindern den Flughafenbau.

– Den Flughafenbau verhindern sie.

Alle Objekte oben sind maskulin und im Akkusativ – die Wörter für *the* und *a* sind **den** und **einen**.

▶ **Was passiert bei Femininum, Neutrum und Plural? Lesen Sie die vier Beispiele. Ergänzen Sie dann eine Kopie der Tabelle oben rechts.**

Beispiele

– Sie geben fast ein Sechstel des gesamten Welttouristikumsatzes für Auslandsreisen aus.

– 42% mögen die Fun-Sportarten.

– Jugend- und Frauengruppen runden das Angebot ab.

– Viele wollen die Schule oder die Arbeit vergessen.

ICH HABE MEINEN RITTER VERLOREN…
ER SOLLTE MICH DOCH RETTEN

Szene aus dem Comic-Thriller *Mörderische Entscheidung*, © Carlsen Verlag

	Maskulinum	Femininum	Neutrum	Plural
Nominativ (Subjekt)	der/ein	die/eine	das/ein	die/keine
Akkusativ (Objekt)	den/einen	d......./e.......	d......./e.......	d......./k.......

N.B. **kein, mein, dein, sein, ihr, unser** und **euer** funktionieren genauso wie **ein**.

dieser, jener und **jeder** funktionieren genauso wie **der**. (Siehe Grammatik, Seite 241–243.)

Beispiel

– Die Fun-Sportarten geben den Jugendlichen die Chance, etwas Neues zu machen.

In diesem Satz ist **die Fun-Sportarten** das Subjekt, **die Chance** das Objekt und **den Jugendlichen** das **indirekte Objekt**. Das indirekte Objekt steht im **Dativ**. Das indirekte Objekt hat oft den Sinn *to* oder *for* auf Englisch.

z.B. Wir geben der Familie einen Tipp.
We're giving a tip to the family.

▶ **Suchen Sie das Subjekt, das Objekt und das indirekte Objekt in diesen Sätzen.**

– Der Bericht sagt dem Hobbysportler nichts Neues.

– Der Artikel beschreibt den Lesern die neusten Trends.

– Snowboarding gibt dem Skilaufen ein ganz anderes Image.

– Der Fun-Sport-Boom bringt der Familie neue Möglichkeiten.

▶ **Sehen Sie sich die Sätze oben noch einmal an und ergänzen Sie eine Kopie der Tabelle unten.**

	Maskulinum	Femininum	Neutrum	Plural
Dativ (indirektes Objekt)	d......./einem	d......./einer	d......./einem	d......./keinen

▶ **Was fällt Ihnen am Pluralnomen im Dativ auf?**

▶ **Was fällt Ihnen an der Wortstellung auf? Wo stehen das Objekt und das indirekte Objekt in jedem Satz?**

ÜBUNGEN

Machen Sie zuerst die Grammatikübungen auf Blatt **3.2**.

📖 Weitere Grammatikübungen finden Sie auf der Brennpunkt-Website:
http://www.brennpunkt.nelson.co.uk

📕 Siehe auch Brennpunkt Bridging Resource Book, Blatt **34**.

a Ein Schüler hat dieses Gedicht für ein Schulmagazin geschrieben:

Ich brauche meine Schokolade wie:
mein Bruder sein Heavymetal,
meine Tante ihr Haarfärbemittel
ein Politiker seine Halbwahrheiten,
ein Engländer seinen Tee …

Schreiben Sie ein ähnliches Gedicht!

b Stellen Sie sich vor, Sie haben 10 Millionen im Lotto gewonnen. Was schenken Sie Ihrer Familie und Ihren Freunden? Und was schenken Sie den Leuten, die Sie nicht mögen? Machen Sie eine Liste.

z.B. Ich schenke meiner Oma ein Haus in Spanien.

Pause machen!

Urlaub mit / ohne Eltern?

Letztes Jahr wollte ich ein bisschen mehr machen, als jeden Tag am Strand zu liegen, und meine Freunde und ich sind zu siebt mit einem Tramper-Ticket von Barcelona bis Moskau gereist. Zuerst waren meine Eltern dagegen, weil sie diese Reise ziemlich riskant fanden. Dann hat mein Vater gemeint, wenn ich mit ihnen in Urlaub fahre und es mir doch keinen Spaß macht, verderbe ich auch noch ihren Urlaub. Also haben sie's erlaubt. Meine Mutter hat zuerst auch ein bisschen Angst gehabt, weil wir immer in anderen Städten waren, aber ich hab ja immer angerufen.

Jörg-Manfred, 17

Ich wollte den Sommerurlaub dieses Jahr einmal ohne Eltern verbringen. Drei Wochen Campen am Meer – eben mal etwas anderes als der übliche Urlaub mit der Familie im Ferienhäuschen. Die Antwort meiner Eltern war ein knallhartes „Nein!" Sie wiederholten immer die gleichen Argumente:

– „Bis jetzt hat's dir doch mit uns an der Nordküste immer so gut gefallen?!"
– „Denk doch nur, wie gefährlich es in Südeuropa ist, gerade für Mädchen."
– „Wie wollt ihr denn alles organisieren, mit der Anreise, mit dem Geld und den Lebensmitteln?"

Und dann endlich:

– „Dein Freund Michael will auch mitfahren, oder? ... Was da alles so passieren kann!"

Unglaublich.

Heike, 16

dagegen	against it
fanden (von **finden**)	found
Tramper-Ticket	cheap youth rail card
üblich	usual
verderben	to spoil
wollte (von **wollen**)	wanted to
zu siebt	in a group of seven

1 Ergänzen Sie jeden Satz a–g mit einem Ausdruck aus der Liste 1–8. Ein Satzende brauchen Sie nicht.

a Jörg-Manfred wollte Urlaub ohne Eltern machen, ...
b Jörg-Manfreds Eltern waren gegen die Reise, ...
c Jörg-Manfreds Eltern haben die Reise doch erlaubt, ...
d Jörg-Manfreds Mutter hat Angst gehabt, ...
e Heike wollte Urlaub ohne Eltern machen, ...
f Heike war enttäuscht, ...
g Heikes Eltern waren dagegen, ...

1 ... weil sie viel herumreisen wollten.
2 ... weil sie Südeuropa für besonders riskant halten.
3 ... weil ihr Freund zur Nordküste fahren wollte.
4 ... weil er den üblichen Familienurlaub am Meer langweilig findet.
5 ... weil es so viele Risiken gab.
6 ... weil sie ihren eigenen Urlaub nicht verderben wollten.
7 ... weil sie etwas Neues machen wollte.
8 ... weil ihre Eltern total dagegen waren.

GRAMMATIK

PARTIKELN

Eben und **mal** sind Partikeln.
Siehe Grammatik, Seite 247.

2 📼 Lesen Sie noch einmal die vier Argumente der Eltern in Heike's Text oben. Hören Sie sich dann die Kassette ‚Diskussion mit den Eltern' an. (N.B. **beraten** = to advise, **vertrauenswürdig** = trustworthy.) Welche von Heikes Antworten passt jeweils zu welchem Argument der Eltern?

z.B. Antwort Nummer 1 passt zu ‚Denk doch nur ...'

3 Schreiben Sie einen kurzen Artikel über die Erfahrungen von Jörg-Manfred und Heike. Sie dürfen Sätze oder Ausdrücke von nicht mehr als sechs Wörtern aus den Originaltexten abschreiben.

z.B. Letztes Jahr wollte **Jörg-Manfred** ein bisschen mehr machen, als nur **zwei Wochen lang** am Strand zu liegen. **Er und sechs Freunde** sind mit einem Tramper-Ticket **quer durch Europa** gereist.

4 Schreiben Sie zehn Schlüsselwörter aus Ihrem Artikel über die Erfahrungen von Jörg-Manfred und Heike auf. Nehmen Sie dann den Artikel als Radiobericht auf.

5 Schreiben Sie einen Dialog zwischen einem Teenager, der ohne seine Eltern Urlaub machen will, und seinen Eltern. Ein Elternteil ist total dagegen. Ein Elternteil ist sich nicht sicher.

3

Reisetrends bis zum Jahr 2020

1 Welche der Vorhersagen A–F halten Sie für wahrscheinlich? Ordnen Sie die Liste, mit der wahrscheinlichsten Vorhersage an der Spitze.

A „Kulturreisen in den Nahen Osten und nach Asien werden zunehmen."

B „Kreuzfahrten auf allen Meeren werden rapide zunehmen."

C „Die Beliebtheit von Alles-inklusive-Ressorts wird weiter anwachsen."

D „Der Abenteuertourismus wird nicht nur Reisen zu den höchsten Bergen, sondern auch der Meerestiefen in Unterwasserbooten und Fahrten in die Antarktis beinhalten."

E „Das zentrale Urlaubsmotiv wird eindeutig die Erholung bleiben."

F „Der Öko-Tourismus wird anwachsen."

2 🔊 Hören Sie sich diesen Radiobericht ‚Tourismus' an und notieren Sie folgende Informationen:

a wie oft die meisten Deutschen Urlaub machen
b wie viel Prozent der deutschen Urlauber ins Ausland fahren
c warum die Deutschen in südliche Länder fahren
d zwei der beliebtesten Urlaubsziele der Deutschen
e wie viele ausländische Besucher dieses Jahr nach Deutschland kamen
f was Touristen in Deutschland erleben wollen
g wie ausländische Besucher Deutschland sehen

Spanien

Am Strand dösten noch die Diskobesucher. Auf dem Boulevard verteilte man die neusten Handzettel: immerwährende Happy-Hours, Diskos, Misswahlen.

Ich fuhr die Costa Brava entlang. An der Küste erwartete mich die übliche Mischung von Läden – Sonnenöl, Badematten, Gummitiere, wohin man auch nur blickte – und Bars, Restaurants und Pizzerias. Aber ich war noch nicht ganz am Ziel.

Ich ging erst einmal den normalen Strand entlang, vorbei an einer kleinen Bucht, über Klippen – und da lag er vor mir, mein kleiner, verschwiegener, unbetretener Sandstrand.

Ingrit Seibert

3 Geben Sie jeweils mindestens ein Beispiel aus den drei Texten oben, das zu den folgenden Schlüsselpunkten passt.

z.B. **die Abgeschiedenheit:** Das allgemeine Staunen der Inuit, als wir in der Siedlung Spence Bay am Ende der Welt ankamen, werde ich nie vergessen.

- die Abgeschiedenheit
- die Armut
- die Schönheit der Natur
- der Massentourismus
- die Herausforderung
- der Kulturtourismus
- die Lebensgefahren *pl.*
- das Unrecht
- die Unterhaltungsmöglichkeiten *pl.*

Kanada

Gemeinsam mit zwei Freunden nahm ich es in Angriff, eine 1000-Kilometer-Strecke der Nordwest-Passage in der kanadischen Arktis im Kajak zu bewältigen.

Lebensgefährlich war es, wenn Eisschollen, zwischen denen wir paddelten, zusammendrifteten und uns fast zerquetscht hätten. Aber außer den ständigen Gefahren und Strapazen gab es natürlich auch die wunderschönen Erlebnisse: das Singen der Wale, die Walrosskolonien, das Kreisen der Eisvögel.

Das allgemeine Staunen der Inuit, als wir in der Siedlung Spence Bay am Ende der Welt ankamen, werde ich nie vergessen.

Michael Memminger

Burma

In Pagan erlebt der Besucher eine einmalige Konzentration an Pagoden und Tempeln. Jahrhundertealte buddhistische Tempel ragen wie gewaltige steinerne Monumente in den Himmel. Auf gemieteten Fahrrädern konnten wir uns die Sehenswürdigkeiten der näheren Umgebung anschauen. Man stieß immer wieder auf Kinder, die einem ein Geschenk reichten, in der Hoffnung, dass sich der Tourist mit einer Uhr oder einem Schmuckstück revanchierte.

Eine Gruppe von jungen Franzosen wollte die ständige Kontrolle der staatlichen Touristenorganisation ‚Tourist Burma' umgehen und einen Privatjeep organisieren, der sie nach Thazi bringen sollte. Doch die Gruppe wurde von einer Polizeikontrolle erwischt. Die Touristen gingen ohne Strafe aus, ihr Fahrer musste mit drei Monaten Gefängnis rechnen.

Brigit Schäppi, Michael Zimmerman

die Inuit *pl.*	the indigenous people of Northern Canada
die Misswahl	beauty contest
revanchieren	to return the compliment

Kommunikation!

Zwei Sachen vergleichen

Für mich ist … ein absoluter Pluspunkt/Minuspunkt.
Ich lege viel Wert auf …
Man kann zu viel Wert auf … legen.
Im Vergleich/Kontrast zu … ist …
Einerseits … andererseits …

4 Schreiben Sie für jede Reise eine Liste von Pluspunkten und Minuspunkten auf. Besprechen Sie dann Ihre Liste mit anderen in der Gruppe. Benutzen Sie den Kommunikationskasten unten.

5 ∩ Siehe Self-study Booklet, Seite 6, Übung 4.

6 Schreiben Sie einen Artikel von 100 bis 150 Wörtern, in dem Sie die drei Urlaubsziele vergleichen. Empfehlen Sie anschließend eine Reise und begründen Sie Ihre Empfehlung.

GRAMMATIK

DAS IMPERFEKT
Siehe Seite 30.

Alles wie im Reiseprospekt?

„Algenpest an der Adria!" • „Smogalarm in Athen!"
„Wassermangel an der Côte d'Azur!" • „Badeverbot in der Nordsee!"

*Massentourismus und Umweltverschmutzung
vermiesen immer mehr die Urlaubsfreude.*

KONFRONTATION DER INTERESSEN: DEUTSCHLAND

Wem gehört die Natur? 1990 erklärte die DDR die vorpommersche Boddenlandschaft zum Nationalpark, weil die Landschaft „zu den eigentümlichsten Mitteleuropas" gehört. Sie ist eine amphibische Landschaft, eine Kampfzone zwischen Land und Meer, zwischen Mensch und Natur.

Hier geht es um Inseln und Halbinseln, um ein Vogelparadies für heimische Arten sowie für Millionen Zugvögel.

Natürlich sind da auch die Einheimischen, die den ökonomischen Aufschwung und den Ausbau wollen, Arbeitsplätze und Konsum. Land- und Forstwirtschaft stellen eigene Ansprüche.

Und die Touristen. Millionen, die die Einsamkeit suchen, zieht es an diesen Teil der Küste. Sie reisen im Auto an, um im Wald und auf der Heide die Natur zu genießen.

Konfrontation der Interessen: Ausland

Für die Einheimischen können Touristen ein Segen sein: eine willkommene Möglichkeit, Geld zu verdienen.

Die Realität sieht häufig ganz anders aus. Die Hotels gehören oft ausländischen Konzernen. Häufig setzt man in den Führungsetagen ausländisches Personal ein, und für die Einheimischen bleiben nur schlecht bezahlte Saisonjobs.

Unsere Transportmittel belasten auch die Umwelt. Flugzeuge verbrauchen sehr viel Energie. Das Auto ermöglicht eine hohe Mobilität vor Ort, aber die ökologischen Folgen sind bekannt.

Gewohnheiten von zu Hause können in den Urlaubsländern zum Problem werden. Gerade beim Urlaub in heißen Ländern duschen wir besonders häufig und benutzen dabei oft Wasser, das die Landwirtschaft braucht.

---

1 Lesen Sie den ersten Text und beantworten Sie folgende Fragen.

  a Warum erklärte die DDR die vorpommersche Bodden-landschaft zum Nationalpark?

  b Welche Interessen konfrontieren sich dort?

  c Was wollen die Einheimischen vom Tourismus?

  d Was zieht viele Besucher zum Nationalpark?

2 Siehe Self-study Booklet, Seite 6, Übung 5.

die Bodden *pl.*	shallow bays
die Halbinsel (-n)	peninsula
der Zugvogel (¨)	migratory bird

3 🎧 Siehe Self-study Booklet, Seite 7, Übung 6.

4 Lesen Sie den zweiten Text und beantworten Sie folgende Fragen.

  a Was sind die positiven Auswirkungen des Tourismus?

  b Warum profitieren die Einheimischen nicht immer vom Tourismus?

  c Wie kann die Anreise in den Urlaub der Umwelt schaden?

  d Wie kann der Tourismus die Wasserversorgung belasten?

SANFTER TOURISMUS

... bedeutet, so zu reisen, dass Mensch und Natur so wenig wie möglich belastet werden und alle davon profitieren!

Die Checkliste für den sanften Urlaub

1 Achten Sie darauf, weder in das letzte unberührte Fleckchen vorzudringen noch in überlaufene Massentourismusgebiete zu fahren. Fahren Sie nur in Länder, in denen Sie auch leben möchten. ☐

2 Prüfen Sie sorgfältig die Angebote der Bus- und Bahngesellschaften. ☐

3 Überprüfen Sie, wer von Ihrem Urlaub profitiert: Wem gehört das Alles-inklusive-Ressort, das Hotel, die Bar? ☐

4 Geben Sie bedrohten Tieren eine Chance. Verzichten Sie auf Souvenirs aus geschützten Tierarten und lassen Sie die Tiere auch nicht auf Ihrem Teller enden! ☐

5 Achten Sie darauf, dass Ihre Aktivität der Landschaft angepasst ist, und tun Sie nichts, was sich negativ auf die Natur auswirkt. ☐

6 Trennen Sie Müll, sparen Sie Wasser und verlangen Sie nicht jeden Tag frische Handtücher. ☐

5 Lesen Sie die Ratschläge zum sanften Tourismus oben. Es fehlt jeweils der letzte Teil jedes Ratschlags. Suchen Sie die besten Ergänzungen aus.

a Artenschutz gehört auch zum sanften Urlaub.
b Verzichten Sie möglichst auf Auto und Flugzeug.
c Umweltschutz beginnt auch im Urlaub im Kleinen.
d Große Eingriffe in die Natur sind unnötig.
e Unterstützen Sie kleine, einheimische Unternehmen.
f Unterstützen Sie keine totalitären Unrechtsregime!

6 📻 Hören Sie sich den Radiobericht ‚Sanfter Tourismus' auf der Kassette an und notieren Sie die fehlenden Informationen.

Einige grüne Initiativen, die schon in Aktion sind:
a .... in Kenia mit Sonnenkollektoren und Müllrecycling
b tägliche .... für Gäste auf den Kanarischen Inseln
c Flugzeuge, die weniger .... verursachen
d Flugzeugbesteck aus Edelstahl statt ....
e .... aus umweltfreundlichem Papier
f das ‚Blaue Flagge-Projekt' für saubere ....

7 Rollenspiel
Die Einwohner vom Nationalpark in Vorpommern debattieren über ihre Interessenkonflikte. Benutzen Sie Blatt **3.4**.

ALPTRAUM ALPENRAUM

8 Brennpunkt!
Schreiben Sie einen kurzen Aufsatz zum Thema ‚die Auswirkungen des Massentourismus'. Schreiben Sie fünf Absätze:

1 Einführung. Wovon wird der Aufsatz handeln?
2 Tourismus: positive Auswirkungen, Langzeittrends.
3 Negative Auswirkungen des Tourismus, Interessenkonflikte.
4 Bietet der sanfte Tourismus eine Lösung?
5 Schluss. Kurze Zusammenfassung der Kernpunkte. Ihre Meinung.

Versuchen Sie, die folgenden Ausdrücke zu benutzen.

Absatz 1: Es handelt sich hier um verschiedene Themen: ...

Absatz 2: Es lässt sich nicht leugnen, dass ...

Absatz 3: Man muss außerdem in Betracht ziehen, dass ...

Absatz 4: Wie kann man also Tourismus und Umweltschutz unter einen Hut bringen?

Absatz 5: Wenn man alles abwägt, wird deutlich, dass ...

Andere nützliche Wendungen finden Sie im Kommunikationskasten auf Seite 27.

📱 Weitere Texte zu diesen Themen finden Sie auf der Brennpunkt-Website: http://www.brennpunkt.nelson.co.uk

PRÜFUNGSTRAINING

Nützliche Wendungen speichern

Sammeln Sie Ausdrücke für Aufsätze in ihrem Vokabelheft oder in einer Datenbank.

Grammatik: das Imperfekt

Siehe auch Grammatik, Seite 233.

Textbeispiele

– Am Strand **dösten** noch die Diskobesucher.
– Ich **fuhr** die Costa Brava entlang.
– Tagelang **saßen** wir im Packeis fest.
– Der Fahrer **musste** mit drei Monaten Gefängnis rechnen.

Hier sehen wir **das Imperfekt**. Das Imperfekt kann zwei Bedeutungen auf Englisch haben.

z.B. Am Strand **dösten** die Diskobesucher.
*The visitors to the disco **dozed** on the beach.*
*The visitors to the disco **were dozing** on the beach.*

▶ **Geben Sie zwei englische Bedeutungen für diese Sätze an:**

– Die Rentner tranken ihren Bohnenkaffee wie zu Hause.
– Auf dem Boulevard verteilte man Handzettel.

Einige Verben benutzt man fast immer im Imperfekt. Sie sind die Modalverben (**ich konnte, ich wollte, ich sollte, ich durfte, ich musste, ich mochte**); sein (**ich war**); haben (**ich hatte**); stehen (**ich stand**); wissen (**ich wusste**); denken (**ich dachte**); glauben (**ich glaubte**); brauchen (**ich brauchte**); geben (**es gab**).

MIR GING ES NICHT GUT. ICH HATTE MIGRÄNE ... NA JA, ER WAR WIE IMMER IN DEN SLUMS ... DU WEISST SCHON ...

Szene aus dem Comic-Thriller
Mörderische Entscheidung,
© Carlsen Verlag

ÜBUNGEN

Machen Sie zuerst die Grammatikübungen auf Blatt **3.5**.

✏ Weitere Grammatikübungen finden Sie auf der Brennpunkt-Website: http://www.brennpunkt.nelson.co.uk/

📖 Siehe auch Brennpunkt Bridging Resource Book, Blätter **35** und **36**.

a Wie waren Sie mit 11 Jahren? Jede(r) in der Klasse schreibt einen anonymen Bericht über sich selbst und beschreibt darin seine/ihre Hobbys und Freizeitinteressen, sein/ihr Aussehen und seine/ihre Interessen in der Schule. Vielleicht auch seine/ihre Persönlichkeit. Der Lehrer / Die Lehrerin liest die Berichte dann vor und die Klasse versucht, die einzelnen Personen zu identifizieren.

b Siehe Self-study Booklet, Seite 7, Übung 7.

▶ **Was bedeuten diese Sätze auf Englisch?**

– Auf Fahrrädern konnten wir uns die Sehenswürdigkeiten anschauen.
– Eine Gruppe von jungen Franzosen wollte einen Privatjeep organisieren.
– Lebensgefährlich war es auch, wenn die Eisschollen wegzubrechen drohten.

Regelmäßige Verben im Imperfekt haben die folgenden Endungen nach dem Stamm, z.B. **machen**:

ich	machte	wir	machten
du	machtest	ihr	machtet
er/sie/es	machte	Sie/sie	machten

ACHTUNG!
Wenn der Stamm auf **-t** oder **-d** endet!
z.B. arbeiten: ich arbeitete, du arbeitetest, usw.
baden: ich badete, du badetest, usw.

Unregelmäßige Verben sind oft völlig anders im Imperfekt, z.B. **geben**:

ich	gab	wir	gaben
du	gabst	ihr	gabt
er/sie/es	gab	Sie/sie	gaben

Man kann sie nur lernen!

▶ **Suchen Sie andere Verben im Imperfekt auf den Seiten 26 und 27. Sind sie jeweils regelmäßig oder unregelmäßig?**

▶ **Was bedeutet der folgende Satz?**

– Wir hatten schon viel erlebt, als wir in der Siedlung Spence Bay ankamen.

Dieser Satz ist im **Plusquamperfekt**. Wann benutzt man das? Wie bildet man Sätze im Plusquamperfekt? (Siehe auch Grammatik, Seite 234.)

PRÜFUNGSTRAINING

Unregelmäßige Verben nachschlagen

Unregelmäßige Verben im Imperfekt findet man in der **er/sie/es**-Form:

a In einem deutsch-englischen Wörterbuch:
geben *pret* **gab**, *ptp* **gegeben** 1 (a) *to give*
(*pret* heißt **Präteritum** oder Imperfekt; *ptp* heißt Partizip Perfekt.)

b In einer Verbliste:
Versuchen Sie, jedes Verb im Infinitiv, Präsens, Imperfekt und Perfekt zu lernen.
z.B. lesen, liest, las, hat gelesen.

c In einem Vokabelkasten:
Hier findet man oft eine Gedächtnisstütze (*memory aid*).
z.B. versprechen (i, a, o) *to promise* →
er/sie/es verspricht, versprach, hat versprochen

Pause machen!

Themen	**Kommunikation**	**Grammatik**	**Prüfungstraining**
• Schule und Bildung	• Zwei Sachen vergleichen	• der Genitiv	• einen formellen Brief schreiben
• Zukunft	• das Wort **zwar** benutzen	• Adjektivendungen	
• Arbeit und Beruf	• Gewissheit und Ungewissheit ausdrücken	• das Futur	
		• der Konditional	

1 ▦ In der Karikatur unten sind acht Zukunftsmöglichkeiten. Hören Sie sich die Kassette ‚Die Qual der Wahl' an. Was passt am besten zu jeder Person?

2 a Schreiben Sie Ihre persönliche Prioritätsliste mit diesen Möglichkeiten. (1 = sehr wichtig, 8 = nicht so wichtig.)

b Vergleichen Sie zu zweit Ihre Ergebnisse.

Inhalt

der Abschluss	end, completion
sich auffächern	to fan out, to go in different directions
einkommensschwach	low-income
das Ergebnis	result
in seinem Falle	in his case
die Zugangsberechtigung	entrance requirement

13 JAHRE BIS ZUM ABITUR

Bernd Geers weiß, was sein Berufsziel ist: „Eine Aufgabe, bei der ich anderen Menschen helfen kann, wo ich für andere da bin." Bernd will Arzt werden. Er ist 17 Jahre alt und besucht die Unterprima (12. Schuljahr) eines Gymnasiums. Ein Jahr noch muss er die Schulbank drücken. Nach Abschluss der 13. Klasse, nach dem Abitur also, ist der Weg zur Universität offen.

Angefangen hatte Bernds Bildungsweg im Alter von sechs Jahren. Stolz war er mit der Zuckertüte an der Hand seiner Eltern zur Schule marschiert.

Der Grundschulbesuch umfasste vier Jahre, von Klasse 1 bis 4. Bei Abschluss der Grundschule war Bernd fast zehn Jahre alt. Seine Klassenlehrerin hatte den Eltern empfohlen, Bernds Bildungsweg über das Gymnasium fortzusetzen.

VIER SCHULFORMEN

Nach Abschluss der Grundschule fächert sich der weitere Bildungsweg auf. Zur Auswahl stehen: Hauptschule, Realschule, Gymnasium und Gesamtschule. Bis zum vollendeten 18. Lebensjahr besteht Schulpflicht, das heißt: Auch der dreijährige Besuch der Teilzeit-Berufsschule ist Pflicht.

---

1 Lesen Sie ‚Vom Kindergarten zum Numerus clausus' und ordnen Sie die folgenden Schlüsselwörter aus dem Text in der richtigen Reihenfolge.

a Gymnasium
b Abschluss der Grundschule
c Universität und BAföG
d Zuckertüte
e finanzielle Unabhängigkeit
f Numerus clausus
g Abitur
h Grundschule

2 Suchen Sie im Text einen passenden Satz oder Ausdruck zu jedem Beispiel unten.

z.B. Bernd weiß, in welchem Beruf er arbeiten möchte.
  = Bernd Geers weiß, was sein Berufsziel ist.

a Er muss noch 12 Monate zur Schule gehen.
b Bernds Schulzeit hatte begonnen, als er sechs Jahre alt war.
c Mit einer großen Tüte voller Bonbons fühlte er sich sehr wichtig, als er mit seinen Eltern zur Schule ging.
d Man hat geraten, dass Bernd aufs Gymnasium gehen sollte.
e Der Weg spaltet sich nach den Grundschuljahren auf.
f …, kontrolliert der NC durch die Noten den Eintritt in gewisse Studienfächer.
g Das BAföG gibt Schülern aus Familien mit weniger Geld die Möglichkeit zu studieren.
h 50% des Geldes sind ein Geschenk; der Rest ist ein Darlehen.

NUMERUS CLAUSUS

DER WEG ZUR UNI

Bernd wird nun also bald sein Abitur machen. Ein guter Abschluss ist in seinem Falle besonders wichtig, denn vor dem Medizinstudium steht die Schranke des

,Numerus clausus' (NC). 1973 eingeführt, regelt der NC per Notendurchschnitt die Zugangsberechtigung zu bestimmten Studienfächern: Dazu gehören Medizin, Biologie, Psychologie. Nur wenn das Ergebnis der Abiturprüfung überdurchschnittlich ist, bildet der Universitätsbesuch die Spitze der Bildungspyramide.

In der Regel ist ein junger Mensch am Ende des gesamten Bildungswegs 27 bis 29 Jahre alt. Schüler und Studenten aus einkommensschwachen Familien bekommen finanzielle Unterstützung für das Studium durch das BAföG – das Bundesausbildungs-förderungsgesetz. Das Geld gibt es zur Hälfte als Zuschuss; die andere Hälfte muss man nach Ablauf des Studiums zurückzahlen.

Bernd weiß, was vor ihm liegt: „Erst ab 30 werde ich finanziell unabhängig sein. Das finde ich schon schwer zu akzeptieren, aber bei manchen Studiengängen ist das halt so."

---

3 Ergänzen Sie die folgenden Ausschnitte aus dem Text.

z.B. **a** nach Abschluss der 13. Klasse

a nach Abschluss d....... 13. Klasse
b Bernd besucht die Unterprima e....... G.......
c an der Hand s....... Eltern
d Bei Abschluss d....... Grundschule
e der Besuch d....... Teilzeit-Berufsschule
f das Ergebnis d....... Abiturprüfung
g die Spitze d.......Bildungspyramide
h am Ende d....... gesamten B........
i nach Ablauf d....... S.......

Was fällt Ihnen am Maskulinum und Neutrum auf?
Was bedeuten die Sätze auf Englisch?

Erfinden Sie zu zweit andere Sätze mit dem Genitiv!

ACHTUNG!
Übung 3 demonstriert den Genitiv.
Siehe auch Grammatik, Seite 242, und Brennpunkt
Bridging Resource Book, Blatt **37**.

---

4 Was wissen Sie bereits über das Schulsystem in Deutschland? Veranstalten Sie mit Hilfe des Textes zu dritt ein Brainstorming. Vergleichen Sie Ihre Resultate mit denen der anderen Gruppen.

> **Schultage**
>
> | als { Auszubildender / Azubi | as a trainee |
> | im Betrieb | at work |
> | sich entscheiden | to decide |
> | in Teilzeitform | part-time |
> | überwiegend | mainly |
> | die Zwillingsschwester | twin sister |

5 a Hören Sie sich die Kassette ,Schultage' mindestens zweimal an. Drei junge Menschen sprechen über ihre Bildungswege. Zeichnen Sie diese Bildungswege auf Blatt **4.1** mit drei verschiedenen Farben in das Diagramm ein.

b Lesen Sie den Text noch einmal durch. Zeichnen Sie auch Bernds Bildungsweg in das Diagramm ein!

c Hören Sie sich die Kassette noch einmal an und beantworten Sie die Fragen auf Blatt **4.1**.

6 a Vergleichen Sie jetzt zu zweit das deutsche Schulsystem und das System in Ihrem Land. Benutzen Sie dazu Blatt **4.1**, den Text und die Ausdrücke im Kommunikationskasten unten.

b Welches System finden Sie besser? Warum?

Kommunikation!

Zwei Sachen vergleichen

| Verglichen mit / Im Vergleich zu / Im Gegensatz zu / Im Unterschied zu } | dem ...en System | { ist ... / hat ... / dauert ... |

7 Schreiben Sie einen Artikel von ca. 150–200 Wörtern, in dem Sie das deutsche Bildungssystem zusammenfassen.

8 Siehe Self-study Booklet, Seite 8, Übung 1.

4 Was bringt die Zukunft?

„Ich werde das Abitur machen und danach werde ich wohl studieren. Informatik könnte Spaß machen und würde viele Berufschancen anbieten. Ich möchte eine gute Arbeitsstelle bekommen, denn später werde ich hoffentlich eine Familie gründen."

Jörg, 17 Jahre, Schweiz

„Hoffentlich werde ich bald eine Stelle finden. Manchmal habe ich aber den Eindruck, dass ich mein Berufsziel nie erreichen werde. Die Arbeitslosenquote steigt, und meine Zukunfts- träume laufen ins Leere. Was werde ich machen, wenn diese Situation so weitergeht? Wie werde ich meine Miete und das Essen bezahlen?"

Susanne, 19 Jahre, BRD

„Über meine Zukunft habe ich mir bisher kaum Gedanken gemacht. Ich werde mich aber bald entscheiden müssen. Wahrscheinlich werde ich einige Zeit im Ausland verbringen. Vielleicht werde ich mich nachher im Stande fühlen, ein Studium aufzunehmen und mich weiterzubilden."

Miriam, 17 Jahre, Österreich

„Meiner Meinung nach wird in den nächsten Jahren Erfahrung genauso viel gelten wie Qualifikation. Nach dem Abi werde ich wahrscheinlich ein Freiwilliges Soziales Jahr (FSJ) einlegen, denn ich möchte Abstand von zu Hause gewinnen und auch etwas Nützliches machen. Hoffentlich wird es mir auch beruflich helfen. Am liebsten würde ich mit älteren Leuten arbeiten."

Achim, 18 Jahre, BRD

---

1 Lesen Sie die Aussagen der vier Jugendlichen. Ordnen Sie jedem der folgenden Ausdrücke aus den Texten das passende Synonym zu.

a	eine Familie gründen	1	zu studieren anfangen
b	sich über etwas Gedanken machen	2	schnell verschwinden
c	sich entscheiden	3	das Gefühl haben
d	sich im Stande fühlen	4	wegfahren
e	ein Studium aufnehmen	5	heiraten und Kinder haben
f	sich weiterbilden	6	zu einem Entschluss kommen
g	den Eindruck haben	7	etwas gleichwertig sein
h	ins Leere laufen	8	mehr lernen
i	genauso viel wie etwas gelten	9	an etwas denken
j	Abstand von zu Hause gewinnen	10	sich für fähig halten

2 Vergleichen Sie die Aussagen mit den Zukunftsmöglichkeiten auf Seite 31. Welche Möglichkeiten passen am besten zu jeder Aussage?

3 a Suchen Sie aus den vier Aussagen oben so viele Zitate wie möglich, die Ihren eigenen Zukunftswünschen entsprechen.

b Verbinden Sie die Zitate in einem kurzem Text zum Thema ‚Was bringt mir die Zukunft?'

z.B. Ich werde das Abitur machen. Hoffentlich werde ich danach …

4 Siehe Self-study Booklet, Seite 8, Übung 2.

5 Schlagen Sie die folgenden Vokabeln von der nächsten Kassette in einem Wörterbuch nach.

die Konkurrenz; in absehbarer Zeit; die Ausdauer; die Lehrstelle; etwas Zusätzliches; der ‚Azubi' (= Auszubildende)

Bilden Sie dann deutsche Sätze mit diesen Vokabeln.

6 📼 Vier junge Leute sprechen über ihre Zukunftspläne angesichts der hohen Arbeitslosenquote. Hören Sie sich die Kassette ‚Wir bleiben doch optimistisch' an und füllen Sie eine Kopie der folgenden Tabelle aus.

Was verbessert die Berufschancen?
Arbeitsmarkt-Experten antworten

- „Abiturienten sollten unbedingt Berufsinformationszentren, Einführungsveranstaltungen und Tage der offenen Tür nutzen, um sich über die zahlreichen Berufe und Studiengänge zu informieren."

- „Man sollte nicht als Erstes danach fragen, wie es auf dem Arbeitsmarkt aussieht. Menschen, die ein interessantes Fach studieren, finden oft eine Anstellung – einfach, weil sie motiviert und erfolgreich sind."

- „Flexibilität ist wichtig. Je breiter die Ausbildung, um so mehr Möglichkeiten hat man später, auch mal anderswo einzusteigen."

- „Es lohnt sich, ein Praktikum zu machen. Das hilft bei der Berufsentscheidung und zeigt bei einer Bewerbung, dass man Erfahrung hat."

- „Immer mehr Jugendliche profitieren von EU-Bildungsprogrammen wie ‚Socrates', ‚Erasmus' und ‚Leonardo'. Fremdsprachenkenntnisse und praktische Arbeitserfahrungen im Ausland sind ein Plus für jeden Bewerber."

	Barbara	Markus	Eva	Christian
Wird nächstes Jahr:				
Mögliche Vorteile:				
Mögliche Nachteile:				

7 Lesen Sie den Text ‚Was verbessert die Berufschancen?' mit Hilfe eines Wörterbuchs.

a Welche sind Ihrer Meinung nach die besten Ratschläge? Versuchen Sie zu zweit, sich weitere Ratschläge zu überlegen.

b Nach dem Abitur nehmen sich viele Jugendliche mindestens ein Jahr frei, bevor sie sich weiterbilden. Notieren Sie die Vor- und Nachteile einer solchen Pause.

c Arbeiten Sie zu zweit. Sie stehen beide kurz vor dem Abitur. Person A will sofort nach den Sommerferien ein Studium anfangen. Person B möchte lieber ein Jahr Pause machen. Besprechen Sie Ihre unterschiedlichen Meinungen mit Hilfe der Texte auf Seite 34–35 und Ihrer Notizen von Übung 6.

z.B. **A:** Ich will sofort ein Studium anfangen.
B: Lernen ohne Pause nützt wenig. Ich …

8 🎧 Siehe Self-study Booklet, Seite 8–9, Übungen 3 und 4.

WUSSTEN SIE SCHON …?

- Über 4 Millionen Deutsche waren Ende der 90er Jahre arbeitslos.
- Ungefähr eine halbe Million der Arbeitslosen ist jünger als 25.
- Im Osten ist die Arbeitslosenquote gemeinhin höher als im Westen. In Teilen von Mecklenburg-Vorpommern und Sachsen-Anhalt ist jeder fünfte Jugendliche ohne Arbeit.

PROJEKTARBEIT

🖱 Suchen Sie weitere Informationen zum Thema ‚Studium im Ausland' auf der Brennpunkt-Website:
http://www.brennpunkt.nelson.co.uk

4 Grammatik: das Futur

Siehe auch Grammatik, Seite 234.

> **Textbeispiele**
> – Ich **werde** das Abitur **machen**.
> – **Hoffentlich** wird es mir auch beruflich **helfen**.

Diese Sätze stehen im **Futur** (*the future tense*).
Das Verb bedeutet auf Englisch *will* oder *be going to*.

z.B. *I will take my school-leaving exam.*
I am going to take my school-leaving exam.

ACHTUNG!
Ich will eine Stelle finden. = *I **want to** find a job.*
Ich werde eine Stelle finden. = *I **will** find a job.*

▶ 🔲 **Hören Sie sich die Kassette 'Wir bleiben doch optimistisch' noch einmal an und suchen Sie sechs weitere Verben im Futur.**

▶ **Was haben Ihre Beispiele gemeinsam?**

Alle Verben im Futur bestehen aus zwei Teilen:
● einer Präsens-Form von **werden**; dieses Verb verändert sich
● einem Verb im **Infinitiv**; dieses Verb steht normalerweise am Ende des Satzes

▶ **Was passiert in dem Satz 'Ich hoffe, dass ich eine Stelle finden werde.'? Warum ist dieser Satz anders?**

DAS FUTUR

ich	werde	......	machen
du	wirst	......	kaufen
er/sie/es	wird	......	spielen
wir	werden	......	trinken
ihr	werdet	......	sehen
Sie/sie	werden	......	besuchen usw.

LERNTIPP

Viele Deutsche benutzen das normale Präsens, wenn sie über die Zukunft sprechen (wie im Englischen auch).

z.B. Ich fahre morgen nach Amsterdam.
I am going to Amsterdam tomorrow.

DIE VOLLENDETE ZUKUNFT

▶ **Was bedeutet der folgende Satz:**
In drei Jahren werde ich mein Elternhaus verlassen haben.

▶ **Warum ist dieses Beispiel anders?**

DER KONDITIONAL

Wenn man über **Möglichkeiten** in der Zukunft spricht, sagt man oft *would* oder *could*.

z.B. Ein Studium **würde** mich **interessieren**.
Ich **könnte** auf die Uni **gehen**.
Wenn ich eine Stelle **finden könnte**, **würde** ich mein Studium sofort **aufgeben**.

▶ **Suchen Sie drei weitere Verben im Konditional in dem Text 'Was bringt die Zukunft?'**

▶ **Was haben Ihre Beispiele gemeinsam? Versuchen Sie, noch vier Sätze im Konditional zu bilden.**

Für weitere Informationen zu diesen zwei Punkten, siehe auch Grammatik, Seite 234, *Future Perfect Tense*, und Seite 239, *Conditional*.

ÜBUNGEN

Machen Sie zuerst die Grammatikübungen auf Blatt **4.2**.

▰ Weitere Grammatikübungen finden Sie auf der Brennpunkt-Website: http://www.brennpunkt.nelson.co.uk

▰ Siehe auch Brennpunnkt Bridging Resource Book, Blatt **39**.

a Was werden Sie in den nächsten 20 Jahren machen? Planen Sie auf einer Zeitachse zehn Ereignisse Ihrer idealen Zukunft.

z.B. 18 Mit 18 werde ich die Schule verlassen.

b Was können Sie Ihrem Partner / Ihrer Partnerin aus der Hand lesen? Versuchen Sie zu zweit, sich die Zukunft vorauszusagen!

z.B. Du wirst viel Geld verdienen. usw.

c Was werden die Jugendlichen auf Seite 34 in den nächsten 10 Jahren machen? Machen Sie (vielleicht lustige) Vorschläge.

d ▰ Schreiben Sie einen Text im Futur von ca. 100 Wörtern zu einem der folgenden Themen:

(1) die Schulen der Zukunft
(2) die Großstädte der Zukunft
(3) die Welt im Jahr 3000

Sie haben die besseren Schulabschlüsse, sie holten an den Unis die Männer europaweit zahlenmäßig längst ein und sind heute stärker im Berufsleben anzutreffen denn je. Dennoch sucht man Frauen unter deutschen Führungskräften meist vergeblich: In gerade mal 11 Prozent aller leitenden Positionen arbeiten Frauen; im mittleren Management stieg ihr Anteil in den letzten zehn Jahren um nur 3 Prozent an.

1 Lesen Sie den Artikel oben. Warum gibt es Ihrer Meinung nach so wenige Frauen in höheren Positionen? Machen Sie zu dritt ein Brainstorming!

2 📼 Vergleichen Sie jetzt Ihre Resultate mit der Kassette ‚Karriere – Barriere?'

a Welche Punkte auf der Kassette haben Sie schon bei Ihrem Brainstorming behandelt?

b Notieren Sie alle zusätzlichen Faktoren, die im Interview erwähnt werden.

WUSSTEN SIE SCHON ...?

- In Deutschland leben rund 2,2 Millionen mehr Frauen als Männer.
- Von den Frauen zwischen 15 und 65 sind heute in Deutschland mehr als 55% erwerbstätig.
- Trotzdem machen deutsche Frauen in großen Unternehmen weniger als 5% des Topmanagements und weniger als 10% des mittleren Managements aus.
- 🖱 Mehr Infos zum Thema ‚Frauen im Beruf' finden Sie auf der Brennpunkt-Website: http://www.brennpunkt.nelson.co.uk

Die Superfrau

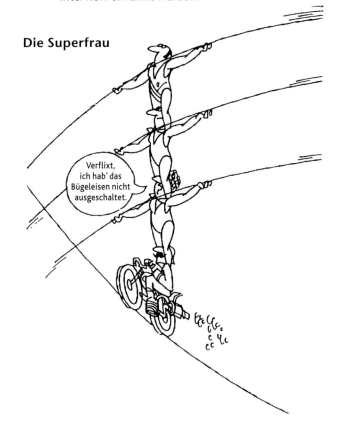

Verflixt, ich hab' das Bügeleisen nicht ausgeschaltet.

Kommunikation!

Das Wort *zwar* benutzen

Deutsche Frauen arbeiten **zwar** in größerer Zahl als je zuvor, sind **aber** in führenden Rollen unterrepräsentiert.

3 Suchen Sie zwei weitere Beispiele für **zwar** auf der Kassette ‚Karriere – Barriere?' Was bedeuten diese Sätze auf Englisch? Erfinden Sie zu zweit sechs weitere Sätze mit **zwar**. Vergleichen Sie Ihre Sätze mit einem anderen Paar.

4 **Brennpunkt!**
Die Klasse teilt sich in zwei Gruppen. Jede Gruppe hat ca. 15 Minuten Zeit, das Pro oder Kontra des folgenden Themas vorzubereiten: ‚Vollkommene Gleichberechtigung zwischen Männern und Frauen im Topmanagement kann nie möglich sein.' Benutzen Sie Wörter, Ausdrücke und Informationen auf dieser Seite und von der Kassette. (Siehe auch das Thema ‚Neue Väter hat das Land!' auf Seite 18.)

4
Gut vorbereitet ist (halb) gewonnen

Die ‚Do's' und ‚Don'ts' der Bewerbung

Deutsche Hochschulabsolventen schreiben im Schnitt 29 Bewerbungen, bis sie eine Einladung zum Vorstellungsgespräch bekommen. Was aber unterscheidet erfolgreiche Bewerber von denen, die nur Absagen erhalten?

Mit der schriftlichen Bewerbung nimmt man den ersten Kontakt mit dem Arbeitgeber auf. Also: Formfehler wie falsche Rechtschreibung, unvollständige, unsaubere Unterlagen, ein unpassendes Foto (z.B. ein Urlaubsbild) oder die Bewerbung im falsch adressierten Umschlag lassen die Chancen gegen Null wandern.

Wichtig ist ein individuelles Anschreiben. Bewerbungsbücher bieten Anregungen, doch das Abschreiben von Musterbriefen ist tabu. Im Klartext: Im Anschreiben kurz sich selbst beschreiben und darlegen, warum man für den entsprechenden Beruf geeignet ist.

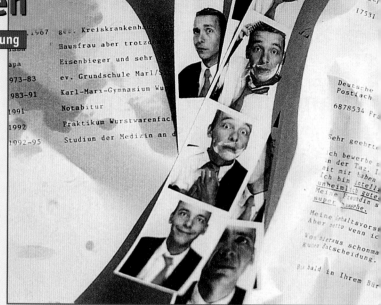

So besser nicht …

---

1 Lesen Sie die Tipps oben mit Hilfe eines Wörterbuchs. Ihre Mitschüler, die kein Deutsch sprechen, könnten vielleicht auch davon profitieren. Fassen Sie die Tipps für sie auf Englisch zusammen.

2 Schreiben Sie auch die wichtigsten Ratschläge in Form einer kurzen Gedächtnishilfe für deutschsprachige Schüler.

  z.B. Man muss …
   Man sollte …
   Man darf nicht …

PRÜFUNGSTRAINING

Einen formellen Brief schreiben
Benutzen Sie Blatt **4.3**.
Siehe auch Self-study Booklet, Seite 9, Übung 5.

3 Schreiben Sie einen formellen Brief (von ca.140–160 Wörtern), in dem Sie sich um die Stelle rechts bewerben.

4 🖭 Hören Sie sich jetzt die Radiosendung ‚Tipps für das Vorstellungsgespräch' an. Schreiben Sie den Inhalt für Ihre Mitschüler auf Englisch auf.

5 **Rollenspiel**
Eine Person ist Arbeitgeber/in und sucht Mitarbeiter/innen für die Reservierungsstelle seines/ihres Freizeitparks. Die andere Person hat einen Brief geschrieben und sich um eine Stelle beworben.

a Der/Die Arbeitgeber/in liest den Bewerbungsbrief und bereitet Fragen für das Vorstellungsgespräch vor.

b Der/Die Bewerber/in liest die Anzeige und seinen/ihren Bewerbungsbrief noch einmal und bereitet sich für das Vorstellungsgespräch vor.

c Das Vorstellungsgespräch fängt an!

Grammatik: Adjektivendungen

Siehe auch Grammatik, Seite 243.

> **Textbeispiele**
> – ... den **ersten** Kontakt
> – ... ein **unpassendes** Foto
> – ... **deutsche** Hochschulabsolventen

▶ Was fällt Ihnen an diesen Adjektiven auf?

▶ Was ist der Unterschied zwischen den Adjektiven oben und dem Adjektiv in diesem Satz: Nach dem Abitur ist der Weg zur Universität *offen*?

Wenn ein Adjektiv direkt **vor** dem Nomen steht, muss es eine Endung haben. Wenn es aber **nach** dem Nomen kommt, gibt es keine Endung.

▶ Suchen Sie andere Ausdrücke mit Adjektivendungen in den Texten auf den Seiten 37 und 38. Schreiben Sie die Beispiele auf und unterstreichen Sie jedes Mal das Wort vor dem Adjektiv und die Adjektivendung.

z.B. Sie haben <u>die</u> besser<u>en</u> Schulabschlüsse.

Es gibt drei Gruppen von Adjektivendungen:

● Endungen nach Wörtern wie **der**, **dieser**, **jeder** usw. (und im Plural **alle**).

z.B. **den** ersten Kontakt

(1)	M.	F.	N.	Pl.
Nom.	der –e	die –e	das –e	die –en
Akk.	den –en	die –e	das –e	die –en
Gen.	des –en	der –en	des –en	der –en
Dat.	dem –en	der –en	dem –en	den –en

● Endungen nach Wörtern wie **ein**, **kein**, **mein**, usw.

z.B. **ein** passendes Foto

(2)	M.	F.	N.	Pl.
Nom.	ein –er	eine –e	ein –es	keine –en
Akk.	einen –en	eine –e	ein –es	keine –en
Gen.	eines –en	einer –en	eines –en	keiner –en
Dat.	einem –en	einer –en	einem –en	keinen –en

● Endungen, bei denen das Adjektiv allein steht.

z.B. **deutsche** Hochschulabsolventen.

(3)	M.	F.	N.	Pl.
Nom.	–er	–e	–es	–e
Akk.	–en	–e	–es	–e
Gen.	–en	–er	–en	–er
Dat.	–em	–er	–em	–en

Benutzen Sie diese dritte Tabelle auch nach Ausdrücken wie **ein bisschen, zwei, drei, viele.**

▶ Sehen Sie sich die Kästchen in den Tabellen an. Was fällt Ihnen an den Tabellen (1) und (2) auf?

▶ Sehen Sie sich Grammatik, Seite 242, an: *der*, *die*, *das*. Vergleichen Sie diese Tabelle mit Tabelle (3). Was fällt Ihnen dabei auf? Warum sind die beiden Kästchen da?

▶ Analysieren Sie jetzt die Endungen, die Sie vorher in den Texten gefunden haben, mit Hilfe der drei Tabellen.
Notieren Sie jedesmal die Tabelle, das Geschlecht, den Fall und den Numerus.

z.B. **den ersten Kontakt**
Tabelle: Tabelle (1) – Wörter wie **der**
Geschlecht: Maskulinum
Fall: Akkusativ
Numerus: Singular

> **ACHTUNG!**
> Man kann viele Adjektive als Nomen benutzen.
> z.B. **der** Jugendliche (*the young man*), **ein** Jugendlich**er** (*a young man*), Jugendliche (*young people*)
> Siehe Seite 140.

ÜBUNGEN

Machen Sie zuerst die Grammatikübungen auf Blatt **4.4**

📝 Weitere Grammatikübungen finden Sie auf der Brennpunkt-Website: http://www.brennpunkt.nelson.co.uk

a Spielen Sie ‚Wer geht auf die Party?' mit Ihrem Lehrer / Ihrer Lehrerin. Bitten Sie ihn/sie um die Spielregeln.

b Siehe Self-study Booklet, Seite 9, Übung 6.

c Schreiben Sie einen Werbetext, damit deutsche Touristen den Freizeitpark in der Anzeige auf Seite 38 besuchen. Benutzen Sie so viele positive Adjektive wie möglich.

z.B. Dieser schöne Freizeitpark heißt ... Er hat viele ...-e ... usw.

Die Zukunft der Arbeit?

Wie sieht die Zukunft der Arbeit aus?

Eines scheint klar: Die wenigsten der heute 20- bis 30-jährigen Deutschen werden ehrwürdige Betriebsjubiläen feiern. Es wird wenige goldene Uhren für 25 Jahre treues Schaffen geben; man wird das Leben viel kurzfristiger (oft sogar in Zwei-Jahres-Abschnitten) planen.

Die traditionelle Arbeitswelt wird im Umbruch sein, aber auch neue Berufe werden entstehen, z.B. im Multimedia-Bereich. Arbeiter werden flexibel sein müssen, damit sie von heute auf morgen in einen anderen Job springen können.

Als Folge der Globalisierung werden die Arbeitsorte weiter auseinanderliegen als je zuvor. Künftig wird die Frage nicht lauten: Ziehe ich von Düsseldorf zum neuen Job in Köln? Sondern: What about going to London? Oder Nairobi? Oder Prag?

Aber Zigtausende werden in Zukunft von zu Hause aus arbeiten. Sie werden als Teleworker per Modem und Telefon nur noch online mit ihrer Firma verbunden sein. Schätzungen gehen davon aus, dass in ein paar Jahren 10–15% aller deutschen Angestellten von zu Hause aus arbeiten könnten.

---

1 Lesen Sie den Text oben mit Hilfe eines Wörterbuchs. Welche Zeitungsschlagzeile gehört zu welchem Absatz im Text? Vorsicht! Es gibt mehr Schlagzeilen als Absätze!

z.B. **a** = Absatz …?

a Immer mehr berufliche Auslandsaufenthalte!
b Die Zeiten der Vollzeitarbeit sind vorbei!
c Die Zukunft gehört den Anpassungsfähigen!
d Nicht alle werden pendeln müssen!
e Lebenslange Karriere bei nur einer Firma ist unwahrscheinlich!
f Vielfältigere Urlaubsmöglichkeiten denn je!

2 ▭ Hören Sie sich die Kassette ‚Telearbeit: Fluch oder Segen?' an. Machen Sie sich kurze Notizen (auf Deutsch oder Englisch) zu den Vor- und Nachteilen der Telearbeit für:

a Firmen
b die Umwelt
c Frauen

3 Überdenken Sie noch einmal die Darstellung der künftigen Arbeitswelt im Text und auf der Kassette. Welche Möglichkeiten halten Sie für gewiss und welche für ungewiss? Machen Sie zwei Listen und benutzen Sie dann die Kommunikationsausdrücke, um Ihre Meinungen zu zweit zu vergleichen.

Kommunikation!

Gewissheit und Ungewissheit ausdrücken

Einiges steht schon fest: …
Ganz bestimmt …
Ich bin sicher, dass …
Es lässt sich nicht bestreiten, dass …

Ich/Man weiß nicht genau, ob …
Es ist zweifelhaft, ob …
Ich bin nicht überzeugt, dass …
Niemand kann mit Sicherheit sagen, dass …

4 ✎ Schreiben Sie jetzt einen Artikel von 150–200 Wörtern, der Ihre Zukunftspläne zusammenfasst. Schreiben Sie, was Sie nach der Schule, in der Arbeitswelt und in Ihrem persönlichen Leben machen werden.

5

Drück dich aus!

Themen	Kommunikation	Grammatik	Prüfungstraining
• Definitionen der Kultur • die schönen Künste • deutschsprachige Kultur • neue Trends im Kino	• abstrakte Themen definieren • Kontrastieren und Vergleichen • über Kunstwerke reden	• Präpositionen • Komparativ und Superlativ	• Verbausdrücke richtig verwenden

„Kunst ist die rechte Hand der Natur.“ Friedrich von Schiller

„Kultur ist, grob gesprochen, alles, was wir tun, und die Affen nicht.“ Lord Raglan

„Im Jogurt gibt es mehr Kultur als in Hollywood.“ Anonymus

„Kunst ist etwas, was so klar ist, daß es niemand versteht.“ Karl Kraus

„Die Kunst ist eine Vermittlerin des Unaussprechlichen.“
Johann Wolfgang von Goethe

„Wahre Kunst bleibt unvergänglich.“ Ludwig van Beethoven

Inhalt

1 Welche der Bilder oben entsprechen am besten Ihrer Definition von Kunst und Kultur?

2 Lesen Sie die Aussagen oben. Mit welchen können Sie sich am besten identifizieren?

Kultur – was ist denn das?

Lesen Sie, was drei Jugendliche unter ‚Kultur' verstehen.

‚Kultur' ist ein Wort, das sehr schwer zu definieren ist. Meine Eltern und Lehrer würden sicher sagen, dass es darum geht, Literatur zu studieren und klassische Musik zu hören. Persönlich habe ich überhaupt kein Interesse an dieser traditionellen Kultur – an der sogenannten kulturellen Erbschaft Deutschlands. Was mich betrifft, ist es ganz egal, welche Sinfonien Beethoven komponiert hat oder was Goethe geschrieben hat. Es hat ja mit dem heutigen Leben nichts zu tun. Für mich geht Kultur um alles, was man genießt. **Jochen (17)**

Für mich ist Kultur alles, was unvergänglich bleibt – alles, was in einer Gesellschaft schön und wertvoll ist. Kultur ist ohne Zweifel ein unentbehrlicher Teil des Lebens. Wir können so viel über andere Länder und Leute herausfinden, indem wir ihre Literatur, Musik und Kunst studieren. Kultiviert sein bedeutet für mich die Fähigkeit, diese Sachen zu schätzen. Ich bin sehr Stolz auf die deutsche Kultur und interessiere mich besonders für die Werke von Schiller und Brecht, die ich fürs Abitur studiere. Dank meiner literarischen Studien habe ich meinen Horizont erweitert und viel über die menschliche Natur gelernt. **Gabi (18)**

Als Türke, der in Deutschland geboren ist, verstehe ich unter ‚Kultur' alles, was mich mit meiner Herkunft verbindet – die Sachen, die mir helfen, meine türkische Identität zu bewahren. In erster Linie ist meine Religion Kultur und der Koran ist das beste ‚Buch der Kultur' das es auf der Welt gibt! Die türkische Küche, die ich zu Hause genieße, ist auch ein kultureller Aspekt meines Lebens. Einmal die Woche rufen wir meine Großeltern in der Türkei an; wir reden über das, was in ihrem Dorf passiert. Solche Telefongespräche sind ein wunderschönes kulturelles Erlebnis! Außerdem lese ich viel türkische Literatur – und höre gern türkische Popmusik. Das mögen meine deutschen Freunde auch. Es ist toll, dass sie sich für meine Kultur interessieren. **Mehmet (18)**

---

1 Lesen Sie mit Hilfe eines Wörterbuchs die Texte oben und sagen Sie, ob die folgenden Aussagen richtig oder falsch sind.

a Was Kultur betrifft, teilt Jochen die Ideen seiner Eltern und Lehrer.

b Für Jochen ist die kulturelle Erbschaft Deutschlands sehr wichtig.

c Gabi ist der Meinung, dass Kultur eine große Rolle im Leben spielt.

d Gabi studiert gern Literatur.

e Mehmet interessiert sich mehr für die deutsche als für die türkische Kultur.

f Religion ist für Mehmet nicht so wichtig wie die türkische Küche.

g Telefongespräche können für Mehmet kulturell sein.

2 🔲 Ralf redet über den jährlichen ‚Karneval der Kulturen' in Berlin. Hören Sie sich die Kassette an und füllen Sie die Lücken in den folgenden Sätzen aus.

a Ralf geht gern zum Karneval, weil er viel über andere .... und .... lernen kann.

b Er wohnt .... Kilometer von Berlin.

c In Berlin leben Menschen aus über hundert ....

d Beim Karneval zeigen verschiedene Gruppen die Musik und die .... ihrer Kulturen.

e Beim Karnevalsumzug gibt es eine .... Atmosphäre.

f Es gibt viele Nationalgruppen – Ralf erwähnt Kenianer, ... Gruppen und Vietnamesen.

g Deutsche können auch als Gäste am Karneval .... sein.

h Der Karneval hilft, ... zwischen Leuten aller Länder zu schaffen.

3 Siehe Self-study Booklet, Seite 10, Übung 1.

4 Besprechen Sie zu zweit die kulturellen Veranstaltungen und Möglichkeiten, die es in Ihrer Heimat oder Gegend gibt. Wenn es keine gibt, wie könnte man die Lage verbessern? Vergleichen Sie dann die Ergebnisse Ihrer Diskussionen mit anderen in der Gruppe.

5 Persönliche Perspektive! Schreiben Sie auf Deutsch einen kurzen Abschnitt (50–70 Wörter) mit dem Titel ‚Was Kultur für mich bedeutet'. Benutzen Sie dabei die Texte oben und auch die Ausdrücke im Kommunikationskasten.

Kommunikation!

Abstrakte Themen definieren

Für mich ist Kultur etwas, was …
Kultiviert sein, das bedeutet …
Ich glaube, dass Kultur viel mit … zu tun hat.
Kultur ist wichtig, weil …
Vielleicht kann man Kultur als … beschreiben.
Unter dem Wort ‚Kultur' verstehe ich …

Asphalt-Künstler

**Ihre Bühne ist die Straße und sie bieten
Musik, Pantomime, Malerei und vieles mehr.**

Im Stadtzentrum ist es wirklich hektisch. Es ist verkaufsoffener Samstag* – für einen Straßenkünstler wie Albrecht Winkler ideal!

Albrecht ist nicht allein – dabei sind sein Geiger, Joschi, und sein Hund. Joschi ist eine Marionettenfigur, die sich zu klassischer Musik bewegt, aber der Hund ist echt. Albrecht ist oft an dieser Stelle am Berliner Kurfürstendamm zu finden. Hier wohnt er und hier arbeitet er. Seine Puppe kommt an und die Leute, die stehen bleiben, werfen Geld in den braunen Zylinder auf dem Gehweg.

Jetzt eine kleine Zigarettenpause, Joschi kann sich ausruhen und der Hund geht allein Gassi.[†] Albrecht erzählt, dass er diese Arbeit erst seit zwei Monaten macht. Er ist wegen einer finanziellen Notlage dazu gekommen. Mit seinen Auftritten kann er jetzt seine Miete und seinen Lebensunterhalt bezahlen.

Die Highnumbers sind leider keine große Nummer beim Publikum. Etwas verlassen sitzen sie auf den Stufen einer Treppe bei der Gedächtniskirche. Die Highnumbers, das sind Sänger Thomas, der seine Texte aus einem kleinen Notizbuch liest, Gitarrist Ludwig, der auf seiner akustischen Gitarre herumklimpert, und Schlagzeuger Cedric, der mit zwei Sticks auf einen Deckel trommelt. Der Hutinhalt zeigt, wie erfolgreich sie sind – ganze zehn Mark Gage.

Frustriert das? Für die drei Franzosen ist es – so sagen sie – nicht so schlimm. Schließlich machen sie Ferien in Berlin und auf die Idee mit der Straßenmusik sind sie nur gekommen, um ein bisschen mehr Geld für den Urlaub zu verdienen.

Unweit von der Gedächtniskirche arbeiten Ingo und Silvia als Pflastermaler. Vom Kunstwerk selbst kann man im Moment nicht viel sehen. Nur der lila Rahmen und die aufgeteilte Fläche und ein paar farbige Stellen versprechen, dass es bald mehr zu sehen gibt. Die beiden haben es etwas eilig. Polizei? Nein, da gibt's keine Schwierigkeiten, und auch die Besitzer der Geschäfte, vor denen sie malen, sehen das eigentlich ganz gerne, weil dort die Leute stehen bleiben. Ingo, ein Berliner, und Silvia, eine Costa Ricanerin, leben von ihrer Kunst. Ingo hat diese Kunst vor zwei Jahren von einem Freund gelernt. Er wusste also von Anfang an, was es bedeutet, den Fulltimejob eines Straßenkünstlers zu haben – eine Existenz ohne kalkulierbares Einkommen. Aber er schätzt die Freiheit, ohne Rücksicht auf Arbeitgeber und sonstige Zwänge.

Währenddessen verwischt Silvia mit der Hand ein paar Farben. Erst morgen werden sie mit ihrem Gemälde fertig. Und das bedeutet wie in vielen anderen Jobs: früh aufstehen. Denn sonst zertrampeln die Passanten das angefangene Bild und machen die Arbeit vom Vortag wieder zunichte.

* *verkaufsoffener Samstag = erster Samstag jedes Monats, an dem Geschäfte in Deutschland ganztägig statt halbtägig geöffnet sind*   [†]*Gassi gehen (fam.) = to go walkies*

---

6 Lesen Sie die Texte oben und setzen Sie die folgenden Satzhälften zusammen.

a Albrecht Winkler ist froh, …
b Passanten werfen Geld …
c Wegen einer finanziellen Krise …
d Die Highnumbers sind etwas verlassen, …
e Obwohl sie nicht viel verdienen, …
f Im Moment kann man nicht sehen, …
g Ingo und Silvia sind bei den Geschäftsbesitzern beliebt, …
h Ingo und Silvia arbeiten gern als Pflastermaler, …

1 … weil Passanten vor ihrer Geschäften stehen bleiben.
2 … weil sie nur wenig Geld erhalten haben.
3 … wenn es in der Stadt hektisch ist.
4 … weil sie Freiheit haben wollen.
5 … was Ingo und Silvia malen.
6 … sind die Highnumbers ziemlich munter.
7 … hat Albrecht begonnen, als Straßenkünstler zu arbeiten.
8 … in den braunen Zylinder von Albrecht Winkler.

7 Siehe Self-study Booklet, Seite 10, Übung 2.

8 **Gruppenrollenspiel**
Stellen Sie sich vor, Sie sind einer der folgenden Straßenkünstler:

Feuerschlucker/in; Einradfahrer/in; Jongleur; Akrobat/in; Komiker/in; Musiker/in; Zauberkünstler; Puppenspieler/in; Clown; Pflastermaler/in

Bereiten Sie Ihre Rolle vor: Wie heißen Sie? Was machen Sie genau? Machen Sie das alleine oder mit anderen zusammen? Was tragen Sie? Wo treten Sie auf? Seit wann? Was passiert an einem typischen Tag? Warum sind Sie Straßenkünstler/in geworden? Wie finden Sie den Job? Werden Sie gut belohnt?

Interviewen Sie sich jetzt gegenseitig.

9 Siehe Self-study Booklet, Seite 10, Übung 3.

Kul-Tour!

Rheinlandschaft mit Brücke von C. G. Schütz

c Naturalismus

Dorfpolitiker von Wilhelm Leibl

B *Romantik*

Landschaft, Norwegen von Erik Bodom

D Expressionismus

Betroffener Ort von Paul Klee

1 Schlagen Sie folgende Adjektive in einem Wörterbuch nach.

heiter; dramatisch; ruhig; realistisch; traumhaft; wild; märchenhaft; harmonisch; alltäglich; fantasiereich; genau; abstrakt; ordentlich; bedrohlich ; symbolisch; kontrastreich; ungewöhnlich; finster; abenteuerlich

Schauen Sie sich jetzt die vier Bilder an und stellen Sie Vergleiche an. Benutzen Sie dabei die Wörter und Ausdrücke im Kasten unten.

Kommunikation!

Zwei Sachen vergleichen

x ist **nicht so** schön **wie** y.
x ist **genauso** schön **wie** y.
x ist **schöner als** y.
x ist **am** schön**sten**.

Diese Sätze sind Beispiele des Komparativs und Superlativs. (Siehe auch Grammatik, Seite 244, und Blatt **5.1** .)

Kontraste

Bild A ist heiter und ruhig.
Im Kontrast dazu ist Bild B
Bild B ist aber/jedoch/dagegen } bedrohlich und bewegt.

2 🎞 Hören Sie sich die Kassette ‚Kunstbewegungen' an. Welche Zusammenfassung passt zu welcher Kunstrichtung?

a Die Klassiker ...
b Die Romantiker ...
c Die Naturalisten ...
d Die Expressionisten ...

1 ... wollten vor allem eine möglichst genaue Wiedergabe der Wirklichkeit.
2 ... hielten Maß, Harmonie und Ordnung für wichtige Ziele.
3 ... wollten zeigen, dass die sichtbare Welt bloße Erscheinung ist; es gibt eine tiefere Wahrheit.
4 ... glaubten, dass Gefühl, Abenteuer und das Träumerische sehr wichtig sind.

3 Hören Sie sich jetzt die Kassette zum zweiten Mal an und notieren Sie alle zusätzlichen Informationen, die Sie über die verschiedenen Bewegungen verstehen. Tauschen Sie Ihre Ergebnisse in der Gruppe aus!

MODERNE KUNST
Alles nur Bluff?

**Moderne Kunst – eine harte Nuss!
Ist das etwas, was wir alle genießen
können, oder ist es nur für Leute, die
nicht ‚normal' sind?**

Was ist so toll daran, wenn ein Künstler
seine Bilder mit einem Messer aufschlitzt
(der Italiener Lucio Fortuna) oder auf seine
Plastiken pinkelt (Andy Warhol)? Ist das ein
Spaß, ein Kulturerlebnis, eine Herausforderung?
Ist das überhaupt was?

Warum sehen manche Bilder aus wie von
Kindern gemalt? Und wenn Künstler literweise
Farbe auf ihre Bilder kippen und das Ergebnis
ein Kunstwerk nennen? Was bedeutet es, wenn
man auf dem Bild nur wilde Farben erkennen
kann und sonst nichts? Solche Fragen haben
wir vier jungen Leuten aus Hannover gestellt.

aufschlitzen	to rip up
eine harte Nuss	a tricky one
mit etwas fertig werden	to get to grips with something

Susa, 18

1 Man muss auch mit sich streiten,
um mit einem Bild fertig zu werden.

2 Irgendwie langweilt mich das, nimmt mir die Zeit weg.

3 Für mich ist wichtig, wie ein
Kunstwerk wirkt, nicht was ein
Maler sich dabei gedacht hat.

5 Für mich ist
Kunst immer ein
Erlebnis.

Raoul, 19

4 Man muss doch nicht
Kunst studiert haben, um
über ein Kunstwerk etwas
sagen zu können.

6 Ich gebe zu, dass
ich manche Bilder einfach
nicht ernst nehmen kann.

Kurt, 18

8 Ich frage mich,
warum manche Leute für
so etwas so viel Geld ausgeben.

7 Man muss mit der
Zeit ein Auge für die
Kunst entwickeln.

Silke, 18

4 🔲 Lesen Sie mit Hilfe eines Wörterbuchs die Einführung
links. Hören Sie sich dann die Kassette ‚Moderne Kunst' an.
Wer sagt was? Teilen Sie jedem der vier jungen Leute oben
zwei Zitate zu.

z.B. Susa = 6 und …?

5 a Sehen Sie sich die zwei Gemälde links an. Wie reagieren Sie
darauf? Benutzen Sie die Adjektive auf Blatt **5.2** und die Sätze
im Kommunikationskasten, um Ihre Reaktion zu beschreiben.

Kommunikation!

Über Kunstwerke reden

Dieses Gemälde
Diese Skulptur
} gefällt mir (nicht), weil …
sagt mir nichts/viel.
lässt mich kalt.
wirkt beunruhigend/beruhigend auf mich.

Es/Sie hat eine/keine tiefere Bedeutung.
Ich mag die Farben / die Komposition überhaupt nicht /
besonders gern.
Meiner Meinung nach ist es/sie sehr/ziemlich
ungewöhnlich/auffallend/geschickt ausgeführt/ausdrucksvoll/
symbolisch/blöd/kindisch/einfach/primitiv/hässlich.

b Eines der Gemälde wurde von Karel Appel, einem berühmten
modernen Künstler, gemalt; das andere ist das ‚Meisterwerk'
eines dreijährigen Kindes. Aber wer hat was gemalt?
Besprechen Sie Ihre Meinungen miteinander und finden
Sie von Ihrem Lehrer / Ihrer Lehrerin heraus, ob Sie gute
Kunstkritiker sind!

6 Wie finden **Sie** moderne Kunst? Was ist für **Sie** wichtig, wenn
Sie sich ein Bild ansehen? Welchen der vier jungen Leute oben
können Sie am ehesten zustimmen? Besprechen Sie das zu
zweit oder in der Gruppe.

7 Schreiben Sie eine Kurzkritik (ca. 150 Wörter) über ein Bild, das
Ihnen besonders gefällt. Benutzen Sie die Fragen auf Blatt **5.2**
sowie die Information auf Seite 44–45.

Zwei Genies

Mozart

Das ‚Wunderkind'

Wolfgang Amadeus Mozart wurde 1756 in Salzburg geboren. Schon mit drei Jahren spielte er auf dem Cembalo; mit vier komponierte er zum ersten Mal. Mit sechs Jahren trat er in Konzerten mit seiner Schwester Nannerl in Wien auf. Das ‚Wunderkind' fuhr nach Italien, Holland, Frankreich – 3720 Tage war er auf Reisen! In Rom notierte er nach einmaligem Hören eine ganze Komposition auswendig.

Ein unbeachtetes Genie

Mit seiner gelblichen Hautfarbe und seinem Gesicht, das Spuren der Blattern zeigte, war Mozart kaum ein gut aussehender Mann. Sein äußeres Ohr war nicht voll ausgebildet. Um so intensiver entwickelte sich sein Gehörsinn. Als Mensch war er aber unheimlich reizbar. Er konnte sich wegen einer Nichtigkeit erregen und zitternd in Ohnmacht fallen! Leider war er in Geldangelegenheiten nicht sehr genau – sein ganzes Leben lang litt er an Geldmangel. Insgesamt komponierte Mozart über 600 Werke, darunter 41 Sinfonien, aber das gesamte Ausmaß seines Genies wurde zu seinen Lebzeiten nicht anerkannt.

Tod und Beerdigung

Mozart starb am 5. Dezember 1791 im Alter von 35 Jahren. Die drei ärztlichen Gutachten waren widersprüchlich: Gehirnentzündung; Frieselfieber; Wassersucht. Mozart selbst war anderer Ansicht: ‚Gewiss hat man mir Gift gegeben.' Nach seinem Tod glaubten viele, dass er von seinem Rivalen Salieri vergiftet wurde. Zur Legende gehört auch, dass Mozarts Leiche in ein Armengrab geworfen wurde. Für dieses Genie gab es weder Holzkreuz noch Blumen.

Beethoven

Frühe Jahre

Ludwig van Beethoven wurde 1770 in Deutschland geboren und verbrachte den größten Teil seines Lebens in Wien. Beethovens Kindheit war äußerst unglücklich. Der Kleine wurde schon als Vierjähriger von seinem ehrgeizigen Vater gezwungen, bis in die Nacht Klavier zu üben. Wenn er nicht genug übte, wurde er geschlagen. Als Beethoven fünf Jahre alt war, wurde seine erste Komposition veröffentlicht.

Ein temperamentvolles Genie

Als er älter wurde, begannen sich seine Kompositionen von den Werken Haydns und Mozarts zu unterscheiden. Beethovens Kompositionen waren nämlich voll dramatischer Überraschungen. Der Komponist verbrachte normalerweise viel Zeit damit, seine Kompositionen fertig zu stellen. Oft fielen ihm Ideen während langer Wanderungen auf dem Land ein. Leider wurde Beethoven auch wegen seiner Unhöflichkeit und Wutanfälle bekannt, doch diese negativen Charakterzüge waren vielleicht auf seine Taubheit zurückzuführen. 1801 hatte er zum ersten Mal darüber berichtet und ab 1818 war sie so weit fortgeschritten, dass Beethoven sich nur noch schriftlich verständigen konnte. Trotzdem hat er weiterkomponiert. Seine neun Sinfonien sind besonders bekannt und fast jeder kennt seine ‚Mondscheinsonate'. Beethovens Sinfonien sind in mancher Hinsicht anders als die, die Mozart komponierte – viel länger und großartiger.

Ende eines Lebens

Beethoven starb 1827 an Wassersucht und an einer Leberzirrhose. Am 29. März wurde er auf dem Währinger Friedhof beerdigt, und mehr als 200 000 Menschen nahmen an der Zeremonie teil.

bestimmen	to define, to determine
die Blattern	smallpox
er litt an (+ Dativ)	he suffered from
in Ohnmacht fallen	to faint
die Spur (en)	trace

äußerst	extremely
es fielen ihm Ideen ein	ideas occurred to him
die Taubheit	deafness
veröffentlichen	to publish

1 Textüberblick. Lesen Sie die Sätze unten. Finden Sie dann in den Texten auf Seite 46 Sätze mit der gleichen Bedeutung.

Mozart
a nachdem er etwas nur einmal gehört hatte
b Deswegen konnte er besser hören.
c Er ärgerte sich, auch wenn es keinen Grund dafür gab.
d Die Leute seiner Epoche wussten nicht, wie begabt er war.

Beethoven
e Nach einiger Zeit fing Beethoven an, einen individuellen Stil zu entwickeln.
f Bei Beethoven dauerte es lange, bis er ein Werk zu Ende komponierte.
g Es ist möglich, dass die unangenehmen Aspekte seines Charakters eine Folge seiner Taubheit waren.
h Bei Beethovens Beerdigung waren sehr viele Leute anwesend.

2 Denken Sie sich zehn Fragen zum Text aus, um das Verständnis Ihres Partners / Ihrer Partnerin zu überprüfen.

z.B. Wie alt war Mozart als er zum ersten Mal etwas komponierte?

Ihr Partner / Ihre Partnerin sollte die Fragen wenn möglich beantworten, ohne in den Text zu schauen. Wechseln Sie dann die Rollen.

3 Siehe Self-study Booklet, Seite 10, Übung 4.

4 🔲 Lesen Sie sorgfältig den Text unten. Hören Sie sich dann die Kassette ,Ein Fettkäse namens Amadeus' mit Hilfe des Vokabelkastens unten an. Korrigieren Sie dabei die Fehler im Text!

Mozart starb vor über 300 Jahren. Heute wird er in seiner Heimat Österreich wie ein Popstar vermarktet. In Frankreich schwört man auf eine ,Mozart-Diät', und eine nahöstliche Milchfirma lässt ihren Jogurt bei Mozart-Musik fest werden. Mozart trank besonders gern Bier, aber man findet sein Porträt auch auf Weingläsern. Wenn Mozart heute noch lebte, würde er von den Aufführungen seiner Werke allein in Europa schätzungsweise 2 Millionen Mark (1 Million Euros) Honorar bekommen sowie Tantiemen für Bücher und Magazine über sein Leben und Werk.

🔲 Ein Fettkäse namens Amadeus

das Bierseidel	tankard
fernöstlich	Far Eastern
der Fettkäse	fatty cheese, popular in Austria
gären	to ferment
das Honorar (-e)	royalty
das Konterfei	portrait
schätzungsweise ...	an estimated ...
ein armer Schlucker	a poor devil
der Schnallenschuh	buckled shoe
die Tantieme (-n)	royalty/percentage
wirbt (from werben)	advertises

5 Lesen Sie die Gedichte unten. Zu welchem passt Ihre eigene Einstellung am besten? Finden Sie mit Hilfe von Blättern **5.3** und **5.4** heraus, wie man Gedichte analysiert!

Endlich Feierabend!
Dieser Stress, Aufregung
und zerstörte Nerven.
Gereizt lege ich mich
aufs Bett und schalte
das Tonband ein.
Rhythmische Musik ertönte
aus den Lautsprechern.
Ruhe tritt in meinen
Körper. Ich genieße
das Leben und schalte
völlig ab.
Dagmar, 17

Gutes Konzert
Laute Musik
Irres Lichtspiel
Viele Leute
Dichter Rauch
Heißer Rhythmus
Ich dazwischen
Und glücklich
Unerklärlich glücklich
Franz, 18

6 Übersetzen Sie mit Hilfe eines Wörterbuchs ,Ein unbeachtetes Genie' auf Seite 46. In diesem Ausschnitt finden Sie viele Beispiele von Verben im Imperfekt (siehe Seite 30). Bevor Sie beginnen, finden Sie zu zweit die Infinitive aller Verben im Text.

PROJEKTARBEIT

Benutzen Sie Lexika, Bücher, das Internet usw. um zehn interessante Tatsachen über einen anderen deutschsprachigen Komponisten herauszufinden. Präsentieren Sie Ihre Arbeit dann als Hörverständnis-übung für die anderen in der Gruppe!

5 Unternehmen Kultur

1 Schlagen Sie Ihnen unbekannte Wörter im Kasten in einem Wörterbuch nach.

> Künstler Zeit leisten fördern Sponsoren
> Firmen vervierfacht gelassener Museum
> Kultur Steuergeldern Millionen Kulturkreis
> verlieren aufbessern vierhundert

2 🔲 Hören Sie sich jetzt den ersten Teil der Kassette ‚Unternehmen Kultur' an und ergänzen Sie die folgende Zusammenfassung, indem Sie die Wörter aus dem Kasten oben benutzen.

1988 haben sich viele .....(1)..... aller Größenordnungen in einem .....(2)..... zusammengefunden, der als Ziel hatte, Künstler und Kulturereignisse zu .....(3)..... . Fast jedes Theater, Orchester und .....(4)..... wird zwar mit .....(5)..... subventioniert; für besondere Ereignisse wie Musikfestivals werden aber immer noch .....(6)..... gebraucht. Zigarettenfirmen und Chemiekonzerne sehen sich gern als Sponsoren für die .....(7)....., weil sie dadurch ihr Image .....(8)..... können. Seit 1985 hat sich das Sponsoring der Kultur .....(9)....., auf knapp .....(10)..... .....(11)..... Mark (200 Millionen Euros) im Jahr. Vor nicht allzu langer .....(12)..... wollten .....(13)..... lieber keine Sponsoren haben, weil sie fürchteten, dadurch ihre Selbstständigkeit zu .....(14)..... . Inzwischen sehen sie es viel .....(15)..... weil sie dadurch Projekte finanzieren können, die sie sich sonst nicht .....(16)..... könnten.

3 🔲 Hören Sie sich jetzt den zweiten Teil der Kassette an. Wer fördert was? Ordnen Sie zu!

a die Frankfurter Sparkasse
b Mercedes
c Audi
d die Deutsche Lufthansa

1 den kostenlosen Transport von Kunstwerken
2 das Schleswig-Holsteiner Musikfestival
3 die ersten Auftritte von Pop- und Rockkids
4 das Fotodesign
5 die Münchener Philharmoniker

4 Arbeiten Sie zu zweit. Stimmen Sie den folgenden Aussagen zu? (Siehe Kommunikationskasten auf Seite 5.)

a Ich gehe lieber ins Kino als ins Theater.
b Mehr Leute gehen ins Kino als ins Theater; daher sollte man das Kino mehr als das Theater subventionieren.
c Kunst und Kultur spielen keine wichtige Rolle in unserem heutigen Leben.
d Musikvideos und Werbespots sind auch eine Form von Kunst.
e In 50 Jahren werden Kinder keine Bücher in ihrer Freizeit lesen: Videos, Computerspiele und Fernsehen werden sie ersetzt haben.

5 Siehe Self-study Booklet, Seite 10, Übung 5.

6 Schauen Sie sich die Grafik unten an. Geben Sie Ihre Reaktionen auf die Statistiken, indem Sie die Sätze unten ergänzen.

z.B. Es ist interessant, dass so viele Leute <u>ins Theater gehen</u>.

a Es ist interessant, dass so viele Leute ....
b Ich bin überrascht, dass nur .... Prozent dieser Leute ....
c Ich verstehe nicht, warum mehr Leute in Kunstgalerien gehen als ....
d Ich verstehe, warum weniger Leute in Bibliotheken gehen als ....
e Man sieht hier, dass die meisten Leute .... nicht so gern haben.
f Es fällt mir auf, dass nur wenige Leute ....

> ### ACHTUNG!
> **mehr** (*more*) und **weniger** (*less*) sind wichtige Beispiele des Komparativs. Sie haben keine Endungen! Wenn das Wort **wenige** die Bedeutung *few* hat, hat es die normalen Adjektivendungen (siehe Seite 12).

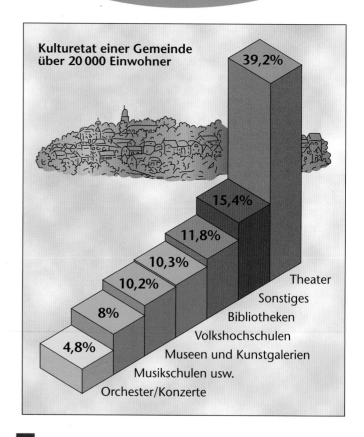

Kulturetat einer Gemeinde über 20 000 Einwohner

39,2% Theater
15,4% Sonstiges
11,8% Bibliotheken
10,3% Volkshochschulen
10,2% Museen und Kunstgalerien
8% Musikschulen usw.
4,8% Orchester/Konzerte

7 Siehe Self-study Booklet, Seite 11, Übung 6.

Kino allein genügt nicht mehr ...

1 Seit Anfang des Jahres ist Wolfgang Berg Geschäftsführer vom Kölner Cinedoms, einem gigantischen Tempel aus Stahl und Acryl. Paradebeispiel einer neuen Kinogeneration: riesig, modern, luxuriös. Überall in Deutschland gibt es immer mehr dieser Filmpaläste.

2 Gläserne Aufzüge, leise Musik, goldgelbes Popcorn in durchsichtigen Boxen – alles schön und sauber. Das Publikum soll nicht nur kommen um Filme anzusehen. Bars und Cafés, sogar ein Billardsalon, sorgen für Verpflegung und Unterhaltung.

3 Auf drei Etagen, natürlich vollklimatisiert, 13 Kinos in allen Größen: vom intimen Saal bis zum Amphitheater mit 712 Plätzen. THX-Dolby-Stereo-Sound, Leinwände, die so riesig sind, dass der Zuschauer glaubt, er säße mittendrin im Filmgeschehen.

4 „Bei uns ist sogar ein langer Film ein Genuss", sagt Geschäftsführer Berg. Recht hat er. Sogar Filme von $3\frac{1}{2}$ Stunden vergehen in den bequemen, geräumigen Lehnsesseln sehr schnell. Berg: „Der Cinedom will alles bieten. Den Kassenschlager und den besonderen Film. Deshalb haben wir ja auch Säle mit nur hundert Plätzen gebaut."

5 Es geht hier um Vielfalt. Aber ist ein solcher Anspruch überhaupt zu halten, wenn man jährlich 1,5 Millionen Kinokarten verkaufen muss, um die Pleite zu vermeiden? „Der Druck ist groß", weiß auch Berg. Er ist jedoch optimistisch: „Die Ansprüche steigen. Wer heute ins Kino geht, will etwas erleben, Leute treffen, kommunizieren. Das alles geht im Cinedom."

---

8 Lesen Sie den Text oben durch. Welcher Titel unten gehört zu welchem Absatz im Text?

a Schöne Stimmung in luxuriöser Umgebung.
b Bei diesen ‚Kinos der Zukunft' stehen riesige Summen auf dem Spiel.
c Die neuen Filmpaläste kommen in Deutschland sehr gut an.
d Es wird eine große Vielfalt an Filmen gezeigt.
e Große Leinwand und perfekter Ton erhöhen den Filmgenuss.

9 Beantworten Sie die folgenden Fragen auf Deutsch. Sie können dabei ein Wörterbuch benutzen.

a Wer ist Wolfgang Berg?
b Wann hat er diese Stelle übernommen?
c Finden Sie im Text drei Adjektive, die den Cinedom beschreiben.
d Was kann das Publikum des Cinedoms außer Filmen genießen?
e Wie viele Plätze hat der größte Saal im Cinedom?
f Warum machen auch sehr lange Filme im Cinedom Spaß?
g Aus welchem Grund gibt es auch kleine Säle im Cinedom?
h Was muss der Cinedom machen, damit er nicht bankrott geht?
i Was denkt Wolfgang Berg über die Zukunft des Cinedoms?
j Welche Wünsche hat der moderne Filmbesucher?

10 Bereiten Sie kurz Ihre Antworten auf die Diskussionsfragen vor und stellen Sie dann einem Partner / einer Partnerin die Fragen. Sind Ihre Antworten ähnlich oder verschieden?

- Warum gehst du ins Kino?
- Würdest du lieber einen freien Abend vor der Glotze oder im Kino verbringen? Warum?
- Was kostet der Eintritt in deinem lokalen Kino?
- Findest du, dass es zu teuer / zu billig ist?
- Gehst du gern allein ins Kino? Warum (nicht)?
- Hast du in letzter Zeit einen guten Film gesehen? Was hat dir an diesem Film besonders gefallen? Worum geht es in diesem Film?
- Was ist für dich bei einem Kinobesuch am wichtigsten (Bequemlichkeit, Qualität des Films, Qualität des Popcorns, ein günstiger Eintrittspreis, Nähe des Kinos, anderes ...)?
- Inwieweit kann man Kino als Kunst bezeichnen? Begründen Sie Ihre Antwort!

WUSSTEN SIE SCHON ...?

- 1891 ließ Thomas Alva Edison die erste funktionstüchtige Filmkamera patentieren.
- 1995 gab es in Deutschland 3814 Filmtheater mit 125 Millionen Besuchern. 1996 waren es 4035 Filmtheater. Ihre Vorstellungen wurden von 133 Millionen besucht.

5 Grammatik: Präpositionen

Siehe auch Seite 24 (Nominativ, Akkusativ, Dativ), 33 (Genitiv) und Grammatik, Seite 245–246.

Text- und Kassettenbeispiele

- Es ist verkaufsoffener Samstag – **für** einen Straßenkünstler wie Albrecht Winkler ideal.
- Wir erkennen, dass **durch** diesen Karneval Verbindungen zwischen Leuten aller Länder entstehen.

durch, **für** und **gegen** sind Präpositionen. Einige Präpositionen stehen immer mit dem Akkusativ:

bis *until / up to*, durch *through*, entlang *along*, für *for*, gegen *against/towards*, ohne *without*, um *around/about*, wider *against / contrary to*

N.B. **durchs** = durch das; **fürs** = für das; **ums** = um das.

Textbeispiele

- **Mit** seiner gelblichen Hautfarbe war Mozart kaum ein gut aussehender Mann.
- **Nach** seinem Tod glaubten viele, dass er von seinem Rivalen Salieri vergiftet wurde.

mit, **nach** und **von** sind auch Präpositionen. Neun Präpositionen stehen immer mit dem Dativ:

aus *out of / from*, außer *except for*, bei *at/with/during*, mit *with*, nach *after/to*, seit *for/since*, von *of/from*, zu *to*, gegenüber *opposite / towards / compared with*

N.B. **zur** = zu der.

▶ Was bedeuten *zum, vom* und *beim*?

Neun Präpositionen können mit dem Akkusativ oder dem Dativ stehen:

an *at/on/to*, auf *on*, hinter *behind*, in *in*, neben *next to*, über *above/over*, unter *below/under*, vor *in front of / before*, zwischen *between*

ÜBUNGEN

Machen Sie zuerst die Grammatikübungen auf Blatt 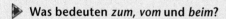 5.5 .

📄 Weitere Grammatikübungen finden Sie auf der Brennpunkt-Website: http://www.brennpunkt.nelson.co.uk

🖼 Siehe auch Brennpunkt Bridging Resource Book, Blätter **44**, **45** und **46**.

a Lernen Sie die Präpositionen mit Akkusativ und die Präpositionen mit Dativ auswendig. Benutzen Sie eventuell eine bekannte Melodie oder denken Sie sich eine Gedächtnisstütze aus.

Fragen Sie sich zu zweit ab.
z.B. Person A: „aus". Person B: „Dativ". usw.

b Siehe Self-study Booklet, Seite 11, Übung 7.

c Beschreibungsspiel! Bitten Sie Ihre Lehrerin / Ihren Lehrer um die Spielregeln.

▶ Sehen Sie sich die folgenden Sätze an. Wann stehen die Präpositionen mit dem Akkusativ und wann mit dem Dativ? Warum? Finden Sie die Regel heraus!

- Er stellt die Bratpfanne auf den Herd.
- Er sitzt im Flur und ruft seine Freundin an.
- Er stürzt in die Küche: die Bratpfanne auf dem Herd steht in Flammen.

Textbeispiele

- Er ist **wegen** einer finanziellen Notlage dazu gekommen.
- Oft fielen ihm diese Ideen **während** langer Wanderungen ein.

wegen (*because of*) und **während** (*during*) stehen mit dem Genitiv; **außerhalb** (*outside*), **innerhalb** (*inside*) und **trotz** (*in spite of*) sind ebenfalls Präpositionen mit Genitiv.

LERNTIPP

- Ich finde es toll, dass sie sich für meine Kultur interessieren.
- Zwei Drittel der Gedichte befassen sich mit dem Thema Krieg.
- Ich bin sehr stolz auf die deutsche Kultur.

Die Verben in diesen Sätzen stehen mit bestimmten Präpositionen. Im deutsch–englischen Wörterbuch gibt man solche Verbausdrücke so an:

sich für etw. (acc) interessieren to be interested in sth
sich mit. (dat) etw. befassen to deal with sth
stolz auf etw. (acc) sein to be proud of sth

N.B. **etw.** = etwas (*something*).

Manchmal sieht man so etwas im Wörterbuch:

mit jdm. über jdn./etw. reden to talk *or* speak to *or* with sb about sb/sth

N.B. **jdm.** = jemandem (Dativ; indirektes Objekt; *to somebody*)
jdn. = jemanden (Akkusativ; direktes Objekt; *somebody*)

PRÜFUNGSTRAINING

Verbausdrücke richtig verwenden!

Übersetzen Sie die folgenden Sätze mit Hilfe der angegebenen Verbausdrücke ins Deutsche. Schlagen Sie im Wörterbuch nach, ob die Ausdrücke den Akkusativ oder Dativ gebrauchen.

1 *I'm waiting for my German teacher.* (*to wait for* = warten auf)
2 *He concentrates on his work.* (*to concentrate on* = sich konzentrieren auf)
3 *I get annoyed about my car.* (*to get annoyed about* = sich ärgern über)
4 *I don't believe in ghosts.* (*to believe in* = glauben an)
5 *He's taking part in the demonstration.* (*to take part in* = teilnehmen an)

Leib und Seele

6

Sind Sie gesundheitsbewusst?

RICHTIG ODER FALSCH?

1 Vitamin C in Megadosen kann Erkältungen verhindern.

2 Bei jeder Mahlzeit sollte man versuchen, gründlich gekochtes Obst und Gemüse zu essen.

3 Deutsche Vegetarier leben länger als Fleischesser.

4 Man sollte Sonnencremes bereits 10 Minuten vor dem Sonnenbad benutzen – sonst wirken sie nicht.

5 Auch wenn man im Schatten sitzt, sollte man sich vor UV-Strahlen schützen.

6 Der größte Anteil der deutschen Jugendlichen raucht.

7 Beim Verbrennen einer Zigarette entwickeln sich ungefähr zwei Liter Rauch.

8 Musik reduziert Stress und erhöht die Schmerztoleranz.

9 Jeder dritte Deutsche ist wetterfühlig.

10 Auch in Hinsicht auf seelische Gesundheit: Die meisten Menschen in Deutschland und Österreich bekennen sich als evangelisch.

Inhalt

1 ▣ Beantworten Sie die Quizfragen oben. Hören Sie sich dann die Lösung auf der Kassette ‚Sind Sie gesundheitsbewusst?' an.

2 a ▣ Hören Sie sich die Kassette noch einmal an und notieren Sie die drei Tatsachen, die Sie am interessantesten finden.

b Vergleichen Sie zu zweit Ihre Wahl und erklären Sie die Gründe dafür.

TÜCHTIG ESSEN?

7 Regeln für eine richtige Ernährung

Die wichtigsten ärztlichen Tipps

① Essen Sie mäßig, aber regelmäßig! Nehmen Sie die Mahlzeiten in Ruhe ein.

② Das Frühstück sollte ein guter Auftakt für den Tag sein; die letzte Mahlzeit sollte einige Stunden vor dem Schlafengehen eingenommen werden.

③ Halten Sie Ihre Kost so vielseitig wie möglich.

④ Das lebensnotwendige Eiweiß ist in Milch, Quark, Käse, Fisch, Fleisch und Eiern enthalten. Reich an Eiweiß und Kalzium ist die Milch. Nehmen Sie möglichst jeden Tag 0,5 Liter (teil)entrahmte Milch zu sich!

⑤ Fett ist kalorienreich und führt leicht zu Übergewicht, wenn man zu viel davon isst. 75 g Fett genügen für den, der körperlich nicht schwer arbeitet.

⑥ Bringen Sie täglich Obst und Gemüse auf den Tisch und essen Sie einen Teil davon als Frischkost (rohes Obst, rohe Salate, rohe Säfte!), dann sind Sie ausreichend mit wichtigen Vitaminen, Mineralstoffen und Ballaststoffen versorgt.

⑦ Dunkles Brot und Vollkornerzeugnisse (wie Vollkornhaferflocken und Vollkornbrot) haben viele Vorzüge.

eingenommen werden	to be consumed
die Frischkost	fresh food
genügen	to be sufficient
die Haferflocken *pl.*	rolled oats, porridge oats
kalorienreich	high in calories
lebensnotwendig	essential

1 Suchen Sie jetzt im Text deutsche Wörter oder Ausdrücke für:

moderately but regularly; eat your meals in peace; a good start; maintain as varied a diet as possible; rich in protein and calcium; easily leads to being overweight; you then have an adequate amount of important vitamins, minerals and roughage; wholemeal products; many advantages

2 📼 Lesen Sie den Text noch einmal schnell durch. Auf der Kassette ‚Streit ums Essen' hören Sie dann, wie Eltern am Mittagstisch mit ihren Kindern schimpfen. Welche Aussage passt am besten zu welchem schriftlichen Tipp?

3 Ergänzen Sie die folgenden Vorschläge und Befehle aus dem Text (a–d) und von der Kassette (e–h).

z.B. **a Nehmen Sie** die Mahlzeiten in Ruhe **ein**.

a .... die Mahlzeiten in Ruhe ....
b .... Ihre Kost so vielseitig wie möglich.
c .... möglichst jeden Tag 0,5 Liter (teil)entrahmte Milch zu sich!
d .... täglich Obst und Gemüse auf den Tisch. .... einen Teil davon als Frischkost.
e .... mal morgen früher ....
f .... lieber ein Glas Milch!
g .... bitte deine Karotten!
h .... doch langsamer, ihr beide!

GRAMMATIK

DER IMPERATIV

Sehen Sie sich Übung 3 noch einmal an. Was fällt Ihnen an

- der **Sie**-Form der Verben auf?
- der **du**-Form auf?
- der **ihr**-Form auf?
- den trennbaren Verben auf?

Siehe Grammatik, Seite 241, und Blatt **6.1**.

🖱 Weitere Grammatikübungen finden Sie auf der Brennpunkt-Website:
http://www.brennpunkt.nelson.co.uk

📖 Siehe auch Brennpunkt Bridging Resource Book Blatt **47**.

ACHTUNG!
Imperativformen des Verbs **sein**:
sei, seid, seien Sie

Die meisten Hunde essen gesünder als der Mensch

Aktion: Essen mit Köpfchen

Eigentlich toll, so ein Hundeleben: ausgewogene Ernährung, regelmäßige Bewegung und viel frische Luft. Genau das, was uns oft fehlt. Damit wir gesünder essen, hilft die AOK. Z.B. mit dem ‚Küchenplan mit Köpfchen'. Wenn Sie also das nächste Mal mit Ihrem Hund spazieren gehen, kommen Sie bei uns vorbei. Für Ihre Gesundheit machen wir uns stark.

4 Sehen Sie sich diese Werbung der AOK (= Allgemeine Ortskrankenkasse) an.

  a Aus welchen drei Gründen soll der Hund gesünder sein als der Mensch?

  b Sind die meisten Hunde wirklich gesünder als Menschen? Sammeln Sie zu zweit Gründe, warum ein Hundeleben auch oft ungesund sein kann. Inwiefern ist es unserem heutigen Lebensstil ähnlich? Vergleichen Sie Ihre Ideen mit anderen in der Gruppe.

5 Sehen Sie sich die Kommunikationsausdrücke an. Benutzen Sie dann den Text, das Bild und Ihre Phantasie und erfinden Sie zu zweit einen lustigen Dialog zwischen dem Hund und dem Mann! Der Hund benutzt die **du**-Form des Imperativs und gibt seinem Besitzer Rat, wie er ein gesünderes Leben führen kann. Der Mann muss jedes Mal eine Ausrede suchen, warum er das nicht macht, nicht machen kann oder nicht machen will.

  z.B. – Geh mal öfter mit mir spazieren!
          – Aber ich habe doch keine Zeit …
          – Iss mal mehr Gemüse!
          – Aber Fleisch schmeckt mir besser …

6 🔲 Gesunde Produkte kommen immer häufiger in den Werbespots vor. Hören Sie sich die Kassette ‚Essen Sie sich fit!' an and machen Sie die Übungen auf Blatt **6.2**.

7 Werben Sie jetzt in ca. 40–70 Wörtern für ein gesundes Nahrungsmittel oder Getränk. Entwerfen Sie Ihre Werbung in Form einer Kassette, eines Videos oder eines Textes für ein Poster.

Kommunikation!

Vorschläge machen, Befehle geben

An deiner/Ihrer Stelle würde ich
Du könntest / Sie könnten (vielleicht) ⎫
Du solltest / Sie sollten (lieber)   ⎬ öfter spazieren
Du musst / Sie müssen (unbedingt)   ⎭ gehen.
Geh   ⎫
Gehen Sie ⎬ öfter (mal) spazieren!

Guten Appetit!

Vegetarische Ernährung liegt um die Jahrtausendwende voll im Trend – das zeigen die neusten Jugendstudien. Zwar mag die Mehrzahl der Befragten nicht ganz auf Fleisch verzichten. Doch der Anteil der erklärten ‚Fleischesser' nimmt ab.

Laut einer dieser Studien ernähren sich etwa vierzig Prozent der deutschen Jugendlichen fleischarm oder vegetarisch. Besonders Mädchen stehen auf pflanzliche Kost. Immer mehr junge Leute steigen zumindest auf fleischarme Ernährung um – sie essen Fleisch zwei- bis dreimal pro Woche als Beilage in kleinen Portionen.

Die Zahl der erklärten Vegetarier hat sich in den vergangenen sechs Jahren verdoppelt. Obwohl sich weniger als zehn Prozent der Befragten völlig fleischlos ernähren, nehmen sie vegetarisches Essen beim Wort. Ihnen reicht es nicht aus, Fleisch einfach wegzulassen. Vegetarier zu sein geht für die meisten mit einer ganzen Philosophie einher.

„Wenn du weiter solchen Terror wegen möglicher Schadstoffe in meinem Essen machst, kochst du in Zukunft selber!"

Bioland Anbau - praktizierender Naturschutz

Bereits 1971 gegründet ist ‚Bioland' heute der größte deutsche Anbauverband des ökologischen Landbaus. Bioland steht für die Landwirtschaft der Zukunft. Denn der ökologische Landbau sorgt für eine gesunde Ernährung der Menschen, schützt Boden und Wasser und hält die Umwelt intakt.

Der ökologische Anbau fördert eine natürliche Fruchtbarkeit der Böden. Wir Bioland-Erzeuger verzichten vollständig auf chemische Unkraut-, Schädlings- und Pilzbekämpfungsmittel sowie auf synthetische Düngemittel.

Wir leisten damit einen entscheidenden Beitrag für mehr Lebensqualität und zur Sicherung der Lebensgrundlagen für uns und zukünftige Generationen.

---

1 Lesen Sie den Text links und schlagen Sie unbekannte Vokabeln in einem Wörterbuch nach. Ordnen Sie dann die folgende Zusammenfassung in der richtigen Reihenfolge.

a Für viele gehört Fleisch nicht mehr zum täglichen Hauptgericht.

b Vollkommene Vegetarier gehören immer noch zu einer kleinen aber kompromisslosen Minderheit.

c Fast die Hälfte der jungen Deutschen isst wenig oder sogar kein Fleisch.

d Der Verzicht auf Fleisch ist oft mit einer ganzen Lebensweise verbunden.

e Die Zahl der Fleischlosen ist in der letzten Zeit schnell gestiegen.

f Eine neue Jugend-Umfrage hat gezeigt, dass Vegetarismus immer beliebter wird.

g Bei den weiblichen Jugendlichen ist die Zahl der Vegetarier am größten.

2 🔲 Hören Sie sich die Kassette ‚Meinungen zu vegetarischem Essen' an. Beantworten Sie die folgenden Fragen auf Deutsch.

a Aus welchen drei Gründen ist der erste Sprecher kein Vegetarier?

b Was hält die zweite Jugendliche für gesunde Ernährung und warum?

c Warum isst der dritte Sprecher kein Fleisch? Nennen Sie zwei Gründe dafür.

d Warum sind Bio- und Ökoprodukte am gesündesten, der vierten Sprecherin nach?

3 Lesen Sie den Informationsartikel ‚Bioland-Anbau'. Schlagen Sie die folgenden Vokabeln in einem deutsch–englischen Wörterbuch nach. Schreiben Sie jedes Mal einen neuen Satz auf Deutsch, um zu zeigen, dass Sie die Vokabeln verstehen.

z.B. der Anbauverband ➜ Alle Bauern in diesem Anbauverband erzeugen natürliche Ernährung, ohne chemische oder synthetische Mittel zu verwenden.

a ökologisch   e verzichten auf

b der Landbau   f das Unkrautbekämpfungsmittel

c die Fruchtbarkeit   g das Düngemittel

d der Erzeuger   h einen entscheidenden Beitrag leisten

4 Was halten Sie von:

a Vegetarismus?

b Fleischessen?

c Bioprodukten?

Vergleichen Sie zu zweit Ihre Meinungen.

5 🎧 Siehe Self-study Booklet, Seite 12, Übungen 1 und 2.

zur Natur!

OZON: **Der Tod liegt in der Luft!**

PRÜFUNGSTRAINING

Ein einsprachiges Wörterbuch benutzen

Benutzen Sie Blatt **6.5** um herauszufinden, wie man
Wörter in einem einsprachigen Wörterbuch nachschlägt.

6 Schlagen Sie die folgenden Vokabeln in einem
einsprachigen Wörterbuch nach und erklären Sie ihre
Bedeutung.

a die Strahlen
b die Ozonschicht
c unbestreitbar
d aussetzen
e leichtsinnig
f prall
g Wissenschaftler
h die Sonnenopfer
i sich vermindern
j die Häufigkeit

7 Lesen Sie jetzt den Artikel ‚Der Tod liegt in der Luft'.
Welche Satzteile gehören dem Text nach zusammen?
Vorsicht! Es gibt mehr Satzenden als Satzanfänge!

a Die Sonne ist für uns sehr wichtig, weil …
b Die abnehmende Ozonschicht hat aber viele
Nebenwirkungen, weil …
c Die Kraft der Sonne birgt Gesundheitsrisiken, obwohl
…
d Die Hautkrebsrate ist Beweis des Problems, da …
e Eine zunehmende Zahl der Bevölkerung leidet,
indem …
f Experten nehmen die Verringerung der Ozonschicht
ernst, weil …

1 … sie an den Folgen der Sonne erkrankt und stirbt.
2 … sie oft unterschätzt wird.
3 … sie unserem Planet energiereiche Vitamine liefert.
4 … sie zu unserer körperlichen und seelischen
Gesundheit beiträgt.
5 … sie in den letzten Jahrzehnten dramatisch
gewachsen ist.
6 … sie einen proportional größeren Einfluss auf die
Krebsquote ausübt.
7 … sie uns weniger vor gefährlichen UV-Strahlen
schützt.

PROJEKTARBEIT

📞 Suchen Sie weitere Informationen zu den Themen
Vegetarismus, Bioprodukte und Sonnenschutz auf der
Brennpunkt-Website:
http://www.brennpunkt.nelson.co.uk

Sie lässt Pflanzen grünen, sie gibt uns Energie
und macht uns fröhlich, wir brauchen sie,
damit sich wichtige Vitamine in unserem
Körper bilden – die gute Sonne. Doch der Glutball
im Zentrum unseres Planetensystems kann auch
gefährlich werden. Seine Strahlen können uns
verbrennen und krank machen – und die Gefahr
wächst, seit die schwindende Ozonschicht mehr
UV-Strahlen durchlässt.

Unbestreitbar ist: Wenn die Sonne scheint,
setzt bei vielen die Vernunft aus. Leichtsinnig lassen
Millionen sich in praller Hitze braten und riskieren
dabei ihre Gesundheit. Seit 1982 hat sich in der
Bundesrepublik die Hautkrebsrate mehr als verdoppelt. Wissenschaftler schätzen, dass jährlich
ungefähr 95 000 Menschen daran erkranken; ca.
2000 sterben. Die Zahl der Sonnenopfer steigt
von Jahr zu Jahr. Die Ozonschicht in der oberen
Atmosphäre hat sich in den vergangenen Jahren
vermindert. Die Warnung der Experten: Bei einer
Verringerung von nur einem Prozent nimmt die
Krebshäufigkeit pro Jahr um drei Prozent zu.

8 Stellen Sie sich vor, Sie arbeiten für:

a einen Vegetarierbund
oder b eine Biokostladenkette
oder c ein Hautforschungszentrum.

Sie zielen Ihre neueste Publizitätskampagne auf deutsche
Jugendliche ab. Bereiten Sie eine kurze Rede für
Oberstufenschüler vor, in der Sie für eine gesunde
Lebensweise eintreten und so ausführliche Informationen
darüber geben wie möglich. (Siehe noch einmal
Blatt **2.5**: Prüfungstraining!)

Gesund und munter?

Bleiben Sie doch nicht passiv!

Raucher gefährden ihre Gesundheit. Klar. Aber sie beeinträchtigen auch die Gesundheit ihrer Mitmenschen. Es ist inzwischen erwiesen, dass auch das Passivrauchen gesundheitsschädlich ist. Beim Verbrennen einer Zigarette entwickeln sich ungefähr zwei Liter Rauch. Dieser enthält neben Nikotin, Kohlenmonoxid und Teer über 3000 chemische Verbindungen. Darunter sind über 40 nachgewiesene Krebs erzeugende Stoffe.

Der Raucher selbst nimmt vom Rauch seiner Zigarette nur rund ein Viertel direkt auf, das zum Teil wieder ausgeatmet wird. Der größere Teil des Rauchs zieht in die Umgebung. Hier finden sich zahlreiche Schadstoffe in wesentlich höherer Konzentration als im sogenannten ‚Hauptstromrauch'. Bis zu 130-mal stärker ist die Konzentration an Krebs erzeugenden Substanzen.

In Deutschland sterben jährlich schätzungsweise 5000 bis 10 000 Nichtraucher an Herzkrankheiten, weil sie gegen ihren Willen mitrauchen müssen. Und weitere 500 bis 1000 Nichtraucher sterben aus diesem Grund an Lungenkrebs.

Diese erschreckenden Zahlen sind das Ergebnis von 23 Studien über das Lungenkrebsrisiko und elf Untersuchungen zur Gefahr von Herzerkrankungen durch Passivrauchen. Diesen Studien zufolge, erhöht sich das Tumorrisiko um 30 bis 50 Prozent und die Gefahr von Herzleiden um 25 bis 30 Prozent.

In diesem Zusammenhang erklärte das Bundesgesundheitsamt in Berlin: „Damit steht das Passivrauchen nach dem Rauchen und überhöhtem Alkoholkonsum an dritter Stelle der wichtigsten Todesursachen, die man durchaus vermeiden kann."

1 Lesen Sie den Text oben mit Hilfe eines Wörterbuchs. Welche Überschrift unten gehört zu welchem Absatz im Text?

z.B. 1. Absatz = ?

a Verschiedene Forschungen haben gezeigt, dass die Häufigkeit gewisser Krankheiten durch Passivrauchen steigt.
b Passivraucher werden durch die giftigen Stoffe im Tabakqualm ebenfalls stark belastet.
c Die Folgen des Passivrauchens sind vermeidbar.
d Raucher sind nicht nur für ihre eigene Gesundheit verantwortlich.
e Viele Deutsche leiden an tödlichen Krankheiten, weil sie Passivraucher sind.
f Zigarettenrauch enthält eine Vielzahl gefährlicher Schadstoffe.

2 📼 Hören Sie sich die Kassette ‚Mehr Schutz für Nichtraucher' an. Sind die folgenden Sätze richtig oder falsch?

a Dank einem Aktionsprogramm des Bundesministeriums für Gesundheit werden Nichtraucher seit 1990 besser geschützt.
b Rauchen ist jetzt in allen öffentlichen Gebäuden verboten.
c An vielen Arbeitsplätzen hat man ein Rauchverbot zuerst wegen Sicherheit eingeführt.
d Rauchen ist in den meisten Straßenbahnen, Bussen und U-Bahnen nicht mehr erlaubt.
e Nur wenige Abteile in deutschen Zügen sind für Raucher reserviert.
f Über 70% der Fluggesellschaften haben Rauchen verboten.
g Viele deutsche Arbeitgeber glauben, dass es dem Image ihrer Firma gut tut, wenn es ein Rauchverbot am Arbeitsplatz gibt.
h Obwohl $\frac{3}{4}$ aller deutschen Jugendlichen rauchen, mögen sie saubere Luft.

3 Rollenspiel
Totales Rauchverbot in öffentlichen Gebäuden? Benutzen Sie Blatt **6.4** und die Kommunikationsausdrücke rechts, um darüber zu diskutieren!

Kommunikation!

Tatsachen betonen

Tatsache ist, dass …
Es gibt nicht den geringsten Zweifel, dass …
Es ist erwiesen, dass …
Es steht völlig außer Frage, dass …
Unbestreitbar ist: …

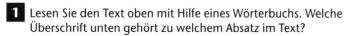

GESUNDHEITSBERICHT

Seit 1980 ist der Anteil der Raucher im Alter von 18 bis 24 Jahren in Deutschland deutlich zurückgegangen. Auch der regelmäßige wöchentliche Alkoholkonsum der Jugendlichen ist im Sinken begriffen. Trotzdem sind Tabak und Alkohol zahlenmäßig Deutschlands Drogen Nummer eins und zwei.

Unter den illegalen Drogen steht Cannabis an erster Stelle. Aber hier sehen die Statistiken anders aus: Nach jahrelanger Stagnation ist der Drogenkonsum bei Jugendlichen in Deutschland in den 90er Jahren wieder gestiegen. So hat sich der Anteil der drogenerfahrenen 12- bis 25-Jährigen auf ca. 25% erhöht. Seit 1993 ist insbesondere die Drogenerfahrung bei den 12- bis 17-Jährigen und bei weiblichen Jugendlichen gestiegen.

Diese Entwicklung gibt Anlass zur Sorge. Gerade die Anfälligkeit von Jugendlichen für probeweises oder dauerhaftes Konsumieren illegaler Drogen deutet auf das Vorhandensein von latenten oder tiefsitzenden Problemen oder auf ein eingeschränktes Risikobewusstsein hin. Verunsicherung und empfundene Perspektivlosigkeit insbesondere von benachteiligten Gruppen spielen hier außerdem eine Rolle.

4 Lesen Sie den Text ‚Gesundheitsbericht'. Suchen Sie im Text die fett gedruckten Vokabeln (a–h) unten. Wählen Sie mit Hilfe eines Wörterbuchs zu jedem Wort das passende Synonym.

z.B. **deutlich**   kaum wahrnehmbar   sichtbar
      ⟶ deutlich = sichtbar

a	**der Anteil**	der Teil	die Teilnahme
b	**zurückgehen**	zunehmen	sich reduzieren
c	**trotzdem**	dennoch	darüber hinaus
d	**die Drogen**	der Rausch	das Rauschgift
e	**illegal**	gestattet	gesetzlich untersagt
f	**steigen**	sich erhöhen	abnehmen
g	**die Entwicklung**	das Wachstum	die Entzündung
h	**der Anlass**	der Grund	die Wirkung

5 a Aus welchen vier Gründen ist der Drogenkonsum bei Jugendlichen dem Text zufolge gestiegen?
   b Arbeiten Sie zu zweit. Lassen Sie sich so viele Beispiele wie möglich zu jedem der vier Gründe einfallen.
   c Welche Gründe sind Ihrer Meinung nach am wichtigsten? Diskutieren Sie darüber zu zweit.

WUSSTEN SIE SCHON ...?

- Man muss in Deutschland Mitglied einer Krankenkasse sein. Wenn man seine Beiträge zahlt, hat man eine Krankenversicherung, die einen vor (hohen) Arztkosten schützt.

- Bessere Vorsorge, neue Therapien und eine gesündere Lebensweise haben die Krebssterblichkeitsraten in Deutschland gesenkt. Trotzdem stirbt heute jeder vierte Bundesbürger an einem Tumorleiden.

- Weil die Gefahr, an einem Herzinfarkt oder Schlaganfall zu sterben, deutlich abnimmt, könnte Krebs in 15 bis 20 Jahren zur häufigsten Todesursache in der BRD werden.

- Nahezu ein Drittel der 16- bis 17-jährigen Deutschen hat mindestens fünfmal Haschisch geraucht.

6 Stellen Sie sich vor, Sie schreiben an einen Politiker / eine Politikerin über den steigenden Drogenkonsum bei deutschen Jugendlichen. Schreiben Sie einen Brief von ca. 150–200 Wörtern, in dem Sie:

- Ihre Sorgen darstellen.
- die Gründe für den Anstieg erklären.
- vorschlagen, wie die Regierung das Problem bekämpfen sollte.

7 ⌒ Siehe Self-study Booklet, Seite 12–13, Übungen 3, 4 und 5.

6 Was liegt uns auf der Seele?

Brauchen wir Religion für unser seelisches Wohlbefinden? Welche Rolle spielt sie in unserem heutigen Leben? Fünf Jugendliche verschiedener Glaubensrichtungen äußern sich hier dazu.

Stefan, 19 – Atheist

Religion bedeutet für mich sehr wenig. Ich kann mir keinen Gott vorstellen, der so viele unbeschreibliche Dinge auf dieser Welt erlaubt. Und von der Kirche halte ich seit Jahren nichts. Wie kann man eine Institution unterstützen, deren Ideen so altmodisch sind? Ihre Haltung zu Abtreibung, zu Kirchenkritikern und zu gewissen Randgruppen hat nichts mit dem 21. Jahrhundert zu tun, meine ich. Die Kirche unterdrückt außerdem viele Leute in den Entwicklungsländern. Das finde ich völlig inakzeptabel.

Jens, 17 – Protestant

Ich denke, dass man auch Christ bzw. Gläubiger sein kann, wenn man nicht jeden Sonntag in die Kirche geht oder vor dem Essen betet. Hauptsache, man ist tolerant und macht Platz in seinem Leben für seinen Glauben. Ich selbst glaube an Gott und für mich hat die evangelische Religion die meiste Anziehungskraft. Ich habe aber gute Freunde, die aus ganz anderen Religionsgemeinschaften kommen. Das finde ich ganz in Ordnung.

Iris, 18 – Katholikin

Für mich gehören mein Glaube und die Gemeinschaft der Kirche untrennbar zusammen. Wichtig ist mir vor allem die Eucharistie als sichtbares Zeichen dieser Gemeinschaft und die Beichte, bei der man die Chance hat, immer neu anzufangen. Zentral ist für mich dabei, dass ich von Gott in allen Situationen trotz meiner Schwächen angenommen werde. Es gibt Zeiten, in denen wir alle nach dem Sinn des Lebens suchen. Die Kirche hilft mir, diesen Sinn zu verstehen.

---

1 Lesen Sie die Aussagen oben. Suchen Sie in den genannten Texten ein passendes Wort oder einen passenden Ausdruck für jedes Beispiel unten.

a	Stefan:	Meinung zum Schwangerschaftsabbruch
b	Stefan:	in der Dritten Welt
c	Iris:	das Zusammengehörigkeitsgefühl
d	Iris:	der Abendmahlgottesdienst
e	Iris:	das Sündenbekenntnis
f	Jens:	spricht mich am meisten an
g	Nehat:	Beten
h	Nehat:	Frieden machen
i	Ilana:	durchaus glaubhaft
j	Ilana:	biblische Befehle

2 📼 Hören Sie sich jetzt fünf andere Jugendliche auf der Kassette ‚Was liegt uns auf der Seele?' an. Ergänzen Sie die folgenden Sätze über ihre Meinungen zu Religion.

a Toby ist Atheist, weil ...
b Raphael glaubt, dass ...
c Für Eva ist Religion ...
d Achim findet, dass Religion ...
e Janine findet es schwierig ...

Kommunikation!

Zweifel ausdrücken

Suchen Sie auf der Kassette ‚Was liegt uns auf der Seele?' drei Ausdrücke, die Raphael, Achim und Janine benutzen, um Zweifel auszudrücken. Bilden Sie zu zweit neue Sätze mit diesen Ausdrücken.

3 a Versuchen Sie sich an weitere vier Kommunikationsausdrücke zu erinnern, die man benutzen kann, um Zweifel oder Ungewissheit auszudrücken. (Vergleichen Sie Ihre Liste mit den Ausdrücken auf Seite 40.)

b Benutzen Sie alle sieben Kommunikationsausdrücke und bilden Sie zu zweit neue Sätze zum Thema Religion und/oder seelische Gesundheit.

Nehat, 20 – Moslem

Meine Religion ist mir sehr wichtig. Als gläubiger Moslem habe ich fünf Hauptpflichten (die fünf Säulen des Islams): das Bekenntnis zu Allah und seinem Propheten Mohammed, das fünfmal täglich stattfindende Gebet, das Almosengeben, das Fasten während des Monats Ramadan und eine Pilgerfahrt nach Mekka. Obwohl es hart ist, freue ich mich immer auf den Fastenmonat, in dem man zwischen Sonnenaufgang und Sonnenuntergang weder essen noch trinken darf. Es ist die Zeit, in sich zu gehen und sich mit seinen Feinden zu versöhnen.

Ilana, 17 – Jüdin

Ich bin Jüdin, seitdem ich denken kann, denn bei uns wird die Religion von der Mutter an das Kind weitergegeben. Ich finde meine Religion sehr überzeugend und lebe nach den Gesetzen der über 600 Gebote im Alten Testament, die das Fundament des jüdischen Glaubens bilden. Sobald ich mein Abitur habe, möchte ich nach Israel ziehen, denn ein Großteil meiner Familie lebt dort. Dennoch habe ich in Dortmund nur ganz selten negative Erfahrungen wegen meiner Religion gemacht.

WUSSTEN SIE SCHON …?

- Wenn man in Deutschland der Kirche angehört, zahlt man automatisch eine Kirchensteuer. Dadurch werden die Gehälter der Geistlichen sowie kirchliche Schulen, Krankenhäuser usw., finanziell unterstützt.

- Statistisch gesehen haben die Protestanten mit ca. 28 Millionen Mitgliedern einen leichten Vorsprung vor den 27 Millionen Katholiken in Deutschland.

- Stark vertreten ist die islamische Glaubensgemeinschaft. Die Zahl der Moslems in Deutschland beträgt rund 1,7 Millionen; die meisten von ihnen sind Türken.

- Im Deutschen Reich lebten 1933 über eine halbe Million Juden. Nach dem nationalsozialistischen Völkermord leben heute rund 60 000 Juden in Deutschland. Die größte jüdische Gemeinde mit ca. 10 000 Mitgliedern befindet sich in Berlin.

- Man schätzt, dass ca. 15% der deutschen Bevölkerung keiner Religion angehören.

4 a Welche der Aussagen der zehn Jugendlichen (in den Texten und auf der Kassette) kommt Ihrer eigenen Meinung am nächsten? Warum?

ACHTUNG!

Seit: Von der Kirche **halte** ich **seit** Jahren nichts. Siehe Grammatik, Seite 232 (das Präsens) und Seite 233 (das Imperfekt).

b Schreiben Sie in wenigen Sätzen Ihre Meinung zum Thema ‚Wie wichtig ist Religion in meinem Leben?'

5 Was für positive und negative Wirkungen übt Religion auf unser seelisches Wohlbefinden aus? Machen Sie zu zweit oder zu dritt ein Brainstorming.

6 ∩ Siehe Self-study Booklet, Seite 13, Übung 6.

7 Brennpunkt!
Schreiben Sie einen Aufsatz von ca. 250–300 Wörtern über eines der folgenden Themen.

a Nehmen wir unsere Ernährung zu ernst?
b „Wer raucht, denkt nicht, wer denkt, raucht nicht". Nehmen Sie dazu Stellung.
c Erwägen Sie die gesundheitlichen Vor- und Nachteile unseres heutigen Lebensstils.
d Braucht die moderne Gesellschaft eine Religion?

PRÜFUNGSTRAINING

Denken Sie an die Struktur Ihres Aufsatzes!
z.B. **a** Einführung
b Argument (Absätze, die Vor- und Nachteile behandeln)
c eigene Meinung
d Schluss
(Siehe auch Seite 29.)

PROJEKTARBEIT

Siehe Blatt **2.5**. Halten Sie eine kurze und informative Rede (von etwa 2–3 Minuten) über eines der folgenden Themen.

a Gesunde Ernährung
b Vegetarismus
c Gesundheitsgefahren für Jugendliche
d Eine religiöse Weltanschauung

Weitere Infos finden Sie auf der Brennpunkt-Website:
http://www.brennpunkt.nelson.co.uk

6 Grammatik: Relativsätze

Siehe auch Grammatik, Seite 244.

> **Textbeispiele**
>
> – Es gibt Zeiten, in **denen** wir alle nach dem Sinn des Lebens suchen.
>
> – Ich kann mir keinen Gott vorstellen, **der** so viele unbeschreibliche Dinge erlaubt.
>
> – Wie kann man eine Institution unterstützen, **deren** Ideen so altmodisch sind?

▶ **Was bedeuten diese Beispiele auf Englisch?**

In den Textbeispielen oben sehen Sie drei Relativsätze (*relative clauses*). Die fett gedruckten Wörter sind Relativpronomen (*relative pronouns*); auf Englisch *who, whom, whose* oder *which*.

Das Relativpronomen bezieht sich immer auf ein Wort im ersten Teil des Satzes.

▶ **Auf welches Wort bezieht sich das Relativpronomen in jedem Textbeispiel?**

DIE RELATIVPRONOMEN

	M.	F.	N.	Pl.
Nom.	der	die	das	die
Akk.	den	die	das	die
Gen.	dessen	deren	dessen	deren
Dat.	dem	der	dem	denen

Vergleichen Sie diese Tabelle mit der ersten Tabelle auf Seite 242.

▶ **Was fällt Ihnen**
  - an den meisten Wörtern in dieser Tabelle auf?
  - am Genitiv Singular (*whose, of which*) auf?
  - am Dativ Plural (*to whom, to which*) auf?

Sehen Sie sich die Wortstellung in den Relativsätzen in den Textbeispielen an.

▶ **Wo steht das Verb in einem Relativsatz?**

▶ **Wo steht die Präposition, die zum Relativpronomen gehört?**

▶ **Wo muss man ein Komma setzen?**

Der Relativsatz kann auch mitten im Hauptsatz stehen.

z.B. Der Mann, der um die Ecke wohnt, ist krank.
Der Film, den ich gestern Abend sah, war ausgezeichnet.

▶ **Was fällt Ihnen jetzt**
  - an den Kommas auf?
  - an der Wortstellung auf?

> **ACHTUNG!**
> Das Nomen des Hauptsatzes bestimmt das Geschlecht (*gender*) und den Numerus (*number*) des Relativpronomens, aber die Funktion des Relativpronomens im Relativsatz bestimmt den Fall (*case*).

> **LERNTIPP**
>
> *the film I saw*
> *the film that I saw* } = *the film* (*which*) *I saw*
> = Relativpronomen auf Deutsch!

ÜBUNGEN

Machen Sie zuerst die Grammatikübungen auf Blatt **6.5**.

✏ Weitere Grammatikübungen finden Sie auf der Brennpunkt-Website: http://www.brennpunkt.nelson.co.uk

▤ Siehe auch Brennpunkt Bridging Resource Book, Blätter **48** und **49**.

a Spielen Sie *Call my Bluff* auf Deutsch. Suchen Sie ein Wort im Wörterbuch, das ziemlich ungewöhnlich oder unbekannt ist. Erfinden Sie dann drei Definitionen für dieses Wort (zwei falsche und eine richtige). Benutzen Sie bei jeder Definition einen Relativsatz und ein bisschen Fantasie!

z.B. Sündenbock:

1 Ein Sündenbock ist ein Schaf, dessen Wolle sehr dick ist.

2 Ein Sündenbock ist eine Ausrede, die man findet, wenn man seine Schuld nicht zugeben will.

3 Ein Sündenbock ist ein trockener Haufen Holz, mit dem man Feuer macht.

Die anderen in der Gruppe müssen raten, welche Definition die richtige ist!

Zum Lesen 1

INHALT

„Auch in der heutigen Zeit gibt es noch Gegner der Gesellschaft, aber diese Gruppen sind einfach zu extrem. Ich gehe viel lieber gut angezogen in gut besuchte Lokale, wo ich wenigstens für kurze Zeit die vielen Probleme vergessen kann. Was nützt es mir denn, wenn ich gegen den Krieg demonstriere? Durch meine Person wird sich nichts ändern."

Claudia, 15, Österreich

Du wirst geboren
Du lernst zu weinen, zu schreien
Du lernst laufen
Du lernst reden
Du lernst dein Geschäft
Auf dem Töpfchen zu verrichten
Du lernst gesittet
Mit Messer und Gabel zu essen.

Du lernst schreiben
Du lernst in vollständigen
Sätzen zu antworten
Du lernst Rechnen, Biologie,
Geometrie, Physik, Chemie, Englisch.

Du lernst mit Geld umzugehen
Du lernst politisch denken
Du lernst deine Zukünftige kennen
Du lernst arbeiten.

Du lernst das Älterwerden kennen
Du lernst das Kranksein kennen
Du lernst einsam zu sein
Du lernst das Leben kennen.

Doch eines lernst du nie.
Wozu du lernst, wozu du lebst.

Den Sinn des Lebens!

Dieter, 17, Schweiz

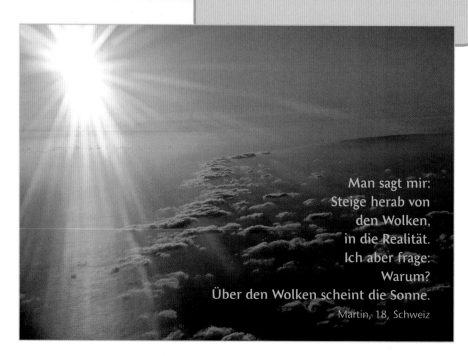

Man sagt mir:
Steige herab von
den Wolken,
in die Realität.
Ich aber frage:
Warum?
Über den Wolken scheint die Sonne.

Martin, 18, Schweiz

Junge, öffnet eure Augen, unsere Eltern haben sie lange genug verschlossen.

Ursi, 19, Schweiz

Wie sind also Erwachsene?
Erwachsene sind nicht viel anders als Kinder. Der wesentliche Unterschied besteht darin, dass Erwachsene schon einige Zeit länger auf der Welt leben und deswegen mehr Erfahrungen haben. Sonst sind sie nicht anders als Kinder: Sie machen Fehler, handeln unüberlegt oder unreif, sind oft faul, haben lieber ihr Vergnügen als die Arbeit, lieben die Bequemlichkeit, verfassen Gesetze, die nicht immer richtig sind, und halten sich daran oder halten sich nicht daran.

Petra, 16, Deutschland

Wählen Sie einen Text, der Ihnen gefällt, und übersetzen Sie ihn ins Englische. Lesen Sie beide Versionen noch einmal. Welche Version gefällt Ihnen besser?

Stroh-Blumen-Kinder

von Manuela Mehlmauer

Sind die Jugendlichen von morgen die Rentner von heute?

Äußerlich unterscheidet sich die junge Generation kaum von der Generation ihrer Eltern vor 25 Jahren. Jeans und T-Shirts. Na klar. Mit dem kleinen Unterschied, dass Papa und Mama ganz schön tief in ihre Brieftaschen greifen müssen, um für

eine Loch-Jeans einen Haufen Geld hinzulegen. Löcher ja, aber von einem Top-Fashion-Designer geschnipselt. Jugendliche sitzen beinüberschlagend in ‚etablierten‘ Schicki-Lokalen und reden über Gott und die Welt. Stopp. Besser gesagt ... und reden über Mode und neue Skandale. Doch werfen wir einen Blick hinter die Designer-

Fassade: „Ich habe Angst, wenn ich daran denke, dass ich nach der Schule keinen Lehrplatz finde. Was soll ich an der Universität?

Träume und Hoffnungen verschwinden im Konsumrausch. „Solange meine Eltern für mich sorgen ...“, meint eine 17-Jähriger. „Die Jugendlichen heute sind ‚älter‘ als viele Erwachsene“, sagen Erwachsene. „Es gibt nicht mehr die großen Fenster der Illusion. Die Jugendlichen wissen jetzt, was man nur im Alter wissen sollte. Wir haben ihr die Hoffnung weggenommen“, meint George Steiner, Professor in Cambridge und Genf.

„Eine Jugendsünde ist, wenn man jung ist und nichts tut“ (Adolf Muschg, Schweizer Literat). Das gilt für alle Jahrhunderte.

Siehe Self-study Booklet, Seite 3, Übung 7.

Individuum

Zeitungen versuchen
uns in Raster einzuordnen
verstecken uns
hinter Verallgemeinerungen
finden
„allgemeine Trends“
heraus
wissen
was wir wollen
wie wir lieben
wovor wir Angst haben
wo wir uns wohl fühlen
was wir sind
und vergessen dabei
dass es
„wir“ und „uns“
gar nicht gibt!

Heike Hartung, 17 Jahre

Ist das die Jugend von heute?

„Wenn deutsche Teenager träumen, ist das wenig originell wie der Wunschzettel eines Lottospielers. Die Devise der meisten: frohen Herzens genießen, und das inmitten einer duften Clique. Ein Superschlitten müßte her und eine Villa. Um die Welt würden sie düsen, eifrig Sport treiben und ansonsten faulenzen, immer den Walkman auf dem Ohr. Die Knaben möchten viel fernsehen, die Mädchen sind kommunikativer, sie ziehen das Telefon dem TV vor. Vermutlich, um mit der besten Freundin endlich ungestört über dies und das tratschen zu können, ohne den lästigen elterlichen Hinweis auf den Acht-Minuten-Takt.“

Quelle: *Stern*

Heike findet es nicht gut, wenn Zeitungen über ‚allegmeine Trends‘ bei Jugendlichen schreiben. Welche Schlüsselwörter in den Artikeln beschreiben diese Trends? z.B. **Clique**, **Sport**, **Jeans** usw.

Ulrich Plenzdorf (1934–): Schriftsteller der ehemaligen DDR; Kritiker des Regimes; besonders berühmt für sein Werk *Die neuen Leiden des jungen W* (1972), eine Darstellung der ostdeutschen Jugend.

NATÜRLICH JEANS!

Natürlich Jeans! Oder kann sich einer ein Leben ohne Jeans vorstellen? Jeans sind die edelsten Hosen der Welt. Dafür verzichte ich doch auf die ganzen synthetischen Lappen aus der Jumo, die ewig tiffig aussehen. Für Jeans konnte ich überhaupt auf alles verzichten, außer der *schönsten Sache* vielleicht. Und außer Musik. Ich meine jetzt nicht irgendeinen Händelsohn Bacholdy, sondern echte Musik, Leute. Ich hatte nichts gegen Bacholdy oder einen, aber sie rissen mich nicht gerade vom Hocker. Ich meine natürlich echte Jeans. Es gibt ja auch einen Haufen Plunder, der bloß so tut wie echte Jeans. Dafür lieber gar keine Hosen. Echte Jeans dürfen zum Beispiel keinen Reißverschluß haben vorn. Es gibt ja überhaupt nur eine Sorte echte Jeans. Wer echter Jeansträger ist, weiß, welche ich meine. Was nicht heißt, daß jeder, der echte Jeans trägt, auch echter Jeansträger ist. Die meisten wissen gar nicht, was sie da auf dem Leib haben. Es tötete mich fast gar nicht, wenn ich so einen fünfundzwanzigjährigen Knacker mit Jeans sah, die er sich über seine verfetteten Hüften gezwängt hatte und in der Taille zugeschnürt. Dabei sind Jeans Hüfthosen, das heißt Hosen, die einem von der Hüfte rutschen, wenn sie nicht eng genug sind und einfach durch Reibungswiderstand oben bleiben. Dazu darf man natürlich keine fetten Hüften haben und einen fetten Arsch schon gar nicht, weil sie sonst nicht zugehen im Bund. Das kapiert einer mit fünfundzwanzig schon nicht mehr. Das ist, wie wenn einer dem Abzeichen nach Kommunist ist und zu Hause seine Frau prügelt. Ich meine, Jeans sind eine Einstellung und keine Hosen. Ich hab überhaupt manchmal gedacht, man dürfte nicht älter werden als siebzehn, achtzehn. Danach fängt es mit dem Beruf an oder mit irgendeinem Studium oder mit der Armee, und dann ist mit keinem mehr zu reden. Ich hab jedenfalls keinen gekannt. Vielleicht versteht mich keiner. Dann zieht man eben Jeans an, die einem nicht mehr zustehen. Edel ist wieder, wenn einer auf Rente ist und trägt dann Jeans, mit Bauch und Hosenträgern. Das ist wieder edel.

Auzug aus: *Die neuen Leiden des jungen W*

„Nur wer erwachsen wird und Kind bleibt, ist ein Mensch"

Erich Kästner (1899–1974): deutscher Schriftsteller und Dichter; Satiriker der Nazizeit; wurde 1933 verboten und auf die ‚schwarze Liste' gesetzt; schrieb mehrere Romane für Kinder.

Da steht er nun, als Mann verkleidet,
und kommt sich nicht geheuer vor.
Fast sieht er aus, als ob er leidet.
Er ahnt vielleicht, was er verlor.

Er trägt die erste lange Hose.
Er spürt das erste steife Hemd.
Er macht die erste falsche Pose.
Zum ersten Mal ist er sich fremd.

Er hört sein Herz mit Hämmern pochen.
Er steht und fühlt, daß gar nichts sitzt.
Die Zukunft liegt ihm in den Knochen.
Er sieht so aus, als hätt's geblitzt.

Womöglich kann man noch
genauer erklären, was den Jungen quält:
Die Kindheit starb; nun trägt er Trauer
und hat den Anzug schwarz gewählt.

Er steht dazwischen und daneben.
Er ist nicht groß: Er ist nicht klein.
Was nun beginnt, nennt man das Leben.
Und morgen früh tritt er hinein.

Erich Kästner

> Kleider machen Leute?
> Was sagen diese zwei
> Autoren dazu?

Verhältnisse:
von Anfang ...

Top Ten der besten Flirtplätze

1 Schule/Job: Ihr seht euch täglich. Ihr habt gemeinsame Anknüpfungspunkte: Nutze sie!

2 Disko: Zum Flirten und für schnelle Abenteuer top. Aber nur 11 Prozent aller Disko-Flirts entwickeln sich zur ganz großen Liebe.

3 Café: Ein guter Ort um die Spreu vom Weizen zu trennen und das Objekt deiner Begierde ganz unverbindlich anzuflirten.

4 Musikgeschäft: Super! Du kriegst mit, auf welche Musik dein Partner / deine Partnerin abfährt. Komm mit ihm/ihr ins Gespräch!

5 Sportverein/Fitness: Hier kannst du dich prima in Szene setzen. Entweder, weil du besondere Leistungen bringst – oder dich so ‚dumm‘ anstellst, dass man dir einfach helfen muss.

6 Einkaufscenter: Ein zartes, ‚versehentliches‘ Antippen mit dem Einkaufswagen oder die Bitte, dir etwas aus dem Regal zu holen – so gibt‘s garantiert tausend tolle Flirtmöglichkeiten.

7 Rollerbahn/Skatepark: Ein geschickter Sturz – und schon fällst du deinem Traumprinzen /deiner Traumprinzessin grazil in die Arme!

8 Kino: Gut, weil im Dunkeln niemand merkt, dass du rot wirst und nervös bist. Aber tauche rechtzeitig auf, um dir deinen Platz neben jener ganz besonderen Person zu sichern!

9 Hallenbad: Du siehst sofort, was er/sie zumindest optisch zu bieten hat. Der Nachteil: In leichter Badekleidung ist man meist noch gehemmter als sonst.

10 Straße/Bus/U-Bahn: Spitze, um unverbindliche Flirts zu starten! Setz dich einfach neben die süße Leseratte und lies interessiert in dem Buch / der Zeitung mit!

... bis Ende!

Jetzt ist Schluss!

Irgendwann schleicht er sich vielleicht leise an, der Anfang vom Ende. Je mehr das Paar sich müht, desto klarer wird: Es ist vorbei.

Bloß wie? Wie erklären, dass Gefühle verschwunden sind? Die Grundregel in diesem Gefühlstrauma: Warten auf den richtigen Moment. Die drei großen ‚Niemals‘:

Erstens: Niemals am Telefon Schluss machen. Das gilt sowohl für Mädchen als auch für Jungs. Feige Leute, die ihrem Freund / ihrer Freundin nicht in die Augen sehen können und mit mitleidvoller Stimme in den Hörer flüstern: „Tut mir Leid, es ist aus.“

Zweitens: Niemals in romantischem Ambiente und bei Kerzenschimmer mit der Hiobsbotschaft herausplatzen. Das kommt unerwartet, trifft den anderen / die andere in dieser süßlichen Stimmung besonders hart und führt zu vielen Problemen.

Last but not least: Niemals vor Freunden. Wer auf einer Fete sagt: „Ich verlass dich jetzt, ich ertrage das alles nicht mehr“ verdirbt nicht nur den Umstehenden die Partylaune, sondern vergisst auch in der Hauptsache, dass es Dinge gibt, die unter vier Augen geklärt werden müssen.

„Ich muss mit dir über unsere Beziehung sprechen. Über dich, über mich, über uns.“ Das bringt eine ernsthafte Diskussion in Gang, die schließlich mit dem gemeinsamen Fazit enden kann: „Es ist Schluss. Es ist besser so.“ Sich darüber einig zu sein, macht eine Trennung viel, viel einfacher.

> Welche zwei Ratschläge sind Ihrer Meinung nach die lustigsten? Und welche zwei sind die vernünftigsten? Warum?

Die Macht der Liebe

2

Der kaukasische Kreidekreis

AZDAK Klägerin und Angeklagte: Der Gerichtshof hat euren Fall angehört und hat keine Klarheit gewonnen, wer die wahre Mutter dieses Kindes ist. Ich als Richter hab die Verpflichtung, daß ich für das Kind eine Mutter aussuch. Ich werd eine Probe machen. Schauwa, nimm ein Stück Kreide, zieh einen Kreis auf den Boden. *Schauwa zieht einen Kreis mit der Kreide auf den Boden.* Stell das Kind hinein! *Schauwa stellt Michel, der Grusche zulächelt, in den Kreis.* Klägerin und Angeklagte, stellt euch neben den Kreis, beide! *Die Gouverneursfrau und Grusche treten neben den Kreis.* Faßt das Kind bei der Hand. Die wahre Mutter wird die Kraft haben, das Kind aus dem Kreis zu sich zu ziehen.
...

Zieht! *Die Gouverneursfrau zieht das Kind zu sich herüber aus dem Kreis. Grusche hat es losgelassen, sie steht entgeistert.*
...

AZDAK *zu Grusche*: Was ist mit dir? Du hast nicht gezogen.

GRUSCHE Ich hab's* nicht festgehalten.
...

AZDAK ... Gut, ich mach die Probe noch einmal, daß ich's endgültig hab. *Die beiden Frauen stellen sich noch einmal auf.* Zieht! *Wieder läßt Grusche das Kind los.*

GRUSCHE *verzweifelt*: Ich hab's* aufgezogen! Soll ich's* zerreißen? Ich kann's nicht.

AZDAK *steht auf*: Und damit hat der Gerichtshof festgestellt, wer die wahre Mutter ist. *Zu Grusche*: Nimm dein Kind und bring's weg. Ich rat dir, bleib nicht in der Stadt mit ihm. *Zur Gouverneursfrau*: Und du verschwind, bevor ich dich wegen Betrug verurteil.

* 's = das Kind

Stellen Sie sich vor, Sie seien Theaterkritiker/in. Schreiben Sie eine kurze Zusammenfassung (von ca. 100 Wörtern) der Handlung in diesem Schauspielauszug. Erklären Sie auch, warum diese Szene ein Beispiel für die Macht der Liebe ist.

Bertolt Brecht (1898–1956): Lyriker, Schriftsteller und Dramatiker; Marxist; besonders für sein ‚episches Theater' bekannt. Charakteristisch für diese Theaterform ist eine kritische Distanz zwischen den Schauspielern und den Zuschauern, wobei der Bühnenvorgang sowohl ‚gezeigt' als auch ‚erzählt' wird.

Familienidyll?

Der Ausflug

Ein Mann, eine Frau, beide schätzungsweise um die vierzig, und drei Kinder machen einen Ausflug in den Park. Der Mann schiebt einen Buggy vor sich her, in dem ein etwa dreijähriges Kind sitzt und vergnügt vor sich hin summt. An der Hand der blonden Frau läuft ein kleines Mädchen und erzählt der Mutter die Geschichte von Pippi Langstrumpf. In gebührendem Abstand folgt der etwa zwölfjährige Junge und versucht, seine Schwester mit abgepflückten Grashalmen am Nacken zu kitzeln.

„Jetzt sind wir gleich da", sagt der Mann mit dem Buggy und deutet auf die Gartenwirtschaft, die nun sichtbar wird. „Ich will Rostbraten", schreit der Junge. Die Frau dreht sich um und versucht ihren Sohn darauf vorzubereiten, dass es Rostbraten dort wahrscheinlich nicht geben wird. „Außerdem wäre das eh zu teuer", ergänzt das Mädchen mit spitzem Gesicht. Der Junge wird schon bedenklich rot im Gesicht – wahrscheinlich vor Zorn auf die altkluge Schwester –, als der Mann mit

dem Versprechen auf einen Wurstsalat und Eis als Nachtisch ablenkt.

Den letzten Rest des Weges laufen die beiden Kinder nebeneinander her und gehen die verschiedenen Eissorten miteinander durch. Die Frau ruft den beiden zu: „Guckt doch mal, hier, die Aussicht", und deutet nach unten. Der Mann schaut, der Junge schaut – auf einmal rennt das Mädchen zu ihrem Bruder und ruft ganz aufgeregt: „Da unten, siehst du, da wohnt Papa.' Der Junge guckt angestrengt, die Augen scharf, und lächelt dann die Schwester an. „Ja, da unten wohnt Papa."

Der alte Großvater und der Enkel

Es war einmal ein steinalter Mann,

dem waren die Augen trüb geworden, die Ohren taub, und die Knie zitterten ihm. Wenn er nun bei Tische saß und den Löffel kaum halten konnte, schüttete er Suppe auf das Tischtuch, und es floß ihm auch etwas wieder aus dem Mund. Sein Sohn und dessen Frau ekelten sich davor, und deswegen mußte sich der alte Großvater endlich hinter den Ofen in die Ecke setzen, und sie gaben ihm sein Essen in ein irdenes Schüsselchen und noch dazu nicht einmal satt; da sah er betrübt nach dem Tisch, und die Augen wurden ihm naß.

Einmal auch konnten seine zitterigen Hände das Schüsselchen nicht festhalten, es fiel zur Erde und zerbrach. Die junge Frau schalt, er sagte aber nichts und seufzte nur. Da kaufte sie ihm ein hölzernes Schüsselchen für ein paar Heller, daraus mußte er nun essen. Wie sie da so sitzen, so trägt der kleine Enkel von vier Jahren auf der Erde kleine Brettlein zusammen. „Was machst du da?" fragte der Vater. „Ich mache ein Tröglein", antwortete das Kind, „daraus sollen Vater und Mutter essen, wenn ich groß bin." Da sahen sich Mann und Frau eine Weile an, fingen endlich an zu weinen, holten alsofort den alten Großvater an den Tisch und ließen ihn von nun an immer mitessen, sagten auch nichts, wenn er ein wenig verschüttete.

N.B. Tröglein = a little trough

Zeigen Sie, wie diese zwei Texte im Widerspruch zum Titel ‚Familienidyll' stehen. (Benutzen Sie nur das Präsens und/oder das Perfekt in Ihrer Antwort.)

Jakob und Wilhelm Grimm (1785–1863; 1786–1859): Die zwei Brüder haben zusammen viele Sagen und Märchen geschrieben, die heute weltberühmt sind.

Die einen halten ihn für ein Klettergenie, andere schlicht für lebensmüde. Der Franzose Alain Robert, den sie gern ,Spinnenmann' oder ,menschliche Fliege' nennen, hat bis jetzt gut dreißig berühmte Bauwerke in aller Welt erklommen. Ob Golden Gate Bridge (San Francisco) oder der Fernsehturm in Sydney – nichts ist ihm zu hoch oder heilig.

In Frankfurt am Main erkletterte der Freeclimber vor drei Jahren die Dresdner Bank (siehe Foto). Bei seinen Aktionen verzichtet er weitgehend auf Sicherheits-ausrüstung. Mehrmals schon nahm ihn die Polizei wegen Sicherheitsvergehen fest. Als er im April den altägyptischen Obelisken in Paris bestieg, war es wieder mal so weit. Doch der Spinnenmann nimmt das nicht so ernst: „Da hatte ich auf dem Revier endlich Zeit für eine Tasse Kaffee."

Siehe auch Self-study Booklet, Seite 7, Übung 8.

Jumping Jack's Flash

Mit 312 „I DID IT"-T-Shirts ist Hans Stöver der ungekrönte Meister im Bungeejumping.

312 T-Shirts, das heißt: 312-mal hat sich der 23-Jährige bereits aus schwindelnder Höhe in die Tiefe gestürzt. Nur das elastische Bungeeseil am Fußgelenk verhinderte dabei die volle Bruchlandung.

Dass Sprung 313 nicht ganz so glücklich verlief, macht Hans nichts aus: „I'll do it again!" waren seine ersten Worte im Itzehoer Krankenhaus, als er aus seinem vierwöchigen Koma erwachte. Wir wünschen Jumping Jack – so sein Spitzname in der Springer-Szene – nach seinem Flash viel Glück und baldige Genesung.

1100 eifrige Tänzer in einem Nachtklub in der japanischen Stadt Kawasaki haben mit ihrem Auf- und Abspringen Erdbewegungen verursacht, die Stärke 5 auf der japanischen Bebenskala erreichten (die Skala hat insgesamt 7 Grade). Diese Stärke reicht, um Häuser zu beschädigen und Möbel umzuwerfen.

Das erste ,goldene Tor'

Als im Jahr 1920 die Fußballmannschaften Bayern München und Borussia Dortmund gegeneinander antraten, dauerte ihr Spiel nur ganze siebzehn Minuten. Der Grund dafür war die Regel, auf die sich die Mannschaftsführer zuvor geeinigt hatten: Sieger sollte jene Mannschaft sein, die das erste Tor schoss. Nach diesem schnellsten Fußballspiel aller Zeiten wurden die Regeln in Deutschland schnell vereinheitlicht.

Einer der Berichte oben ist nicht wahr. Welcher ist es Ihrer Meinung nach?

Stadtleben

Ein Blick auf die Uhr zeigt mir, es ist fünf Minuten nach halb acht. Ein gewöhnlicher Dienstagabend. Training fällt für heute einmal aus. Also, was anfangen mit dem angebrochenen Abend? Leere in mir. Vor der Glotze sitzen mag ich nicht. Wenn ich zu Hause bleibe, gibt's höchstens noch Ärger. Zum Aufgabenmachen hab ich so ziemlich null Prozent Lust.

Das Abenteuer lockt ... drei Minuten später sitze ich auf meinem Mofa und krieche Richtung Stadt. Planlos. Eines weiß ich zwar: Laufen wird schon irgendwas in der Stadt (es muss) ...

Wo bleibt das Volk nur? Irgendwo klaue ich einen Stadtanzeiger. Im Kino läuft nichts Spannendes. Da, ein interessanter Vortrag im Bürgerhaus, ‚Die Jugend von heute‘; Shit – hat vor bereits 15 Minuten angefangen. Auch nichts! Diese Kälte. Ich verstaue meine Hände in meiner poppigen Sommerjacke. Na ja, der Mode wegen muss halt auch mal gelitten werden.

Ich bestaune die grellen Schaufenster. Bin in Gedanken versunken. Merke gar nicht, dass jemand mich anspricht. Es ist Angela. Sie hat Ärger mit ihrem Chef heute im Geschäft gehabt. Ihr stinkt's. So was kenn ich auch. Wir beschließen, in die Wärme zu gehen. „Am besten in eine Beiz", schlägt sie vor. Gut so. In einer rauchverseuchten Beiz setzen wir uns an einen Vierertisch. Ich hatte auch schon mal bessere Tischnachbarn. Verstohlene Blicke. Während ich mit meiner Kollegin belangloses Zeug quatsche, betrachte ich die Restaurantbesucher.

... 21.00 Uhr vorbei. Ich sitze immer noch hier drinnen. Mein Kopf schmerzt. In der Tür steht ein Exfreund von mir. Ein flüchtiger Kuss. Die übliche doofe Frage: „Wie geht's" ... na, wie soll's schon gehen. Plump lässt er sich neben uns auf den Stuhl fallen. Ihm geht's mies. Er sucht wieder mal Trost bei mir ... Du fieses Ding, du. Diesmal nicht. Ich will zahlen. Endlich kommt die

Serviertochter angerast, wurde auch Zeit. Diese Haare. Fr. 8.70. Nun gut, unsere Wirtschaft soll leben, unterstützen wir sie ...

Ich atme die kühle, dafür um so frischere (abgasgetränkte) Luft ein. Wie das gut tut. Freundliche Grüße an die Lungen. Meine Kollegin macht sich aus dem Staub – zusammen mit meinem Ex. Bei denen hat's wohl irgendwie geklickt. Wünschen wir denen mal alles Gute. Es gibt ja so unendlich viel Glück auf Erden. Ich zwänge mich durch ein Fuder Leute. Wo kommen denn die plötzlich alle her? Ach ja, Kino-Time ist aus. Die haben ja alle so verweinte Augen. Warum werden überhaupt solche Filme gedreht und produziert? Um uns wachzurütteln und zu erinnern, dass auch noch Gefühle zählen.

Noch die nächste Gasse muss ich durchqueren, dann bin ich wieder bei meinem Mofa. Vor mir wirft einer eine leere Zigarettenpackung rücksichtslos auf den Boden. Auch schon mal was von Umweltschutz gehört? Wie selbstverständlich starte ich mein Mofa und puffere heimwärts. Ehrlich: um Erfahrungen reicher? Nein, höchstens um Fr. 8.70 leichter ... Wenn mein Kopf doch nur nicht so dröhnen würde ...

Isabel, 19, Schweiz

N.B. die Beiz = die Kneipe

Siehe auch Self-study Booklet, Seite 7, Übung 9.

● **Der Japaner**
Toyohiro Akigama war der erste Tourist im Weltall. Seine 124 Erdumrundungen in einer sowjetischen Sojus TM-11 kosteten über 50 Millionen Mark.

● **Drei Engländer**
machten die längste Taxifahrt der Welt von London nach Sidney/Australien. Sie kostete 31 446 Pfund.

Isabel beschreibt einen Abend in einer Stadt in der Schweiz. Welche Wörter oder Ausdrücke zeigen ihre Langweile? Schreiben Sie eine Liste auf. Schreiben Sie dann ein Gedicht über Langweile, indem Sie nur Wörter und Ausdrücke aus Isabels Liste benutzen.

z.B. Ein gewöhnlicher Dienstagabend.
Leere in mir.
Diese Kälte.

Ruhe

Kleinstadtsonntag

Gehn wir mal hin?
Ja, wir gehn mal hin.
Ist hier was los?
Nein, es ist nichts los.
Herr Ober, ein Bier!
Leer ist es hier.
Der Sommer ist kalt.
Man wird auch alt.
Bei Rose gabs Kalb.
Jetzt isses schon halb.
Jetzt gehn wir mal hin.
Ja, wir gehn mal hin.
Ist er schon drin?
Er ist schon drin.
Gehn wir mal rein?
Na, gehn wir mal rein.
Siehst du heut fern?
Ja, ich sehe heut fern.
Spielen sie was?
Ja, sie spielen was.
Hast du noch Geld?
Ja, ich habe noch Geld.
Trinken wir ein'?
Ja, einen klein'.
Gehn wir mal hin?
Ja, gehn wir mal hin.
Siehst du heut fern?
Ja, ich sehe heut fern.

*Wolf Biermann (geb. 1936):
zog 1953 nach Ostberlin und schrieb
politische Gedichte und Lieder;
wurde 1965 von den Behörden
verbannt; musste 1976 wieder
nach Westberlin umziehen.*

Was haben diese drei
Gedichte gemeinsam?

Feldeinsamkeit

Ich ruhe still im hohen, grünen Gras
Und sende lange meinen Blick nach oben,
Von Grillen rings umschwirrt ohn Unterlaß,
Von Himmelsbläue wundersam umwoben.

Und schöne weiße Wolken ziehn dahin
Durchs tiefe Blau, wie schöne stille Träume:
Mir ist, als ob ich längst gestorben bin,
Und ziehe selig mit durch ewige Räume.

*Hermann Allmers (1821–1902): nur wegen
dieses einen Gedichtes bekannt.*

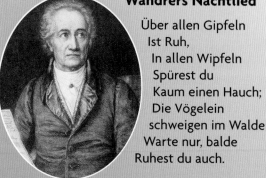

Wandrers Nachtlied

Über allen Gipfeln
Ist Ruh,
In allen Wipfeln
Spürest du
Kaum einen Hauch;
Die Vögelein
schweigen im Walde
Warte nur, balde
Ruhest du auch.

*Johann Wolfgang von Goethe (1749–1832):
Lyriker, Schriftsteller, Maler, Wissenchafftler
und Staatsman; besonders für sein
Theaterstück Faust berühmt.*

Am Meeresstrand

Es gab Tage, an denen der Nordost-Wind
die Bucht mit schwarzgrüner Flut
überfüllte, welche den Strand mit Tang,
Muscheln und Quallen bedeckte und die
Pavillons bedrohte. Dann war die trübe,
zerwühlte See weit und breit mit Schaum
bedeckt. Große, starke Wogen wälzten
sich mit einer unerbittlichen und
furchteinflößenden Ruhe heran, neigten
sich majestätisch, indem sie eine
dunkelgrüne, metallblanke Rundung
bildeten, und stürzten tosend, krachend,
zischend, donnernd über den Sand ...

*Thomas Mann (1875–1955): Hitler nahm ihm
die deutsche Staatsbürgerschaft ab; Mann
wurde dann amerikanischer Staatsbürger und
kämpfte durch Schriften und Radiosendungen
gegen den Nationalsozialismus.*

Lerne was, so bist du was!

Easy Learning

Drei Ideen, mit denen dir das Lernen ein bisschen leichter fällt.

1 Arbeitsplatz

Ein Arbeitsplatz mit dem Rücken zur Tür ist eher zu vermeiden. Eine der bekanntesten Wissenschaften zur harmonischen Gestaltung des menschlichen Umfeldes, Feng Shui, rät dazu, stets mit gestärktem Rücken zu arbeiten. Eine Wand ohne Fenster und Tür ist demnach der perfekte Background.

2 Pausen

Ganz wichtig sind die Pausen. Das menschliche Gehirn kann nämlich nach einer Anlaufphase von zehn bis fünfzehn Minuten nur eine halbe bis dreiviertel Stunde voll durchpowern, dann lässt die Konzentration nach. Wenn du jetzt fünf bis zehn Minuten abschaltest, erholen sich deine grauen Zellen und sind nach der Pause wieder voll einsatzfähig.

3 Elektrosmog

Elektrosmog macht sich in deinem Zimmer breit, wenn du es mit elektrischen Geräten wie dem Computer teilst. Ein Kristall wie Rauchquarz eignet sich bestens zur Reduzierung des Problems. Schon ein Stein mit einem Durchmesser von nur fünf Zentimetern, auf dem Bildschirm platziert, wirkt reinigend. Vorausgesetzt, du reinigst das Ding einmal pro Woche in einem Glas mit Meersalzwasser. Danach in der Sonne trocknen lassen und mit einem Tuch anfassen.

Im Schlaf lernen, das ist die Zukunft!

„Und dann die neuen Technologien! Stell dir vor, unser Kind wird an Schulkomputer angeschlossen. Nicht alleine natürlich, die ganze Klasse, alle Schulpflichtigen werden … nicht mehr altmodisch, durch viel zu teure und nur schwer zu kontrollierende Humanlehrkräfte, sondern durch staatlich programmierte Lehrkomputer unterrichtet: direkt in die Hirnzellen der lieben Kleinen: Tickeditack! Schluß mit dem blöden Büffeln. Kleines und großes Einmaleins? Sitzt in einer halben Stunde. Tickeditack! Die englischen unregelmäßigen Verben? Ein Zehnminutenprogramm. Tickeditack! Vokabelhefte führen? Daß ich nicht lache.

Alles besorgen die handlichen Kinderschlafzimmerkomputer. Im Schlaf lernen, das ist die Zukunft! Und die Kleinen, mit ihren Daten, Zahlen, Formeln, Verben speichernden Hirnen werden alles und nichts wissen. Und wir, Mutter Dörte, Vater Harm, werden blöd dastehen, mit nichts als überflüssigen Erinnerungen, Halbkenntnissen und moralischen Bedenken im Kopf. Und solch ein Kind, frag ich dich, willst du verantworten?"

Aus: *Kopfgeburten oder die Deutschen sterben aus* von Günter Grass

Günter Grass (geb. 1927): deutscher Schriftsteller, Dichter und Dramatiker; seine Kindheit vor dem Zweiten Weltkrieg in Danzig (Gedansk) hat viele seiner Werke beeinflusst.

a Welchen Lerntipp finden Sie am interessantesten / am nützlichsten?
b Glauben Sie, dass das Leben je wie im zweiten Text sein wird? Warum (nicht) ?

4 ALLES NUR EIN SPIEL?

Willkommen beim strengsten Bewerber-Check: Wie würden Sie sich in folgender Testsituation verhalten? Sie und fünf andere Personen sind in einer Höhle eingeschlossen. Das Wasser steigt unaufhaltsam, nur einer kann gerettet werden. Die Gruppe hat 30 Minuten Zeit zu entscheiden, wer der Glückliche sein soll.

HOTEL „WALDESRUH". DIE D-BANK HAT ZEHN BEWERBER FÜR DEN POSTEN EINES VORSTANDSASSISTENTEN ZU EINEM ZWEITÄGIGEN MEETING EINGELADEN. HIER SOLLEN SIE IHRE STÄRKEN UND SCHWÄCHEN ZEIGEN.

BETRIEBSPSYCHOLOGE DR. AUGE, MITARBEITER DER D-BANK, BEOBACHTET DIE KANDIDATEN WÄHREND DER BEIDEN TAGE – IN ALLEN SITUATIONEN.

AH, DER TYP MIT DEM PORSCHE. MAL SEHEN, OB ER AUSSER ANGEBEN SONST NOCH WAS KANN.

DIE TEILNEHMER REISEN AN. DIE MEISTEN KOMMEN MIT FIAT ODER GOLF. NUR EINER HAT BEI SIXT DEN PORSCHE GELIEHEN.

Der Höhlentest ist eine von vielen Aufgaben, die im sogenannten Assessment Center (AC) vorkommen können. ACs gelten als die härtesten Personalauswahlverfahren überhaupt. Dabei werden die Kandidaten vielfältigen intellektuellen, sozialen und emotionalen Prüfungen unterworfen. Psychologische Tests, Einzelinterviews, Rollenspiele und Gruppendiskussionen gehören fast immer dazu.

Assessment Center dauern ein bis drei Tage und finden häufig in Hotels statt, um die Bewerber auch in ihrem Freizeitverhalten beobachten zu können. Selbst in Pausen, beim Mittagessen oder abends an der Bar stehen die Teilnehmer auf dem Prüfstand. Wer für sich bleibt und nicht den Kontakt zu Mitbewerbern sucht, läuft Gefahr, als Außenseiter abgestempelt zu werden. Und wer eine Auszeit nimmt, ins Kino oder ins Bett geht, hat meistens schon verloren. Der Idealkandidat sucht die Nähe der Prüfer und sammelt interessiert parlierend jede Menge Sympathiepunkte.

Bei manchen ACs beginnt der Testlauf schon vor der Begrüßung. Oft werden die Autos der anreisenden Kandidaten begutachtet. Von Marke, Preisklasse und Pflegezustand zieht man Rückschlüsse auf den Fahrer. Aber trotzdem zeigt die Erfahrung: Ein Großteil des Erfolgs beruht schlichtweg darauf, Sympathie zu erzeugen, denn die meisten AC-Beobachter nehmen andere Menschen immer wieder durch die Brille persönlicher und sozialer Werturteile wahr. Motto: Der erste Eindruck ist entscheidend.

Ihr/e Freund/in geht bald zu einem AC. Schreiben Sie ihm/ihr einen kurzen Brief (von ca. 100–150 Wörtern auf Deutsch), der über diese Testsituation informiert und dazu Tipps gibt.

Gute Aussichten für Newcomer ...

Karriere mit
CHINESISCH

**Und plötzlich ist der Manager
sprachlos. Am häufigsten
passiert das in China.
Spezielle Kurse helfen,
wieder zu Wort zu kommen.**

Selbst gestandene Führungskräfte mutieren in manchen Ländern binnen Sekunden zu Analphabeten. Zu beobachten ist dieses Phänomen in Russland (wegen kyrillischer Buchstaben), in Japan und vor allem in China. Das Dumme daran: Dort liegen die Märkte der Zukunft. Und gerade für diese Regionen der Welt werden junge Kräfte gesucht. Wer dann auch noch die Landessprache beherrscht und beim Smalltalk mit Geschäfts-

partnern in Peking glänzen kann, hat den begehrten Auslandsjob so gut wie sicher.

Was also tun?

Zahlreiche Manager, Diplomaten, Hochschulabsolventen und Studenten zieht es verstärkt in Crash-Kurse des Landessprachinstituts (LSI) im nordrhein-westfälischen Bochum. Ihr ehrgeiziges Ziel: Sie lernen ‚Mandarin' – die chinesische Hochsprache – in wenigen Wochen.

Den Zulauf verdankt das Landessprachinstitut seinen unkonventionellen Lehrmethoden. Vokabeln werden nicht stupide gepaukt, sondern im Rollenspiel eingeübt. Entspannt wird danach beim fernöstlicher Meditation. Und beim Verspeisen chinesischer Köstlichkeiten werden die Tischsitten des Landes gepflegt.

Tabu ist alles, was an staubtrockenen Schuldrill erinnert. Grundkenntnisse der Fremdsprache sollen in nur drei Wochen sitzen. Dafür pauken Lernwillige in Kleingruppen vom frühen Morgen bis in den späten Abend. Häufig bereiten die Kurse in Bochum Berufsjahre im Ausland vor. Angeboten werden Kurse in Japanisch, Arabisch, Russisch und natürlich Chinesisch.

Webworker

Mit dem Boom des Internets sind neue, spannende Berufe entstanden, z.B. Info-Broker/in.

Ein bisschen Platz, ein Schreibtisch, ein Telefon, ein guter PC: damit sind Info-Broker schon zufrieden. Sie handeln mit der Ware Wissen. Über Modem zapfen sie Datenbanken in den USA an, lesen die neuesten Tickermeldungen von chinesischen Agenturen und chatten mit Universitäten in Japan. Info-Broker recherchieren für andere im Internet. Sie arbeiten für alle, die etwas wissen wollen, aber nicht wissen, wie sie an die Info kommen. Kunden sind Firmen, staatliche Stellen, Forschungsinstitute. Eine Ausbildung gibt es dafür nicht, doch Info-Broker brauchen eine gute Allgemeinbildung, Spürsinn – und, logo, eine Menge Erfahrung im Umgang mit dem Internet.

Gesucht werden ‚spezialisierte Multitalente': Leute, die fit auf dem Computer sind und fast jede Aufgabe übernehmen können. Langeweile kommt da selten auf. Wer mit der rasenden technischen Entwicklung in der Branche mithalten will, muss ständig dazulernen!

a Welche dieser zwei Berufsmöglichkeiten finden Sie attraktiver? Warum?
b Versuchen Sie mehr über Ihre Vorliebe auf der Brennpunkt-Website herauszufinden:
http://www.brennpunkt.nelson.co.uk

Kulturschock!

LEHRER MUSS NACH WETTE WÜRMER ESSEN

BELDING, 18. April. Lehrer Chuck Matlock aus Belding im US-Bundesstaat Michigan wettete darauf, dass seine 232 Schüler es nicht schaffen, in einem Monat 7000 Bücher zu lesen. Dann werde er Würmer essen, was die Grundschüler wohl dazu ansporne, sich als kleine Bücherwürmer zu betätigen: Sie schafften im ‚nationalen Lesemonat' März sogar 7785 Bücher. Matlock löste jetzt vor der versammelten Schülerschaft seine Wettschuld ein und kochte vier Würmer in Zitronensaft, salzte sie und verzehrte sie schließlich. „Wirklich, Würmer haben genauso viel Protein wie ein T-Bone-Steak ohne diesen Knorpel", dozierte er. Matlock erklärte sich bereit, im kommenden Jahr eine ähnliche Wette abzuschließen.

Ausgeliehen

1823 wurde aus der Bibliothek in Cincinnati/USA ein Buch ausgeliehen, das erst der Urenkel des Ausleihers 1968 wieder zurückbrachte. Auf die Überziehungsgebühr für 145 Jahre wurde verzichtet.

Das kleinste Ölgemälde

Auf einer Ausstellung erregte ein Gemälde von R. Curtis Aufsehen. Es war nur 3 x 4 Millimeter groß und sollte 20 000 Mark kosten. Die Kritiker meinten, es wäre zwar klein, aber kein Kunstwerk.

FARBBERICHT

Weiß ist nicht gleich weiß. Die Eskimos haben 20 verschiedene Wörter für eine Farbe, die bei uns mit einem Wort abgetan ist.

Im Bretonischen und Walisischen wird nicht zwischen Blau und Grün differenziert: Es gibt nur ein Wort – *glas* – für diesen Teil des Farbspektrums.

Bestseller

Das beliebteste Buch aller Zeiten wurde bisher in 1884 Sprachen und Dialekte übersetzt. Dazu zählen 537 afrikanische, 470 asiatische, 288 ozeanisch-pazifische und 186 europäische Sprachen. Zuletzt wurde dieser Bestseller in die peruanische Indianersprache Quechua und ins Tuvaluische, das wird auf den Tuvalu-Inseln gesprochen, übersetzt. Welches Buch das ist? Die Bibel.

Sind Sie kreativ? Spaß mit der Sprache

EINE ABC-GESCHICHTE

Als einmal ein Löwe war.
Bestimmt war er der gefürchtetste im ganzen Land.
Christine befestigte ihn an einem Band.
Doch kaum hatte sie sich abgewandt,
Er war schon weg.
Flink rannte sie umher,
Gekommen war er nimmermehr.
Hilfe, hörte man es draußen schreien.
I gitt, ein Löwe.
Ja, ein Löwe.
Kein Spielzeug war er,
Leider, ein echter war's.
M...
N... usw.

Schüttelreime

Beim Zahnarzt in den Wartezimmern hört man häufig Zarte wimmern.

Ich fuhr auf einem Leiterwagen, wo Steine und so weiter lagen.

Menschen mögen Möwen leiden, während sie die Löwen meiden.

Begriffe finden

Unten stehen sechs Eigenschaftspaare wie zum Beispiel weiß und weich. Notiere nun bitte alle Dinge, die dir einfallen, auf die diese Beschreibungen zutreffen, z.B. Eisbär, Schlagsahne, Wolke ... Du hast dafür insgesamt sechs Minuten Zeit und bekommst für jeden Begriff einen Punkt.

1 dunkel und groß **4 bunt und lang**
2 weiß und weich **5 spitz und glänzend**
3 eckig und schwer **6 hell und schnell**

⭐ **Bis 15 Punkte: Spiele mit Ideen!**
Sind etwa Gewissenhaftigkeit und Genauigkeit deine Stärke?

⭐ **16 bis 30 Punkte: Du hast es!**
Das Denken, das nicht in engen Gleisen verläuft und deine Phantasie nicht knebelt!

⭐ **Über 31 Punkte: Mehr als genug!**
Du sprudelst nur so vor Ideen, nichts scheint dir unmöglich.

Wie kreativ sind Sie? Versuchen Sie, sich eigene Schüttelreime auszudenken, oder die ABC-Geschichte zu Ende zu schreiben.

... mal was anderes!

KUNST MIT DEM COMPUTER

Wenn die Schüler des Kirchdorfer Gymnasiums zum Kunstunterricht gehen, lassen sie den Zeichenblock zu Hause. Sie arbeiten mit dem Computer.

Die technische Ausrüstung gehört der Schule. Man braucht eine Videokamera, Monitore und Computer. Hier probiert Nadja, wie sie mit langer Nase aussieht.

„Das Schöne ist, dass man seine Ideen schnell verwirklichen kann", sagt der 18-jährige Michael. Er liebt abstrakte Bilder. „So was kann ich nie mit dem Pinsel malen", meint er. „Aber mit dem Computer geht's ganz einfach. Und ich kann sogar aus einem Bild zwei machen." Die Schüler speichern die fertigen Bilder auf einer Diskette.

Sascha und Klaus arbeiten mit der Videokamera. „Wir digitalisieren unsere Porträts!" erklärt Klaus fachmännisch. Die Schüler filmen sich gegenseitig mit der elektronischen Kamera. Der Computer speichert die Bilder, und auf dem Bildschirm erscheinen die Gesichter.

Nun kann das Spiel beginnen: Nasen werden verlängert und Ohren vergrößert.

Nina greift zum elektronischen Pinsel und färbt sich die Haare lila. Wie ist sie am schönsten? Sie probiert Lidschatten in verschiedenen Farben. Alles ist möglich. Möchtest du zum Beispiel dein Bild auf einem Tausendmarkschein sehen? Auch das ist möglich. „Die Elektronik ist natürlich kein Ersatz für Pinsel und Palette", erklärt der Pädagoge Schmidt. „Aber es ist ein neuer Weg, sich kreativ auszudrücken. Er ist nicht weniger gut als konventionelle Methoden. Und er macht den jungen Leuten großen Spaß." Am Ende der Stunde muss Lehrer Schmidt die Schüler oft mit sanfter Gewalt aus dem Kunstsaal schieben.

Edle Kunst auf vier Rädern

Wer den normalen Lack seines Autos langweilig findet, kann sich vertrauensvoll an den Maler Detlev Lehmann wenden; denn der verwandelt eintönige Fahrzeuge in fahrende Kunstwerke.

In den 70er Jahren studierte Detlev Lehmann an der Hochschule in West-Berlin ein paar Semester Grafik. Zur Uni tuckerte er damals mit seinem alten Motorrad. „Irgendwann war eine neue Lackierung fällig. Da hab ich mir gedacht: Man sollte eigentlich mal was ganz Neues machen." Gesagt, getan: In Papas Garage setzte er die Idee in die Praxis um, griff zu Schablone und Spraydose und verpasste seiner Honda eine optische Schönheitskur. Das war der Beginn seiner Karriere. Denn fortan machte sich Detlev Lehmann das Bemalen von Kühlerhauben, Türen und Heckklappen zum Beruf.

Seine Kundschaft sind Leute, die den einfarbigen Lack ihrer Autos langweilig finden und was Ausgefallenes wollen. „Die meisten Kunden kommen mit ganz einfachen Ideen. Wir setzen uns dann zusammen und überlegen, was man daraus machen kann." Einer seiner Kunden – ein Berliner Schornsteinfegermeister – kann offenbar überhaupt nicht genug kriegen von der Fantasy-Malerei. Zuerst kam das Auto an die Reihe, dann der Toilettendeckel vom heimischen WC, dann der Spülkasten. Eines Tages schleppte der Schornsteinfeger wahrhaftig eine Toilettentür an und gab die Order: Er wünschte sie sich so, wie jene im Bahnhof Zoo ...

Welche der Kunstarten oben möchten Sie am liebsten ausprobieren? Warum?

Literaturauswahl

Fantasie

Heimatlose

Ich bin fast
Gestorben vor Schreck:
In dem Haus, wo ich zu Gast
War, im Versteck,
Bewegte sich
Regte sich
Plötzlich hinter einem Brett
In einem Kasten neben dem Klosett,
Ohne Beinchen,
Stumm, fremd und nett
Ein Meerschweinchen.
Sah mich bange an,
Sah mich lange an,
Sann wohl hin und sann her,
Wagte sich
Dann heran
Und fragte mich:
„Wo ist das Meer?"

Joachim Ringelnatz

Ein erschreckender Anblick

Als Herr Direktor J., bevor er von zu Hause wegging, noch rasch in den Spiegel seines Korridors schaute, erschrak er. Sein Anzug war zwar in Ordnung, auch die Krawatte saß, aber dort, wo sonst sein Gesicht war, sah er einen Wasserhahn. Das muß eine Täuschung sein, dachte Herr J. und wollte sich ins rechte Ohr kneifen, aber statt dessen drehte er das heiße Wasser auf, das sich nun in einem vollen Strahl auf sein Hemd ergoß. Mit einem Aufschrei schloß er den Hahn wieder, und in dem Moment sah er, daß er sich wirklich getäuscht hatte – im Spiegel war sein normales Gesicht, und auch als er es mit den Händen abtastete, änderte sich nichts mehr, von einem Wasserhahn konnte keine Rede sein. Beruhigt wandte sich Herr Direktor J. der Türe zu, da merkte er, daß er nicht so gehen konnte. Sein Anzug war durch und durch naß, und unter dem Hemd spürte er einen brennenden Schmerz, der langsam stärker wurde. **Franz Hohler**

Zum Spaß

EIN QUIZ

1 Welches ist das stärkste Tier?

2 Wer frisst Eisen?

3 Wohin geht der Hund, wenn er ein Jahr alt ist?

4 Wann wird das Heu gemäht?

5 Was steht zwischen Berg und Tal?

6 Schreibe dürres Gras in drei Buchstaben.

7 Was ist beim Feuerlöschen nötiger als Wasser?

8 Wo war Ali Baba, als die Kerzen ausgingen?

9 Wie viele Erbsen gehen in einen Topf?

10 Wo hören die Scherzfragen auf?

Zum Nachdenken

GEDANKEN ÜBER DIE SCHULE

*Wenn alles schläft
und einer spricht,
den Zustand nennt man
Unterricht.*

Wilhelm Busch

*Er war Geographielehrer,
und sie kannte auch
keine Grenzen.*

*Er war Mathe-Lehrer, und
sie war unberechenbar.*

*Wer etwas kann,
tut es, wer nichts
kann, unterrichtet.*

*Je mehr ich lerne,
desto mehr weiß ich.
Je mehr ich weiß,
desto mehr vergesse ich.
Je mehr ich vergesse,
desto weniger weiß ich.
Warum also lernen?*

LÖSUNG
1 Die Schnecke; sie trägt ihr Haus auf dem Rücken.
2 Rost
3 In das zweite Jahr.
4 Niemals. Das Gras wird gemäht.
5 und
6 Heu
7 Feuer
8 Im Dunkeln
9 Keine. Man muss sie hineinschütten.
10 Hier

Welches Stück oben gefällt Ihnen am meisten? Warum? Versuchen Sie, das Gedicht oder einige Scherzfragen und Schulsprüche auswendig zu lernen.

Lecker!

Wie kam der Hamburger nach Amerika?

Food-Historiker glauben, dass der Hamburger am Ende des 19. Jahrhunderts nach Amerika kam, als zahllose Europäer auf der Suche nach einem besseren Leben die Alte Welt verließen. Sie brachten einiges mit: Auf der Schiffslinie Hamburg–Amerika gab es nicht viel zu essen. Hauptspeise war das sogenannte ,Rundstück warm' mit Fleischresten auf Brothälften, die man irgendwann einfach zusammenklappte.

Die allgemeine Verbreitung des Hamburgers fand nicht zufällig gleichzeitig mit der Industrialisierung statt. Die Arbeit in den Fabriken trieb die Familien aus den Häusern. Essen fand immer öfter zwischendurch statt, und schnell sollte es gehen. Essen zum Mitnehmen – der Siegeszug von dem Hamburger war unaufhaltbar.

Vegetarische Ernährung auch für Hunde?

Bello kriegt nicht nur Kartoffeln, Kohl und Rüben pur.

Um als Vegetarier fit zu bleiben, braucht er auch kleine Mengen vitaminiertes Mineralfutter. Und es gehören Sojaprodukte, gekochte Eier, Quark, Reis und Haferflocken in den Napf. Allerdings sollte man einen Hund nur dann ausschließlich mit Grünzeug füttern, wenn er gegen sämtliche Fleischsorten allergisch ist, aber nicht, weil man selbst Vegetarier ist. Denn unsere lieben Vierbeiner sind nun mal Fleischfresser!

VEGETARISCHE LEBENSWEISE

Professor Rainer Frentzel-Beyme vom Bremer Institut für Präventionsforschung und Sozialmedizin hat neulich eine Vergleichsstudie zwischen Mormonen und Adventisten vom Siebenten Tag erstellt. Anhänger beider Glaubensrichtungen werden erstaunlich alt.

Die Gründerväter der Adventisten verboten ihrer Gemeinde zu rauchen und Alkohol zu trinken. Sie rieten von Kaffee, Tee, Cola, Gewürzen, Fleisch, Geflügel und Fisch ab. Etwa die Hälfte der Adventisten lebt vegetarisch; die Sterbehäufigkeit ist nur halb so hoch wie bei der normalen Bevölkerung – einen ähnlich guten Wert erreichen deutsche Vegetarier.

Bei Mormonen, die auch einen gesunden Lebensstil pflegen, liegt die Mortalität ebenfalls niedrig. Sie werden im Durchschnitt acht Jahre älter als andere Amerikaner. Mormonen sind zwar in mancher Beziehung enthaltsam: Sie meiden Tabak, Alkohol, Kaffee und Tee. Aber sie essen Fleisch. Also kann der Verzicht auf tierisches Eiweiß bei den Adventisten nicht der einzige Grund für ihre hohe Lebenserwartung sein.

Hamburger light

Gute Nachrichten nicht nur für Hamburger, sondern auch für alle Hamburger-Esser, denn er ist besser als sein Ruf. Eine Untersuchung des Kieler Instituts für Humanernährung sagt aus, dass das Fleischbrötchen zumindest von den Kalorienwerten gar nicht so schlecht dasteht. So hat beispielsweise ein Durchschnittshamburger 260 Kalorien, eine Bratwurst mit Brötchen aber schon 615 Kalorien.

Vitamine & Co. müssen allerdings im Hamburger mit einer großen Lupe gesucht werden. Eine optimale Menge an allen Nährstoffen liefert zwar auch kein anderes Fastfood-Lebensmittel. Sie können aber durch die richtige Kombination, z.B. mit Orangensaft und Salat, stark verbessert werden.

> Welche Vorteile des Fleischessens und des vegetarischen Lebenstils werden in diesen Texten erwähnt?

Duftende Bohnen

Es ist nach wie vor das beliebteste Getränk der Deutschen. Etwa 160 Liter Kaffee trinkt jeder Bundesbürger im Jahr. Damit liegt Kaffee im Pro-Kopf-Verbrauch noch vor Bier (131 Liter) und Mineralwasser (102 Liter). Sein Siegeszug durch Europa begann im 17. Jahrhundert von Venedig aus. Damals kam der Kaffee noch ungewaschen und ungeröstet in den Handel. Die Bohnen zu Hause über dem offenen Feuer zu rösten, war eine heikle Angelegenheit. Das Gebräu wurde ungenießbar, wenn die Bohnen verbrannten. Als sich das Getränk Anfang des 20. Jahrhunderts von Luxusgut zum Alltagsartikel entwickelte, baute Johann Jacobs 1907 einen eigenen deutschen Röstbetrieb auf. Aus diesen Anfängen ist heute das Großunternehmen Kraft Jacobs Suchard entstanden.

Suchen Sie Beispiele für ‚Luxus' in diesen zwei Texten. Versuchen Sie das Verhalten der Großmutter in Bölls Geschichte zu erklären.

Mahlzeit!

EINE EINLADUNG ZUM ESSEN

Es war schrecklich, wenn die Großmutter ihn zum Essen mit in die Stadt nahm. ... Sie liebte schweres und reichliches Essen, fette Suppen, bräunliches, dickflüssiges Zeug, dessen Geruch ihm schon Ekel verursachte... Große Stücke Braten wurden bestellt, die sie beroch, mit Messer und Gabel auf ihre Zartheit untersuchte und rücksichtslos zurückgehen ließ, wenn das Fleisch nicht ihrem Geschmack entsprach. Fünf verschiedene Salate, die sie durch umständliches Hantieren mit Gewürzen und Flaschen verbesserte, geheimnisvolle silberne Kannen, kupferfarbene Tropfer, Streuer, und die lange Unterhaltung mit dem Kellner über Gewürze. Die Rettung war der Teller mit großen Schnitten ganz weißen Brotes, der wie ein Turm in der Mitte des Tisches stand; und vergeblich wartete er auf das, was er außer Brot noch mochte: Kartoffeln. Gelblich-weiß, dampfend, mit Butter und Salz mochte er sie, aber die Großmutter verachtete Kartoffeln.

Sie trank Wein und bestand darauf, er müsse Apfellimonade trinken, ein Getränk, das sie als Kind so geliebt hatte. Sie war unglücklich, wenn er nicht trank, und begriff nie, daß etwas, was ihr als Kind so wunderbar erschienen war, ihm nicht wunderbar erschien. Er aß nur wenig: Salat, Suppe und Brot, und selber schlingend wie eine Wilde, nahm sie seinen geringen Appetit kopfschüttelnd hin. ... auch durch ihre Kleider erregte sie Aufsehen; schwarze, schwere Seide und eine leuchtend rote Bluse, die ihr gut zu dem blühenden Gesicht stand. Die Kellner, der Geschäftsführer und die Büffetmädchen hielten sie für eine russische Emigrantin, doch sie war in einem winzigen Eifeldorf geboren und hatte ihre Kindheit in tiefstem Elend verbracht. Immer wenn sie gut aß, erzählte sie davon, wie schlecht sie als Kind gegessen hatte; mit lauter Stimme, so daß die Leute an den Nachbartischen aufhorchten, beschrieb sie die fade Süße zerkochter Steckrüben und die Bitternis angebrannter Magermilchsuppen; genau beschrieb sie den Brennnesselsalat und das saure dunkle Brot ihrer Kindheit, während sie triumphierend eine Scheibe weißesten Weißbrotes auseinanderbröckelte.

Heinrich Böll (1917–1985): Deutscher Schriftsteller und Autor zeitkritischer Romane, Satiren, Kurzgeschichten, Essays, Hörspiele. Nobelpreis 1972.

Stress ist eine schlimme Krankheit unserer Zeit. In Schule und Beruf werden immer höhere Anforderungen gestellt. Manche reagieren auf die hohe Belastung mit Stress, andere nehmen's auf die leichte Schulter. Zu welchem Typ gehörst du?

HAST DU GUTE NERVEN?

Bei jeder Frage kannst du dir 1 bis 3 Punkte geben.

3 Punkte: Trifft bei mir genau zu
2 Punkte: Trifft größtenteils zu
1 Punkt: Trifft nicht zu

1 Ich mache gern Unsinn und liebe es, zu lachen ...
① ② ③

2 Ich habe mehrere Freunde, mit denen ich etwas unternehmen kann ...
① ② ③

3 Ich nehme mir jeden Tag Zeit um etwas Tolles zu unternehmen ...
① ② ③

4 Spaziergänge in der freien Natur mag ich besonders ...
① ② ③

5 Ich verliebe mich sehr gern, auch wenn man manchmal enttäuscht wird ...
① ② ③

6 Arbeit und Freizeit gehören irgendwie zusammen ...
① ② ③

7 Ich schlafe mindestens viermal die Woche richtig aus ...
① ② ③

8 Ich habe einen Freund / eine Freundin, mit dem/ der ich alle meine Probleme besprechen kann ...
① ② ③

9 Meine Freizeit verplane ich nur selten ...
① ② ③

10 Welches Bild gefällt dir am besten?
a der Sonnenuntergang ①
b die Berglandschaft ②
c das Gebirge ③

11 Ich kann Gefühle wie Angst, Ärger und Enttäuschung gut ausdrücken ...
① ② ③

12 Ich nehme jeden Tag eine warme Mahlzeit zu mir ...
① ② ③

13 Ich lebe nicht allein ...
① ② ③

14 Ich habe nur selten das Gefühl, dass mir die Zeit davonläuft ...
① ② ③

15 Ich trinke selten Alkohol ...
① ② ③

16 Ich bete oder meditiere regelmäßig.
① ② ③

TESTERGEBNIS
Zähle alle Punkte zusammen

16–25 Punkte

Du fühlst dich laufend gestresst. Entspannung ist für dich ein Fremdwort. Wenn du so weitermachst, droht dir ein Zusammenbruch. Du solltest gesünder leben. Das heißt: Finger weg von Zigaretten und Alkohol. Du brauchst genügend Schlaf und ab und zu solltest du mal einen Spaziergang an der frischen Luft machen. Du kannst Stressfaktoren auch ausschalten, indem du regelmäßig isst und dir ein sportliches Hobby zulegst.

26–35 Punkte

Du neigst zu Stressreaktionen. Dies führt zwar nicht direkt zu einem Zusammenbruch oder einer Erschöpfung, könnte sich aber über einen längeren Zeitraum hinweg negativ auf deine Gesundheit auswirken. Manchmal solltest du dich einfach zwingen, ruhig zu bleiben. Wenn du dich gestresst fühlst, nutzt es oft schon, einen entspannten Abend mit Freunden zu verbringen. Wenn man über Probleme redet, werden sie manchmal automatisch kleiner.

36–48 Punkte

Du bist die Ruhe selbst. Du bist nicht vom Ehrgeiz zerfressen und lebst wahrscheinlich ziemlich gesund. Du hast gute Freunde und bist sehr ausgeglichen. Wenn deine Freunde gestresst sind, bietest du ihnen ein offenes Ohr und deshalb schätzt man dich sehr. Dir kann man nur einen Rat geben: Weiter so!

Machen Sie diesen Psychotest und bewerten Sie Ihre Antworten! Glauben Sie, dass die Gesundheit von der Einstellung und dem Charakter einer Person abhängt? Schreiben Sie einen Artikel von ca. 150 Wörtern, in dem Sie Ihre Meinung dazu erklären.

Im Namen Gottes ...

Himmlische Weihe

Als der liebe Gott den Kaufmann geschaffen hatte, fragte er ihn nach seinen Wünschen. „Ich wünsche mir", war die Antwort, „ein schönes Geschäft, in dem ich schöne Geschäfte machen kann, und jedes Jahr ein Fest, an dem ich besonders gute Geschäfte machen kann."

Da schuf Gott das Weihnachtsfest.

Da bat ihn der Kaufmann, das Geschäft einzuweihen. Und Gott wandelte durch den Laden und freute sich über die vielen Angebote und Sonderangebote. Schließlich nahm er sich ein Marzipanschwein und aß es. „Sehr gut", lobte er, „noch einen Wunsch?"

„2,35 DM!" sagte der Kaufmann.

Winfried Thomsen

Lebenslauf

Mit fünf lernte ich mein erstes Gebet auswendig. Ein kurzes Gebet:

Kulhuvallahuahadallahussamedlamyalidvalamyuledvallam-yakunlahukufuvenahad. Sprich: Es ist der eine Gott, der ewige Gott, er zeugt* nicht und wird nicht gezeugt, und keiner ist ihm gleich. Ich wußte nicht, wie man zeugt.

Mit sechs berührte ich mit der Stirn den Boden. Mein Vater zeigte mir eine dunkle Stelle auf seiner Stirn und sagte: „Diese Stelle wird nicht brennen in der Hölle." „Aber du gehst doch gar nicht in die Hölle", antwortete ich. „Das weiß man nie", sagte Vater. Ich überlegte, wie man wohl noch beten könne, um an möglichst vielen Stellen seines Körpers solche Spuren zu tragen. Aber es gab nur eine richtige Haltung beim Gebet.

Mit sieben betete ich mit vielen anderen zusammen.

Mit acht traf ich auf Menschen, die niemals beten. Mit neun auf Menschen, die ganz anders beten als wir. Sie saßen auf ganz harten Bänken oder knieten nur, anstatt sich niederzuwerfen.

Ich wußte immer noch nicht, wie man zeugt.

Ich saß zusammen mit denen, die Gott strafen würde, in einem ihrer Gebetshäuser. Es war kalt und dunkel. Neben mir saß meine Lehrerin. Ich fragte sie, wie man zeugt. Sie tat so, als würde sie meine Frage nicht verstehen. Ich traute mich nicht, noch einmal zu fragen. Ich fragte anders: „Warum hat Gott einen Sohn?" „Gott liebt die Menschen so sehr, daß er sie geschaffen hat, und um seine Liebe zu zeigen, kam er zu ihnen in Menschengestalt." „Gott wird aber auch strafen, nämlich die, die sagen, daß er einen Sohn hat", antwortete ich überzeugt und meine Lehrerin lächelte. Danach war ich nie mehr in einem christlichen Gottesdienst.

Mit zwölf lernte ich den Koran lesen. Ich begann regelmäßig zu beten und begann auch langsam zu verstehen, was zeugen bedeutete. Es war angenehm. Und Gott sollte auf eine so angenehme Sache verzichten? Gott war eine seltsame Gestalt. Ich liebte ihn, aber ich verstand ihn nicht.

* zeugen = *to beget* (bibl.), *i.e. to father*

Die Frage, ob es einen Gott gibt

Einer fragte Herrn K., ob es einen Gott gäbe. Herr K. sagte: „Ich rate dir, nachzudenken, ob dein Verhalten je nach der Antwort auf diese Frage sich ändern würde.

Würde es sich nicht ändern, dann können wir die Frage fallen lassen. Würde es sich ändern, dann kann ich dir wenigstens noch so weit behilflich sein, daß ich dir sage, du hast dich schon entschieden: Du brauchst einen Gott."

Bertolt Brecht

Zafer Şenocak (1961–): Geboren in Ankara, Türkei, lebt seit 1970 in Deutschland. Veröffentlicht Gedichte, Essays und Erzählungen in deutscher Sprache. Schreibt auch für die Tageszeitung in Berlin. Erhielt 1988 den Förderpreis zum Adelbert-von-Chamisso-Preis für multikulturelle Literatur in Deutschland.

a Welche der Darstellungen Gottes gefällt Ihnen am besten? Warum? Arbeiten Sie die Ähnlichkeiten und Unterschiede in den verschiedenen Darstellungen heraus.

b Siehe Self-study Booklet, Seite 13, Übung 7.

Themen	Kommunikation	Grammatik	Prüfungstraining
• die Arbeitswelt • die Verteilung des Geldes • Wirtschaft • die Dritte Welt	• Fragen stellen • Gegenargumente ausdrücken	• Verben mit Präpositionen • das Passiv	• das Verständnis von Zahlen verbessern • etwas auf Deutsch zusammenfassen

7

Geld regiert die Welt

Inhalt

1 Versuchen Sie den Hintergrund für jedes Bild zu geben. Wo befindet sich das Bild? Was zeigt es? Was hat das mit dem Thema ‚Geld' zu tun?

2 ▭ Hören Sie sich dann die Kassette ‚Geld regiert die Welt' an, um die Wahrheit herauszufinden.

Kohle machen,

Neben dem Studium ist das ‚Geldverdienen' bei Studenten Sorge Nummer eins.

Nebenjobs und Ferienjobs ermöglichen die verschiedensten Sonderwünsche, die das Budget der Eltern oder die BaFöG-Unterstützung übersteigen.

Doch die Jobs werden immer rarer und sind längst nicht mehr selbstverständlich. Hierzu einige Berichte über Studis, die anders jobben.

Eigentlich ist sie eine waschechte Serbin, doch wenn **NENA** ihre Arbeitsklamotten angezogen hat, vergisst sie ihre Herkunft für kurze Zeit. Die 21-Jährige unterstützt ihr Architekturstudium als Kellnerin in einem bayrischen Restaurant. Da tragen die ‚Maderl' Dirndl und die ‚Buben' Trachten. Voraussetzung ist neben gepflegtem Aussehen und Zuverlässigkeit auch ein dickes Fell in Sachen Stress. Nena: „Vor allem, wenn Theater und Kino aus sind, kommen oft 200 Leute auf einmal hereingestürmt, die alle sofort bedient werden wollen. Da heißt es, locker bleiben."

STEFAN (23) studiert Wirtschaftslehre und jobbt bei der Stuttgarter Straßenbahn als Fahrausweisprüfer. Seit zweieinhalb Jahren ist er dabei und denkt nicht ans Aufhören. „Das macht mir viel Spaß und damit kann ich mein Studium gut finanzieren." Bis jetzt hat Stefan noch keine Autoritätsprobleme bei den Fahrgästen. Er ist überzeugt: „Es kommt darauf an, wie man auf die Leute zugeht." Gute Bekannte oder Freunde hat er noch nie ohne Ausweis erwischt, aber auch da würde er keine Ausnahme machen, „aus Prinzip nicht".

1 Lesen Sie die Berichte oben. Suchen Sie in den genannten Texten ein passendes Wort oder einen passenden Ausdruck für jedes Beispiel unten.

a Stefan: bis jetzt beim Schwarzfahren nicht ertappt (5 Wörter)
b Christopher: den fremden, haarigen Freund (4 Wörter)
c Christopher: laut weinen (1 Wort)
d Catharina: dieser Verlust; dieses Opfer (2 Wörter)
e Catharina: Versuchskaninchen (1 Wort)
f Nena: durchaus wahre (1 Wort)
g Nena: Heimat (1 Wort)
h Nena: obligatorisch ist (2 Wörter)

2 📼 Hören Sie sich die Kassette ‚Geldsachen' an. Cornelia und Hans-Peter sprechen über ihre Ferienjobs. Beantworten Sie die folgenden Fragen über **beide** Jugendliche.

a Wie hat sie/er den Ferienjob bekommen?
b Was für eine Arbeit hat sie/er gemacht?
c Glauben Sie, dass der Job ihr/ihm gefallen hat? Warum (nicht)?

3 Haben Sie einen Job? Warum (nicht)?
Erinnern Sie sich an die Ferien- und Nebenjobs auf der Kassette und in den Texten. Welchen der sechs Jobs würden Sie am liebsten machen? Warum?

Arbeiten Sie zu zweit. Eine Person überlegt sich die Vorteile jedes Jobs, die andere die Nachteile. Besprechen Sie dann jeden Job und versuchen Sie, die Vor- und Nachteile zu erklären und gegeneinander abzuwägen!

4 🎧 Siehe Self-study Booklet, Seite 14, Übungen 1 und 2.

5 Sehen Sie sich die Karikatur gegenüber genau an. Beschreiben Sie den Sprecher und erklären Sie, warum seine Aussage ironisch ist!

PROJEKTARBEIT

☎ Suchen Sie weitere Informationen über Ferien- und Nebenjobs in einem deutschsprachigen Land. Benutzen Sie die Brennpunkt-Website:
http://www.brennpunkt.nelson.co.uk

aber wie?

Sechs Wochen lang keinen Alkohol und kein Koffein. Diese Entbehrung hat **CATHARINA** (20) als Probandin für eine Studie eines Pharmaunternehmens auf sich genommen, um Geld für eine Interrailreise zu verdienen. Die Chemiestudentin schluckte gegen Bezahlung ein neu entwickeltes Medikament. „Ich habe bei einer Metabolismus-Studie mitgemacht; da wird untersucht, was mit einem Medikament im Körper passiert, wie es sich abbaut. Die Nebenwirkungen sind in diesem Fall schon bekannt. Es ist also sehr risikoarm." Jeder Proband ist automatisch gegen mögliche Gesundheitsschäden versichert. Wer irgendwann plötzlich aufhören will, muss keine Nachteile erwarten. „Du kannst jederzeit aussteigen, ohne Angabe von Gründen, und kriegst dein Geld prozentual zu der Zeit."

CHRISTOPHER (22) hat einen Job als Firmenmaskottchen im Stuttgarter Breuniger-Kaufhaus. Fünf Stunden freitags und sechs Stunden samstags kümmert er sich vor allem um die kleinen Besucher. „Ich laufe durch alle Abteilungen und verteile Süßigkeiten an Kinder." Diese reagieren in der Regel begeistert, wenn sie den ungewohnt pelzigen Zeitgenossen sehen. Manche heulen auch zunächst, aber wenn ich ihnen ein Bonbon gebe, geht die Angst meistens weg." Das Geld braucht Christopher, der noch bei seinen Eltern wohnt, für sein Auto.

Welche Jobs gibt es und wie kommt man daran?

- **Kellnern**. Erst ab 18. Am besten persönlich in Cafés, Kneipen etc. vorsprechen.
- **Post**. Briefträger (ab 18, als Aushilfen oder Zeitarbeit) oder im Postamt (Sortieren, Pakete verladen etc.). Direkt bei der Post anfragen.
- **Babysitting**. Ab 14 möglich. Zettel im Supermarkt, in Kindermode-Shops aushängen oder im Anzeigenblatt inserieren.
- **Zeitschriften/Zeitungen austragen**. Übers Arbeitsamt. Oder bei Anzeigenblättern anrufen und anfragen. Ebenso leichte Tätigkeiten wie Rasenmähen, Autowaschen etc.

- **Nachhilfe**. Wenn du besonders gut bist in einem Fach, dann biete am schwarzen Brett deiner Schule andern Schülern Nachhilfeunterricht an. Oder inseriere in der Schülerzeitung.
- **Zeitarbeit**. Schau im Branchenbuch nach. Unter dem Stichwort ‚Zeitarbeit' stehen eine Menge Firmen, die Aushilfskräfte auf Zeit vermitteln (Büros, Verkäuferinnen etc.).
- Es gibt noch jede Menge anderer Jobs in Büros, Fabriken etc. Melde dich beim Arbeitsamt, dort gibt es eine Zeitarbeitsvermittlungsstelle. Aber unbedingt rechtzeitig, ca. sechs Wochen vor Beginn der Sommerferien.

ERBÄRMLICH, DIESE STUDENTEN VON HEUTE! WIR SIND DAMALS NOCH **FÜR DIE REVOLUTION** AUF DIE STRASSE GEGANGEN! UND DIE DEMONSTRIEREN **FÜR MEHR GELD!**

6 **a** Lesen Sie den Artikel ‚Welche Jobs gibt es und wie kommt man daran?'

b Schreiben Sie eine neue Version des Artikels:
- Wählen Sie 5–8 Jobs von den Berichten, der Kassette oder der Projektarbeit auf Seite 82–83.
- Erklären Sie in einer kurzen Einführung, warum deutsche Jugendliche Neben- und Ferienjobs brauchen.
- Fassen Sie dann die wichtigsten Tatsachen über Ihre ausgewählten Jobs zusammen. Geben Sie auch Tipps, wie man an diese Jobs kommt. (Sie können Ihren Artikel auch vielleicht in Form eines kurzen Radioberichts aufnehmen.)

Mit 20 die erste Million

In dem Alter, in dem andere erst in die Lehre gingen, gründeten Deutschlands jüngste Unternehmer bereits eigene Firmen. Den Teenie-Jahren kaum entwachsen, machen sie Riesengewinne.

Claudia Langer sieht nicht gerade aus wie eine dynamische Firmenchefin – eher wie ein Model. Die Werbefilmer würden sich um die schlanke Schöne mit ihrem strahlenden Lachen reißen. Motto: »Ich will so bleiben, wie ich bin.« Das will auch Claudia Langer. Nur hat das mit kalorienreduzierter Ernährung wenig zu tun. Die 25-Jährige legt Jahr für Jahr kräftig zu – auf ihrem Bankkonto. Längst ist sie Millionärin. Fünfzehn gut bezahlte Angestellte hören auf ihr Kommando.

Vor sieben Jahren, Claudia war gerade 18 Jahre alt, hatte sie zusammen mit Martin Schnack die Idee, auf 2500 Quadratmetern die alternative Modemesse »Avant-garde« in München zu starten. Die »Avantgarde« ist mittlerweile zur festen Institution geworden, der Name ein Begriff für pfiffige Werbekonzepte – in erster Linie für die Modebranche.

»Wir jonglieren mit Werbeetats in Millionenhöhe.«

»Finanziell sind wir jetzt aus dem Schneider«, sagt Martin Schnack. Das ist nett untertrieben. Claudia Langer: »Wir jonglieren mit Werbeetats in Millionenhöhe.« In einem Alter, in dem andere erst richtig loslegen, könnten die beiden (»Wir sind wahnsinnig belastbar und arbeiten wie die Tiere«) sich sorgenfrei zur Ruhe setzen.

Claudia Langer und Martin Schnack sind bei weitem nicht die einzigen Yuppie- und Teenie-Millionäre in Deutschland. Deren Zahl ist in den vergangenen Jahren so gestiegen, dass selbst der Bundesverband Junger Unternehmer bisweilen schon alt aussieht. In Hamburg richtete der Verband eine

feste Runde für die Unter-Dreißigjährigen ein, weil die sich im Kreis der »Altvordern« zwischen 30 und 40 nicht recht wohl fühlen.

Zum Beispiel Marco Börries aus Lüneburg. Dem Milchgesicht gehört eine Computerfirma mit 60 Angestellten und 15 Millionen Mark (7,5 Millionen Euro) Jahresumsatz. Marco Börries ist 23 Jahre alt. Als 16-Jähriger gründete er, gerade von einem Schüleraustausch aus den USA zurück, seine eigene Softwarefirma. Mit 2000 Mark (1000 Euro), die er noch von seiner Konfirmation auf dem Konto liegen hatte, und mit seinen Eltern als Bürgen entwickelte er das Textverarbeitungs-

Claudia Langer und Martin Schnack sind bei weitem nicht die einzigen Yuppie- und Teenie-Millionäre in Deutschland.

programm »StarWriter«. Das hat er bis heute 90 000-mal verkauft. Schon nach zwei Jahren baute er sich eine Firmenzentrale für zwei Millionen Mark (eine Million Euro), die er zum größten Teil bar hinlegte, und gleich noch ein Miethaus als Kapitalanlage dazu. Gegenwärtig ist der 1,90-Meter-Bubi in seinem schwarzen Porsche Carrera mit Autotelefon in der Bundesrepublik auf Tour, um die fünfte Generation seiner Software-Entwicklung vorzustellen.

1 Lesen Sie den Text links mit Hilfe eines Wörterbuchs. Ergänzen Sie dann die folgenden Sätze, um zu zeigen, dass Sie den Text verstanden haben.

a Claudia Langer ist gar nicht so, wie sie aussieht, denn …

b Ihre Karriere hat sehr früh angefangen, als sie …

c Trotz der Erfolge hat ihre Arbeit Nachteile, weil Claudia und Martin …

d Claudia und Martin sind aber keine Ausnahmen, denn in Deutschland …

e Obwohl Marco Börries noch sehr jung ist, …

f Seine Karriere hat auch sehr früh angefangen, als er …

g Seitdem er sein Textverarbeitungsprogramm erfunden hat, …

h Als Teil seines Berufs heute, …

2 Rollenspiel

Arbeiten Sie zu zweit. Eine Person ist Claudia oder Marco. Die andere Person will sie/ihn für eine Talkshow interviewen und stellt ihr/ihm so viele Fragen wie möglich, die sie/er beantworten muss! Benutzen Sie den Text als Sprungbrett und viel Fantasie. Tauschen Sie nachher die Rollen und interviewen Sie die andere Millionärin / den anderen Millionär. Führen Sie einige Interviews vor der Klasse auf!

„Ich brauche zweihunderttausend Mark. Ich möchte ein Kreditbüro eröffnen."

3 ∩ Siehe Self-study Booklet, Seite 14–15, Übungen 3 und 4.

Kommunikation!

Fragen stellen

Was? Wo? Wie? Warum? Wieso? Wer? Wann? Wie viel(e)? Inwiefern? Welcher/-e/-es?

ACHTUNG!

Nom. **Wer** verdient am meisten?

Akk. **Wen** haben Sie zuerst gesehen?

Gen. **Wessen** Geld war das?

Dat. Mit **wem** haben Sie damals gesprochen?

WUSSTEN SIE SCHON …?

● Immer mehr Deutsche besitzen Aktien – mehr als ein Viertel davon in Privatbesitz gehören Personen unter 30 Jahren.

● Seit 4. Januar 1999 ist Frankfurt Hauptstadt des europäischen Geldes. Im Euro-Tower, mitten im Zentrum der Stadt, wird der Zins für den gesamten Euro-Raum gemacht.

● Über 400 Banken befinden sich in Frankfurt und rund 13 Prozent aller in der Großstadt Beschäftigten arbeiten im Bankgewerbe.

● Der Wolkenkratzer-Boom in Frankfurt hält unvermindert an. Die neue 260 Meter hohe Commerzbank ist das höchste Haus Europas.

PRÜFUNGSTRAINING

Das das Hörverständnis von Zahlen verbessern

Nicht nur Millionäre müssen ein Gedächtnis für Zahlen haben! Versuchen Sie, Ihr Verständnis gesprochener Zahlen und Preise zu verbessern. Hören Sie sich regelmäßig Berichte wie in der nächsten Übung an!

4 ▭ Hören Sie sich den Börsenbericht an und lesen Sie die folgende Transkription. Notieren Sie die fehlenden Zahlen.

Und hier der Börsenbericht. Die deutschen Aktienmärkte schlossen schwächer. Der deutsche Aktienindex gab um …..(1)….. auf …..(2)….. Punkte nach.

Die wichtigsten Kassenkurse:

Automobil und Verkehr

BMW:	583,50	-2,50
Daimler:	…..(3)…..	…..(4)…..
Porsche:	…..(5)…..	…..(6)…..
VW:	…..(7)…..	…..(8)…..
Lufthansa:	…..(9)…..	…..(10)…..

Chemie

BASF:	…..(11)…..	…..(12)…..
Bayer:	…..(13)…..	…..(14)…..
Hoechst:	…..(15)…..	…..(16)…..

PROJEKTARBEIT

✎ Suchen Sie weitere Informationen zum Thema Wirtschaftsförderung Frankfurt auf der Brennpunkt-Website: http://www.brennpunkt.nelson.co.uk

Transit für Alpträume

Die Kehrseite der Medaille

Luxus neben Armut, Schickeria neben Fixerelend – im Hamburger Hauptbahnhof bündeln sich die sozialen Gegensätze. Ein deutscher Mikrokosmos.

Hamburg, Hauptbahnhof. Traum und Alptraum. Zwei Welten in einer riesigen Halle aus Stahl und Glas. Und wie unter einem Vergrößerungsglas sind da alle Farben des Regenbogens zu sehen, helle und dunkle, schöne und schrille. Hier laufen nicht nur Gleise zusammen, hier begegnen sich Reich und Arm, Gewinner und Gescheiterte. Der Bahnhof, das ist Deutschland als Mikrokosmos.

Wenn morgens um 5 Uhr die ersten Vorortzüge die Pendler mit den eiligen Schritten auszuspucken beginnen, wenn die Herren mit den wichtigen Aktenkoffern und den wichtigen Gesichtern hinter goldbedampften Scheiben in die gewichtigen Polstersessel sinken, dann kauert Ilse noch im Drahtsessel. Ilse sitzt wenige Meter weiter auf einem Bahnsteig, den Kopf nach vorne gesunken. Die 65-Jährige schwankt hin und her, als würde sie unruhig träumen. Aber sie öffnet die Augen nicht. Hochschnellen würde sie höchstens, wenn jemand die beiden Tüten zu ihren Füßen berührte. Denn die braucht sie zum Überleben.

Ilse gehört zu der ständig wachsenden Zahl von Menschen in Deutschland, die auf der Straße leben oder sonst irgendwo draußen – oder eben in einem Bahnhof. Sie „wohnt" seit 12 Jahren hier.

Wie die anderen Elendsgestalten, die sich morgens rund um den Bahnhof neben halbleeren Bierdosen von halbnassen Zeitungen hochrappeln, wird sie in Abfallkörben nach Essbarem suchen, nach angebissenen Brötchen

oder einem Stück weggeworfener Bratwurst. „Da drüben", zeigt die Frau mit den schwarzen Fingernägeln und dem Rattenbiss an der Hand, „bin ich jedenfalls nicht erwünscht."

„Wir achten auf extreme Sauberkeit hier", sagt Hans-Joachim Martens, der Manager der neuen „Wandelhalle" über den Gleisen. Zu seinem Reich gehört nicht nur die „Gourmet-Station" mit ihren Leckereien, sondern auch eine Palette herausgeputzter Läden,

wo seidene Krawatten, neueste CDs und teure Lederjacken bis in die späten Abendstunden zu haben sind. „Der Bahnhof soll nicht nur eine Haltestelle sein", sagt der „Center-Manager". So hat ein privater Investor die glitzernde Snack- und Shoppingpassage für 60 Millionen Mark errichtet, „ganz dem Zeitgeist angepasst", wie Martens findet. Für Leute wie Ilse ist hier allerdings kein Platz mehr.

Ilse „wohnt" seit zwölf Jahren im Bahnhof. Nachts hockt sie mit ihren wenigen Habseligkeiten in einem Drahtsessel. Taxifahrer haben ihr alte Autofelle zum Wärmen geschenkt.

„In der neuen Wandelhalle bin ich nicht erwünscht."

die Armut	das Leben ohne genug Geld
die Elendsgestalt	jemand, der arm und traurig aussieht
das Fixerelend	das schreckliche Junkie-Leben
das Gleis (-e)	eine Fahrbahn für Züge
die Habseligkeiten *pl.*	was man besitzt
die Scheibe (-n)	das Fenster
die Schickeria *sing.*	die Leute, die ‚in' sind

1 Lesen Sie den Text ‚Transit für Alpträume' und machen Sie die Übungen auf Blatt **7.1** .

2 📼 Ein Sozialarbeiter spricht mit einer Journalistin über die steigende Zahl von Leuten ohne festen Wohnsitz. Hören Sie sich die Kassette ‚Immer mehr Obdachlose' an und beantworten Sie die folgenden Fragen.

a Wie sieht die Situation zur Zeit in Deutschland aus?
b Welche Beweise gibt der Sozialarbeiter dafür?
c Was sind die drei Hauptgründe dafür?
d Wo wohnen ärmere Leute, die keine Wohnung finden können?
e Wie viele solcher Leute gibt es zur Zeit?
f Was macht man, um ihnen zu helfen?
g Welche Lösung schlägt der Sozialarbeiter vor?

3 Siehe Self-study Booklet, Seite 15, Übung 5.

WUSSTEN SIE SCHON ...?

● Die Gesamtzahl der Wohnungsnotfälle in Deutschland ist schwer zu schätzen und nicht genau bekannt. Man vermutet aber, dass es ungefähr 900 000 Wohnungslose in der BRD gibt.

● Von denjenigen, die in Notunterkünften leben oder obdachlos sind, sind ca. 39% Männer, 30% Frauen und 31% Kinder und Jugendliche.

● Wohlfahrtsverbände schätzen, dass über 2 Millionen Kinder unter 15 in Deutschland in Armut leben. Bettelnde und obdachlose Jugendliche gehören in deutschen Städten zum Alltag.

4 **Rollenspiel**
Arbeiten Sie jetzt zu zweit. Eine Person ist Journalist/in; die andere ist eine junge Obdachlose / ein junger Obdachloser – oder vielleicht Ilse.

Erfinden Sie ein Interview um Genaueres über die Situation der Obdachlosen herauszufinden.

Sie wollen über die folgenden Punkte berichten:

a das Ausmaß des Problems
b die Probleme dieses bestimmten Falles und die Ursachen
c den Alltag der Obdachlosen
d den Standpunkt des/der Obdachlosen

Benutzen Sie den Text, die Kassette und Ihre Fantasie! Sie könnten das Interview auch auf Kassette aufnehmen.

5 a ✍ Schreiben Sie jetzt für die Zeitung einen kurzen Bericht (ca. 250–300 Wörter), der Ihr Interview zusammenfasst.

oder

b ✍ Schreiben Sie einen Brief an die Zeitung über die Probleme im Hamburger Hauptbahnhof.

Wirtschaftsstandort Deutschland

1 Lesen Sie den Text ‚Von der Lederhose zum Laptop'. Welche der folgenden Themen passen am besten zum Text?

a das Entwicklungspotential
b eine Erfolgsstory
c der Einfluss deutscher Industrien im Ausland
d die Ausbildung der Arbeitskräfte
e die Verwandlung Bayerns
f die große Auswahl an Freizeitsbeschäftigungen in der Region
g die Konzentration moderner Betriebe
h Bayerns Beitrag zur deutschen Wirtschaft
i die großen Wettbewerbschancen
j niedrige Arbeitslosigkeit

2 🔲 Hören Sie sich die Kassette ‚Eine deutsche Erfolgsstory' an, in der die Gründe des bayrischen Booms erklärt werden. Zeichnen Sie eine ‚Zeitachse', die die Chronik des Aufschwungs kurz darstellt.

z.B.

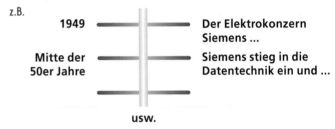

| 1949 | | Der Elektrokonzern Siemens ... |
| Mitte der 50er Jahre | | Siemens stieg in die Datentechnik ein und ... |

usw.

3 a Lesen Sie den Text ‚Auf in die Zukunft!'. Warum wird sich die Erfolgsstory in Bayern in Zukunft wahrscheinlich fortsetzen? Vergleichen Sie die Situation in Nordrhein-Westfalen um Ihre Antwort zu rechtfertigen.

b Heute aber sieht die Situation für viele Deutsche gar nicht so positiv aus. Machen Sie zu zweit ein Brainstorming über wirtschaftliche Probleme. (Siehe auch Seite 35.)

Von der Lederhose zum Laptop

Bayern, einst das Armenhaus der Republik, weist heute die geringste Arbeitslosenquote aller deutschen Bundesländer auf, die höchste Selbstständigen- und die höchste Investitionsquote. Heute steht der Süden Deutschlands, das Bundesland der Bauern, des Biers und des Barocks, auch für Bits und Bytes, Biotech und Bauboom.

Eine besonders große Gründungs- und Ansiedlungswelle hat in den vergangenen Jahren den Großraum München umspült. Nirgendwo sonst in Deutschland haben sich so viele Unternehmen der Informations- und Kommunikationsbranche niedergelassen wie in der Region Oberbayern.

Allein im Raum München mit seinen fast 1,5 Millionen Einwohnern sind mehr als 4000 Firmen tätig, die mit neuen Technologien Geld verdienen. Die deutsche Computerindustrie beschäftigt hier rund ein Drittel ihrer Angestellten, und die meisten Global Player der Software- und Hardware-Industrie haben ihren Deutschlandsitz in und um München.

WUSSTEN SIE SCHON ...?

• Die BRD gehört zu den international führenden Industrieländern. Mit ihrer wirtschaftlichen Gesamtleistung steht sie in der Welt an dritter Stelle; im Welthandel nimmt sie sogar den zweiten Platz ein.

• Deutschlands größter Handelspartner ist Frankreich.

• Die bedeutendsten Wirtschaftszweige Deutschlands sind die Automobilindustrie, der Maschinen- und Anlagenbau, die chemische Industrie sowie die elektrotechnische Industrie und Elektronikindustrie.

Auf in die Zukunft!

Die Wirtschaftsexperten sind sich einig: Wer die Probleme des Arbeitsmarktes lösen will, muss auf neue, technologie-orientierte Kleinbetriebe setzen. Das Land Nordrhein-Westfalen mit den früheren industriellen Schwerpunkten Bergbau und Stahl hat am Ende des 20. Jahrhunderts wie kein anderes Bundesland im Westen einen Strukturwandel erlebt.

Als Ersatz für die verloren gegangenen Arbeitsplätze setzte die Landesregierung auf innovative kleine und mittelgroße Unternehmen. Schwerpunkte heute sind Software und Telekommunikation, Mikrotechnik, Qualitätssicherung und Umwelttechnologie.

Einigkeit und Arbeitslosigkeit

Anklam in Mecklenburg-Vorpommern: An kaum einer deutschen Stadt ist der ‚Aufschwung Ost' so spürlos vorübergegangen wie an diesem Ort mit 17 500 Einwohnern. Die Landschaft, bis 1989 Haupterwerbszweig, hat einen Stellenabbau von 80 Prozent hinter sich. Wichtige Betriebe, etwa die Bekleidungsfirma C & A, mussten gleich nach der Wende schließen. Und neue Industrie anzusiedeln ist nach den Worten des Bürgermeisters „fast unmöglich", da man mit den Niedriglöhnen im nahen Polen nicht konkurrieren kann. Vom Tourismusboom auf der nahen Insel Usedom spürt man in Anklam so gut wie nichts.

Die Folge: eine Arbeitslosenquote von fast 30 Prozent. Rechnet man noch die ABM*-Beschäftigten, Umschüler, Sozialhilfeempfänger und unfreiwilligen Vorruheständler hinzu, heißt es im Klartext, dass die halbe Stadt ohne Arbeit ist.

ABM = Arbeitsbeschaffungsmaßnahme

4 🎞 Hören Sie sich die Kassette ‚Aufschwung Ost' an und machen Sie die Übungen auf Blatt **7.2**.

5 a Lesen Sie die zwei Texte auf dieser Seite. Tragen Sie so viele Informationen wie möglich in eine Kopie des folgenden Rasters ein.

Wirtschaftliche Probleme im Osten	Wirtschaftliche Erfolge im Osten

b Arbeiten Sie zu zweit. Person A ist optimistisch in Bezug auf Deutschlands wirtschaftliche Zukunft, Person B ist pessimistisch. Benutzen Sie Informationen aus Übungen 3–5 und die folgenden Ausdrücke um Ihren Standpunkt zu vertreten.

Kommunikation!

Gegenargumente ausdrücken

Andererseits …
Auf der anderen Seite …
Trotzdem …
Es ist nicht zu leugnen, dass …, aber …
Wenn man aber die Situation genauer betrachtet, …

6 ✏ Stellen Sie sich vor, Sie wohnen in einem der neuen Bundesländer und machen bald Ihr Abitur. Schreiben Sie einen Brief von ca. 200 Wörtern an eine Freundin / einen Freund im Westen.

a Erklären Sie, wie es Ihnen zur Zeit geht, was Sie nächstes Jahr machen wollen und wie Sie Ihre Zukunft betrachten.

b Vergleichen Sie Ihre Situation mit der allgemeinen Lage in den neuen Bundesländern und anderswo in Deutschland.

Hallo Partner!

Bei der Privatisierung in den neuen Bundesländern liegen französische Unternehmen ganz vorne. Elf Aquitaine hat für 5 Milliarden DM (2,50 Milliarden Euro) die Raffinerie Leuna 2000 gebaut – die größte Einzelinvestition im Osten. Langfristig soll das Unternehmen in der Region 2250 Arbeitsplätze schaffen. Aus Frankreich sind insgesamt über 25 000 Arbeitsplatzzusagen für die neuen Bundesländer gekommen – die höchste Zahl aller Länder.

Aber auch andere europäische Länder investieren im Osten. Nach der Schweiz engagieren sich Großbritannien und Österreich in jeweils über hundert Unternehmen. Des weiteren sind die Italiener, die Holländer und sogar die Japaner und Amerikaner an Projekten in der ehemaligen DDR beteiligt.

Armut hat viele Gesichter

Die Weltbevölkerung wächst explosionsartig, gegenwärtig um 1 Mrd. in zehn Jahren – in der zweiten Hälfte des 20. Jahrhunderts hat sie sich verdoppelt. Dabei entfallen aber 90% des Wachstums auf die Entwicklungsländer in Afrika, Asien, Mittel- und Südamerika.

Massive Ernährungsprobleme sind eine der Konsequenzen. 500–800 Mio. Menschen hungern weltweit. Täglich sterben rund 55 000 Menschen an Unterernährung und ihren Folgen – in einem Monat fast so viele, wie Hamburg Einwohner hat. Trotzdem werden weltweit mehr Lebensmittel produziert als für die ausreichende Versorgung aller erforderlich wäre.

Auch sonst ist einiges aus dem Lot geraten: In den Industrieländern leben lediglich 20% der Weltbevölkerung, doch sie verschlingen 80% der Reichtümer dieser Erde. In den letzten 30 Jahren erlebten die ärmsten 20% der Weltbevölkerung einen Rückgang ihres Anteils am Welteinkommen von 2,3 auf 1,4%. Dagegen stieg der Anteil der reichsten 20% von 70 auf 85%. Das Nettovermögen der zehn reichsten Milliardäre ist das 1,5fache des gesamten Volkseinkommens der 48 am wenigsten entwickelten Länder der Welt. Und die Kluft zwischen Arm und Reich droht noch tiefer zu werden …

Global gerechnet ...

1 Schlagen Sie, wenn nötig, die folgenden Vokabeln in einem einsprachigen Wörterbuch nach und erklären Sie ihre Bedeutung.

a	die Weltbevölkerung	f	erforderlich
b	gegenwärtig	g	aus dem Lot geraten
c	die Entwicklungsländer	h	verschlingen
d	ausreichend	i	die Reichtümer
e	die Versorgung	j	die Kluft

2 a Lesen Sie jetzt den Text links. Benutzen Sie eine Kopie des folgenden Rasters, um Tatsachen über die Industrie- und die Entwicklungsländer zu sammeln.

Industrieländer	Entwicklungsländer
z.B. 20% der Weltbevölkerung	z.B. 90% des Bevölkerungswachstums

b Wie können die Industrieländer den Entwicklungsländern helfen? Schlagen Sie mit Hilfe eines Wörterbuchs zu zweit so viele Hilfsmethoden wie möglich vor. Vergleichen Sie dann Ihre Ideen mit anderen Gruppen.

z.B. Man sollte …
Die Industrieländer müssen …
Man könnte …

3 🎧 Siehe Self-study Booklet, Seite 15, Übung 6.

4 Lesen Sie mit Hilfe eines Wörterbuchs den Text rechts ‚Was tun die Deutschen dafür?' Ergänzen Sie dann das Flussdiagramm auf Blatt **7.3**, das die Hauptpunkte des Textes zeigt.

5 In den zwei Texten kommen einige Verben mit Präpositionen vor. Ergänzen Sie die folgenden Beispiele mit der richtigen Präposition und dem Fall.

z.B. wachsen **um** + **Akk.**

entfallen	sich gliedern
sterben	sich handeln
ringen	verzichten
gehören	sich engagieren

GRAMMATIK

VERBEN MIT PRÄPOSITIONEN

Siehe auch Grammatik, Seite 240, und Blatt **7.4**.

PRÜFUNGSTRAINING

Etwas auf Deutsch zusammenfassen

✏ Benutzen Sie Blatt **7.5** um einen Artikel zu schreiben, der den Text ‚Was tun die Deutschen dafür?' in ca. 180–200 Wörtern zusammenfasst.

Was tun die Deutschen dafür?

Nach Angaben der Weltbank leben in den Entwicklungsländern rund 1,3 Milliarden Arme – Männer, Frauen und Kinder, die mit weniger als einem Dollar pro Tag um ihre Existenz ringen. Das sind mehr Menschen als alle Einwohner der Industrieländer zusammengenommen. Die Bekämpfung der Armut ist das vorrangige Ziel deutscher Entwicklungspolitik.

Landwirtschaft wird Jugendlichen in Gabun beigebracht

Die Bundesrepublik Deutschland gehört zu den größten Geberländern: Zusammen mit Japan, den USA und Frankreich finanziert sie 60 Prozent der Mittel, die insgesamt aus den Kassen der Industrieländer in die Entwicklungsländer fließen.

Unter dem Motto ‚Hilfe zur Selbsthilfe' arbeitet Deutschland heute mit 180 Staaten auf der Grundlage gleichberechtigter Partnerschaft zusammen. Neben der Armutsbekämpfung werden vor allem die Verbesserung der Bildung sowie die ländliche Entwicklung und der Umwelt- und Ressourcenschutz gefördert.

Die Entwicklungshilfe der BRD gliedert sich in die Finanzielle und Technische Zusammenarbeit. Bei der Finanziellen Zusammenarbeit handelt es sich um Kapitalhilfe für die Entwicklungsländer. Das Geld wird überwiegend als langfristige, billige Darlehen gegeben – für die ärmsten Länder als rückzahlungsfreie

Zuschüsse, wobei die Bundesregierung seit 1978 auf massive Kreditrückzahlungen verzichtet. Zweck der Technischen Zusammenarbeit ist, Kenntnisse und Fähigkeiten kostenlos zu vermitteln, zum Beispiel dadurch, dass Berater und Ausbilder nach Afrika, Asien und Lateinamerika entsendet werden.

Heute engagieren sich in Deutschland nicht nur staatliche, sondern auch zahlreiche kirchliche Institutionen, politische Stiftungen und private Organisationen im gemeinsamen weltweiten Kampf gegen die Armut. In den letzen Jahren ist viel geschafft worden, aber eines ist gewiss: Trotz aller Bemühungen, das Wohlstandsgefälle zwischen Industrie- und Entwicklungsländern zu verringern, ist die Aufgabe, Hunger und Armut zu beseitigen, in weiten Teilen der Welt noch ungelöst. Dieses Ziel zu erreichen wird eine der größten Aufgaben der kommenden Jahre sein.

---

6 🔲 Hören Sie sich die Kassette ‚Die Ursachen der Verarmung' an. Eine österreichische Sozialwissenschaftlerin versucht, die Probleme der Entwicklungsländer zu erklären. Notieren Sie die drei Ursachen der Verarmung, die auf der Kassette, aber **nicht** in den Texten vorkommen. Welche anderen Tatsachen haben Sie auf der Kassette entdeckt?

> 🔲 Die Ursachen der Verarmung
>
> **die Ausbeutung**   die Ausnützung
> **die Dürre**   lange Zeit ohne Regen
> **die Überschwemmung** Wasser überall

WUSSTEN SIE SCHON …?

- In jeder Sekunde werden weltweit drei Menschen geboren, über eine Viertelmillion pro Tag.

- 1961 wurde in Deutschland das Bundesministerium für wirtschaftliche Zusammenarbeit und Entwicklung (BMZ) gegründet. Die Entwicklungshilfe erhielt damit zum ersten Mal weltweit Kabinettrang.

- Obwohl die BRD zu den größten Gebern an Entwicklungshilfe gehört, macht ihr Beitrag nur 0,33% des Bruttosozialprodukts aus. Damit liegt sie über dem Durchschnitt der Industrieländer.

- Eine spürbare Erleichterung für die 20 am stärksten verschuldeten Länder würde zwischen 5,5 und 7,7 Milliarden Dollar kosten – ungefähr so viel wie der Bau des Vergnügungsparks Eurodisney in Frankreich.

7 Rollenspiel
Arbeiten Sie zu zweit. Person A erklärt einem Politiker / einer Politikerin, dass die Regierung zu wenig unternimmt, um den Entwicklungsländern zu helfen. Person B ist Politiker/in und rechtfertigt den Standpunkt der Regierung.

8 Brennpunkt!
Nehmen Sie Stellung zu einem der folgenden Zitate. Besprechen Sie Ihren Standpunkt in einem Aufsatz von ca. 300 Wörtern.

a „Es sollte keine Millionäre geben – alle Leute sollten gleich bezahlt werden."

b „Die Industrieländer haben die Armut der Entwicklungsländer verursacht."

c „Man muss zuerst an sein eigenes Land denken und die Probleme der Armut zu Hause lösen, bevor man Geld in die Entwicklungsländer schickt."

Grammatik: das Passiv

Siehe auch Grammatik, Seite 237.

Textbeispiele
– Weltweit **werden** mehr Lebensmittel **produziert** ...
– Das Geld **wird** überwiegend als Darlehen **gegeben**.
– In den letzten Jahren **ist** viel **geschafft worden**.
– 1961 **wurde** das Bundesministerium **gegründet**.

Sie sehen hier vier Verben im Passiv.

▶ **Was bedeuten diese Beispiele auf Englisch?**

Achten Sie auf den Unterschied:

  Das Kind trifft den Ball.
  Der Ball wird (vom Kind) getroffen.

Der erste Satz ist ein **aktiver** Satz:
Das Subjekt handelt. Das Objekt ist Ziel des Handelns.

Der zweite Satz ist ein **passiver** Satz:
Das **Subjekt** ist Ziel des Handelns.

▶ **Was haben die Verben in den Passivsätzen gemeinsam?**

Alle Verben im Passiv haben zwei Teile:

● eine Form des Verbes **werden**
  Dieses Verb verändert sich.
  z.B. Im Präsens: wird, werden usw.
      Im Imperfekt: wurde, wurden usw.

● das Partizip Perfekt (bei normaler Wortstellung am Ende des Satzes)
  z.B. ... produziert, gegeben, gegründet.

Viel wird von den Industrieländern gegeben ...

Das Verb *werden*	
Präsens	**Imperfekt**
ich werde	ich wurde
du wirst	du wurdest
er/sie/es wird	er/sie/es wurde
wir werden	wir wurden
ihr werdet	ihr wurdet
Sie/sie werden	Sie/sie wurden

▶ **Was fällt Ihnen an Passivsätzen im Perfekt auf?**
z.B. Die Lehrlinge sind geschult **worden**.

▶ **Was wäre normalerweise das Partizip Perfekt des Verbs *werden*?**

LERNTIPP

Es ist immer möglich, einen Passivsatz zu vermeiden!
Benutzen Sie stattdessen einen aktiven Satz, wenn nötig mit **man**.

Textbeispiele
– Weltweit produziert man Lebensmittel.
– Die BRD } gibt das Geld überwiegend als Darlehen.
– Man }

Achten Sie auf den Unterschied bei der Übersetzung des englischen Wortes *by*.

Er wurde { durch eine Fernsehsendung / von einem Freund } davor gewarnt.

Benutzen Sie **durch** + Akk. für etwas Unbelebtes (*inanimate*).
Benutzen Sie **von** + Dat. für Leute oder Tiere.

ACHTUNG!
Der Kaffee wird kalt. =
The coffee is getting/becoming cold.
Der Kaffee wird teuer sein. = *The coffee will be expensive.*
Der Kaffee wird gerade gemacht. =
The coffee is just being made.

ÜBUNGEN

Machen Sie zuerst die Grammatikübungen auf Blatt **7.6** .

✆ Weitere Grammatikübungen finden Sie auf der Brennpunkt-Website:
http://www.brennpunkt.nelson.co.uk

a Arbeiten Sie zu dritt: Erfinden Sie der Reihe nach eine immer länger werdende Liste von Maßnahmen zur Entwicklungshilfe im Passiv!

  z.B. Schulen werden gebaut ➔ Schulen werden gebaut **und** Straßen werden verbessert ➔ Schulen werden gebaut, Straßen werden verbessert **und** ... usw.

b Erfinden Sie ein Quiz im Stil von Trivial Pursuit mit zehn Fragen im Passiv. Zu jeder Frage sollte es drei Antworten geben, aber nur eine davon ist richtig.

  z.B. Von wem wurde das Lied , ... ' gesungen?
       (1) .... (2) .... (3) ....

Tauschen Sie dann Ihr Quiz mit einem anderen Paar.

c Erfinden Sie zu zweit einen Sketch über eine Auktion. Viele lustige Sachen werden verkauft. Sie müssen zuerst vom Auktionator beschrieben werden.

  z.B. Diese schöne Jacke wurde von ... getragen. Sie wurde 1998 von ... gekauft und wurde ... . Ein Jahr später ...

Benutzen Sie so viele Passivsätze wie möglich und führen Sie den Sketch mit den lustigen Gegenständen vor der Klasse auf!

Themen	Kommunikation	Grammatik	Prüfungstraining
• das Fernsehen • das Internet • die Werbung • die Presse	• Sicherheit und Unsicherheit • zustimmen / nicht zustimmen • sich von unbestätigten Angaben distanzieren	• das attributive Partizip • der Konjunktiv im Präsens und im Perfekt	• Briefe an eine Zeitung schreiben • kommunikativere Aufsätze schreiben

8

Die Medien

„Wir gucken beim Abendessen oft fern, was ich eigentlich ganz nett finde, da die Sendungen oft Diskussionen in der Familie auslösen. Am liebsten sehe ich Talkshows. Ich lese gern die *Bild*-Zeitung. Andere Zeitungen kann ich nicht ertragen. Zu seriös ..."

Andrea (Berlin)

„Das deutsche Fernsehprogramm geht mir auf den Keks. Billige Unterhaltungssendungen und alte Filme. Es geht nicht mehr um Qualitätssendungen, sondern um Einschaltquoten. Also gucke ich nur Nachrichten und so. Ich lese jeden Tag *Die Süddeutsche Zeitung*. Die *Bild*-Zeitung würde ich mir nie kaufen. Radio höre ich eigentlich kaum."

Björn (Dresden)

1 ⊟ Lesen Sie die zwei Aussagen links. Hören Sie sich dann ‚Wie wichtig sind die Medien für Sie?' an, wie sechs Jugendliche über die Medien sprechen. Mit wem haben Andrea und Björn am meisten gemeinsam?

2 ⊟ Hören Sie sich noch einmal ‚Wie wichtig sind die Medien für Sie?' an. Wählen Sie für alle sechs Jugendlichen Fernsehmotive von der Liste auf Blatt **8.1** aus.

Ich glotz TV

1 📼 Machen Sie die Aufgaben auf Blättern **8.2** und **8.3**, bevor Sie die Texte unten lesen.

Es gibt zu viel Gewalt im Fernsehen. Das macht die Zuschauer aggressiv und kann zu Gewaltakten im wirklichen Leben führen.
Andrea

Das Fernsehen ist zu passiv. Man sollte lieber geistig und körperlich aktiv sein und fit bleiben.
Beate

Kinder, die zu viel fernsehen, haben keine Phantasie mehr und eine geringere Konzentrationsfähigkeit.
Carsten

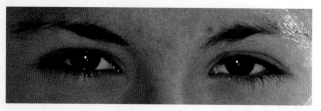

Das Fernsehen ist eine wichtige Informationsquelle und gibt einen erweiterten Blickwinkel auf das, was in der Welt geschieht.
Danja

Das Fernsehen ist ein gemeinsames Erlebnis und führt oft zu Diskussionen in der Familie. Das kann nur gut sein.
Egon

Durch das Fernsehen wird man gegen Horror, Gewalt und das Elend in unserer Welt, z.B. in der sogenannten Dritten Welt, desensibilisiert.
Frauke

Das Fernsehen ermöglicht eine harmlose Flucht aus der Realität, aus dem grauen Alltag
Guido

Ohne das Fernsehen würden sich viele Leute langweilen und einsam fühlen, z.B. alte Leute, die allein leben.
Heidi

2 Lesen Sie die Aussagen oben. Mit welchen Meinungen stimmen Sie überein? Benutzen Sie den Kommunikationskasten unten, um eigene Reaktionen auf die Meinungen oben zu formulieren.

Kommunikation!

Sicherheit und Unsicherheit ausdrücken

Es lässt sich nicht leugnen, dass ...
Ich bin nicht ganz sicher, ob ...
Ich bin (nicht) davon überzeugt, dass ...
Es steht fest, dass ...
Es stimmt auf keinen Fall, dass ...
Ich bezweifle, ob ...
Es ist umstritten, ob ...
Es scheint, als ob ...

📼 Talkshows

die Einschaltquoten	ratings
die Schamgrenze	limits of decency
die Streitkultur	culture of conflict
die Verantwortlichen	those responsible
ein Thema aufgreifen	to tackle an issue

3 📼 Lesen Sie die fünf Sätze unten. Hören Sie sich dann ‚Talkshows' an. Ordnen Sie die Sätze in der richtigen Reihenfolge.

z.B. **e**, ...

a Sie kritisierte die Bereitschaft, sexuelle Themen nachmittags aufzugreifen, ohne die jüngeren Zuschauer in Betracht zu ziehen.
b Die Einschaltquoten rechtfertigen anscheinend alle Themen, meinte sie.
c Sie freut sich, dass Ministerpräsident Kurt Beck ihre Meinung teilt.
d Negativ bewertete sie, dass die Moderatoren die Gäste animieren, miteinander zu streiten.
e Die SPD-Politikerin Renate Pepper kritisierte neulich die nachmittäglichen Talkshows.

4 Wie würde der Moderator / die Moderatorin einer nachmittäglichen Talkshow auf die Kritik von Renate Pepper reagieren? Formulieren Sie fünf Argumente für und fünf Argumente gegen Talkshows.

5 Rollenspiel
Partner A spielt die Rolle von Renate Pepper. Partner B spielt die Rolle des Moderators / der Moderatorin. Besprechen Sie das Thema: ‚Die Einschaltquoten rechtfertigen nicht alle Themen.'

Fünf Jahre lang hatte der Nachbar sich nicht gerührt. Jetzt ist seine Leiche im Fernsehen.

Lange Zeit hatten die anderen Mieter des Hauses den 43-jährigen Wolfgang D. nicht gesehen. Sie erzählten sich, er lebe im Ausland oder sei in einer Reha-Klinik. Sie wunderten sich, dass er gegangen war, ohne den Plastikweihnachtsbaum aus dem Fenster zu nehmen.

Seit Jahren war seine Tür verschlossen. Nie wurden die Heizkosten abgelesen. Als diesen Sommer jede Wohnung eine Wasseruhr bekam, wurde in seiner Wohnung keine installiert. Erst jetzt, als ein neues Fernsehkabel durchs Haus gezogen werden sollte, ließ die Baugenossenschaft den Schlüsseldienst kommen. Und es stellte sich heraus: Der Mann war nicht weg. Er war tot. Fünf Jahre auf dem Sofa vor dem Fernseher. Vor ihm das aufgeschlagene Fernsehprogramm vom 5. Dezember 1993. Wie eine von Künstler-

hand geschaffene Mumie aus Torf empfing er den Besuch. Eine Moorleiche der Informationsgesellschaft.

Herr D. hatte sich schon zu Lebenszeiten seiner Umgebung entzogen, sprach jahrelang selbst mit seiner Mutter nicht. Wie sehr auch Wolfgang D. Teil der Informationsgesellschaft war, lässt sich daran erkennen, dass sein letzter Blick weder der Mutter noch den Nachbarn galt, sondern dem Fernsehprogramm, und dass die Entdeckung seiner Leiche weder den Nachbarn noch der Mutter zuzuschreiben ist, sondern der Verlegung eines neuen Fernsehkabels, das den Empfang von noch mehr Sendern ermöglichen wird.

Da ist es nur zu verständlich, dass viele Nachbarn nicht von anderen Mietern vom Leichenfund erfuhren, sondern aus den Fernsehnachrichten.

die Baugenossenschaft	housing association
die Heizkosten	(here) gas and electricity meters
der Leichenfund	discovery of the corpse
der Mieter	tenant
die Moorleiche	corpse preserved in a peat bog
die Reha-Klinik	rehabilitation clinic
der Schlüsseldienst	(here) someone with a master key
von Künstlerhand geschaffen	created by an artist
die Wasseruhr	water meter

6 Vervollständigen Sie die folgenden Sätze im Sinne des Textes oben. Für Ihre Antworten dürfen Sie Wörter oder Ausdrücke aus dem Text benutzen, aber das Abschreiben ganzer Sätze ist nicht erlaubt.

a Soweit die Nachbarn wussten, lebte Wolfgang D. ...
b Seinen Weihnachtsbaum hatte Wolfgang D. nicht einmal ...
c Die Baugenossenschaft ließ seine Wohnung aufschließen, weil ...
d Wolfgang D. war nicht im Ausland, sondern ...
e Man konnte feststellen, wann er gestorben war, weil ...
f Seine Mutter vermisste ihn nicht, weil ...
g Viele Nachbarn erfuhren nicht voneinander von seinem Tod, sondern ...

7 Lesen Sie den Text noch einmal und suchen Sie Sätze aus, die das Thema ‚Informationsgesellschaft' illustrieren.

z.B. Erst jetzt, als ein neues Fernsehkabel durchs Haus gezogen werden sollte, ließ die Baugenossenschaft den Schlüsseldienst kommen.

8 ⌒ Siehe Self-study Booklet, Seite 16, Übungen 1 und 2.

9 Schreiben Sie einen Brief von 120 Wörtern an eine deutsche Zeitung, in dem Sie sich über die Rolle des Fernsehens in der ‚Informationsgesellschaft' äußern. Sie dürfen Wendungen von nicht mehr als fünf Wörtern aus den Texten abschreiben. Längere Wendungen müssen Sie adaptieren.

PRÜFUNGSTRAINING

Briefe an eine Zeitung schreiben

Schreiben Sie fünf oder sechs Schlüsselpunkte auf, bevor Sie beginnen. Begründen Sie Ihre Meinungen. Geben Sie Beispiele. Schlagen Sie Lösungen vor oder stellen Sie Fragen, die Denkanstöße geben.

8 Das Internet – eine nette Idee?

1 Einer der folgenden Internetberichte ist nicht wahr. Welcher?

 **taz, die tageszeitung**

1 **Neues Aidshilfsnetz im Internet** Die Bremer Aids-Hilfe ist in Deutschland Knotenpunkt eines weltweiten Hilfsnetzes im Internet für Menschen, die an der Immunschwächekrankheit leiden. Der Verein leitet Anfragen zu Informationen aus anderen Ländern und Kontinenten weiter.

2 **Erster Streik im Internet** Zum ersten Mal hat eine Gewerkschaft das Internet in einer Tarifauseinandersetzung benutzt. Die Angestellten der Berliner Werbeagentur Publicity GmbH haben damit begonnen, 15% ihrer Internetseiten unleserlich zu machen, um so gegen die Senkung ihrer Vergütung um 15% zu protestieren.

3 **Fastfood-Politik** Die Fastfood-Kette Burger King hat eine eigene politische Partei gegründet. In Berlin leistet das Dönernetzwerk erste Hilfe für die zukünftige Regierung. Wer auf die Homepage von Burger King klickt, findet keine Pommes, sondern die Werbung einer politischen Partei, der BKD. Das Motto der BKD: ‚Freiheit, Gleichheit, Mahlzeit!'

4 **Liveübertragung einer Geburt im Internet** Erstmals wurde im Internet die Geburt eines Kindes live übertragen. Zehntausende von Computernutzern sahen gespannt zu, als der 3300 Gramm schwere Sean gesund und munter nicht nur das Licht der Welt, sondern auch das der Kameras erblickte.

5 **Neonazi-Propaganda im Internet** Die Rechtsextremisten in Deutschland nutzen für ihre Aktivitäten zunehmend das Internet. Inzwischen seien 90 Homepages deutscher Rechtsextremisten bekannt, heißt es in einem Bericht des Bundesamts für Verfassungsschutz.

6 **Schulbesuch per Internet** Die 16-jährige Chiara Del Lama, die allein mit ihren Eltern auf der ansonsten menschenleeren Insel Montecristo wohnt, ist die erste italienische Schülerin, die ihre Schulpflicht über das Internet erfüllt. Chiara kommuniziert per Mausklick mit der ‚nächstgelegenen' Schule in Piombino auf dem Festland.

 homepage

2 Was motiviert die Internetnutzer oben? Lesen Sie die Liste unten und suchen Sie für jeden Bericht die Motivationen.

z.B. **1** Neues Aidshilfsnetz im Internet: c, g, …

a kassieren
b lernen
c anderen Menschen helfen
d Werbung machen
e sich darstellen
f mit anderen Menschen kommunizieren
g Informationen erteilen
h gegen seinen Arbeitgeber kämpfen
i politische Ziele verwirklichen
j sich informieren
k auf sich aufmerksam machen
l Einfluss ausüben
m aufklären

3 Vergleichen Sie Ihre Urteile mit anderen in der Gruppe. Welche Internetnutzer verwenden das Internet zum besten Zweck? Benutzen Sie den Kommunikationskasten auf Seite 94.

z.B. **A:** Ich finde, die Bremer Aids-Hilfe hat sehr positive Ziele. Sie benutzt das Internet, um anderen Menschen zu helfen und …

B: Das stimmt. Ich bin nicht sicher, ob die Mutter von Sean …

WUSSTEN SIE SCHON …?

- 1999 erhöhte sich die Verbreitung von PCs in Deutschland um 19%.
- Die Deutschen geben jährlich über 2000 Mark pro Kopf für die neuen Medien aus.
- Experten rechnen mit einem jährlichen Wachstum von Internet- und Online-anschlüssen in Deutschland von 29%.

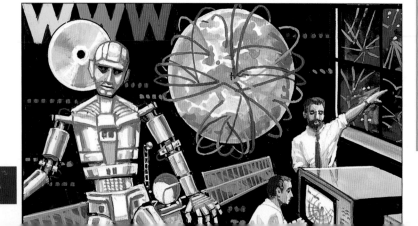

Pornowächter versus Internet

Die einen schätzen am Internet die totale Meinungsfreiheit, für andere ist das internationale Datennetz ein bedrohlicher rechtsfreier Raum. Während Regierungen noch an Gesetzen basteln, die die Kontrolle des Internets ermöglichen sollen, ist in Bayern bereits die Staatsanwaltschaft gegen ‚unzüchtige' Newsgroups eingeschritten. Der Onlineanbieter CompuServe sperrte unter Druck der Münchner Polizei neulich rund 250 Newsgroups für seine deutschen Kunden.

Die Sperrung einzelner Newsgroups ist nichts Aufsehenerregendes. Viele Onlinedienste achten darauf, ihr Angebot ‚sauber' zu halten. CompuServe wird jedoch wegen des ‚wahllosen' Charakters der Zensur kritisiert. Neben den Newsgroups von Päderasten und Nekrophilen sperrte CompuServe auch Newsgroups, in denen ernsthaft über Religion und Sexualität, die Probleme Behinderter, Aids oder die politische Gleichberechtigung von Mann und Frau diskutiert wird. Der Bundestags-

abgeordnete Dr. Manuel Kiper unterstellte der Münchner Polizei, sie verfolge nur den Boten der Nachricht, nicht aber den Urheber der Kinderpornos.

Eine Zensur des Internets gleicht dem Versuch, ein Fass ohne Boden zu füllen. Das Konzept des Internets ist so angelegt, dass es auch nach einem nuklearen Erstschlag noch funktionieren soll. Solange ein einziger Onlineanbieter in der Welt noch Päderasten-Newsgroups zugänglich macht, nutzt alle Zensur wenig.

---

4 🔈 Hören Sie sich den Radiobericht ‚Geschichte des Internets' an und schreiben Sie die Ereignisse unten in der richtigen Reihenfolge auf.

a   großes Interesse seitens der Geschäftswelt
b   Austausch der ersten E-Mails
c   militärische Studie 1963 zum Thema Kommunikationen nach einem nuklearen Erstschlag
d   Gründung des sogenannten ARPANETs in den USA
e   Zugang zum Internet in Haushalten, Schulen und Cafés
f   die Anzahl der Host-Rechner 1995: 5 000 000
g   die Anzahl der Host-Rechner zwanzig Jahre nach dem ersten Testnetz: 100 000
h   Errichtung eines Testnetzes in England
i   Gründung des PC-freundlichen World Wide Webs
j   die Anzahl der Host-Rechner im Jahre 1971: 23

5 Lesen Sie zuerst den Artikel oben und dann die folgenden Sätze. Sind die Aussagen richtig (R), falsch (F) oder sind die Informationen nicht im Text enthalten (N)?

a   Die totale Meinungsfreiheit im Internet ist ein umstrittenes Thema.
b   Es gab eine Zensur des Internets in Bayern.
c   Die Aktion der Polizei führte zu weltweiten Protesten.
d   Viele Onlinedienste sperren schon einzelne Newsgroups.
e   Der Onlinedienst CompuServe sperrte ausschließlich die Newsgroups von Päderasten und Nekrophilen.
f   Die politische Gleichberechtigung von Mann und Frau ist ein heikles Thema in Deutschland.
g   Der Bundestagsabgeordnete Dr. Manuel Kiper unterstützte die Aktion der Polizei.
h   Eine Zensur des ganzen World Wide Webs ist schwer zu verwirklichen.

6 Siehe Self-study Booklet, Seite 17, Übung 3.

7 Machen Sie eine Präsentation zum Thema ‚Sollte es eine Zensur des Internets geben?' Ziehen Sie folgende Punkte in Betracht.

Vorteile des Internets
● Beispiele positiver Nutzung
● Prinzip der Meinungsfreiheit
● immer leichterer Zugang
● enorme Kommunikationsmöglichkeiten
● neue kommerzielle Möglichkeiten

Nachteile des Internets
● Beispiele negativer Nutzung
● unbegrenzte Freiheit ohne Verantwortung
● immer leichterer Zugang
● Zeitverschwendung

Zensur
● Schutz gegen unzüchtige Materialien
● Möglichkeit einer Sperrung harmloser Websites und Newsgroups
● Schwierigkeit, alle Onlinedienste weltweit zu zensieren

8 Schreiben Sie jetzt einen Zeitungsartikel anhand Ihrer Präsentation.

Die heile Welt der Werbung

8

Ich lasse mich gerne verführen …

wenn ich auf mich böse bin

Heute habe ich meinen miesen Tag. Krach zu Hause, hohe Telefonrechnung, mal wieder zwei Kilo zugenommen. Meine Seele schreit nach Vergeltung: Tu dir was Gutes, kauf dir was!

Die heile Welt der Werbung lockt mich an. Alle Wünsche scheinen erfüllbar. Die Schöne vom Werbeplakat verspricht unvergessliche Stunden beim Kauf des Parfums. Der Geschmack der großen, weiten Welt in einem Zug der Zigarette. Eine glückliche Familie für weiche und weiße Wäsche.

Und ich kaufe und kaufe. Der Geldautomat, mein Freund und Helfer, ist in jeder finanziellen Notlage zur Stelle. Die Kreditkarte sieht schon recht abgegriffen aus. Die herzlich lachenden Plakatfiguren verstehen mich. Sie wissen, was mir fehlt. Die glückliche, Kaffee trinkende Familie am Frühstückstisch macht mich glücklich. Der dynamische junge Mann am Computer beflügelt meinen Ehrgeiz.

Kurz vor Geschäftsschluss hält mir die zuckersüß lächelnde Verkäuferin die glänzende Cremedose unter die Nase: „Elastizin und Collagen gegen eine vorschnelle Alterung der Haut – schon nach Stunden spürbar." Glücklich erschöpft finde ich noch ein Plätzchen in meinen vollen Taschen und vergesse gänzlich, dass meine äußere Schale gerade erst 21 Jahre alt ist …

Barbara Müller

anlocken	to attract
die äußere Schale	skin
beflügeln	to awaken
der Ehrgeiz	ambition
erfüllbar	possible
verführen	to seduce

EINEM REMY MARTIN IST ES GANZ GLEICH, WO ER GETRUNKEN WIRD. NUR NICHT, VON WEM.

1 Lesen Sie den Text links. Ordnen Sie dann die folgenden Sätze in der richtigen Reihenfolge, um Barbaras Tag zu beschreiben.

a Sie kauft viele Sachen und gibt viel Geld aus.
b Sie kauft eine Schönheits- creme, obwohl sie so etwas nicht braucht.
c Sie ärgert sich: So ein fürchterlicher Tag!
d Sie sieht Werbebilder, die eine ideale Welt zeigen.
e Sie will sich etwas kaufen, um etwas gegen ihre schlechte Laune zu tun.
f Sie ist glücklich, wenn sie sich die Werbebilder ansieht.

2 a Suchen Sie noch drei Beispiele im Text für ein attributives Partizip.

b Schreiben Sie die drei Bei- spiele in einen Relativsatz um.

z.B. die herzlich lachenden Plakatfiguren → die Plakatfiguren, die herzlich lachen

WUSSTEN SIE SCHON …?

- Die öffentlich-rechtlichen Sender dürfen werktags nur bis 20 Uhr Werbesendungen ausstrahlen und am Sonntag gar keine.

- Die privaten Sender dürfen dagegen rund um die Uhr täglich bis zu 20% der Sendezeit mit Werbung füllen.

- Heute gibt es im deutschen Fernsehen über 1000 Werbespots pro Tag.

GRAMMATIK

DAS ATTRIBUTIVE PARTIZIP

Textbeispiel

– die herzlich **lachenden** Plakatfiguren

Das fett gedruckte Partizip oben bedeutet *laughing*. Man bildet es so:
Infinitiv + **d** + Adjektivendung
lachen → lachen**d** → lachend**en**

a *Stephanie*

Spielfilme werden unterbrochen; Werbung ist eine unterschwellige Manipulierung von Menschen; man kauft Produkte, die man sich nicht leisten kann; man wird unzufrieden oder gierig; Werbung ist überall: Sogar Computerspiele werden als Werbeartikel verschenkt.

d *Christa*

Werbung für Zigaretten und Alkohol wird oft an junge Leute gerichtet; Werbung ist eine Art Gehirnwäsche; viele große Sportveranstaltungen werden durch Werbung finanziert.

b *Armin*

Eine freie Marktwirtschaft braucht Werbung; wir leben in einer Konsumgesellschaft, wo doch vieles überflüssig ist; Werbung verschlechtert die Situation.

e *Karin*

Werbung kann Stereotype abbauen; viele Leute fühlen sich durch Werbebilder gut; man muss Werbung nicht angucken; man kann umschalten.

c *Horst*

Werbespots sind manchmal sehr unterhaltsam; man kann von Liebe und Sonne träumen und alle dem, was man im wirklichen Leben nicht hat; Stereotype können durch Werbung entstehen.

f *Mario*

Werbekampagnen gewinnen neue Kunden für neue Produkte und schaffen neue Arbeitsplätze; Werbung ist keine Manipulierung, sondern freie Entscheidung; die Verbraucher bezahlen schließlich für Werbeansagen; Verbraucher sind kritischer denn je, deshalb werden Produkte immer besser für die Umwelt.

3 Lesen Sie die Argumente sechs junger Leute oben für und gegen Werbung. Schlagen Sie alle unbekannten Wörter nach. Dann hören Sie sich das Interview ,Werbung – wer braucht sie?' an. Diese junge Leute aus Köln sagen, was sie meinen …

Welches der Argumente im Text wird auf der Kassette von der jeweiligen Person **nicht** erwähnt?

z.B. **a** ,Man wird unzufrieden oder gierig' wird **nicht** von Stephanie auf der Kassette erwähnt.

4 Schreiben Sie beim Hören der Kassette in Übung 3:

a sechs Nomen, die mit **Werbe-** anfangen
b so viele Sätze im Passiv wie möglich

5 Welche der jungen Leute oben sind für und welche sind gegen Werbung? Ordnen Sie ihre Argumente in eine Kopie der Tabelle unten ein. Versuchen Sie, für jedes Pro-Argument ein passendes Kontra-Argument zu suchen oder eventuell zu erfinden.

Pro Werbung	Kontra Werbung
Viele Leute fühlen sich durch Werbebilder gut.	Man wird unzufrieden oder gierig.

6 Siehe Self-study Booklet, Seite 17, Übung 4.

7 Benutzen Sie Blatt **8.4** und die Kassette ,Werbeanalyse', um Werbung zu analysieren und Ihre eigene Werbung zu gestalten.

8 Wie weit darf Ihrer Meinung nach die Werbung gehen? Was darf sie nicht darstellen? Sollte Werbung für Zigaretten und Alkohol verboten werden? Machen Sie eigene Notizen zu diesen Fragen. Besprechen Sie sie dann in der Gruppe.

9 ,Sollte Werbung für Zigaretten und Alkohol verboten werden?' Schreiben Sie einen kurzen Artikel (ca. 250 Wörter) zu diesem Thema.

DIE PRESSE –
Informationen oder Unterhaltung?

,, Eine freie, regelmäßig
erscheinende Presse ist für
die Demokratie unentbehrlich. ``
Bundesverfassungsgericht

Anonyme Anzeige gegen Herzchirurg

Ulm – Laut einer anonymen Anzeige eines Exkollegen habe ein Ulmer Herzchirurg den Tod von vier Patienten auf der Intensivstation verursacht. Albert Schira, Verwaltungsleiter der Uniklinik Ulm, betonte, dass er die Anschuldigungen für völlig unberechtigt halte. Die besagten Patienten seien eines natürlichen Todes gestorben.

Teure Liebesnacht

Münster – Gegen den Öl-Multi Abdel Nasser hat die Staatsanwaltschaft Münster Anklage erhoben: Er habe eine Million Mark ergaunert, um der Fernseh-Talkerin Arabella Kiesbauer diese Summe für eine Liebesnacht anzubieten.

MÄNNERBASTION BLEIBT IN DER KRITIK

Wien – Die Wiener Philharmoniker ernteten Kritik von Frauenorganisationen wegen ihres Frauenanteils. Seit dem Engagement der Harfenistin Julie Palloc im vergangenen Monat hat sich der Frauenanteil des Orchesters verdoppelt.

Orchestersprecher Wolfgang Schuster wies die Kritik zurück. Das Orchester sei heute offen für alle, die zum Wiener Klang passen.

Manche Orchestermitglieder sind anderer Ansicht. Bereits vor einem Jahr sei ein männlicher Kollege engagiert worden, obwohl die 26-jährige Palloc damals besser vorgespielt habe. Hornist Volker Altman sagte, seinen Kollegen sei es klar, dass man mit der Zeit gehen müsse, doch das Gefühl könne dem Verstand nur schwer folgen.

Schweizer ‚Spion' entlassen

Kapstadt – Der schweizer Journalist Jean-Philippe Ceppi ist am Montag aus dreitägiger Haft in Südafrika entlassen worden. Die südafrikanische Justiz ließ den Vorwurf fallen, Ceppi sei im Besitz von geheimen Dokumenten gewesen.

---

1 Welche Satzteile passen am besten zusammen? Schreiben Sie die vollständigen Sätze auf. Ein Satzende brauchen Sie nicht.

a Ein Herzchirurg soll …
b Ein bekanntes Orchester soll …
c Laut Wolfgang Schuster soll …
d Ein Öl-Multi soll …
e Ein schweizer Journalist soll …

1 … ein unmoralisches Angebot gemacht haben.
2 … besser vorgespielt haben.
3 … spioniert haben.
4 … das Orchester nicht frauenfeindlich sein.
5 … für vier Todesfälle verantwortlich sein.
6 … gegen die Mitgliedschaft von Frauen sein.

2 Lesen Sie die vier Zeitungsartikel oben und die Originalaussagen unten noch einmal. Wer hat was gemeint?

a „Ceppi ist im Besitz von geheimen Dokumenten gewesen."
b „Ich halte die Anschuldigungen für völlig unberechtigt."
c „Das Orchester sei heute offen für alle, die zum Wiener Klang passen."
d „Er hat eine Million Mark ergaunert, um der Fernseh-Talkerin Arabella Kiesbauer diese Summe für eine Liebesnacht anzubieten."
e „Bereits vor einem Jahr ist ein männlicher Kollege engagiert worden, obwohl Julie damals besser vorgespielt hat."
f „Meinen Kollegen ist es klar, dass man mit der Zeit gehen muss, doch das Gefühl kann dem Verstand nur schwer folgen."
g „Andreas Hannekum hat den Tod von vier Patienten auf der Intensivstation verursacht."

Grammatik: die indirekte Rede
Der Konjunktiv im Präsens und im Perfekt

Textbeispiele

– Das Orchester sei heute offen für alle, die zum Wiener Klang passen.
– Volker Altman sagte, seinen Kollegen **sei** es klar, dass man mit der Zeit gehen **müsse**, doch das Gefühl **könne** dem Verstand nur schwer folgen.

Die zwei Sätze oben sind Beispiele für die **indirekte Rede** (*indirect speech*), das heißt, sie berichten ohne Anführungszeichen („ ... ") das, was man ursprünglich gesagt hat.

z.B. Volker Altman sagte: „Meinen Kollegen ist es klar, dass man mit der Zeit gehen muss ..."
(direkte Rede)

Volker Altman sagte, seinen Kollegen **sei** es klar, dass man mit der Zeit gehen **müsse** ...
(indirekte Rede)

Die fett gedruckten Verben im Beispiel oben stehen im Konjunktiv (*subjunctive*). Die ursprünglichen Aussagen standen im Präsens. Daher benutzt man den Konjunktiv auch im Präsens, wenn man die Aussagen in der indirekten Rede weitergibt.

Alle Verben außer **sein** folgen diesem Muster. Vergleichen Sie die Endungen im Konjunktiv mit den Endungen im normalen Präsens.

gehen			
ich	ginge	wir	gingen
du	gingest	ihr	ginget
er/sie/es	ginge	Sie/sie	gingen

sein			
ich	sei	wir	seien
du	sei(e)st	ihr	seiet
er/sie/es	sei	Sie/sie	seien

ACHTUNG!
Pronomen wie **ich**, **du**, **mich**, **dich**, **mein** usw. (siehe Grammatik, Seite 244) müssen in der indirekten Rede geändert werden.
z.B. Sie sagte zu ihrer Freundin: „Ich gebe dir meine neue Adresse." Sie sagte zu ihrer Freundin, sie gebe ihr ihre neue Adresse.

▶ **Was passiert, wenn die ursprüngliche Aussage eine Frage war?**

Er fragte sie: „**Verstehst** du den Artikel?"
Er fragte sie, ob sie den Artikel **verstehe**.
Sie fragte ihn: „Wo **ist** die Zeitung?"
Sie fragte ihn, wo die Zeitung **sei**.

▶ **Was passiert, wenn die ursprüngliche Aussage ein Befehl (d.h. im Imperativ) war?**

Er sagte der Reporterin: „**Lass** mich allein."
Er sagte der Reporterin, sie **solle** ihn allein **lassen**.

Textbeispiel

– Laut einer Anzeige eines Exkollegen habe ein Ulmer Herzchirurg den Tod von vier Patienten verursacht.

Die ursprüngliche Aussage im Textbeispiel oben stand in der Vergangenheit, im Perfekt. Ein Exkollege sagte: „Er **hat** den Tod von vier Patienten **verursacht**." Daher benutzt man den Konjunktiv auch im Perfekt, wenn man die Aussagen in der indirekten Rede wiedergibt.

z.B. Er sagte, er **habe** keine Dokumente gestohlen.
Sie sagte, sie **sei** zu spät gekommen.

Man kann den Konjunktiv im Perfekt benutzen, wenn die ursprüngliche Aussage im Imperfekt stand.

z.B. Sie sagte: „Ich war in den USA."
Sie sagte, sie **sei** in den USA gewesen.

ÜBUNGEN

Machen Sie zuerst die Grammatikübungen auf Blatt **8.5**.

🖳 Weitere Grammatikübungen finden Sie auf der Brennpunkt-Website: http://brennpunkt.nelson.co.uk

a Jede Person in der Klasse nimmt anonym zehn kuriose Tatsachen über sich auf Kassette auf und gibt die Kassette anschließend dem Lehrer / der Lehrerin. Die Kassetten werden dann verteilt. Die Klassenmitglieder benutzen den Konjunktiv, um einen Bericht über die Person auf der Kassette zu schreiben. Schließlich werden die Berichte vorgelesen. Kann man die beschriebenen Klassenkameraden erkennen?

z.B. Er sagt, er interessiere sich für die Umwelt. Er lese gern ...

b Sie kennen das Opfer eines unwahren Zeitungsberichts. Schreiben Sie ein Gedicht, in dem Sie die Zeitungsbehauptungen mit der Wirklichkeit vergleichen. Benutzen Sie den Konjunktiv.

z.B. Die Zeitung berichtete, sie habe Geld ergaunert. Sie hat nie Geld ergaunert.

c Siehe auch Self-study Booklet, Seite 17, Übung 5.

Einige sind der Meinung, die deutsche Grammatik sei kompliziert. Andere behaupten, man könne sie leicht verstehen. Andere jedoch sagen, es komme darauf an, wie viel man übe.

Pressefreiheit – *um jeden Preis?*

Die Pressefreiheit in Deutschland

Das Grundgesetz garantiert das Recht der freien Meinungsäußerung, die Pressefreiheit und das Recht, sich aus allgemein zugänglichen Quellen zu informieren. Eine Zensur gibt es nicht. Das Internationale Presse-Institut in Wien beschreibt die Bundesrepublik als eines der wenigen Länder, in denen der Staat die starke Position einer freiheitlichen Presse respektiert.

1 🔲 Hören Sie sich einen Auszug aus der Dokumentarsendung ‚Die deutsche Presse' an und beantworten Sie folgende Fragen.

a Was für Zeitungen dominieren die Presse in Deutschland?
b Welche ist die populärste Zeitung Deutschlands?
c Was für Zeitungen sind die *Frankfurter Allgemeine Zeitung* und *Die Welt*?
d Was soll der Bürger mit Hilfe der Presse verstehen und kontrollieren?
e Was brauchen Journalisten nach dem Presserecht nicht zu nennen?
f Was darf der Bürger machen, wenn ihn eine Zeitung falsch darstellt?

2 Erinnern Sie sich an die Statistiken in der Dokumentarsendung? Suchen Sie jeweils die richtige Statistik aus. Hören Sie sich dann die Sendung noch einmal an. Hatten Sie Recht?

a die Anzahl der Tageszeitungen in Deutschland: 380 / 80 / 830
b die Tagesauflage aller Zeitungen in Deutschland: 25 / 5 / 15 Millionen
c die Tagesauflage der *Bild*-Zeitung: 2 / 3,5 / 5 Millionen

3 Benutzen Sie den Text ‚Die Pressefreiheit in Deutschland' sowie Ihre Antworten von Übungen 1 und 2, um eine kurze Einführung über die Presse in Deutschland zu schreiben. Schreiben Sie nicht mehr als 100 Wörter.

KORRUPTION IM INTERNATIONALEN SPORT „ALLTÄGLICH"

Die Korruptionsaffäre um den nächsten Olympia-Austragungsort hat sich zu einem Skandal des internationalen Sports ausgeweitet.

Nach Einschätzung des IOC-Mitglieds Marc Hodler sei Korruption im internationalen Sport weit verbreitet. Er kenne keine Stadt, die die Olympischen Spiele auf unangreifbare Weise bekommen habe.

Hodler sprach von einer „klaren Korruption". Laut Hodler bieten die Kandidatenstädte „zwischen 500 000 und einer Million Dollar für die Olympiade an". Bei einem Sieg zahle die erfolgreiche Stadt noch einmal „zwischen zwei und drei Millionen Dollar". Er hoffe, dass bisher keine Stadt bezahlt hat. Doch seine Erfahrungen besagten etwas anderes. Auch die Oympia-stadt vor zwei Jahren sei sicher nicht sauber gewesen.

Das Organisationskomitee der Olympischen Winterspiele hat bereits zugegeben, aus einem privaten 390 000-Dollar-Fond Stipendien an Kinder von sechs IOC-Mitgliedern bezahlt zu haben.

4 Journalisten benutzen oft Anführungszeichen oder den Konjunktiv, um sich von unbestätigten Angaben zu distanzieren. Lesen Sie den Zeitungsartikel ‚Korruption im internationalen Sport „alltäglich"'. Notieren Sie:

- die unbestrittenen Tatsachen im Text
- die angeblichen Tatsachen im Text

z.B.

Unbestrittene Tatsachen	Angebliche Tatsachen
Die Korruptionsaffäre um den nächsten Olympia-Austragungsort hat sich zu einem Skandal des internationalen Sports ausgeweitet.	Die Korruption im internationalen Sport sei weit verbreitet.

Vergleichen Sie jetzt die zwei Listen.

1 Eine Zensur ist berechtigt:

◆ nie ◆ wenn es um Staatsgeheimnisse geht ◆ wenn es eine königliche Familie betrifft ◆ im Krieg ◆ bei geheimen Einsatzplänen der Polizei ◆ wenn es um das private Liebesleben oder die ehelichen Probleme einer berühmten Person geht

2 Bei einem Presseskandal glauben die meisten Leser/innen:

◆ kein Rauch ohne Feuer; es muss etwas dran sein ◆ das ist reine Sensationsmache; es ist wahrscheinlich nichts dran

3 Alle gesellschaftlichen Gruppen sollten ihre Meinung in der Presse oder im Fernsehen äußern können, einschließlich:

◆ Extremisten und Terroristen ◆ unorthodoxer religiöser Gruppen ◆ Pressuregroups

4 Um wichtige Informationen für seinen/ihren Bericht zu sammeln, darf ein/e Journalist/in:

◆ jemandem folgen und nachspionieren ◆ privates Land unbefugt betreten ◆ Verwandte aufsuchen und interviewen, einschließlich Kindern ◆ private Dokumente oder Fotos anschauen bzw. stehlen ◆ Bestechungsgeld anbieten

5 Um ihre Auflage zu steigern, darf die Boulevardpresse:

◆ viel Sensationsmache betreiben ◆ ein wenig Sensationsmache betreiben ◆ vereinfachen ◆ persönliche Kommentare anbieten ◆ Klatsch und Tratsch anbieten ◆ nackte Frauen darstellen ◆ emotionale Sprache benutzen

6 Um die Tätigkeiten der Regierung zu kontrollieren, darf ein/e Journalist/in:

◆ Politikern folgen und nachspionieren ◆ privates Land unbefugt betreten ◆ Regierungsgebäude unbefugt betreten ◆ Geheimakten erforschen bzw. stehlen
◆ illegal handeln

5 a

Wie weit sollte die Presse gehen? Lesen Sie die Multiple-Choice-Aussagen links mit Hilfe eines Wörterbuchs. Welchen Aussagen stimmen Sie zu? Wählen Sie jedes Mal die Satzenden, die Ihrer Meinung entsprechen, und schreiben Sie sie auf.

b Lesen Sie dann Ihre ausgewählten Aussagen einem/ einer Partner/in vor. Er/Sie benutzt die Ausdrücke im Kasten unten und seine/ihre eigenen Aussagen, um Ihnen zuzustimmen bzw. nicht zuzustimmen.

z.B. Nein, davon bin ich nicht ganz überzeugt. Meiner Meinung nach ist eine Zensur nie berechtigt ...

Dann wechseln Sie die Rollen.

Kommunikation!

Zustimmen / Nicht zustimmen

Na schön ... / Na gut ...
Das lässt sich nicht leugnen/abstreiten/bezweifeln.
Da hast du schon Recht.
Daran gibt es keinen Zweifel.
Das könnte man wohl sagen.
Das mag wohl sein.

Davon bin ich nicht überzeugt / ganz sicher.
Das kann ich nicht akzeptieren.
Bist du verrückt?
Das sehe ich ganz anders.
Das glaube/finde ich nicht.
Dieser Meinung kann ich nicht zustimmen.

6 ∩ Siehe Self-study Booklet, Seite 17, Übung 6.

7 Fassen Sie jetzt Ihre Ideen zum Thema Pressefreiheit zusammen. Illustrieren Sie Ihre Punkte möglichst mit Beispielen aus den Nachrichten vom vergangenen Jahr oder mit weltbekannten Beispielen.

1 a Was müssen gute Zeitungen machen, laut dieser Werbung? Suchen Sie im Text den passenden Infinitiv zu jedem Nomen.

1 Geheimnisse ...
2 Zusammenhänge ...
3 in Frage ...
4 Widerspruch ...
5 unbequeme Ansichten ...

Was bedeuten diese Ausdrücke auf Englisch?

b Was müssen gute Zeitungen ihrer Meinung nach machen? Notieren Sie die Ansichten in der Werbung, mit denen Sie übereinstimmen.

Wer den Kopf nicht wendet, hält die Schatten an der Wand für lebendige Wirklichkeit.

Das ‚öffentliche Leben' ist leider gar nicht so öffentlich, wie man es sich vorstellt. Zwar tun manche Medien so, als würden sie die letzten Geheimnisse durchdringen, in Wahrheit aber hantieren sie oft nur mit bereitwillig hingestellten Kulissen.

Gute Zeitungen müssen daher täglich in mühevoller Kleinarbeit Zusammenhänge offenlegen, müssen verhindern, dass die realen Vorgänge Verschlusssache bleiben.

Darum schätzt er DIE PRESSE als empfindlichen Seismographen. DIE PRESSE stellt in Frage, klagt an, ohne sich jedoch als Richter aufzuspielen. Sie meldet Widerspruch an, äußert unbequeme Ansichten, ohne aber vor den Kopf zu stoßen.

Und für eine gute Analyse, einen kritischen Kommentar hat DIE PRESSE immer Platz. Denn das Überangebot an Information, dem der moderne Mensch ausgesetzt ist, kann nur bewältigt werden, wenn es auch Orientierung gibt.

... der große Horizont

2 Schreiben Sie einen Aufsatz (ca. 500 Wörter) zum Thema ‚Sollte es die unbegrenzte Medienfreiheit geben?'

1 Einführung

2 Rechtfertigen die Einschaltquoten alle Themen im Fernsehen?
 ● Welche Rolle spielt das Fernsehen im täglichen Leben?
 ● Wie entwickelt sich das Fernsehen?
 ● Sind die Einschaltquoten wichtiger als die Qualität der Sendungen?

3 Sollte es eine Zensur des Internets geben?
 ● Was sind die Vorteile des Internets?
 ● Gibt es negative Internetnutzung?
 ● Ist das World Wide Web überhaupt kontrollierbar?

4 Sollte man die Freiheit haben, Werbung für alle möglichen Produkte zu machen?
 ● Braucht eine Konsumgesellschaft Werbung?
 ● Ist Werbung eine Art Gehirnwäsche?
 ● Wie kann man entscheiden, welche Werbung verboten werden soll?

5 Presse- und Meinungsfreiheit: Wo sind die Grenzen?
 ● Warum brauchen wir Pressefreiheit?
 ● Geht die Presse manchmal zu weit?
 ● Was sollen gute Zeitungen machen?

6 Schluss
 ● Benutzen Sie Aufsatz- und Kommunikationsausdrücke von den Seiten 102–104 sowie die Ausdrücke auf Blatt **8.6** (Prüfungstraining).

✎ Weitere Texte zu diesen Themen finden Sie auf der Brennpunkt-Website: http://www.brennpunkt.nelson.co.uk

9

Warum in aller Welt?

Klimakatastrophe droht

Katastrophales Tankerunglück

Ozonloch wird immer größer

Sommersmog auf Rekordhöhe

Meere in Not

Gift im Essen

Apokalypse im Amazonas • Außer Atem durchs Auto • Der Müllberg wächst •

Störfall im Atomreaktor

1 a 📼 Hören Sie sich die Kassette ‚Was ich mir wünsche' an. Schreiben Sie die erwähnten Umweltprobleme in vier Listen auf.

- Luftverschmutzung
- Bodenverschmutzung
- Wasserverschmutzung
- allgemeine Probleme

b Nehmen Sie die Schlagzeilen oben in Ihre Listen auf.

2 Welche drei Probleme finden Sie am wichtigsten? Warum? Vergleichen Sie zu zweit Ihre Wahl.

Inhalt

Die Wunden unserer Erde: ein Krankenbericht

Wunde 1: Das Klima röchelt

Qualm aus Schloten, Auspuffrohren, Kraftwerken. Jährlich mehr als 22 Mrd. Tonnen Kohlendioxid (CO_2). Die Folge: Treibhauseffekt. Trotz Regulierung seit 1996 durch das ‚Montrealer Protokoll' kommt dazu noch FCKW aus Spraydosen, Kühlschränken usw. Folgen: Ozonloch und Hautkrebs.

Wunde 2: Das Wasser fault

Wasser (71% der Erde) transportiert Gifte aus Chemieanlagen, Haushalten. Müllkippe Nordsee muss jährlich ca. 150 Mio. Tonnen schlucken. Tankerkatastrophen verseuchen Wasser, töten Tiere und Pflanzen.

Wunde 3: Die grünen Lungen schrumpfen

Waldsterben in Deutschland: 60% aller Bäume sind geschädigt; jeder 5. Baum ist schwer krank (saurer Regen). Regenwald: Abholzen aus Profitgier (Tropenholz). Brandrodung. Allein in Brasilien jedes Jahr 20 000 km² Wald weniger (eine Fläche so groß wie Rheinland-Pfalz).

Wunde 4: Alle 3 Stunden stirbt eine Tierart

Tierwelt: Industrieabfälle (Stickstoff, Phosphat, Schwermetalle) töten Fische. Acht Tier- und Pflanzenarten werden weltweit pro Tag ausgerottet. Bedroht: u.a. Tiger, Schmetterlinge, Pandabären.

Wunde 5: Der Boden verwüstet

Ein Meer wird Wüste. Aralsee, Kasachstan. Vor 30 Jahren das viertgrößte Binnengewässer der Erde. In 10–15 Jahren werden nur salzige Schlammlöcher übrig bleiben. Wasser wurde für Baumwollfelder gebraucht. Sahara: Wüsten- und Trockenzonen breiten sich immer weiter aus. Treibhauseffekt.

FCKW Fluorchlorkohlenwasserstoff (auf Englisch: *CFCs*)
röcheln stöhnend atmen
Schlote Schornsteine, Rohre, aus denen Rauch kommt

---

1 Lesen Sie den Text links und machen Sie Übung 1 auf Blatt **9.1** .

2 Machen Sie eine Kopie des folgenden Rasters und notieren Sie so viele im Text genannte Probleme wie möglich. Arbeiten Sie dann 10–15 Minuten lang mit einem zweisprachigen Wörterbuch, um mögliche Lösungen vorzuschlagen. Alle Vorschläge sollten den Infinitiv benutzen.

Problem	Mögliche Lösung(en)
z.B. Qualm, Kohlendioxid	Luftverschmutzung bekämpfen
Der Treibhauseffekt	FCKW bannen

3 Arbeiten Sie zu zweit. Person A beklagt sich über ein Umweltproblem und Person B benutzt ein Modalverb, um eine Lösung vorzuschlagen. Dann beklagt sich Person B über ein Umweltproblem … usw. Benutzen Sie die Ausdrücke im Kommunikationskasten.

Kommunikation!

Sich über etwas beklagen

Ich finde es furchtbar, dass … Es ist ja empörend, dass … Es ist eine Schande, dass …	Tiger bedroht sind.

Ich finde	den Treibhauseffekt	völlig inakzeptabel.
Wir können		nicht zulassen.

katastrophal?

4 Bevor Sie sich die Kassette anhören, versuchen Sie mit Hilfe eines einsprachigen Wörterbuchs, jeden Ausdruck unten schriftlich zu definieren.

> riesig; die Überschwemmung;
> der Meeresspiegel; verheerend;
> die Überflutung; die Wucht; sintflutartig;
> in geringem Umfang; verlässlich;
> die Maßnahmen zur Abwehr.

5 📼 Hören Sie sich jetzt die Kassette ‚Planet ohne Schild' an.

a Nennen Sie drei Folgen des Treibhauseffekts für die Menschheit.

b Oder kommt alles ganz anders? Nennen Sie zwei alternative klimatische Möglichkeiten.

c Wie hat man in den letzten Jahren versucht, die Lage zu erfassen und für Abhilfe zu sorgen? Nennen Sie drei Methoden.

d Glauben **Sie**, dass wir die Folgen des Treibhauseffekts schon erleben? Sprechen Sie zu zweit über Ihre Ansichten!

6 Machen Sie Übung 2 auf Blatt **9.1**.

7 Siehe Self-study Booklet, Seite 18, Übung 1.

8 Sehen Sie sich die Karikatur an. Stellen Sie sich vor, Sie seien dieser Politiker im Jahr 2030. Was für Klimaveränderungen haben stattgefunden? Führen Sie jetzt in ca. 200–250 Wörtern die Rede des Politikers zu Ende. Halten Sie dann Ihre Rede vor der Klasse – Sie können entweder witzig oder ernst sein.

Wir verheizen die Erde!

Es wird heiß auf dieser Erde. Die sechs wärmsten Jahre des 20. Jahrhunderts wurden alle im letzten Jahrzehnt verzeichnet. Seit 1900 ist die weltweite Durchschnittstemperatur um rund ein halbes Grad angestiegen.

Eine Folge der Erderwärmung: Überschwemmungen nehmen zu.

Durch den Treibhauseffekt droht der Meeresspiegel bis Ende des 21. Jahrhunderts um fast einen Meter anzustiegen. Nicht nur Bangladesch und tiefliegende Pazifikinseln werden bedroht, sondern auch Holland, die Ostseeküste Deutschlands und New York.

Extreme klimatische Ereignisse sind zu erwarten. Milde Winter werden die Regel sein – schlechte Nachrichten in den Ostalpen, wo einige Gletscher seit 1850 schon über 75% ihrer Fläche verloren haben. Unregelmäßige Schneefälle werden zu außergewöhnlichen Lawinen und Katastrophen in den Skigebieten führen, wie im Februar 1999 in Österreich und der Schweiz. Über dem erwärmten Meer werden sich vermehrt verheerende Stürme und Unwetter bilden – auch in Europa. Im Juli 1997 z.B. erlitt Ostdeutschland die schwersten Überschwemmungen des 20. Jahrhunderts. Weltweit können die Temperaturveränderungen Meeresströmungen verschieben und das Wetterphänomen ‚El Ninõ' verstärken.

Und dies ist erst der Anfang: Klimaforscher rechnen mit einer weiteren Erwärmung um 1 bis 3,5 Grad Celsius im Laufe des 21. Jahrhunderts. Palmen am Rhein? Gar nicht so lustig. Zusätzlich wird die Bodenfeuchtigkeit um 15–20% absinken. Die Folgen werden häufige Dürre und Missernten sein.

9 Rettet die Wälder!

Was man über Tropenwälder wissen sollte

Die Zeit drängt. In nur 30 Jahren (zwischen 1969 und 1999) wurden über die Hälfte aller Tropenwälder vernichtet. Darüber hinaus gehen jedes Jahr noch immer mindestens 13 bis 15 Millionen Hektar Tropenwald verloren. Spätestens seit unserem Planeten Klimaveränderungen ungeahnten Ausmaßes drohen, die auch auf den Raubbau an Tropenwäldern zurückzuführen sind, ist offensichtlich, wie bedeutsam die Erhaltung der Tropenwälder weltweit ist – und wie sehr ihre Zerstörung uns alle angeht.

Tropenwälder, die reichhaltigsten Ökosysteme der Erde,

- ... bedecken zwar nur 6 bis 7% der Erdoberfläche, beherbergen aber mehr als die Hälfte aller Tier- und Pflanzenarten.
- ... sind Lebensraum für Naturvölker, die seit Jahrhunderten in Harmonie mit der Natur leben.
- ... haben unschätzbaren Wert als Quelle von Rohstoffen, Arznei- und Nahrungsmitteln.
- ... beeinflussen entscheidend das Weltklima.
- ... sterben immer schneller: in den 90er Jahren gingen jährlich ca. 11,3 Millionen Hektar Regenwald weltweit verloren, also pro Jahr fast das Dreifache der Fläche der Schweiz. Zu 65% ist der Urwald am Amazonas bereits zerstört. Tier- und Pflanzenarten sterben damit aus.
- ... brauchen selbst nach nur leichter Schädigung Jahrhunderte, um sich zu ‚erholen'. Eine Wiederherstellung zerstörten Primärwaldes ist unmöglich.
- ... werden immer noch durch den kommerziellen Holzeinschlag, die Rinderzucht und den Abbau von Rohstoffen gefährdet.

WWF

---

1 📺 Die Zerstörung der Wälder durch massive Abholzung spielt eine wichtige Rolle beim Klimawandel. Hören Sie sich den Radiobericht ‚Abholzung' an, der beschreibt, wie vier Gebiete darunter leiden:

- die Sahara
- die Elfenbeinküste
- Nigeria
- Liberia

a Sammeln Sie Informationen über die Abholzung in jedem Gebiet.
b Was schätzen die Vereinten Nationen?
c Was sind die Konsequenzen?

> 📺 Abholzung
> **ausdehnen** = ? **der Kahlschlag** = ? **verhängnisvoll** = ?

2 a 📖 Lesen Sie den Text über die Tropenwälder mit Hilfe eines Wörterbuchs. Schreiben Sie dann 10–12 sensationelle Schlagzeilen, die die Probleme und die Bedeutung der Tropenwälder zusammenfassen.

z.B. Über 50% der Tropenwälder schon zerstört!

b 📖 Entwerfen Sie ein Poster mit diesen Schlagzeilen, das sich für die Tropenwälder einsetzt.

3 Nehmen Sie zu zweit einen Radiobericht über Tropenwälderabholzung auf Kassette auf. Eine Person ist Auslandskorrespondent/in und beschreibt die allgemeine Situation. Die andere Person ist Botaniker/in und erläutert die Folgen der Abholzung.

4 Lesen Sie den Text rechts. Ergänzen Sie dann die folgenden Sätze, ohne ganze Textabschnitte wortwörtlich abzuschreiben.

a Anfang der 80er Jahre haben die Deutschen festgestellt, dass ...
b Die Mehrheit der Schäden ...
c In den letzten zehn Jahren ...
d Laut neuster Statistiken ...
e Die Ironie der Diskussion um Waldsterben liegt darin, dass ...
f Obwohl die Regenwälder ...

5 ⌒ Siehe Self-study Booklet, Seite 18, Übung 2.

6 Lesen Sie den Text unten und Ihre Antworten auf Übungen 4–5. Stellen Sie sich vor, Sie arbeiten für das deutsche Umweltministerium. Besprechen Sie zu zweit mindestens sechs Maßnahmen, die Sie einführen würden, um den Zustand der deutschen Wälder zu verbessern.

7 Werden die Wälder in Deutschland und anderswo auf der Welt das 21. Jahrhundert überleben? Schreiben Sie einen Artikel von ca. 200–250 Wörtern und äußern Sie darin Ihre Meinungen.

Das macht uns sauer ...

Seit Anfang der 80er Jahre werden in den deutschen Wäldern vermehrte Schäden festgestellt. Die Hauptursachen sind Luftverschmutzung und saurer Regen. Obwohl verbesserte Luftreinhaltung im letzten Jahrzehnt deutliche Erfolge zeigt, stirbt der Wald weiter. Ende der 90er Jahre wurde festgestellt, dass immer noch ungefähr drei von fünf Bäumen in Deutschland (60 %) geschädigt sind, wobei ein Fünftel des Waldbestandes schwerere Schäden aufweist.

Die Diskussion um Waldsterben ist in letzter Zeit ruhiger geworden – offensichtlich scheinen Klimaveränderungen und andere Umweltprobleme wichtiger. Aber manchmal sieht man den Wald vor lauter Bäume nicht: Jeder will den Regenwald schützen, doch wachsen rund die Hälfte aller weltweiten Wälder in den gemäßigten und nördlichen Breiten, und Deutschland ist noch zu etwa 30 % bewaldet. Die Erhaltung des Weltklimas hängt auch davon ab.

Die Entstehung sauren Regens

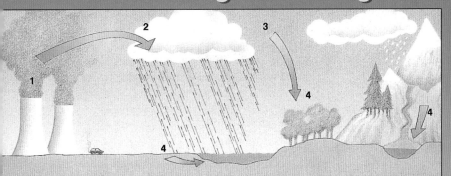

1 Kraftwerke, Fabriken, Auspuffanlagen, Heizungskessel, Heizungsanlagen und Herde produzieren saure Gase.

2 Die Gase steigen in die Luft und lösen sich im Wasser der Wolken. In den Wolken entstehen saure Regentropfen.

3 Saurer Regen kann vom Wind über Hunderte von Kilometern getragen werden.

4 Der saure Regen fällt auf die Erde und sickert in den Boden, wo er Wasser, Pflanzen und Tiere schädigt.

WUSSTEN SIE SCHON ...?

● Heute ist Deutschland auf knapp 30% seiner Fläche bewaldet, Österreich auf ca. 46% und die Schweiz auf ca. 28%.

● Insgesamt sind fast zwei von drei Bäumen in Deutschland, den Bergwäldern Österreichs und der Schweiz erkrankt. Werden sie ‚notgeschlachtet', tauchen sie in keiner Statistik mehr auf.

Eine Kernfrage ...

Angesichts des Treibhaus-effekts präsentiert sich die Atomindustrie als Retterin in der Not, denn: Atomkraftwerke setzen kein Kohlendioxid frei. Aber inwiefern kann man sich auf diese Energieform verlassen? Wie groß sind ihre Risiken? Fünf junge Leute äußern sich hier dazu.

1 Bevor Sie sich die Jugendlichen anhören, ordnen Sie jeder der folgenden Vokabeln von der Kassette das passende Synonym zu.

a	fossile Brennstoffe	**1**	einen Unfall haben
b	das Kernkraftwerk	**2**	katastrophal
c	rechtfertigen	**3**	Kraft, die immer wieder benutzt werden kann
d	winzig	**4**	die Entfernung
e	verheerend	**5**	Kohle, Erdöl und Erdgas
f	die Beseitigung	**6**	verteidigen, entschuldigen
g	verunglücken	**7**	sehr klein
h	erneuerbare Energien	**8**	ein Gebäude, in dem man Atomenergie herstellt

WUSSTEN SIE SCHON ...?

- Ende der 90er Jahre waren 19 Kernkraftwerke in Deutschland am Netz. Sie deckten rund ein Drittel des deutschen Strombedarfs und ca. 13% der gesamten Energieversorgung.

- Wegen der hohen Sicherheitsanforderungen wird seit 1991 in den neuen Ländern und Berlin-Ost keine Atomenergie mehr erzeugt.

- Atommüll wird in speziellen Castor-Behältern transportiert. Diese sollen sogar einen Flugzeugabsturz und Hitzebelastungen von 1200°C unbeschädigt überstehen können.

- Deutschlands zwei wichtigste Zwischenlager sind in Gorleben (Niedersachsen) und Ahaus (Nordrhein-Westfalen) – hier haben massive Proteste gegen Atomkraft und Castor-Transport stattgefunden.

2 Hören Sie sich jetzt die Kassette ,Eine sichere Lösung?' an. Welche Vor- und Nachteile der Kernkraft werden von den Jugendlichen erwähnt? Füllen Sie eine Kopie des folgenden Rasters aus.

Vorteile der Kernkraft	Nachteile der Kernkraft
Produziert kein CO_2	

3 Lesen Sie den Text rechts. Beantworten Sie die folgenden Fragen auf Deutsch.

a Was ist Ende 1998 passiert und was war die Folge für Deutschlands Atompolitik?

b Was ist Ihrer Meinung nach der Zweck der drei Schritte?

c Was will man letztendlich mit allen radioaktiven Abfällen machen?

d Welche zeitlichen und örtlichen Faktoren werden dieses Ziel beeinflussen?

e Was wird mit bestrahlten Kernbrenn-stoffen in der Zukunft passieren?

4 a Ist die Wende in der Atompolitik leichter gesagt als getan? Was für Probleme muss die Regierung überwinden? Machen Sie zu zweit ein Brainstorming.

b 📼 Hören Sie sich die Kassette 'Leichter gesagt als getan?' an. Fassen Sie den Streit über die Zeitspanne des Atomausstiegs auf Englisch zusammen.

c Siehe Self-study Booklet, Seite 19, Übung 3.

5 Rollenspiel
Hat die Kernkraft noch eine Zukunft? Benutzen Sie Blatt 9.2, um mit einem Partner / einer Partnerin darüber zu diskutieren.

PRÜFUNGSTRAINING

Einen Zeitungsartikel erklären

Benutzen Sie Blatt 9.3, um einem/einer Deutschsprachigen zu erklären, was bei Ihnen über Kernkraft in der Zeitung steht.

✎ Mehr Infos zum Thema Kernkraft finden Sie auf der Brennpunkt-Website:
http://www.brennpunkt.nelson.co.uk

Klimaveränderung in der Politik

Ende 1998 brachte der Machtwechsel in Deutschland eine neue Atompolitik. Die rot-grüne Koalition verpflichtete sich zu einem Ausstieg aus der Atomenergie als Regierungsziel.

- Erster Schritt: Änderung des Atomgesetzes.
- Zweiter Schritt: Gespräche zwischen der neuen Bundesregierung und den Energieversorgungsunternehmen, um eine neue Energiepolitik im Konsens zu vereinbaren.
- Dritter Schritt: Ein Gesetz, mit dem der Ausstieg aus der Kernenergienutzung geregelt und zeitlich befristet wird.

Zur Entsorgung vereinbarten die Koalitionsparteien Folgendes:

- Ein nationaler Entsorgungsplan für die radioaktiven Abfälle wird erarbeitet.
- Für die Endlagerung aller Arten radioaktiver Abfälle reicht ein einziges Endlager in tiefen geologischen Formationen aus.
- Zeitlich zielführend für die Endlagerung aller Arten radioaktiver Abfälle ist die Beseitigung hochradioaktiver Abfälle bis zum Jahr 2030.
- Es bestehen Zweifel an der Eignung des Salzstocks in Gorleben. Daher werden alternative Standorte untersucht.
- Die Endlagerung radioaktiver Abfälle in Morsleben wird beendet.
- Bestrahlte Kernbrennstoffe dürfen nur transportiert werden, wenn am Kraftwerk selbst keine genehmigten Zwischenlagerkapazitäten existieren. Die Zwischen-lager werden aber nicht als Endlager genutzt.

6 📼 Was halten **Sie** von der Kernkraft? Schreiben Sie einen Artikel von ca. 200–250 Wörtern, der Ihre Meinung zusammenfasst und die Gründe dafür erläutert.

Wie es anders geht

Die großen Windmacher

K napp 5000 Windmühlen drehen sich hier zu Lande bereits. Den Erwartungen entgegen sind die Riesen längst nicht nur an der Nordseeküste konzentriert. Am Bodensee, im sächsischen Erzgebirge, bei Zittau – überall drehen sich Rotoren. Nicht aber auf der Insel Sylt. Dort mochten die Gemeinden ihren wohlhabenden Gästen bisher keine Riesenmühlen zumuten, obwohl anderswo in Deutschland der Wind kaum schärfer bläst.

Die ersten Anlagen waren noch eine Attraktion für Touristen. In Schleswig-Holstein kamen die Menschen in Bussen, um sie zu bestaunen. Doch damit ist es vielleicht vorbei – bundesweit sind ca. 120 Bürgerinitiativen gegen Windparks. Für viele Leute, die in der Nähe der Windmühlen wohnen, ist das Wort Wind**park** sogar irreführend. Für sie ist das Ganze eine gigantische Industrieanlage, die unerträglichen Krach macht.

Für Christian Otzen vom Naturschutzbund Schleswig-Holstein ist keine Energie zum Nulltarif zu bekommen, auch keine regenerative: „Alle haben ihren Umweltpreis." Seiner Meinung nach ist eine Kosten-Nutzen-Rechnung für den Windstrom negativ. Zum einen verbraucht Windstrom in der dicht besiedelten Bundesrepublik eine ohnehin knappe Ressource, nämlich Landschaft. Zum anderen entsteht kaum Energie. Selbst in den windigsten Ecken Deutschlands gibt es Perioden, in denen sich kein Hauch regt. Um auch dann Elektrizität zu haben, werden Kraftwerke gebraucht. Laut Otzen ist Windenergie „eine ökologische Mogelpackung".

1 Sehen Sie sich das Foto links an. Finden Sie Windparks positiv oder negativ? Warum? Besprechen Sie zu zweit Ihre Meinungen.

2 Lesen Sie jetzt den Artikel links. Welche Satzteile gehören zusammen?

a In Bezug auf deutsche Windmühlen erwartet man vielleicht, dass …
b Tatsache ist aber, dass …
c Heute protestieren viele Leute gegen Windstrom, obwohl …
d Auf die Energiefrage gibt es keine einfache Antwort, weil …
e Windparks haben Nachteile, da …
f Es ist auch schwierig, sich völlig auf diese Energieform zu verlassen, weil …

1 … die Windmühlen am Anfang eine Attraktion für Touristen waren.
2 … sie viel Platz verbrauchen, um relativ wenig Energie zu produzieren.
3 … Windmühlen sich fast überall in Deutschland befinden.
4 … auch an der Nordseeküste der Wind nicht ständig bläst.
5 … Windparks immer teurer werden.
6 … sie sich alle an der windigen Nordseeküste konzentrieren.
7 … alle Energieformen Folgen für die Umwelt haben.

3 Eine Person befürwortet Windenergie, die andere zieht Kernkraft vor. Notieren Sie vorab für sich Argumente über Umwelt, Sicherheit und mögliche Kosten. Vergleichen Sie dann zu zweit die beiden Energieformen, indem Sie die Ausdrücke im Kommunikationskasten benutzen.

WUSSTEN SIE SCHON …?

- 1990 erzeugten 5600 deutsche Kraftwerke Strom aus erneuerbaren Energien. Ende des Jahrzehnts lag die Zahl bei mehr als 18 000.

- Den größten Zuwachs gab es bei der Solarenergie. In den 90er Jahren stieg die Zahl der Photovoltaik-Anlagen um das Dreißigfache auf knapp 7000.

- Zur Jahrtausendwende wurden zehnmal mehr deutsche Windenergieanlagen eingesetzt als zu Beginn der 90er Jahre.

- Insgesamt tragen regenerative Energien mit ca. 5% zur deutschen Stromversorgung bei. Ihr Anteil an der gesamten Energieversorgung lag Ende der 90er Jahre bei ca. 2%.

Kommunikation!

Eine Vorliebe für etwas ausdrücken

Ich halte es für besser, wenn man … (Verb)
Windenergie wäre mir lieber, weil … (Verb)
Ich möchte lieber … als …
Ich ziehe Kernkraft der (Dat.) Windenergie vor, weil … (Verb)

Sonnenklar

Die Nachfrage nach regenerativ erzeugtem Strom ist in Deutschland in den vergangenen Jahren rasant gestiegen. Besonders schnell wächst ,Photovoltaik' – eine Energietechnik, die auf dem Prinzip der Solarzelle beruht ...

4  Hören Sie sich die Kassette ,Sonnenklar' an. Sind die folgenden Sätze richtig oder falsch?

a Photovoltaik-Anlagen decken ca. 10% des deutschen Strombedarfs.

b Experten glauben, dass im Jahr 2020 Deutschland tausendmal mehr Solarstrom als heute verwenden wird.

c Ein Viertel aller deutschen Solarfabriken gehört Georg Salvamoser.

d Salvamosers Marktanteil steigt, weil er bereit ist, ungewöhnliche Handelspartner zu finden.

e Der ADAC will in Zukunft Parkhäuser für solarbetriebene Autos fördern.

f Salvamoser glaubt, dass die Wirtschaft der Zukunft von erneuerbarer Energie abhängt.

5 Siehe Self-study Booklet, Seite 19, Übung 4.

PROJEKTARBEIT

Lesen Sie ,Umwelttechnik auf der Autobahn'. Suchen Sie andere Artikel in der deutschsprachigen Presse oder auf der Brennpunkt-Website über umweltfreundliche Produkte oder ,Umwelttechnik': http://www.brennpunkt.nelson.co.uk

Präsentieren Sie der Gruppe die Produkte und machen Sie eine Wandcollage!

Umwelttechnik auf der Autobahn

Sonnenstrom statt Autoalarm: Die erste vollintegrierte Photovoltaik-Lärmschutzwand ging ans Netz.

Auf einem Teilstück der Autobahn zwischen München und Lindau lohnt sich für die Autofahrer der Blick zur Seite: Die am Fahrbahnrand installierte Wand schützt den dahinterliegenden Rastplatz nicht nur vor Lärm; in die Wand integrierte Solarmodule erzeugen mittels des photovoltaischen Effekts dazu umweltfreundlich Strom. Die vom Bundesforschungsministerium geförderte Anlage ist 135 Meter lang, ihre Spitzenleistung bei Sonnenschein beträgt 30 Kilowatt. Die Anlage beruht auf Erfahrungen mit Lärmschutzwänden in der Schweiz. Das Konzept zeigt: Ohne einen einzigen Quadratmeter zusätzlichen Landverbrauchs bieten sich Lärmschutzwände als kostenlose Montagefläche für Strom produzierende Photovoltaik-Anlagen an.

„Meinst du wirklich, dass deine solarbetriebene Taschenlampe eine Marktlücke ist?"

PRÜFUNGSTRAINING

Einen ,Coursework'-Aufsatz schreiben

1 Sehen Sie sich Blatt **9.4** an. Wählen Sie ein Thema, das mit Umwelt oder Energie zu tun hat. Sammeln Sie in den nächsten Wochen Informationen darüber!

2 Machen Sie einen Aufsatzplan.

3 Schreiben Sie mit Hilfe Ihres Materials einen Aufsatz von ca. 500–700 Wörtern über Ihr gewähltes Thema.

Jeder kann mitmachen!

 Um denken!

ENERGIE

Wenn man in jedem Büro oder Haushalt in Deutschland eine 75-Watt-Lampe durch eine gleich helle Energiesparlampe ersetzte, würde man 2300 Megawatt einsparen – das entspricht etwa der Leistung von zwei Atomkraftwerken. Wenn alle Wohnungen um nur ein Grad weniger geheizt wären, würde man 6% Energie sparen – bei besserer Wärmedämmung sogar bis zu 40%.

VERKEHR

Statistisch betrachtet hat jeder zweite Deutsche ein Auto. Und die Zahl der Autos nimmt ständig zu. 60% des Stickoxids – Ursache von Waldsterben und Sommersmog – kommt aus den Auspuffrohren dieser PKWs. Selbst wenn man sie alle mit Katalysatoren ausstattete, würden beim derzeitigen Autoboom die Umweltbelastungen weiter zunehmen. Aus dieser Sackgasse gibt es nur einen Ausweg: weniger Auto fahren und umsteigen auf Fahrrad, Bus oder Bahn.

ABFALLVERMEIDUNG

Würde man Deutschlands jährlich anfallende Müllmenge in Güterwaggons laden, so hätte der Zug die Länge der Strecke von Berlin nach Zentralafrika. Er wäre mit 337 Millionen Tonnen beladen – allein der Hausmüll würde 43 Millionen Tonnen ausmachen, was rund 1,5 kg pro Einwohner täglich bedeutete. Die einzige Lösung: Abfallvermeidung und Wiederverwertung statt immer mehr Mülldeponien und Verschmutzung.

1 Lesen Sie den Artikel links und schlagen Sie unbekannte Vokabeln in einem Wörterbuch nach. Beantworten Sie dann die folgenden Fragen.

a Wie könnte man die Energieleistung von zwei Atomkraftwerken einsparen?
b Wie könnten viele Leute Heizungsenergie sparen?
c Woher kommt der Großteil des Stickoxids und was für Folgen hat diese Verschmutzung?
d Wie löst man dieses Problem am besten?
e Was für eine Folge hat die Müllbeseitigung für Deutschlands Landschaft?

2 Die Nomen und Verben im Raster unten kommen im Text vor. Füllen Sie die Lücken mit Hilfe eines Wörterbuchs aus.

Nomen	Verb	Adjektiv
...	ersetzen	...
die Belastung	...	...
...	(be)fahren	...
die Lösung	...	...
die Vermeidung	...	...

LERNTIPP

Was fällt Ihnen an den Adjektiven auf?

Welche andere Suffixe (Nachsilben) kennen Sie schon, wenn man Adjektive von Verben ableitet?

3 Siehe Self-study Booklet, Seite 19, Übung 5.

4 Immer mehr Leute verpflichten sich, in der Zukunft umweltfreundlicher zu leben. Sie schicken Postkarten an Umweltgipfel, wo diese Karten am ‚Lebensbaum‘ hängen. Hören Sie sich die Kassette ‚Ich verflichte mich‘ an. Drei Studenten lesen ihre Postkarten vor. Notieren Sie mindestens zwei Vorschläge, wie jede Person sich umweltfreundlicher verhalten wird.

5 Schreiben Sie Ihre eigene Postkarte (ca. 150 Wörter) für einen Klassen-Umweltbaum! Lesen Sie die Karten der Gruppe vor!

Ich verpflichte mich

Ich verpflichte mich, etw. zu machen	I pledge to do sth.
Ich werde mich bei meiner Regierung dafür einsetzen, dass ... / zu ...	I'll urge my government to ...
Pfandflaschen	money-back/returnable bottles
wieder verwertbar	recyclable

Grammatik: der Konditional (*wenn*-Sätze)

Siehe auch Grammatik, Seite 239.

Textbeispiele

– Wenn man in jedem Büro oder Haushalt in Deutschland eine 75-Watt-Lampe durch eine Energiesparlampe **ersetzte**, **würde** man 2300 Megawatt **einsparen**.

– Wenn alle Wohnungen um nur ein Grad weniger geheizt **wären**, **würde** man 6% Energie **sparen**.

Diese Sätze stehen im **Konditional** (*the conditional tense*).

Sie beschreiben eine Möglichkeit in der Zukunft, d.h. eine Situation, die passieren könnte.

Man benutzt den Konditional oft in **wenn**-Sätzen, wie in den Textbeispielen oben.

▶ **Was bedeuten diese Beispiele auf Englisch?**

▶ **Was haben die Textbeispiele gemeinsam**

– auf Englisch?

– auf Deutsch?

Sehen Sie sich das folgende Muster an:
If I walked, I would save money.
Wenn ich zu Fuß **ginge**, **würde** ich Geld **sparen**.

      ↑   ↑   ↗

    Konjunktiv II   der Konditional

In der ersten Hälfte des **wenn**-Satzes benutzt man den Konjunktiv II. Er zeigt, dass die Situation nur möglich und nicht tatsächlich ist.

ACHTUNG!
würde + sein = wäre usw.
würde + haben = hätte usw.

DER KONJUNKTIV II

Bei schwachen Verben wie **spielen** und **regnen** gleichen die Verben dem normalen Imperfekt.

z.B. Wenn es (morgen) **regnete**, …

Bei starken Verben wie **gehen** und **sein** hängt man die Endungen des Konjunktivs an die normale Imperfektform dieser Verben.

z.B. ich **ginge**

Auf a, o, u gibt es auch einen Umlaut.

z.B.

ich	wäre	wir	wären
du	wärest	ihr	wäret
er/sie/es	wäre	Sie/sie	wäret

ACHTUNG!
Die Verben **wollen** und **sollen** haben keinen Umlaut im Konjunktiv II.
z.B. Wenn ich wollte, …

In der zweiten Hälfte des **wenn**-Satzes benutzt man eine Form von **würde** (auch Konjunktiv II) mit dem Infinitiv des Verbs. Die ganze Form heißt der Konditional.

z.B. Wenn ich das Geld **hätte**, **würde** ich ins Kino **gehen**.

Mann kann den Konjunktiv II auch in beiden Satzhälften benutzen.

z.B. Wenn ich das Geld **hätte**, **ginge** ich ins Kino.

Aber wenn Sie zwei kauften, würden Sie doppelt so viel Benzin sparen...

ÜBUNGEN

Machen Sie die Grammatikübungen auf Blatt **9.5**.

📖 Weitere Grammatikübungen finden Sie auf der Brennpunkt-Website: http://www.brennpunkt.nelson.co.uk

a Gewissensbisse! Ein Spiel im Stil von ‚Scruples'. Bitten Sie Ihren Lehrer / Ihre Lehrerin um die Spielregeln.

b Schreiben Sie einen kurzen Brief (ca. 200 Wörter), in dem Sie erklären,

   1 wie Sie die Umwelt verbessern würden, wenn Sie die Chance hätten.

   oder

   2 wie Sie Ihre Schule umweltfreundlicher gestalten würden.

c Schreiben Sie ein kurzes Gedicht zum Thema ‚Wenn alles nur anders wäre'. Beginnen Sie eine Zeile mit **Wenn** und jede zweite Zeile mit einem Verb im Konditional/Konjunktiv.

„Was machen Sie für die Umwelt?" Junge Leute äußern sich hier dazu.

Marion Leder (22), Studentin, Greenpeace:

Ich bin bei Greenpeace Deutschland aktiv. Meine Gruppe konzentriert sich zur Zeit auf die Gentechnik und kämpft für ein Verbot von Gen-Freisetzungen und für eine ökologische Landwirtschaft. Wir halten Vorträge, machen Infostände und empfehlen, keine Gentech-Nahrungsmittel zu kaufen. Natürlich interessieren wir uns aber auch für andere Umweltprobleme wie Klima, Verkehr und Artenvernichtung. Ich wünsche mir, dass Greenpeace in zwanzig Jahren nicht mehr notwendig wäre, da alle Umweltprobleme gelöst wären. Eine Organisation, die lokale und globale Probleme im Auge behält, wird aber zunehmend wichtiger.

Greenpeace setzt sich mit vielen Aktionen für den Schutz der Umwelt ein. Aufgabenfelder sind derzeit unter anderem der Schutz des Klimas, der Schutz und Erhalt der Ozeane und Aktionen für Artenvielfalt und die Tropenwälder.

Gerhard Mayr (20), Zivildienstleistender, Bund Naturschutz:

Ich finde es wichtig, durch Aktionen vor Ort immer wieder auf die Folgen der Naturzerstörung aufmerksam oder Lösungsvorschläge im

Kleinen zu machen. In Deutschland sind z.B. nur noch wenige Auenwälder wie an der unteren Donau erhalten, die dem Ausbau des Rhein-Main Donau-Kanals geopfert werden sollen. Der Bund Naturschutz setzt sich für dessen Erhalt ein, und inzwischen hat sich Widerstand vor Ort gebildet. Erfolgreich war auch unsere Stadtbegrünungsaktion in Augsburg: Wir haben die Leute darauf aufmerksam gemacht, wie man mit einfachen Mitteln die Natur zurückholen kann.

Der Bund Naturschutz sieht einen seiner Schwerpunkte in der ökologischen Jugendarbeit, das heißt Freizeitgestaltung und Umwelt- und Naturschutz.

---

1 📺 Und was machen Martin und Fatima für die Umwelt? Hören Sie sich die Kassette ‚Grünes Licht für die Zukunft!' an und machen Sie Übung 1 auf Blatt **9.6**.

2 Vervollständigen Sie die folgenden Sätze jeweils mit einem Infinitiv. Beachten Sie das Muster: , … **zu** + **Infinitiv**.

Marion: Wir empfehlen …   Martin: Ich versuche, …
Gerhard: Ich finde es wichtig, …

3 Und was tun **Sie** für die Umwelt? Denken Sie sich ca. 6–10 Fragen aus und machen Sie eine Umfrage unter Ihren Klassenkameraden!

4 🎧 💾 Siehe Self-study Booklet, Seite 19, Übung 6.

5 **Brennpunkt!**
Debattieren Sie den folgenden Standpunkt: „In Bezug auf unsere zukünftige Umwelt kann man doch optimistisch sein."

6 Sehen Sie sich Seite 105 noch einmal an. Entwerfen Sie jetzt ein Bild des Globus mit **positiven** Schlagzeilen und zeigen Sie die Fortschritte, die beim Umweltschutz gemacht werden können.

GRAMMATIK

INFINITIVSÄTZE
Siehe Grammatik, Seite 240, und Blatt **9.6**.

ACHTUNG!
Ein Komma zwischen Hauptsatz und Infinitivsatz kann die Verständlichkeit eines Satzes verbessern.

Comics von Michael Pammesberger

Themen	Kommunikation	Grammatik	Prüfungstraining
• Ausländer • Gleichberechtigung für Frauen • Abtreibung	• einen Standpunkt vertreten • seine Meinung mit Nachdruck äußern	• der Konjunktiv mit **tun, als ...** • Modalverben mit Passivinfinitiv • der Konditional (2)	• wie man einen Aufsatz überprüft

Alle Menschen sind gleich ...

Inhalt

2 Die Sätze unten sind Auszüge aus der allgemeinen Erklärung der Menschenrechte von Amnesty International. Welche sind für Sie die wichtigsten und welche sind nicht so wichtig? Nummerieren Sie sie der Priorität nach von 1 bis 4 und teilen Sie Ihre Meinung der Gruppe mit.

a Jeder Mensch hat das Recht auf Freizügigkeit und freie Wahl seines Wohnsitzes innerhalb eines Staates.
b Jeder Mensch hat das Recht, in anderen Ländern vor Verfolgungen Asyl zu suchen.
c Jeder Mensch hat das Recht auf freie Meinungsäußerung.
d Alle Menschen haben das Recht auf gleichen Lohn für gleiche Arbeit.

1 Schauen Sie sich die Fotos oben an und denken Sie an Situationen und Ereignisse, wo Menschenrechte nicht anerkannt werden.

Verfolgt und vertrieben

Flucht nach Deutschland

Jenet Manoharan aus Sri Lanka

1985 ist die tamilische Familie Manoharan von Sri Lanka nach Deutschland gekommen. Der erste Eindruck für die damals elfjährige Jenet bei ihrer Ankunft in Berlin: ein Schock. „So viele hohe Häuser, nur weiße Menschen, und die Bäume schienen alle tot!" (Bei ihrer Einreise im April hatten die Bäume noch kein Laub.)

Seit fünfzehn Jahren lebt Jenet mit ihrer Familie in Deutschland.

1 Beantworten Sie folgende Fragen auf Deutsch.

 a Wie war der erste Eindruck der elfjährigen Jenet von Deutschland?

 b Warum sind Jenet und ihre Familie nach Deutschland geflohen?

 c Warum war es sehr schwierig, eine Wohnung zu finden?

 d Warum war die Zukunft für die Familie am Anfang unsicher?

 e Wie werden tamilische Mädchen im Vergleich zu deutschen erzogen?

 f Was passiert oft auf der Straße?

2 Rollenspiel

Eine Person ist Jenet, die vom Bundesamt in Zirndorf wegen des Asylantrags ihrer Familie befragt wird. Sie muss ihre bisherigen Erlebnisse und ihren Ausbildungsweg in Deutschland zusammenfassen. Die andere Person arbeitet für das Bundesamt und führt das Interview durch.

z.B. **Interviewer:** Seit wann sind Sie in Deutschland?
 Jenet: Seit 1985, also seit … Jahren.
 Interviewer: Und woher sind Sie gekommen?
 Jenet: Aus Sri Lanka.
 Interviewer: Warum musste Ihre Familie aus Sri Lanka fliehen? … usw.

3 Sehen Sie sich die Grafik unten an. Welche Statistiken finden Sie besonders interessant? Warum gibt es weniger Asylanträge in Österreich als in Deutschland?

4 Partner- oder Gruppenarbeit. Statistiken analysieren. Siehe Blatt **10.1** .

5 ∩ Siehe Self-study Booklet, Seite 20, Übung 1.

Jenet war mit ihren Eltern und vier Geschwistern vor dem Bürgerkrieg in ihrer Heimat geflohen. Seit Jahren werden Tamilen von der singhalesischen Mehrheit verfolgt. Terroranschläge und Hausarrest machten ein normales Leben unmöglich. In Berlin kam die Familie zuerst in ein Lager. Dann gelangte sie nach Augsburg, wo sie vier Jahre in einer Sammelunterkunft lebte. Die Wohnungssuche war sehr schwierig, erzählt Jenet. „Wir als Ausländer, eine Familie mit fünf Kindern und dann noch dunkelhäutig …" Mit Hilfe von deutschen Freunden fanden die Manoharans dann eine Wohnung. Jenets Vater, von Beruf Bauingenieur, hat einen Asylantrag gestellt, das Verfahren wurde erst nach einer langen, unsicheren Wartezeit abgeschlossen.

Zwei Jahre lang hat Jenet die Förderklasse in der Hauptschule besucht. „Das war eine schlimme Zeit, weil mich die anderen nicht akzeptiert haben", erinnert sie sich. „Wir haben eine andere Kultur und andere Sitten. Mädchen werden zum Beispiel strenger erzogen und dürfen nicht alleine weggehen." Nach dem Hauptschulabschluss hat die damals 18-Jährige eine Ausbildung als Kinderpflegerin gemacht und anschließend die Berufsaufbauschule besucht, wo sie Freunde gefunden hat. Nachher hat sie auf die Fachakademie für Sozialpädagogik gewechselt, um Erzieherin zu werden.

Jenet bekommt immer noch auf der Straße oft abfällige Bemerkungen über die ‚Asylanten' zu hören. „Ich habe schon Phasen gehabt, da wollte ich nur heim. Da werde ich wenigstens als Mensch behandelt, habe ich gedacht. Hier wird man manchmal behandelt wie der letzte Dreck."

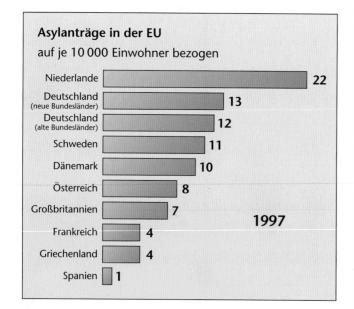

Asylanträge in der EU

auf je 10 000 Einwohner bezogen

Niederlande	22
Deutschland (neue Bundesländer)	13
Deutschland (alte Bundesländer)	12
Schweden	11
Dänemark	10
Österreich	8
Großbritannien	7
Frankreich	4
Griechenland	4
Spanien	1

1997

WUSSTEN SIE SCHON …?

- Weltweit bleibt die überwältigende Mehrzahl der Flüchtlinge in ihrer Herkunftsregion.
- 1993 flohen 400 000 Burunder über die Grenze nach Ruanda; 1994 flohen etwa 2 Millionen Menschen aus Ruanda in die Nachbarländer.
- Nur etwa 5% der Flüchtlinge finden bei den reichen westeuropäischen Nationen Aufnahme.

6 🔊 Hören Sie sich diesen Text über ‚Ausländer' an und wählen Sie für jede Lücke das passende Schlüsselwort aus dem Kasten unten.

In Deutschland gibt es zur Zeit über 7 Millionen …..(1)….. . Sie sind aus verschiedenen Gründen gekommen. Die …..(2)….. sind ab Ende der 50er Jahre nach Deutschland gekommen, um zu arbeiten – heute werden sie oft ‚……….(3)……….' genannt. Andere kommen wegen …..(4)….. oder politischer …..(5)….. nach Deutschland. Sie kommen als …..(6)….. und fragen um Asyl – d.h., sie stellen einen …..(7)…… . Während sie auf eine Antwort von den deutschen …..(8)….. warten, sind sie …..(9)….., aber wenn ihre Bitte anerkannt wird, erhalten sie den Status des …..(10)….. und eine unbefristete …..(11)…… .

Ausländerbehörden	Flüchtlinge	Asylberechtigten
Ausländer	Asylbewerber	Gastarbeiter Verfolgung
Asylantrag	Bürgerkrieg	ausländische Arbeitskräfte
Aufenthaltserlaubnis	Arbeiter	Arbeitgeber

7 Zu zweit: Stellen Sie sich gegenseitig Fragen über den Text oben.

z.B. Warum sind die Ausländer nach Deutschland gekommen?

8 Was wissen Sie **bereits** über Ausländer in Deutschland? Sind die folgenden Sätze richtig oder falsch?

a Die meisten Ausländer stammen aus der Türkei.
b Die Gastarbeiter sind gekommen, weil sie in ihren Herkunftsländern arbeitslos waren.
c Das erste Gastarbeiterabkommen wurde mit der Türkei geschlossen.
d Die Gastarbeiter machten Arbeit, die bei den Deutschen unbeliebt war.
e Die deutsche Regierung hörte erst Ende der achtziger Jahre mit der Anwerbung ausländischer Arbeitskräfte auf.
f Heutzutage genießen Gastarbeiter die gleichen Rechte wie die Deutschen.

9 Lesen Sie jetzt den Text rechts und korrigieren Sie Ihre Antworten. Besprechen Sie Ihre Ergebnisse mit einem Partner / einer Partnerin.

10 Stellen Sie sich vor, Sie seien entweder als Gastarbeiter oder als Flüchtling nach Deutschland gekommen. Schreiben Sie einen kurzen Abschnitt über Ihr Leben in Deutschland. Inwiefern fühlen Sie sich jetzt eingegliedert?

11 Siehe Blatt **10.2** . Wie weit müssen sich Ausländer anpassen?

12 Siehe Self-study Booklet, Seite 20, Übung 2.

Nicht alle Inländer sind Deutsche

Die Ausländer in Deutschland machen etwa 9% der Gesamtbevölkerung aus. Davon stammen 25% aus den Staaten der Europäischen Gemeinschaft. Die größte Gruppe bilden die Türken mit fast 30%.

Viele Ausländer wurden von der deutschen Regierung hauptsächlich wegen einer starken wirtschaftlichen Expansion angeworben. 1955 wurde das erste Abkommen mit Italien geschlossen – es folgten weitere Abkommen, u.a. auch mit der Türkei (1961). Diese sogenannten ‚Gastarbeiter' waren meistens Junggesellen, die in ihren Herkunftsländern arbeitslos waren. Sie waren bereit, schwere körperliche Arbeit zu verrichten, die bei den Deutschen unbeliebt war. In den 70er Jahren änderte sich die Situation, als ein wirtschaftlicher Rückgang zum ‚Anwerbestopp' führte – ab 1973 durften keine neuen Gastarbeiter angeworben werden.

Heutzutage unterscheiden sich die Ausländer in Deutschland nur durch ihre Staatsangehörigkeit von den Deutschen. Sie haben aber weniger Rechte – sie dürfen zum Beispiel nicht wählen.

A „Asylbewerber kommen hauptsächlich nach Deutschland, um einen besseren Lebensstandard zu genießen."

B „Ausländer sind krimineller als Deutsche."

C „Asylbewerber leben auf unsere Kosten."

D „Ausländer sind häufiger krank als Deutsche."

E „Ausländer und Aussiedler nehmen uns Wohnungen weg."

1 *Richtig, aber ... :* Der Hauptgrund liegt darin, dass viele ausländische Arbeiter besonders schwere und schmutzige körperliche Arbeit verrichten. Hinzu kommen die psychischen Belastungen der Emigration, die durch die wachsende Ausländerfeindlichkeit oft verstärkt werden können. Die Krankenkassen werden dennoch nicht durch die ausländischen Arbeitnehmer zusätzlich belastet: Sie zahlen fast genau so viel in die Krankenversicherungen ein, wie sie beanspruchen.

2 *Falsch:* Parallel zur Neufassung des Asylrechts im Jahr 1993 dürfen Asylbewerber nur in Sammelunterkünften oder ehemaligen Kasernen untergebracht werden. Gastarbeiter haben es auch schwer, eine Wohnung zu finden, weil viele Vermieter Ausländer oder kinderreiche Familien ablehnen. Zugegebenermaßen gab es Anfang der 90er Jahre eine von dem Zustrom von Aussiedlern verursachte Unterkunftskrise, aber die Regierung hat Milliarden investiert, um den Bau von Wohnungen speziell für diese Einwanderer zu fördern.

3 *Falsch:* Niemand flüchtet freiwillig – Flucht hat Ursachen! Die Mehrheit der Asylsuchenden kommt aus Ländern, in denen Krieg herrscht oder politische, ethnische und rassistische Verfolgung stattfindet. Auch Umweltprobleme gehören häufig zu den Fluchtursachen. Man sollte nicht vergessen, dass viele Flüchtlinge nur vorübergehend Schutz in Deutschland suchen – sie hoffen auf eine baldige Rückkehr. Nach Paragraf 14 des Grundgesetzes darf niemand in Gebiete zurückgeschickt werden, in denen ihm Gefahr für Leib und Leben droht.

4 *Falsch:* Das stimmt nur auf den ersten Blick. Nach der Statistik machen Ausländer rund 9% der Bevölkerung aus, aber knapp ein Viertel der Tatverdächtigen. Doch bei dieser Statistik werden auch Delikte ausländischer Touristen oder von Angehörigen der Stationierungs- streitkräfte mitgezählt. In die Statistik fließen auch alle Verstöße gegen das Ausländergesetz ein, Delikte also, die von Deutschen überhaupt nicht begangen werden können.

5 *Nur teilweise richtig.* Seit 1993 bekommen Asylbewerber statt Sozialhilfe Geld in Form eines kleinen Taschengeldes – d.h. DM 80 (40 Euros) monatlich als ‚Geldbetrag zur Deckung persönlicher Bedürfnisse des täglichen Lebens' (Asylbewerberleistungsgesetz 1.9.98). Dazu erhalten sie ‚Fresspakete' oder ‚Einkaufsgutscheine'. Dadurch wird ihnen in mancher Hinsicht die Autonomie weggenommen. Asylbewerber dürfen einen Job suchen, wenn sie drei Monate in Deutschland gelebt haben. Allerdings müssen die Arbeitgeber nachweisen, dass die Jobs nicht mit Deutschen oder mit EG-Angehörigen besetzt werden können.

1 Lesen Sie den Artikel ohne Wörterbuch schnell durch. Welche Erklärung passt zu welchem Vorurteil?

z.B. A3

2 Lesen Sie die fünf Ausschnitte genauer durch. Fassen Sie dann die Hauptpunkte jedes Ausschnitts in drei oder vier einfachen deutschen Sätzen zusammen, um das entsprechende Vorurteil zu widerlegen. Verwenden Sie die nützlichen Sätze unten.

z.B. **Ausschnitt 5:** Einige sind der Meinung, dass Asylbewerber auf unsere Kosten leben. Dieses Vorurteil ist falsch. In der Tat erhalten sie keine Sozialhilfe, sondern nur Taschengeld. Außerdem können sie einen Job suchen, erst wenn ...

Nützliche Sätze: Es wird manchmal behauptet, dass ...
Viele glauben, dass ...
Ein besonders unbegründetes
Vorurteil ist, dass ...
In der Tat / Tatsächlich / Eigentlich ...

3 Siehe Self-study Booklet, Seite 20, Übung 3.

4 Sehen Sie sich die Karikatur rechts an. Sieht sich der kleine Junge als Deutscher oder Ausländer? Wie betrachtet er seinen Vater? Warum?

5 📼 Hören Sie sich die Kassette ,Wo fühlst du dich zu Hause?' an. In diesem Interview werden zwei Türken und eine Türkin gefragt, ob sie sich für Deutsche oder Türken halten. Ergänzen Sie eine vergrößerte Kopie des Rasters.

Name	Fühlt sich in ... mehr zu Hause	Gründe	Probleme	Weitere Information
Nilgün				
Mehmet				
Naci				

6 Verwenden Sie die Information um einen kurzen Abschnitt über Nilgün, Mehmet und Naci zu schreiben, nachdem Sie die Antworten für Übung 5 korrigiert haben. Was sind ihre Probleme, Hoffnungen und Gefühle?

WUSSTEN SIE SCHON ...?

- Von je 100 Ausländern leben 13 seit mehr als 20 Jahren in Deutschland.

- 10% der Ausländer in Deutschland leben seit mehr als 25 Jahren in Deutschland.

- Gut zwei Drittel der rund 165 000 Berliner türkischer Herkunft leben bereits seit mehr als 15 Jahren in Deutschland.

- 60% Berliner türkischer Herkunft sind in Berlin geboren.

PROJEKTARBEIT

🖱 Wählen Sie einen Aspekt des Themas ,Ausländer in Deutschland' und holen Sie mit Hilfe der Brennpunkt-Website weitere Informationen ein: http://www.brennpunkt.nelson.co.uk

Halten Sie eine kurze Rede (ca. 2 Minuten), in der Sie den anderen in der Gruppe die Ergebnisse Ihrer Suche mitteilen. Viel Spaß beim Surfen!

GRAMMATIK

MODALVERBEN MIT PASSIVINFINITIV

Siehe auch Seite 10 und 92.

Suchen Sie folgende Sätze im Text auf Seite 120 und füllen Sie die Lücken aus.

– Nach Paragraf 14 des Grundgesetzes darf niemand in Gebiete ...., in denen ihm Gefahr für Leib und Leben droht. (3. Ausschnitt)

– Allerdings müssen die Arbeitgeber nachweisen, dass die Jobs nicht mit Deutschen oder mit EG-Angehörigen .... können. (5. Ausschnitt)

Die Wörter in den Lücken oben sind **Infinitive im Passiv** (Partizip Perfekt + **werden**).

zurückschicken (Infinitiv Aktiv) = *to send back*

zurückgeschickt werden (Infinitiv Passiv) = *to be sent back*

Suchen Sie zwei weitere Beispiele für den Infinitiv Passiv im Text. Was bedeuten diese Beispiele und die Sätze oben auf Englisch?

7 Machen Sie jetzt die Übungen auf Blatt **10.3**, Teil A.

Ausländerfeinde,

Rassismus und seine Ursachen

1 Was ist Rassismus? Was sind seine Ursachen und Folgen? Ergänzen Sie mit Hilfe eines Wörterbuchs das Flussdiagramm unten und fügen Sie Ihre eigenen Ideen hinzu.

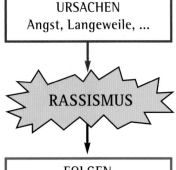

> **URSACHEN**
> Angst, Langeweile, ...
>
> ↓
>
> **RASSISMUS**
>
> ↓
>
> **FOLGEN**
> Angriffe, Gewalt, ...

2 Der Text rechts handelt von den Wurzeln des Rassismus. Lesen Sie ihn durch und fassen Sie ihn mit Hilfe der Sätze unten zusammen.

- Ein wichtiger Grund für Rassismus ist ...
- Rassismus stammt aus ...
- ... kann zu Rassismus führen.
- Rassismus kann eine Folge von ... sein.
- Eine (andere) Quelle von Rassismus ist ...

3 Übersetzen Sie Abschnitte 2 und 3 des Textes ins Englische.

Seit langem fragt man sich nach den Ursachen von Rassismus. Fast alle sind sich einig, dass Arbeitslosigkeit, Wohnungsnot und Orientierungslosigkeit eine Rolle spielen. Man spricht auch von Rassismus als Protest, als männlichem Chauvinismus, als Ausdruck psychologischer Problemlagen oder als Angst vor dem Fremden. Aber vielleicht sollten wir weitere Faktoren in Erwägung ziehen.

Es wird von Soziologen dargelegt, dass manche Leute sich heutzutage destabilisiert fühlen. Einige haben Angst vor unsichtbaren Gefahren wie der drohenden ökologischen Katastrophe. Für andere hat die Auflösung der politischen Blöcke zu einer Krise der inneren Sicherheit und zum Verlust traditioneller Feindbilder geführt. Folglich sucht man Verlässlichkeit in rechtsextremen Gruppen.

Rassismus verbindet man oft mit sozialer Entbehrung. Unlängst durchgeführte Untersuchungen haben jedoch bewiesen, dass sozial Benachteiligte signifikant weniger rassistisch sind als Nichtbenachteiligte. Die Forscher stellten fest, dass Geld, Aufstieg und Stärke für diese Gruppe die wichtigsten Normen waren. Daraus folgt die Abwehr gegen alle, die als leistungsunfähig und nutzlos gelten, oder anscheinend ohne eigene Anstrengung vom Staat versorgt werden.

Für diese Theorie spricht die Tatsache, dass die Eskalation rassistischer Gewalt in Deutschland in den letzten zwei bis drei Jahren nicht nur Flüchtlinge und arbeitslose Ausländer getroffen hat, sondern auch Behinderte und Obdachlose.

4 📼 Hören Sie sich die Kassette ‚Fremdenhass' an. Junge Ausländer beschreiben ihre Erfahrungen. Ergänzen Sie eine Kopie der Tabelle unten durch Notizen auf Deutsch. (N.B. ‚Amis' = *Americans*)

Name	Alter	Wie lange in Deutsch-land?	Staatsange-hörigkeit	Erfahrungen von Gewalt und Fremdenhass	Reaktion/ Meinung
Benabdellah	26	6	Algerier	in einer Telefonzelle zusammengeschlagen	zieht die Vorhänge immer zu ... usw.
Christina					
Mahmut					
Erol					
Gita					

5 Bereiten Sie mit Hilfe der Materialien auf dieser Seite eine kleine Rede (ca. 2 Minuten) über Rassismus vor. Vergessen Sie nicht, Ihre persönlichen Meinungen zum Thema auszudrücken. Versuchen Sie auch, mit Hilfe der Brennpunkt-Website weitere Informationen einzuholen: http://www.brennpunkt.nelson.co.uk

Ausländerfreunde

AKTION COURAGE – WER SIND WIR?

WIR SIND ein Bundesverband von Gruppen und Einzelpersonen, die sich aktiv für ein friedliches Zusammenleben von Menschen mit verschiedenen Nationalitäten und mit unterschiedlichen kulturellen Hintergründen einsetzen. Wir sind unabhängig von politischen Parteien und Organisationen.

WIR MOTIVIEREN Menschen, sich im Alltag gegen Diskriminierung und für den Schutz von Ausländern und Ausländerinnen vor Gewalttaten einzusetzen.

UNSERE ARBEIT UMFASST Lobby-Arbeit gegenüber Verantwortlichen, um notwendige Gesetze oder Gesetzesänderungen zu erreichen, so z.B. für ein Antidiskriminierungsgesetz oder für die doppelte Staatsbürgerschaft.

UNSERE ARBEIT UMFASST auch Pressearbeit zu allen Rassismus und Ausländerfeindlichkeit betreffenden Themen, interkulturelles Training bei Polizei und Bundeswehr, Dokumentationen von Übergriffen und Diskriminierungen, Kooperation mit Menschenrechtsorganisationen und Anti-Rassismus-Gruppen in Deutschland, Europa und den USA sowie Kulturprogramme.

HASS
AUF DAS UNBEKANNTE

Die Augen verschließen vor dem, was man nicht sehen möchte. Den Blick abwenden, weil das bequemer ist. Konfrontationen aus dem Weg gehen. Wer so tut, als hätte er nichts gehört, wenn ein Ausländer beschimpft wird, wer so tut, als hätte er nichts gesehen, wenn ein Ausländer brutal zusammengeschlagen wird, macht sich mit schuldig: Denn wer Ausländerfeindlichkeit duldet, beteiligt sich daran. Und das gab es schon einmal.

GRAMMATIK

DER KONJUNKTIV MIT *TUN, ALS ...*

Siehe auch Grammatik, Seite 238.

Schauen Sie sich diesen Satz an:
– Er tut, als hätte er das nicht gemacht.

– *He's pretending* { *not to have done it.* / *he didn't do it.* }

In diesem Satz verwendet man den Konjunktiv im Plusquamperfekt.

6 Lesen Sie den Text oben und sagen Sie, ob die folgenden Sätze richtig oder falsch sind.

a Aktion Courage arbeitet mit politischen Parteien zusammen.
b Aktion Courage ermutigt Leute, im alltäglichen Leben gegen Rassismus zu kämpfen.
c Für die Mitglieder von Aktion Courage ist es nötig, Kontakt zu Politikern zu haben.
d Aktion Courage erkennt, dass ihre Organisation keinen direkten Einfluss auf das Gesetz haben kann.
e Für Aktion Courage sind Zeitungen und Zeitschriften ein wichtiges Kommunikationsmittel.
f Aktion Courage ist der Meinung, dass Polizei und Bundeswehr über andere Kulturen besser informiert werden sollten.

7 ∩ Siehe Self-study Booklet, Seite 21, Übung 4.

8 Lesen Sie den Artikel ‚Hass' oben rechts. Wie effektiv ist dieser Aufruf gegen den Ausländerhass Ihrer Meinung nach? Was bedeutet: „Und das gab es schon einmal"?

PRÜFUNGSTRAINING

Wie man einen Aufsatz überprüft

Benutzen Sie die Aufsatz-Checkliste auf Blatt **10.4**, um Ihren Aufsatz zu überprüfen.

9 Ergänzen Sie die folgenden Sätze, indem Sie den Infinitiv in Klammern in einen Konjunktiv im Plusquamperfekt verwandeln.

a Sie tut, als ... sie die Asylbewerber nicht ... (beschimpfen)
b Er tut, als ... er den Mann nicht ... (ansprechen)
c Sie tut, als ... sie nichts davon ... (wissen)
d Er tut, als ... er die Angriffe nicht ... (miterleben)
Was bedeuten die Sätze auf Englisch?

10 Schreiben Sie einen Aufsatz (ca. 400 Wörter) über Ausländer in Deutschland. Wählen Sie einen der Titel unten. Benutzen Sie Vokabeln, Ausdrücke und Informationen von Seite 118–123. Sehen Sie auch ‚Zum Lesen' auf Seite 199–201 und Arbeitsblatt **10.7** an.

a Die Behauptung, dass die meisten Deutschen ausländerfeindlich sind, ist total unbegründet. Inwiefern stimmen Sie dieser Aussage zu?

oder

b Was sind die Hauptprobleme, denen Ausländer in Deutschland gegenüberstehen? Wer sollte die Verantwortung für diese Probleme tragen?

Gleichberechtigung

1 Besprechen Sie die Fragen unten zu zweit. Vergleichen Sie dann Ihre Antworten in der Gruppe.

  a Beschreiben Sie das Bild oben!
  b Wie sieht diese Frau aus ?
  c Welche Aspekte des Lebens werden durch die Eimer vertreten?
  d Was sagt das Bild über die Gleichberechtigung von Männern und Frauen aus?
  e Kennen Sie Frauen, die ein ähnliches Leben wie diese Frau führen?

2 ▭Hören Sie sich die Kassette ‚Sind Frauen gleichberechtigt?' an. Einige junge Leute äußern Meinungen über die heutige Bedeutung der Frauenbewegung. Beantworten Sie die Fragen unten.

  Rita
  a Warum ist es für Rita schwierig, sich mit der Frauenbewegung zu identifzieren?
  b Warum ist die Frauenbewegung für sie nicht wichtig?
  Christa
  c Inwiefern fühlen sich Christas Schülerinnen benachteiligt?
  d Was ist ihrer Meinung nach die Hauptursache von Benachteiligungen?
  e Was würden ihre Schülerinnen besonders ärgerlich finden?
  Volker
  f Warum glaubt Volker, dass Frauen im Sport nicht gleichberechtigt sind?
  g Aus welchem Grund werden Frauen manchmal als ‚Problem' angesehen?
  h Was müssen Frauen laut Volker tun, um Gleichberechtigung zu erreichen?
  Yvonne
  i Seit wann gab es Gleichberechtigung für Frauen in der früheren DDR?
  j Aus welchen Gründen glaubt Yvonne, dass Frauen nicht gleichberechtigt sind?

WUSSTEN SIE SCHON ...?

- Die Unterschiede zwischen Männer- und Frauenverdiensten sind in den neuen Bundesländern am geringsten, wo die Verdienste der Frauen 89,9% der Verdienste der Männer erreichen (gegenüber 76,9% in den alten Bundesländern). In Österreich beträgt das Verhältnis 73,6% und in Grossbritannien 73,7%. Der EU Durchschnitt liegt bei 76,3%.

Hausmann – nein danke!

Leute, hier mal meine Meinung zum Thema ‚Emanzipation der Frau'.

Es ist doch schon seit Urzeiten klar, dass Männer das stärkere Geschlecht sind. Der Mann als Jäger und so. Männer arbeiten und bringen den Verdienst nach Hause, Frauen kümmern sich um Haushalt, Kinder und Erziehung. Das ist eine gerechte Teilung und das soll auch so bleiben. Wo kämen wir denn hin, wenn Frauen auf einmal das machen, was Männer normalerweise tun. Und umgekehrt! Wenn ich mal heirate, möchte ich jedenfalls, dass meine Frau zu Hause bleibt und den Haushalt schmeisst, während ich Kohle mache.

Achim, Magdeburg

3 ✎ Lesen Sie Achims Meinung zum Thema ‚Emanzipation'. Stimmen Sie damit überein oder sind Sie anderer Meinung? Beantworten Sie seinen Brief.

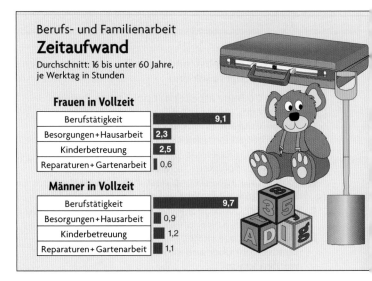

Berufs- und Familienarbeit
Zeitaufwand
Durchschnitt: 16 bis unter 60 Jahre, je Werktag in Stunden

Frauen in Vollzeit

Berufstätigkeit	9,1
Besorgungen+Hausarbeit	2,3
Kinderbetreuung	2,5
Reparaturen+Gartenarbeit	0,6

Männer in Vollzeit

Berufstätigkeit	9,7
Besorgungen+Hausarbeit	0,9
Kinderbetreuung	1,2
Reparaturen+Gartenarbeit	1,1

4 Besprechen Sie zu zweit oder in der Gruppe die folgenden Fragen über die Statistiken oben.

  a Zeigt dieses Schaubild Ihrer Meinung nach, dass Rollenklischees abgebaut werden?
  b Inwiefern spiegeln diese Statistken die Situation bei Ihnen zu Hause wider?
  c Aus welchen Gründen machen Männer weniger Hausarbeit und Besorgungen als Frauen?
  d Warum machen Männer mehr Reparaturen und Gartenarbeit als Frauen?
  e Was müssen Frauen und Männer machen, um diese Situation zu ändern?

5 Siehe Self-study Booklet, Seite 21, Übung 5.

6 Lesen Sie den Text unten mit Hilfe eines Wörterbuchs und füllen Sie die Lücken mit dem passenden Wort aus dem Kasten aus.

Frauen profitieren von Europa

Anlässlich der 9. Brandenburgischen Frauenwoche vom 4. bis 14. März 1999 unter dem .....(1)..... ,Frauen in Europa – Europa der Frauen', hob Frauenministerin Dr. Regine Hildebrandt die Bedeutung Europas für die .....(2)..... Frauen hervor. Vor dem Hintergrund der bevorstehenden Europa-.....(3)..... wirbt die Frauenwoche mit rund 300 Veranstaltungen für die .....(4)..... von Frauen und Männern in allen Bereichen von Politik, ...(5)..... und Gesellschaft.

An der Eröffnungsveranstaltung nehmen Gäste aus fünf europäischen Ländern .....(6)..... . Unter der Schirmherrschaft des Frauenministeriums sollen die Ergebnisse der bisherigen Frauenpolitik .....(7)..... werden sowie Strategien für eine verbesserte Beteiligung von Frauen bei der Gestaltung des zukünftigen .....(8)..... . Die Ministerin appellierte an alle, sich an der Wahl zum Europa-Parlament zu beteiligen. ,,Mit dieser Wahl werden die Weichen für eine .....(9)..... Politik im Europa gestellt. Jede .....(10)..... ist wichtig.''

> Motto   frauenfreundlichere   teil   diskutiert
> Chancengleichheit   Wahlen   Europas
> ostdeutschen   Wirtschaft   Stimme

7 📼 Hören Sie sich die Kassette ,Frauenpolitik im vereinten Europa' an und machen Sie die Übungen auf Blatt **10.5** .

Kommunikation!

Einen Standpunkt vertreten

Positiv
Was Arbeit/Ausbildung betrifft, sind Frauen nicht mehr benachteiligt.
Für Frauen in Europa verbessert sich die Lage langsam aber sicher.
Gute Fortschritte werden in diesem Bereich gemacht.
(Die Frauenpolitik) hat in diesem Bereich schon vieles bewirkt.
Die heutige Situation / Die Zukunft sieht viel versprechend aus.

Negativ
Bis dahin ist es immer noch ein weiter Weg.
Es hat sich in diesem Bereich wenig geändert.
(Die Gleichberechtigung) ist im konkreten Alltag noch nicht verwirklicht.
Die heutige Situation / Die Zukunft sieht schlecht aus.

Beispiele anführen
Nehmen wir zum Beispiel ...
Als Beispiel dafür: ...
Als Beispiel braucht man nur ... anzuführen.

Frauen in Europa – sechs Tatsachen

I Die Gleichstellung von Männern und Frauen ist als Grundprinzip von Demokratie und Menschlichkeit anerkannt. Das EU-Recht für Männer und Frauen sieht gleiche Entlohnung, gleichen Zugang zu Ausbildung und Beschäftigung, gleiche Arbeitsbedingungen und gleiche soziale Sicherung vor.

2 Bei zwei Drittel aller Paare in der EU, ob verheiratet oder nicht, erledigt die Frau den größten Teil der Hausarbeit. Noch größer ist dieser Anteil bei älteren Paaren, bei denen die Frau nicht berufstätig ist oder eine geringere Bildung besitzt.

3 Die geburtenstarken Jahrgänge erreichen in den nächsten 20 Jahren das Rentenalter; die Zahl der Rentner in Europa erhöht sich um ca. 50% auf 37 Millionen. Damit wachsen die sozialen Ungleichheiten, und vor allem ältere Frauen sind von Armut, Ausgrenzung und Krankheit bedroht.

4 Die Kluft zwischen Frauen und Männern in der Hochschulbildung hat sich in den Mitgliedstaaten Europas außer Deutschland stark verringert. 1994/1995 kamen EU-weit auf je 100 Männer in der Hochschulbildung 103 Frauen, in Deutschland waren es 77.

5 1996 hatten in der EU 72% der Vollzeitbeschäftigten einen Arbeitsvertrag unbegrenzter Dauer, und zwar 85% der Männer, aber nur 59% der Frauen.

6 Die Erwerbsquote der Frauen in der EU nimmt ständig zu. Bei den 25–59-Jährigen stieg sie von 50% (1987) auf 56% (1994). Am höchsten ist die Erwerbsquote bei Frauen in Dänemark (73%) und in Großbritannien (67%).

8 **Rollenspiel**
Arbeiten Sie zu zweit. Entscheiden Sie zuerst, ob jede der Tatsachen oben einen positiven oder einen negativen Aspekt des Frauenlebens in Europa darstellt. Eine Person vertritt die negativen Aspekte und die andere die positiven. Sprechen Sie über die Stellung der Frau in Europa und benutzen Sie Frau Merkels Definitionen von Chancengleichheit (siehe Kassette ,Frauenpolitik').

z.B. **A:** Heutzutage ist die Gleichstellung von Männern und Frauen als Grundprinzip von Demokratie in ganz Europa anerkannt.

B: Das mag schon sein, aber diese Gleichberechtigung ist im konkreten Alltag noch nicht verwirklicht. Nehmen wir zum Beispiel ...

9 **Brennpunkt!**
Gleichberechtigung für Frauen – Realität oder Traum? Schreiben Sie einen kurzen Aufsatz (ca. 250 Wörter), in dem Sie Ihre Antwort auf diese Frage geben. Verwenden Sie die Information auf diesen Seiten.

Ist Abtreibung Mord?

1 Rechts lesen Sie einige Äußerungen über Abtreibung. Bewerten Sie die Äußerungen, um zu zeigen, inwiefern Sie mit ihnen übereinstimmen:

1 = Ich stimme total mit ihnen überein.
2 = Es ist eine Grauzone – es hängt von den Umständen ab.
3 = Ich stimme damit gar nicht überein.

2 Vergleichen Sie jetzt Ihre Reaktionen zu zweit.

z.B. – Wie hast du **a** bewertet?
– 3, denn ich finde diese Äußerung total falsch. Und du?
– Auch 3. Und was hast du bei **b**?

a „In der Schule sollte es mehr Informationen über Abtreibung geben."

b „Eine Mutter hat mehr Rechte als ihr ungeborenes Kind."

c „Ein ungeborenes Baby hat dasselbe Recht aufs Leben wie ein bereits geborenes."

d „Bei der Entscheidung über eine Abtreibung hat der Mann gleiches Mitspracherecht."

e „Eine Abtreibung ist besser als ein unerwünschtes Kind."

f „Nur Gott hat das Recht, Leben zu geben oder wegzunehmen."

g „Es ist besser, einen schwer behinderten Fetus abtreiben zu lassen."

Meine Eltern hätten mich rausgeschmissen

Ich bin 17 Jahre alt und hatte schon eine Abtreibung. Das war voriges Jahr. Wenn ich das Baby ausgetragen hätte, hätte es mein Leben völlig verändert. Ich hätte meine Ausbildung abbrechen müssen und wäre nicht auf die Berufsfachschule gegangen. Meine Eltern hätten mich rausgeworfen, ich hätte das Kind weggeben müssen, da ich noch nicht verdiene, und ich hätte die Verantwortung, das Kind allein großziehen zu müssen, nervlich nicht ausgehalten.

Ihr denkt bestimmt, an das hätte die sicher vorher denken können! Das haben wir. Mein Freund und ich haben vorher ganz genau darüber gesprochen, haben uns informiert – und wir haben verhütet! Wir hatten ein Kondom. Leider war es gerissen, meine Regel blieb aus. Das war vielleicht ein Schock. Eine miese Lage. Ihr könnt euch nicht vorstellen, wie man sich da fühlt. Ich habe lange überlegt, habe nächtelang wachgelegen, mir wurde bewusst, welche Verantwortung ich habe. Da stand ich vor der Alternative: Das Baby oder ich! Ich habe mich für mein Leben entschieden. Trotzdem hat sich alles für mich geändert. Ich bin ein anderer Mensch geworden, mache mir Gedanken über das Ungeborene ... **Steffi**

Gegen Gottes Gebot

Ich bin Katholik, und ich bin grundsätzlich gegen Abtreibung. Da vorgeburtliches Leben von Anfang an, also schon mit der Empfängnis, menschliches Leben ist, hat niemand das Recht, dieses Leben zu töten. Wer dies tut, verstößt gegen Gottes Gebot und lädt schwere Sünde auf sich. Sittlich gerechtfertigt kann ein Schwangerschaftsabbruch nur in jenen besonderen Fällen sein, wenn das Leben des Kindes das Leben der Mutter gefährdet und ein Abbruch aus medizinischen Gründen angezeigt ist. **Rainer**

Kein Recht zu töten

Ich bin fest davon überzeugt, dass Abtreibung nie berechtigt ist. Das sind doch genauso Kinder/Menschen wie wir. Sie haben Hände, Füße, Beine, Augen und alles, was ein Mensch braucht! Sie können nur noch nicht allein atmen. Das ist der ganze Unterschied. Wer weiß, vielleicht merken sie es sogar. Ich würde mir ein Kind nie abtreiben lassen, denn es hat genauso ein Recht auf das Leben wie wir. Diese Kinder leben doch auch! Wir haben kein Recht sie zu töten. **Michelle**

An das geborene Kind denken

Für mich ist Abtreibung kein Mord! Wenn eine Frau schwanger ist und überlegt – abtreiben oder austragen, sollte sie auch mal an das **geborene** Kind denken. Denn es bleibt ein Leben lang. Man sollte es wirklich nur austragen, wenn man ihm ein Nest, eine Zukunft und viel Zeit und Wärme geben kann. Das nicht nur ein Jahr lang, sondern mindestens 20 Jahre! Verantwortung heißt also nicht immer, das Baby zu bekommen; auch wenn eine Frau abtreibt, weil sie dem Kind keine Existenz bieten könnte, ist es verantwortungsvoll. **Georg**

3 Wer sagt was? Lesen Sie die Texte auf Seite 126, um die Namen zuzuordnen.

z.B. **a** = Georg

a Es kann auch verantwortungsvoll sein, ein Kind abzutreiben.

b Niemand hat das Recht, ein ungeborenes Kind zu töten; wer weiß, ob das Kind etwas spürt?

c Ich fühle mich seit der Abtreibung anders und denke oft an das Kind, das nicht geboren wurde.

d Abtreibung verletzt das christliche Gebot: ‚Du sollst nicht töten'.

e Ich bin absolut gegen Abtreibung.

f In normalen Fällen bin ich gegen Abtreibung.

g Ich bin für eine Abtreibung, wenn das Kind ungewollt ist.

h Ich habe es schwierig gefunden, mich für eine Abtreibung zu entscheiden.

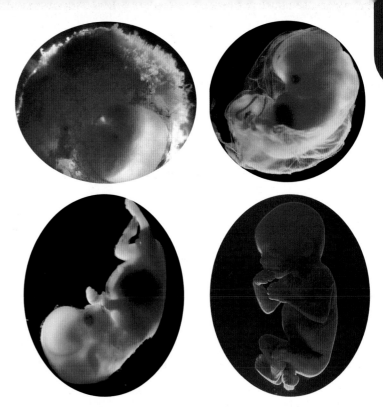

4 **a** Schlagen Sie folgende Wörter und Ausdrücke in einem Wörterbuch nach.

grausam	die Beratung
das Wesen	vergewaltigen
in etw. hineinpfuschen	bestätigen
behindert	Theater machen

b 📼 Hören Sie sich jetzt die Kassette ‚Abtreibung – weitere Meinungen' wenn möglich mehrmals an. Machen Sie Ihre eigenen kurzen Notizen zu den Fragen: Wer ist für und wer ist gegen Abtreibung? Warum?

z.B. Burckhardt: gegen Abtreibung ... findet so was grausam ... kleines Wesen umbringen ...

WUSSTEN SIE SCHON ...?

- 1998 wurden in Deutschland 131 795 Schwangerschaftsabbrüche gemeldet und damit 905 mehr als 1997.

- Die Abtreibungspille RU 486 (von Abtreibungsgegnern die ‚Todespille' genannt), die einen Schwangerschaftsabbruch ohne operativen Eingriff auslösen kann, ist in Österreich zugelassen, in Deutschland aber immer noch heftig umstritten.

- Weltweit sterben jedes Jahr 70 000 Frauen an den Folgen einer nicht korrekt ausgeführten Abtreibung.

Kommunikation!

Seine Meinung mit Nachdruck äußern

Man muss auch ... bedenken.
Ich bin fest davon überzeugt, dass ...
Ich bin grundsätzlich (da)gegen/(da)für ...
... ist nie berechtigt / kann nie gerechtfertigt sein.
Das ist doch ... / Schließlich ist das ja ...
Es stimmt nicht, dass ...

5 **a** 📼 Lesen Sie die folgenden Wörter und hören Sie sich dann die Kassette ‚Wann beginnt das Leben?' an. Welche Wörter gehören zu welchem Bild?

das Gesicht	die Nabelschnur
der Mutterkuchen	die Nervenfaser
der Körper	der Fetus
das Hirn	das Herz
der Dottersack	

b Hören Sie sich die Kassette noch einmal an und versuchen Sie, andere wichtige Wörter aufzuschreiben.

c Beschreiben Sie jetzt einem Partner / einer Partnerin, was auf den einzelnen Bildern zu sehen ist. Er/Sie muss feststellen, welches Bild es ist.

6 Machen Sie die Übungen auf Blatt **10.6**. Vergleichen Sie die Abtreibungsgesetze in Deutschland, Österreich und England.

7 Meinungsäußerung. Arbeiten Sie zu zweit. Eine Person sammelt Argumente von diesen Seiten für Abtreibung und die andere sucht Argumente dagegen. Führen Sie dann ein Gespräch, in dem Sie Ihre unterschiedlichen Argumente vortragen. Benutzen Sie die Sätze im Kommunikationskasten – siehe auch den Kommunikationskasten auf Seite 125.

8 Was halten **Sie** von Abtreibung? Nehmen Sie mit Hilfe der Information auf diesen Seiten Ihre persönliche Meinung auf Kassette auf oder legen Sie sie schriftlich dar.

10 Grammatik: der Konditional (2)

wenn-Sätze

Siehe auch Seite 115 und Grammatik, Seite 239.

> **Textbeispiele**
> - Wenn ich das Baby **ausgetragen hätte**, **hätte** es mein Leben völlig **verändert**.
> - Meine Eltern **hätten** mich **rausgeworfen**.
> - Ich **hätte** die Verantwortung nicht **ausgehalten**.
> - Ich **wäre** nicht auf die Berufsschule **gegangen**.

Die Sätze oben sind alle aus Steffis Brief auf Seite 126. Sie erzählt uns, was passiert **wäre**, wenn sie das Baby ausgetragen **hätte** (*what would have* happened *if she had had the* baby).

▶ **Wie würde man die Textbeispiele oben ins Englische übersetzen?**

▶ **Warum steht** *wäre* **im vierten Satz oben und nicht** *hätte*?

Bei dieser Art **wenn**-Satz verwendet man den Konjunktiv im Plusquamperfekt in beiden Teilen des Satzes.

▶ **Wie bildet man den Konjunktiv im Plusquamperfekt?**

haben oder **sein** im Konjunktiv im Imperfekt (siehe Seite 115)	+	Partizip Perfekt
Ich hätte wäre	das Kind nicht auf die Berufsschule	ausgetragen. gegangen.

Bei einem **wenn**-Satz im Plusquamperfekt ergibt sich folgendes Muster:

Wenn ...	Partizip Perfekt	hätte/wäre,	hätte/wäre	...	Partizip Perfekt
Wenn ich ihn	gesehen	hätte,	hätte	ich ihn	begrüßt.

Ebenfalls möglich:
- Ich hätte die Schwangerschaft nur abgebrochen, wenn das Kind irgendwelche Schäden gehabt hätte.

Oder auch ohne **wenn**-Satz:
- Meine Eltern hätten mich rausgeworfen.

▶ **Was passiert bei einem Modalverb? Wie sieht das Partizip Perfekt des Modalverbs aus?**

> **Textbeispiele**
> - Ich hätte meine Ausbildung abbrechen müssen.
> - Ich hätte das Kind weggeben müssen.
> - Ihr denkt bestimmt, an das hätte die sicher vorher denken können.

hätte ... müssen heißt *would have had to* auf Englisch.

hätte ... können heißt *could have* oder *would have been able to*.

▶ **Wie würde man** *hätte ... sollen* **übersetzen? Erfinden Sie zwei Sätze mit** *hätte ... können* **und zwei mit** *hätte ... sollen*.

▶ **Was bedeuten folgende Sätze?**
- Wenn ich das nur gewusst hätte!
- Wenn ich nur auf die Party gegangen wäre!

▶ **Denken Sie sich ein weiteres Beispiel für einen** *Wenn ... nur* **Satz aus!**

ÜBUNGEN

Machen sie zuerst die Grammatikübungen auf Blatt **10.3**, Teil B. Siehe auch Self-study Booklet, Seite 21, Übung 6.

🖙 Weitere Grammatikübungen finden Sie auf der Brennpunkt-Website: http://brennpunkt.nelson.co.uk

a **Wenn**-Satz-Duell! Spielen Sie zu zweit. Jede Person wählt zwei Verben für die andere Person (benutzen Sie die Verbliste auf Seite 250–252, wenn Sie wollen). Man sollte Verben wählen, die nicht besonders gut zusammenpassen, um es seinem Partner / seiner Partnerin so schwer wie möglich zu machen. Man tauscht die Verben dann aus und hat 1 Minute, einen **wenn**-Satz mit den zwei Verben zu formulieren. Für jeden richtigen Satz, der mehr oder weniger sinnvoll ist, bekommt man einen Punkt!

z.B. trinken, versprechen
Wenn ich nicht so viel Wein getrunken hätte, hätte ich dir keinen Urlaub in Australien versprochen.

b Besserwisser! Zu zweit: Person A nennt 10 Sachen, die er/sie gestern gemacht hat. Person B ist ein Besserwisser und hat im Nachhinein immer einen besseren Vorschlag.

z.B. **Person A:** Gestern bin ich auf Janes Party gegangen.

Person B: Was! Das hättest du nicht machen sollen! / Das hätte ich nie gemacht! Janes Partys sind immer furchtbar!
Ich wäre zu Hause geblieben ... usw.

Themen	Kommunikation	Grammatik	Prüfungstraining
• die Nazizeit • die Nachkriegszeit • zweimal Deutschland • Kalter Krieg • Wiedervereinigung	• Quellen analysieren	• Wortstellung: Nebensatz vor einem Hauptsatz • Adjektivnomen • **darauf**, **worauf** usw.	• mit eigenen Worten schreiben

A

B

D

C

Demokratie   Mauer
DDR   Nazis
Eiserner Vorhang   Propaganda
Flucht   Reisefreiheit
Flüchtlinge   Schuldgefühl
Holocaust   Weltkrieg
Konzentrationslager Wende
Krieg   Wiedervereinigung

1 Wie viele der Wörter oben kennen Sie schon? Schlagen Sie unbekannte Wörter nach. Welche der Wörter assoziieren Sie mit den Fotos A–D? Machen Sie vier Listen.

2 ▣ Füllen Sie die Lücken mit Wörtern aus der Liste aus. Hören Sie sich dann die Kassette ‚Geschichte lebt' an, um Ihre Ideen zu überprüfen.

a „Ich habe immer noch so etwas wie ein ...., wenn ich als Deutsche im Ausland bin."

b „Besonders in Amerika oder auch in England. Die Deutschen sind immer nur die bösen ...."

c „Wir haben jetzt seit über 50 Jahren eine ...."

d „Damals haben die Nationalsozialisten das Nationalbewusstsein in ihrer .... so richtig aufgeheizt."

e „Ältere Leute können doch stolz darauf sein, dass sie nach dem .... alles wieder aufgebaut haben."

Inhalt

Die Nazizeit

Nach dem Ersten Weltkrieg wurde Deutschland unter dem Friedensvertrag von Versailles (1919) gezwungen, weite Gebiete an Polen, Litauen, Frankreich, Belgien, Dänemark und der Tschechoslowakei abzutreten, eine enorme Reparationszahlung zu leisten und die volle Kriegsschuld zu akzeptieren.

Die Folgen waren tiefe Verbitterung, die Inflation und schließlich der wirtschaftliche Zusammenbruch Deutschlands. Im Oktober 1929 waren über sechs Millionen Deutsche ohne Arbeit. Die Massen strömten der Kommunistischen Partei Deutschlands und den Nazis zu. Am 30. Januar 1933 wurde Hitler zum Reichskanzler ernannt. Der starke ‚Führer' sollte Deutschland aus der Not retten.

Mit Adolf Hitler war ein Diktator an die Macht gekommen. Die ‚Rache für Versailles' und der Kampf für ein ‚großdeutsches Reich' waren seine Ziele, der Wahn von der Überlegenheit des deutschen Volkes und der Antisemitismus seine Ideologie.

Die Nazis schalteten schnell andere politische Parteien aus. Tausende von Deutschen bezahlten ihren

Widerstand gegen Hitler mit dem Leben. Doch nichts lässt sich mit den Verbrechen vergleichen, die die Nazis gegen die jüdische Bevölkerung begingen. In den Konzentrationslagern fanden Millionen von Juden den Tod.

Das deutsche Reich kurz vor Anfang des Zweiten Weltkrieges

1938 fühlte sich Hitler stark genug, seinen Traum von einem großdeutschen Reich in die Tat umzusetzen. Seine ersten Opfer waren Österreich und die Tschechoslowakei. Am 1. September fielen die deutschen Armeen in Polen ein – der Zweite Weltkrieg hatte begonnen.

In wenigen Monaten überrannten die deutschen Streitkräfte fast ganz Europa. Doch der ‚Endsieg' blieb eine Illusion.

Die Invasion der Westalliierten im Mai 1944 leitete die letzte Phase des Krieges ein. Zur gleichen Zeit zwangen sowjetische Truppen die deutschen Armeen hart an die deutsche Grenze zurück. Im Mai 1945 folgte die bedingungslose Kapitulation Deutschlands an die USA, Großbritannien, Frankreich und die Sowjetunion. Hitler beging Selbstmord.

1 Lesen Sie den Text und beantworten Sie die Fragen auf Deutsch.

a Was waren die Folgen des Versailler Friedensvertrags für Deutschland?
b Welche deutschen Parteien wurden infolge der Wirtschaftskrise 1929 stärker?
c Wann kam Hitler an die Macht?
d Was waren Hitlers Ziele?
e Wie behandelte das Naziregime seine politischen Gegner?
f Welches Schicksal erwartete die jüdische Bevölkerung?
g Welche Länder annektierte Hitler schon vor dem Zweiten Weltkrieg?
h Welche Armeen überwältigten die deutschen Streitkräfte an der Ostfront?
i Vor welchen Ländern kapitulierte Deutschland 1945?
j Wie starb Hitler?

GRAMMATIK

ADJEKTIVNOMEN

sechs Millionen Deutsch**e** ohne Arbeit

Siehe Seite 140.

2 🔲 Richtig oder falsch? Hören Sie sich die Kassette ‚Wer stoppt Hitler?' an und verbessern Sie die falschen Sätze.

  a Hitler reduzierte schnell die Arbeitslosigkeit.
  b Im täglichen Leben fiel die Diktatur am Anfang sofort auf.
  c Unter Hitler gab es mehr Straßenschlachten und Kriminalität.
  d Die Meinungsfreiheit verschwand allmählich.
  e Die Nazis erlaubten nur eine andere politische Partei.
  f Die Gründung der Volkswagenfabrik und der Bau der Autobahnen dienten der deutschen Kriegsvorbereitung.
  g Die Hitler-Jugend bereitete deutsche Jungen auf den Krieg vor.

3 🔲 Kirsten spricht mit ihrer Großmutter. Hören Sie sich die Kassette ‚Der Weg in den Zweiten Weltkrieg' an und ordnen Sie die Ereignisse chronologisch.

  a der Anschluss Österreichs
  b der Einmarsch in Polen
  c die Besatzung der Tschechoslowakei
  d die Besatzung des Sudetenlandes
  e die Besatzung des Saargebiets
  f die Besatzung des Rheinlands

4 🔲 Hören Sie noch einmal zu und wählen Sie für die Satzanfänge a–d die passenden Satzenden aus der Liste 1–7.

  a Viele Deutsche dachten, man hätte ein Recht auf das Saargebiet, …
  b Den Anschluss Österreichs 1938 fand man gut, …
  c Großbritannien und Frankreich stimmten der Besatzung des Sudetenlands zu, …
  d Hitler konnte einfach in Polen einmarschieren, …

  1 … weil Österreich ein reiches Land war.
  2 … weil die Sowjetunion nicht bereit war, Polen zu verteidigen.
  3 … weil viele Österreicher ‚heim ins Reich' wollten.
  4 … weil man das nur durch den Ersten Weltkrieg verloren hatte.
  5 … weil man hoffte, dadurch einen Krieg zu vermeiden.
  6 … weil er einen Nichtangriffspakt mit Polen unterschrieben hatte.
  7 … weil der Krieg sechs Jahre dauerte.

5 Lesen Sie die Aussage von Heinz K. unten. Welche seiner Behauptungen sprechen dafür, dass er etwas gewusst hat? Welche sprechen dagegen? Machen Sie zwei Listen.

Man hat nichts gewusst.	Man hat etwas gewusst.
Von Anfang an hatte man nie was gehört.	Aber das mit den Vernichtungslagern, das hat keiner glauben wollen.

Hätte man nicht mehr gegen die Judenverfolgung machen können?

„DIE SACHE WAR so. Von Anfang an hatte man nie was gehört. Die Juden wurden völlig unterdrückt. Man sollte ihre Geschäfte boykottieren und so. Wenn wir uns mehr darum gekümmert hätten, dann hätten wir natürlich mehr gewusst, aber man wusste nichts. Wir waren nicht alle gegen die Juden. Viele von uns hatten jüdische Freunde. Aber das mit den Vernichtungslagern, das hat keiner glauben wollen. Mir hat selbst einmal einer erzählt: die Juden werden umgebracht. Das habe ich einfach nicht glauben können. In der Wochenschau sah man, wie die Juden ins Ausland emigrierten. Aber von den Vernichtungslagern hat keiner was gewusst."

Heinz K.

6 Machen Sie kurze Notizen zu den folgenden Fragen. Führen Sie dann eine Diskussion in der Gruppe.

  a Warum konnte sich Hitler als Retter darstellen?
  b Was waren Hitlers Ziele?
  c Was wurde aus der Meinungsfreiheit unter den Nazis?
  d Wie viel wusste man von der Judenverfolgung?

7 🎧 Self-study Booklet, Seite 22, Übungen 1 und 2.

8 Fassen Sie die Informationen auf den Seiten 130 und 131 zusammen. Schreiben Sie nicht mehr als 150 Wörter. (Prüfungstraining: siehe Blatt **11.2** .)

Stunde Null

a

1945 war Deutschland am Nullpunkt. Die Städte waren zerstört, die Wirtschaft war vernichtet. Auf der Flucht vor den Armeen der Siegermächte strömten Millionen heimatloser Menschen nach West- und Mitteldeutschland.

c

Die vier Siegermächte erwiesen sich als unfähig, gemeinsame Entscheidungen über die Verwaltung und den Wiederaufbau Deutschlands zu treffen. Im Sommer 1948 ersetzten die drei Westmächte die Reichsmark in ihren Zonen und in Westberlin mit einer neuen Währung, der ‚Deutschmark'. Die Sowjetunion antwortete mit der Schaffung einer eigenen Währung in ihrer Zone. Es entbrannte nun der Streit der Sieger.

Deutschland 1945

- Flensburg
- Lübeck
- Hamburg
- Rostock
- Stettin
- Bremen
- **Britische Besatzungszone**
- Berlin
- **von der Sowjetunion annektiert**
- **von Polen annektiert**
- Köln
- **Sowjetische Besatzungszone**
- Kassel
- Leipzig
- Erfurt
- Dresden
- Breslau
- Frankfurt
- **Französische Besatzungszone**
- Saarbrücken
- **Amerikanische Besatzungszone**
- Stuttgart
- Freiburg
- München

Berlin
- Großbritannien
- Frankreich
- USA
- Sowjetunion

b

Deutschland wurde von den vier Siegermächten (den USA, der UdSSR, Großbritannien und Frankreich) in vier Besatzungszonen aufgeteilt. Die Hauptstadt Berlin wurde auf ähnliche Weise in vier Sektoren aufgeteilt. Die Sowjetunion forderte die Annexion der deutschen Gebiete östlich der Flüsse Oder und Neiße für Polen und die Sowjetunion. Die deutsche Bevölkerung, die dort lebte, wurde ausgewiesen.

---

1 Ergänzen Sie die Zusammenfassung mit Wörtern aus der Liste rechts.

1945 strömten Millionen .... nach Westdeutschland. Die Siegermächte teilten Deutschland in vier .... bzw. Berlin in vier Sektoren auf. .... verlor viel Territorium im Osten. Immer häufiger stritten die vier .... unter sich. Im Sommer 1948 gab es zwei verschiedene .... in Deutschland. 1948 verhängte die .... eine Blockade gegen Westberlin. Die Amerikaner antworteten mit einer .... 1949 gründeten die Westmächte die .... , die Sowjetunion dagegen gründete die DDR.

Besatzungszonen
Bundesrepublik Deutschland
Deutschland
Flüchtlinge
Nazis
Selbstständigkeit
Siegermächte
Sowjetunion
USA
Währungen
Westzonen
‚Luftbrücke'

d Als die Sowjetunion 1948 für die Westalliierten den Zugang zu ihren Zonen in Westberlin blockierte, schien die Welt vor dem Abgrund eines neuen Krieges zu stehen. Die Amerikaner organisierten eine ‚Luftbrücke', über die die 2,5 Millionen Einwohner Westberlins fast ein Jahr lang mit Lebensmitteln, Kleidung, Rohstoffen und Medikamenten versorgt wurden. Erst im Mai 1949 erkannte die UdSSR, dass die Westalliierten auf diese Weise nicht zu erpressen waren, und die Blockade wurde aufgehoben.

e Wenige Wochen nach der Blockade Berlins stellten die drei Westmächte, die USA, Großbritannien und Frankreich, ihre Zonen zusammen und gaben ihnen die politische Selbstständigkeit: die Bundesrepublik Deutschland wurde gegründet. Kurz darauf gründete die Sowjetunion in ihrer Zone die Deutsche Demokratische Republik. Es gab jetzt zwei deutsche Staaten.

2 Machen Sie Notizen zu folgenden Aspekten des Textes unten. Einige Ausdrücke aus dem Text können zu beiden Aspekten passen.

a der körperliche Zustand der heimkehrenden Soldaten
b der psychische Zustand der heimkehrenden Soldaten

Heimkehr

„Müde und matt, mit leerem Blick, kahlgeschorenen Köpfen, eingehüllt in Fetzen ehemaliger Uniformen. Viele gingen an Krücken, stützten einander, trugen Kameraden. Die britischen Soldaten sahen fassungslos auf uns. Ergreifende Szenen des Wiedersehens spielten sich ab. Problematisch und in einigen Fällen tragisch war das Wiedersehen mit der Ehefrau. Ein blühender junger Mann war ausgezogen und so in Erinnerung geblieben, ein verbrauchter, müder, vorzeitig gealterter Skeptiker kehrte zurück."

3 📼 Hören Sie sich die Kassette ‚Nachkriegserfahrungen eines Hamburger Ehepaars' an und beantworten Sie folgende Fragen.

a Wie viele Menschen mussten schließlich in einer Wohnung wohnen?
b Was führte oft zu Auseinandersetzungen?
c Woher weiß man, dass der Winter 1946/47 besonders hart war?
d Was machten die ‚Trümmerfrauen'?
e Was geschah, wenn man nicht arbeitete?

4 📼 Was ist 1948 in Deutschland passiert? Hören Sie sich den Dokumentarbericht ‚Wirtschaftswunder' an und beantworten Sie folgende Fragen.

a Warum einigen sich die drei westlichen Alliierten auf eine Währungsreform?
b Wie viel sind 100 RM (Reichsmark) jetzt wert?
c Wie viel bekommt jeder Deutsche zum Anfang?
d Was passiert über Nacht?
e Beschreiben Sie die verschiedenen ‚Konsumwellen'.

5 🎧 Self-study Booklet, Seite 22, Übung 3.

6 **Brennpunkt!**
Machen Sie das Gruppenrollenspiel auf Blatt **11.3** . Präsentieren Sie dann als ganze Gruppe ein Zeitporträt des Deutschlands der Nachkriegszeit in Form einer Wandausstellung. Suchen Sie wenn möglich andere Informationen, Bilder, Statistiken usw. in Zeitschriften oder Lexika.

Bundesrepublik	DDR
Schon 1947 verkündete der amerikanische Außenminister Marshall ein wirtschaftliches Hilfsprogramm für ganz Europa.	Die Marshall-Hilfe wurde in der Ostzone von der UdSSR abgelehnt, da sie in ihrer Zone eine Sozialisierung der Wirtschaft initiieren wollte.
In den folgenden Jahren wurden Milliarden Dollar in die Wirtschaft der Bundesrepublik investiert. Die Wirtschaft entwickelte sich zu einer ‚sozialen Marktwirtschaft'.	Die DDR musste Kriegsreparationen an die UdSSR zahlen. Sie verwandelte sich in einen kommunistischen Staat nach sowjetischem Muster.
Der Nachkriegsboom in Westdeutschland wurde bald als ‚Wirtschaftswunder' bezeichnet.	Die Wirtschaft der DDR erholte sich später und langsamer. Die Kriegsreparationen, die Verstaatlichung der ganzen Industrie und der Landwirtschaft und das System der zentralen Planung hemmten die Produktion.
Ab 1952/53 kamen kräftige reale Einkommensverbesserungen vielen Westdeutschen zugute. Das Bruttosozialprodukt der Bundesrepublik verdreifachte sich zwischen 1950 und 1960.	Die Unzufriedenheit der Arbeiter mit den wirtschaftlichen Bedingungen in der DDR führte am 16. Juni 1953 zu Demonstrationen in Ostberlin, die sich am folgenden Tag zu einem Aufstand ausweiteten. Nur mit Hilfe sowjetischer Panzer konnte die DDR-Regierung die Unruhen unterdrücken. Dabei kamen einige hundert Menschen ums Leben.
1954 trat die Bundesrepublik der NATO bei.	Einige Monate später trat die DDR dem Warschauer Pakt bei.
Nach dem Beitritt zur NATO wurde eine westdeutsche Armee aufgebaut. Sie wurde voll in die NATO integriert. Ein nationales Oberkommando gibt es nicht.	Schon 1948 gab es in der Ostzone eine ‚kasernierte Volkspolizei'. Diese wuchs bis Anfang 1951 zu einer einsatzfähigen Armee.
1957 war die Bundesrepublik einer der Mitbegründer der Europäischen Wirtschaftsgemeinschaft.	Bereits 1950 war die DDR dem ‚ Rat für gegenseitige Wirtschaftshilfe' des Ostblocks beigetreten, dem COMECON.

Die Bundesrepublik: Fließbandproduktion von Volkswagen 1949

Die DDR: Ost-Berlin, 17. Juni 1953

Die DDR: Truppen der NVA

1 Lesen Sie den Text auf Seite 134 und ergänzen Sie die Sätze unten, die die Kontraste in der Entwicklung der zwei deutschen Staaten in den Nachkriegsjahren illustrieren.

z.B. **a** Obwohl die USA 1947 ein wirtschaftliches Hilfsprogramm für ganz Europa einführen wollte, wurde die Marshall-Hilfe in der Ostzone von der UdSSR abgelehnt.

a Obwohl die USA 1947 ein wirtschaftliches Hilfsprogramm für ganz Europa einführen wollte, …

b Indem Milliarden Dollar in die westdeutsche Wirtschaft investiert wurden, …

c Während die Wirtschaft in der DDR erst langsam in Gang kam, …

d Während 1953 viele Westdeutsche Lohnerhöhungen erhielten, …

e Nachdem die Bundesrepublik 1954 der NATO beitrat, …

f Schon sechs Jahre vor dem Aufbau der westdeutschen Streitkräfte, …

g Sieben Jahre nachdem die DDR dem COMECON beitrat, …

> **ACHTUNG!**
> Wenn ein Nebensatz vor einem Hauptsatz steht: Verb–Komma–Verb.
> z.B. Obwohl die USA 1947 ein wirtschaftliches Hilfsprogramm für ganz Europa einführen **wollte**, **wurde** die Marshall-Hilfe in der Ostzone von der UdSSR abgelehnt.
> Siehe auch Grammatik, Seite 247.

2 🔊 Hören Sie sich diesen Ausschnitt der Dokumentarsendung ‚Die DDR in den 50er Jahren' an und benutzen Sie die Listen unten, um Notizen zu machen. (Manchmal müssen Sie mehr als einen Buchstaben aufschreiben.)

z.B. **1 p**

1	die Monatsmiete	**k**	war(en) besonders knapp
2	Vierzimmerwohnungen		
3	die Arbeit	**p**	war(en) besonders preiswert
4	die ärztliche Behandlung		
5	Ferienplätze	**t**	war(en) besonders teuer
6	Arbeitskräfte		
7	Brötchen	**B**	wurde(n) über den Betrieb vermittelt
8	Heizmaterial		
9	Luxusgüter		
10	Autos		

3 🔊 Hören Sie sich den zweiten Ausschnitt der Dokumentarsendung ‚Die DDR in den 50er Jahren' an. Sind die Sätze unten richtig oder falsch oder gibt es keine Informationen im Text?

a Es gab keine Reisefreiheit.
b Die Politiker hatten Privilegien, die die Bevölkerung nicht hatte.
c Die Glaubensfreiheit wurde nicht immer respektiert.
d Es gab eine freie Presse in der DDR.
e Freie Wahlen gab es regelmäßig.
f Die politische Macht blieb in den Händen einer einzigen Partei.
g Konsumwaren waren immer vorhanden.
h Es gab in jedem Betrieb Spitzel des Staatssicherheitsdienstes.

4 🔊 Hören Sie sich die zwei Ausschnitte noch einmal an und notieren Sie möglichst viele Details über Vor- und Nachteile des Lebens in der DDR in den 50er Jahren.

Vorteile	**Nachteile**
Die Mieten waren billig.	Es gab keine Pressefreiheit.

5 Zwischen 1949 und 1961 flohen 2,7 Millionen DDR-Bürger in die Bundesrepublik. Schreiben Sie zu zweit einen Dialog zwischen einem DDR-Bürger, der 1956 in den Westen fliehen will, und einer Freundin, die in der DDR bleiben möchte.

6 **Rollenspiel**
Machen Sie jetzt ein Rollenspiel in der Gruppe. Wir sind im Jahr 1956. Einige unter Ihnen wollen die DDR verlassen, einige wollen bleiben. Improvisieren Sie den Dialog anhand Ihrer Arbeit für Übung 5.

7 Machen Sie eine Präsentation von 3 bis 4 Minuten zum Thema ‚Das geteilte Deutschland'.

DEUTSCHLAND IM KALTEN KRIEG:

1 Lesen Sie die drei Texte zum Thema Mauerbau. Zwei der Texte stammen aus der ehemaligen DDR.

Errichtung der Mauer: Quelle A

Aufgrund der Unzufriedenheit mit den ökonomischen und politischen Verhältnissen kehrten immer mehr Menschen der DDR den Rücken. Von Januar bis Anfang August wurden rund 160 000 Flüchtlinge gezählt.

Allgemein wurden Maßnahmen der DDR erwartet, die Fluchtwelle zu unterbinden. In den frühen Morgenstunden des 13.8.1961 begann die DDR, Westberlin mit Stacheldraht abzuriegeln. Straßen wurden aufgerissen und Barrikaden aus Pflastersteinen errichtet. An zentralen Punkten fuhren Panzer auf. Der durchgehende U- und S-Bahn-Verkehr

wurde unterbrochen. Bewohnern Ostberlins wurde das Betreten Westberlins verboten. Menschen und ganze Familien wurden gewaltsam voneinander getrennt.

In den folgenden Tagen ersetzte die DDR die provisorischen Befestigungen durch eine feste Mauer. Am 17.8.1961 wurde der 18-jährige Ostberliner Peter Fechter bei einem Fluchtversuch über die Mauer von Ostberliner Grenzwachen angeschossen, und er verblutete. Ab dem 23.8.1961 durften Westberliner Ostberlin nicht mehr betreten.

Errichtung der Mauer: Quelle B

Um diese Zeit, Juli/August 1961, haben viele Bauern hier ihre Bauernhöfe verlassen und sind über Westberlin in die Bundesrepublik umgesiedelt. Das hat uns hier natürlich große Kopfschmerzen bereitet. Das Vieh stand in den Ställen. Es musste gefüttert werden. Und da haben wir es für ganz vernünftig gehalten, dass die Grenzen gesichert wurden, dass wir nicht mehr ausgeplündert werden konnten.

Errichtung der Mauer: Quelle C

Der Bau der Mauer war für mich eine Notwendigkeit. Das hing mit der Politik der BRD zusammen, die uns ja unter Druck gesetzt hatte und unsere Arbeitskräfte ausgeplündert hatte. Aus der heutigen Sicht sage ich: Der Bau des antifaschistischen Schutzwalls war 1961 richtig, aber die Bevölkerung fühlte sich mehr und mehr eingemauert, und so sage ich: Die Mauer war auch eine unserer größten Schwächen.

2 Sehen Sie sich die Fotos A–D an und ordnen Sie sie den Quellen zu.

Errichtung der Berliner Mauer

3 Schreiben Sie zu den Fotos A–D auf Seite 136 jeweils zwei Sätze, die erklären was auf dem Bild passiert. Sie dürfen Ausdrücke von nicht mehr als fünf Wörtern aus den Originaltexten benutzen.

4 Einer der Texte beschreibt den Mauerbau vom Standpunkt der Bundesrepublik, die anderen beschreiben ihn vom Standpunkt der DDR.

  a Analysieren Sie den Inhalt der drei Texte. Ist der Text eher subjektiv oder objektiv? Wie viele Tatsachen und wie viele Meinungen gibt es im Text?

  b Analysieren Sie den Ton jedes Textes. Ist er eher neutral, einseitig, nüchtern, sachlich? (Siehe auch Blatt **5.3**.)

  c Analysieren Sie die Sprache jedes Textes. Gibt es Wörter oder Ausdrücke, die nur aus einer bestimmten Quelle stammen können?

  d Identifizieren Sie jeweils die Quelle: Bundesrepublik oder DDR?

5 Was erzielen die drei Texte? Besprechen Sie das zu zweit oder in der Gruppe. Benutzen Sie den Kommunikationskasten unten.

Kommunikation!

Quellen analysieren

Der Autor
Die Autorin
Text A
Der zweite Text
	bezweckt	eine Analyse der Ursachen.
		eine Rechtfertigung der Ereignisse.
		eine neutrale Interpretation
		   der Quellen.
		eine chronologische Darstellung
		   der Tatsachen.
		eine politische Interpretation der
		   Tatsachen.

	versucht	den Leser / die Leserin zu
		   informieren.
		den Leser / die Leserin zu
		   beeinflussen.

6 📼 Hören Sie sich die Dokumentarsendung ‚Flucht' an und beantworten Sie folgende Fragen.

  a Wann gab es die ersten Fluchtversuche?
  b Wie kamen die ersten Flüchtlinge über die Absperrmaßnahmen?
  c Wie kam es zu den ersten Todesfällen?
  d Geben Sie zwei Beispiele von späteren Fluchtversuchen.
  e Wie viele Menschen starben bei Fluchtversuchen?
  f Wie sind die meisten ums Leben gekommen?
  g Wann starb der letzte Flüchtling an der Berliner Mauer?

7 🎧 Siehe Self-study Booklet, Seite 23, Übung 4.

8 **Rollenspiel**
Situation: Berlin, in den frühen Morgenstunden des 13. August 1961.

Partner/in A ist DDR-Soldat und beteiligt sich an der Abriegelung Westberlins. Partner/in B ist Westberliner/in, dessen/deren Eltern in Ostberlin wohnen. Diskutieren Sie die Errichtung der Befestigungen.

9 Schreiben Sie einen Bericht von ca. 150 Wörtern über den Bau der Berliner Mauer. Wichtige Punkte:

  ● der Hintergrund
  ● der Bau der Mauer
  ● die Auswirkungen auf die Berliner
  ● wie die DDR den Bau des ‚antifaschistischen Schutzwalls' rechtfertigte

11 Macht Einigkeit stark?

1 Machen Sie die Übungen auf Blatt **11.4`**, bevor Sie diesen Text lesen.

2 Lesen Sie die Chronik des Mauerfalls. Schreiben Sie dann zu jedem Foto einen Satz.

A

B

C

D

11.9.89	Mit der Öffnung der Grenze zwischen Ungarn und Österreich beginnt eine Massenflucht von DDR-Bürgern in die Bundesrepublik.
30.9.89	Mehr als 3000 DDR-Bürger, die in die bundesdeutschen Botschaften in Prag und Warschau geflüchtet waren, dürfen in abgeschlossenen Zügen in die Bundesrepublik ausreisen. Nach den Friedensgottesdiensten in Leipzig kommt es jeden Montag zu Riesendemonstrationen gegen die SED.
7.10.89	Allen Ereignissen zum Trotz feiert die alte SED-Führung noch das 40-jährige Jubiläum der DDR. Sowjetpräsident Michail Gorbatschow warnt dem SED-Generalsekretär Erich Honecker: „Wer zu spät kommt, den bestraft das Leben."
9.10.89	In Leipzig demonstrieren über 100 000 Menschen mit dem Ruf „Wir sind das Volk!" gegen die SED-Führung.
18.10.89	Honecker muss zurücktreten. Sein Nachfolger Egon Krenz versucht die Situation zu beruhigen. Doch es kommt erneut zu Massendemonstrationen.
9.11.89	Die SED gibt dem Druck nach und öffnet die Grenze zur Bundesrepublik und die Mauer in Berlin.
13.11.89	Die neu gebildete DDR-Regierung einigt sich auf freie und demokratische Wahlen am 18. März 1990.

3 🎧 Siehe Self-study Booklet, Seite 23, Übung 5.

4 📟 Am 3. Oktober 1990 fand die Wiedervereinigung Deutschlands statt. Hören Sie sich die Kassette ‚Zweieinhalb Jahre danach' an. Sechs Jugendliche aus der ehemaligen DDR beurteilten das neue Deutschland. Welche Aussage unten passt am besten zu welcher Person? Eine Aussage bleibt übrig.

a „ Die Verbundesrepublikierung ❝ der DDR ist keine Lösung.

b „ Die Wiedervereinigung ❝ war ein Fehler.

c „ Seit der Wende gibt es ❝ mehr Verbrechen.

d „ Seit dem Zusammenbruch der DDR habe ich ❝ bessere Ausbildungs- und Berufschancen.

e „ Jetzt darf ich eigene ❝ Entscheidungen treffen.

f „ Jetzt hat man ständig Angst davor, ❝ dass einem gekündigt wird.

g „ Mit der unbeschränkten Konsum- und ❝ Reisefreiheit bin ich ganz zufrieden.

NEUES DEUTSCHLAND?

Meine Sozialisation in der DDR führte dazu, Geld als Mittel für ein interessantes Alltagsleben zu betrachten, nicht als Mittel zur Anhäufung von Besitz. Man definiert sich in der sozialen Hierarchie nach seinem Eigentum viel mehr als früher. Auf Erwerb von Haus, Auto, Konsumgütern usw. wird viel Wert gelegt. Man wird nicht mehr danach beurteilt, was man ist, sondern nach dem, was man hat.

Rosa Stein

Für mich persönlich hat die Wende nur Vorteile gebracht. Ich konnte studieren, was ich wollte. Ich konnte meine Meinung in der Öffentlichkeit oder auch privat äußern, ohne Angst vor Stasi-Spitzeln zu haben. Auch hatte ich nun die Möglichkeit, als Anglistikstudent im englischsprachigen Ausland zu studieren.

Ansgar Meinerzhagen

Natürlich gibt es viele Unterschiede zwischen den ‚Wessis' und den ‚Ossis'. Teilweise ist etwas Wahres dran, wenn man vom ‚Besserwessi' spricht, denn manche sprechen mit einer nervigen Arroganz. Oft stört mich auch, dass viele von den alten Bundesländern überhaupt nichts vom anderen Teil wissen und sich gar nicht vorstellen können, was für Veränderungen wir mit- und durchgemacht haben.

Roland Möller

Schon allein durch die Reisemöglichkeiten hat sich unser Leben positiv verändert. Ein Neubeginn, wie ihn sonst nur Kinder erleben. Sehr erfreulich ist, dass Deutschland wieder ein Land ist – das ist heute für uns schon wieder eine Normalität. Für uns ist es natürlich besonders angenehm, alle Dinge, die wir für unser Haus benötigen, problemlos kaufen zu können. Das war in der ehemaligen DDR ein schwieriges Problem. Positiv sind die Veränderungen hier in unserer Umgebung. In Dresden wird sehr viel gebaut und renoviert.

Petra Kuczynski

5 Suchen Sie in den Texten oben Synonyme, die zu den Ausdrücken unten genau passen.

a inoffizielle Mitarbeiter des DDR-Geheimdienstes
b die friedliche Revolution in der DDR
c aus Westdeutschland
d arrogante Westdeutsche

6 Welche der folgenden Themen werden in den Texten oben erwähnt und von wem?

a Ausbildungsmöglichkeiten
b Freizeitgestaltung
c Konsummöglichkeiten
d Konsumwahn
e Meinungsfreiheit
f Reisefreiheit
g Wiederaufbau
h Wiedervereinigung

7 Wählen Sie für jede Person einen einzigen Satz aus dem Text, der ihre Einstellung am besten charakterisiert.

8 Rollenspiel
Arbeiten Sie zu dritt oder zu viert. Sie bekommen die Rolle von Petra, Ansgar, Roland oder Rosa (siehe oben) von Ihrem Lehrer / Ihrer Lehrerin zugeteilt. Sie reden über die bevorstehenden Ferien. Allmählich beginnen Sie, Kommentare über das neue Deutschland abzugeben, bis eine richtige Diskussion erfolgt.

9 Brennpunkt!
„Wenn man Deutschland und die Deutschen heute verstehen will, muss man erst einmal die deutsche Geschichte verstehen." Schreiben Sie einen Aufsatz von ca. 500 Wörtern zu diesem Thema. Benutzen Sie die Informationen auf den Seiten 130–139 sowie auf den Seiten 202–204.

Weitere Texte zu diesen Themen finden Sie auf der Brennpunkt-Website:
http://www.brennpunkt.nelson.co.uk

Grammatik 1: Adjektivnomen Siehe auch Grammatik, Seite 243.

Textbeispiele

– Im Oktober 1929 waren über sechs Millionen Deutsche ohne Arbeit.

– Die Deutsch**en** sind immer nur die bösen Nazis.

Deutsche(r) ist eine besondere Art Nomen. Es verhält sich wie ein Adjektiv und steht mit normalen Endungen für Adjektive (siehe die Tabellen, Seite 243).

z.B. ein deutsch**er** Mann = ein Deutsch**er**
die deutsch**e** Frau = die Deutsch**e**
die deutsch**en** Leute = die Deutsch**en**

ÜBUNGEN

Machen Sie zuerst die Grammatikübungen 1 und 2 auf Blatt **11.5** .

📧 Weitere Übungen finden Sie auf der Brennpunkt-Website: http://www.brennpunkt.nelson.co.uk

Siehe auch Self-study Booklet, Seite 23, Übung 6.

Grammatik 2: *darauf, worauf* usw. Siehe auch Grammatik, Seite 246.

Textbeispiele

– Wenn wir uns mehr **darum** gekümmert hätten ...

– **Dabei** kamen einige hundert Menschen ums Leben.

Da + Präposition in dem ersten Beispiel oben bedeutet *about it*.

▶ **Was bedeutet das zweite Beispiel oben auf Englisch? Und folgende Beispiele?**

– Ich habe mir einen neuen Fernseher gekauft und bin **damit** sehr zufrieden.
– Was hältst du **davon**?
– Ich bin völlig **dagegen**.

Präpositionen, die mit einem Vokal beginnen, stehen mit **da** + **r**.

z.B. darin = *in it*   darauf = *on it*

▶ **Bilden Sie Sätze mit da + Präposition oder mit da + r + Präposition, um folgende Fragen zu beantworten.**

– Interessieren Sie sich für klassische Musik?
– Wissen Sie viel über die deutsche Geschichte?
– Freuen Sie sich auf Ihren nächsten Urlaub?
– Kümmern Sie sich viel um Ihr Aussehen?

▶ **Von welchen Ausdrücken mit Präpositionen stammen die Fragen oben?**

z.B. sich für etw. interessieren *to be interested in sth.*

ÜBUNGEN

Machen Sie zuerst die Grammatikübungen 3, 4 und 5 auf Blatt **11.5** .

📧 Weitere Grammatikübungen finden Sie auf der Brennpunkt-Website: http://www.brennpunkt.nelson.co.uk

a Sehen Sie noch einmal die Liste von Verben, die mit Präpositionen stehen, auf Seite 240 an. Erfinden Sie ein Interview, in dem eine Person über ihre Lebensgeschichte befragt wird. Benutzen Sie die Verben mit Präpositionen und die Konstruktionen **da** + **(r)** + Präposition oder **wo** + **(r)** + Präposition.

z.B. 1988 sind Sie auf die Gesamtschule gegangen. Haben Sie sich darauf gefreut? Wovor haben Sie sich gefürchtet?

Da + **r** + Präposition benutzt man nur mit Gegenständen. Mit Personen muss man Personalpronomen (siehe Seite 244) benutzen.

z.B. Fährst du heute mit **dem Bus**?
Ja, ich fahre immer **damit**.
Fährst du heute mit **deinem Vater**?
Ja, ich fahre immer mit **ihm**.

Textbeispiele

– Ältere Leute können doch stolz **darauf** sein, dass sie nach dem Krieg alles wiederaufgebaut haben.

– Meine Sozialisation in der DDR führte **dazu**, Geld als Mittel für ein interessantes Alltagsleben zu betrachten.

Da + **r** in dem ersten Beispiel oben bedeutet so ungefähr *the fact that*. Was bedeutet das zweite Beispiel oben auf Englisch?

▶ **Versuchen Sie, folgende Sätze ins Deutsche zu übersetzen.**

– *She's looking forward to her boyfriend coming home next weekend.* (sich auf etw. freuen)

– *He never apologises for being late.* (sich für etw. entschuldigen)

– *I'm completely against people giving pets as Christmas presents.* (gegen etw. sein)

In Fragen benutzt man **wo** + r + Präposition.

z.B. Worauf wartest du dann? *What are you waiting for?*
Worüber redet sie? *What is she talking about?*

▶ **Bilden Sie jetzt Fragen mit wovon, wofür und worin.**

Für Personen benutzt man Präposition + **wen** (Akk.) / **wem** (Dat.).

z.B. An wen denkst du? *Whom are you thinking of?*
Mit wem gehst du zur Party heute Abend?
Who are you going to the party with this evening?

Themen	Kommunikation	Grammatik	Prüfungstraining
● Politik ● Europa	● politisch antworten ● sagen, worum es geht	● das unpersönliche Passiv	● Vermeidung von Dativverben im Passiv ● Prüfungsvorbereitung

12

Von mir aus ...

Inhalt

Mit Kritik können wir leben.
Jugendarbeitslosigkeit nicht.

1 Welchen Eindruck haben Sie von dem Politiker auf dem Plakat? Äußern Sie sich schriftlich dazu. Wie reagieren Sie auf Larrys Aussage? Teilen Sie seine Meinung? Warum (nicht)?

Viel sprechen und doch **nichts sagen:**
eine Kunst, die viele Politiker beherrschen.

2 Sind Sie politisch bewusst? Machen Sie das Quiz auf Blatt **12.1** .

Larry, 17, Schweiz

Habt endlich Mut zur Wahrheit!

Was halten Jugendliche von den Abgeordneten?

Hans-Dietrich, 19 Jahre

Mein Idealpolitiker müsste menschlicher sein. Das sind Politiker keineswegs. Ich hatte mal Gelegenheit, einer Debatte zuzuhören. Das war miserabel. Miserabel, weil sie immer um den heißen Brei herumreden und nicht zur Sache kommen. Sie kommen nicht zum Kern der Sache, weil sie nicht ehrlich sind. Ob man ihnen vertrauen kann? Ich würde sagen, nein. In der Politik kann man aber auch nicht ehrlich sein, weil die Wahrheit weh tut.

Islin, 23 Jahre

Politiker sind wohl sehr abhängig von anderen Leuten in ihrer Partei und auch abhängig von der Industrie. Und wer alleine etwas durchsetzen will, der bekommt Ärger mit seiner Partei. Deshalb bin ich auch nicht so wahnsinnig enttäuscht nach einer Wahl, wenn Politiker nicht das halten, was sie den Bürgern versprochen haben. Man sollte schon vorher skeptisch sein, wenn man das alles hört.

1 Lesen Sie die Aussagen der vier Jugendlichen. Wer hat was gesagt?

a Politiker meiden die wirklich wichtigen Aspekte.
b Politiker können nicht selbstständig handeln.
c Man kann niemandem glauben!
d Ein Politiker muss an seinen Meinungen und Prinzipien festhalten.
e Man sollte realistische Erwartungen von Politikern haben.
f Meiner Meinung nach spielt das Alter eines Politikers eine wichtige Rolle.

2 Hier sind sechs Eigenschaften, die diese jungen Leute an Politikern schätzen:

a Menschlichkeit
b Festhalten an Prinzipien
c Vertrauenswürdigkeit
d Ehrlichkeit
e Selbstlosigkeit
f Jugendlichkeit

Suchen Sie jeweils mindestens einen Satz aus den Texten aus, der die Wichtigkeit jeder Eigenschaft unterstützt.

Machen Sie jetzt Ihre eigene Prioritätsliste der sechs Eigenschaften und vergleichen Sie Ihre Ergebnisse mit einem Partner / einer Partnerin!

3 🔲 Hören Sie sich jetzt die Kassette ‚Perfekte Politiker?' an. Notieren Sie Meinungen der Jugendlichen zu den folgenden Fragen.

a Was soll ein Politiker machen können?
b Für wen soll ein Politiker kämpfen?
c Wozu soll ein Politiker bereit sein?
d Was müssen Politiker realisieren?
e Wie müssen sie antworten können?
f In welchem Bereich müssen sie besonders ehrlich sein?

4 Wofür halten Sie Politiker? Und was erwarten Sie von Ihnen? Benutzen Sie Ausdrücke aus den Texten oben und von der Kassette, um Ihre Meinung mit einem Partner / einer Partnerin zu besprechen.

z.B. Ehrlich gesagt vertraue ich keinem Politiker. Für mich ist das Wichtigste …

PRÜFUNGSTRAINING

Vorbereitung und Tipps
Siehe Blätter **12.2** und **12.3**.

Canan, 18 Jahre

Ehrlich gesagt vertraue ich keinem Menschen. Egal,
ob Politiker oder was anderes. Ich meine aber, dass
die Welt ohne Politik ein bisschen besser wäre.
Einen guten Politiker muss man erst noch bauen.
Das sollte einer sein, der wirklich nicht an sich
denkt, sondern an den Staat, an den Bürger –
und er muss auch ehrlich sein.

Michael, 21 Jahre

Ein paar Politiker wird es wohl geben, denen man vertrauen kann. Wenn
ich mir einen idealen Politiker basteln könnte, dann müsste er jung sein,
so um die 30, und er müsste Grundsätze haben. Klare Grundsätze. Dann
kann man ihm auch vertrauen. Ich meine, wenn einer seine Grundsätze
hat, dann kann er in der Politik auch ehrlich sein. Viele denken aber wohl,
sie kommen in der Politik nur durch Intrigen hoch, nur durch korrupte
Sachen. Der Bürger hat nur Vertrauen, wenn er sieht: Dieser Politiker steht
zu dieser Meinung. Der richtet sich nicht nach Stimmungen und Moden.

5 Lesen Sie mit Hilfe eines Wörterbuchs den Artikel ‚QUICK-
Umfrage' rechts. Welche der Themen unten werden im
Artikel erwähnt und in welcher Reihenfolge?

a die wachsende Durchschaubarkeit des politischen
  Spiels
b die Kluft zwischen vielen Deutschen und der Politik
c Demonstrationen gegen Parteiverdrossenheit
d der Mangel an positiver Wahlbeteiligung
e die Vermarktung der Parteien
f der Vertrauensverlust in bestimmten Altersgruppen

6 Lesen Sie den Artikel ‚QUICK-Umfrage' noch einmal.
Erklären Sie auf Deutsch in Ihren eigenen Worten die
folgenden Ausdrücke.

a Markus Heumann macht seinem Herzen Luft.
  (Z. 1–2)
b Ich würde das kleinste Übel wählen. (Z. 3–4)
c Die allgemeine Verdrossenheit fängt ganz unten an.
  (Z. 5–6)
d Die mit Wut im Bauch an der Wahlurne fragen: …
  (Z. 11)
e Immer mehr wechseln die Parteien wie den Anzug.
  (Z. 15–16)

7 ⌒ Siehe Self-study Booklet, Seite 24, Übung 1.

8 Schreiben Sie einen Aufsatz von ca. 350 Wörtern, in dem
Sie die Eigenschaften Ihres idealen Politikers / Ihrer
idealen Politikerin beschreiben.

QUICK-Umfrage:

Nur noch jeder Dritte geht zur Wahl. Immer mehr sind von Politkern und Parteien enttäuscht.

1 Der 22-jährige Markus Heumann macht seinem
  Herzen Luft. „Wozu noch wählen? Wenn ich zur
  Wahl ginge, würde ich nicht die beste Partei,
  sondern das kleinste Übel wählen."

5 Was ist faul im Staate Deutschland? Die
  allgemeine Verdrossenheit fängt ganz unten an.
  Bei sozialen Problemen, die einfach übergangen
  werden. Bei den jungen Familien, die nur noch
  vor der Entscheidung stehen, ohne Kinder flott zu
10 leben oder mit Kindern in Armutsnähe zu fallen.
  Die mit Wut im Bauch an der Wahlurne fragen:
  Wer tut etwas für uns?

  Auch Wähler werden schließlich klüger. Die
  Informationen werden immer umfangreicher.
15 Und immer mehr wechseln die Parteien wie
  den Anzug.

  Der Kfz-Mechaniker Burghard Bahr gehört der
  mächtigsten Gruppe an, die Parteiverdrossenheit
  demonstriert: den Nichtwählern. Das sind
20 vorwiegend junge Leute zwischen 18 und 24, für
  die Politik ein schmutziges Geschäft ist, in dem
  Politiker machen, was sie wollen.

Was steht zur Wahl?

Bündnis 90 / Die Grünen

„Um Umweltbelastungen zu verringern, müssen die Preise der ökologischen Wahrheit entsprechen. Damit der Straßenverkehr die ökologischen Folgekosten selbst trägt, brauchen wir eine umweltorientierte Steuerpolitik."

„Die Bekämpfung der Massenerwerbslosigkeit hat für Bündnis 90 / Die Grünen Priorität. Wir unterstützen Arbeitszeitverkürzung in allen Formen und fördern Arbeitbeschaffungsmaßnahmen."

„In Deutschland lebende Ausländer/innen müssen einen gesicherten Aufenthaltsstatus erhalten. Sie dürfen nicht mehr ausgewiesen werden."

„Mehr Demokratie und demokratische Kontrolle fordern wir gerade auch für die Europäische Union."

Die Christliche Demokratische Union

„Wir setzen bei unserer Umweltpolitik konsequent auf die Instrumente des Marktes, um eine nachhaltige Entwicklung zu ermöglichen. Wettbewerb ist in der Ökologischen und Sozialen Marktwirtschaft das zentrale Ordnungsprinzip."

„Eine beschäftigungsorientierte Tarifpolitik ist Voraussetzung für mehr Arbeitsplätze."

„Erleichterungen beim Erwerb der deutschen Staatsangehörigkeit sind als Abschluss erfolgreicher Integration beabsichtigt."

„Europäischer Zusammenschluss ist in einer zunehmend globalisierten Welt die beste Antwort, um uns auch in Zukunft ein Leben in Frieden, Sicherheit und Wohlstand zu sichern."

1 Suchen Sie in den Texten auf Seite 144–145 einen passenden Ausdruck zu jedem Beispiel unten.

- **a** Wir wollen nach wie vor die Erwerbslosigkeit abschaffen.
- **b** Die Umweltverschmutzung soll sich nicht auszahlen.
- **c** Arbeitsplätze schafft man in erster Linie durch Lohndisziplin.
- **d** Die Schaffung von Arbeitsplätzen steht im Mittelpunkt unserer Politik.
- **e** Die Umwelt rettet man nicht durch den Verzicht auf neue Technologien.
- **f** Die wahren Kosten des Autoverkehrs müssen durch Ökosteuern gedeckt werden.

2 Benutzen Sie eine Kopie des folgenden Rasters, um die Ideen der Parteien in eigenen Worten kurz zusammenzufassen. Sie dürfen Ausdrücke von nicht mehr als fünf Wörtern abschreiben. Längere Wendungen müssen Sie adaptieren.

	Bündnis 90/ Die Grünen	CDU	PDS	FDP	SPD
Wirtschaft und Arbeit					
Umwelt					
Ausländer					
Europa					

3 📼 Schauen Sie sich Ihr Raster an und hören Sie sich die Meinungen von zehn 18–20-Jährigen auf der Kassette ‚Wer wählt wen und warum?' an. Welche Partei vertritt die Meinung jedes Wählers / jeder Wählerin am besten?

z.B. Nr 1 – FDP/CDU

4 Siehe Self-study Booklet, Seite 24, Übungen 2 und 3.

Die Partei des Demokratischen Sozialismus

„An nichts fehlt es mehr in Deutschland als an existenzsichernden Arbeitsplätzen und sozialer Gerechtigkeit. Gesundheit, Alterssicherung, Bildung, Kultur, Wohnen, Information und Verkehr müssen von der Vorherrschaft des Marktes befreit werden."

„Die EU muss sozial, beschäftigungsorientiert, demokratisch, ökologisch, friedensstiftend und weltoffen werden."

„Umverteilung von oben nach unten ist eine dringliche Zukunftsaufgabe."

„Die PDS hält an ihrer Forderung nach einem Recht auf Arbeit fest. Ohne wesentliche Arbeitszeitverkürzung bleiben Auswege aus der Massenarbeitslosigkeit versperrt."

Die Freie Demokratische Partei

„Die Soziale Marktwirtschaft ist die Wirtschaftsordnung, in der sich Leistungsbereitschaft am besten entfalten kann. Liberale setzen auf den freien Welthandel und auf die Öffnung der Märkte."

„Die Sorge um die Umwelt bedeutet für uns nicht die Absage an neue Technologien. Die Anwendung neuer Technologien fördert den Rückgang des Ressourcenverbrauchs und schafft zukünftige Arbeitsplätze."

„Die weitere europäische Integration ist der entscheidende Schritt zur Bürgergesellschaft in der Weltverantwortung."

Die Sozialdemokratische Partei Deutschlands

„Deutschland braucht mehr Wachstum und Arbeitsplätze. Der Abbau der Massenarbeitslosigkeit steht im Zentrum unserer Politik."

„Die deutsche Wirtschaft muss die Chancen der europäischen Einigung nutzen."

„Umweltzerstörung darf sich nicht lohnen. Dieses Ziel wird die SPD mit einer ökologischen Steuerreform verfolgen. Der Ausstieg aus der Kernenergie ist durch die Beförderung der erneuerbaren Energien möglich."

„Zu einem modernen Staatsangehörigkeitsrecht gehört, dass die in Deutschland geborenen Kinder von ausländischen Mitbürgern mit der Geburt die deutsche Staatsangehörigkeit erhalten, wenn die Mutter oder der Vater in Deutschland geboren worden ist."

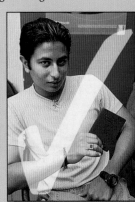

5 Machen Sie die Übung auf Blatt **12.4** ‚Die Anarchistische Pogo-Partei Deutschlands'.

6 Welche Aussagen in den Texten oben vertreten Ihre Meinung? Identifizieren Sie sich eher mit einer Partei als mit einer anderen?

a Notieren Sie die Aussagen, mit denen Sie sich identifizieren.

b Adaptieren Sie andere Aussagen, so dass sie zu Ihren eigenen Meinungen passen.

c Fügen Sie Ihre eigenen Ideen (vielleicht zu neuen Themen) Ihren Notizen hinzu.

7 Stellen Sie sich vor, Sie sind Parteichef einer neuen politischen Partei. Benutzen Sie Ihre Notizen von Übung 6 als Programm für Ihre Partei. Erfinden Sie einen Namen für Ihre Partei und diskutieren Sie über Ihr Programm mit den anderen Parteiführer/innen in der Gruppe. Benutzen Sie Ausdrücke aus dem Kommunikationskasten.

8 Schreiben Sie ein Manifest für Ihre Partei (ca. 250 Wörter), in der Sie Ihre politischen Ideen zu den folgenden Schwerpunkten erklären:

- Wirtschaft
- Arbeit
- Ausländer
- Umwelt
- neue Technologien
- Europa

Kommunikation!

Politisch antworten

Das ist eine heikle Frage.
Dies ist ein sehr umstrittenes Thema.
Ich freue mich, dass Sie mir diese Frage gestellt haben.
Wir haben ein klares Ziel vor Augen, und zwar …
Eckpfeiler unserer Politik sind …
Im Mittelpunkt unserer Politik steht …

Die da oben

Der Reichstag, jetziger Sitz des Bundestags, 1995 vom Verpackungskünstler Christo verhüllt

DIE STAATLICHE ORDNUNG DER BUNDESREPUBLIK

DAS GRUNDGESETZ bestimmt die staatliche Ordnung in der Bundesrepublik Deutschland. Darin wurde festgelegt, dass der Staat nicht herrschen, sondern dienen sollte.

DER BUNDESPRÄSIDENT ist das Staatsoberhaupt und wird auf fünf Jahre von den Bundestagsabgeordneten und Delegierten der Landesregierungen gewählt. Der Bundespräsident unterschreibt neue Gesetze. Sein Amt ist jedoch überparteilich und er ist nicht mit dem Bundeskanzler, dem Regierungschef, zu verwechseln.

DER BUNDESTAG ist die Volksvertretung der Bundesrepublik. Er wird vom Volk auf vier Jahre gewählt. Die wichtigsten Aufgaben des Bundestags sind die Gesetzgebung, die Wahl des Bundeskanzlers und die Kontrolle der Regierung.

DIE BUNDESREGIERUNG (oder das ‚Kabinett') besteht aus dem Bundeskanzler und den Bundesministern.

DER BUNDESKANZLER wird vom Bundestag auf Vorschlag des Bundespräsidenten gewählt. Der Bundeskanzler wählt die Minister aus und bestimmt die Richtlinien der Regierungspolitik.

DER BUNDESRAT ist die Vertretung der 16 Länder. Er wird nicht gewählt, sondern besteht aus Delegierten der vom Volk gewählten Landesregierungen. Mehr als die Hälfte aller Gesetze benötigen die Zustimmung des Bundesrats.

1 Beantworten Sie die folgenden Fragen.

  a Was ist laut Grundgesetz die Rolle des Staats?
  b Wie oft und von wem wird der Bundespräsident gewählt?
  c Wie unterscheiden sich die Rollen des Bundestags und des Bundesrats?
  d Wie unterscheiden sich die Rollen des Bundespräsidenten und des Bundeskanzlers?

2 Hören Sie sich die Kassette ‚Definitionen' an, Was oder wer wird jeweils beschrieben?

z.B. **a** der Bundesrat

3 Sehen Sie sich Blatt **12.5** ‚Staatlicher Aufbau in der Bundesrepublik Deutschland' an.

4 Hören Sie sich die Kassette ‚Die Stimme der Vernunft' an und machen Sie die Übungen auf Blatt **12.6**.

Mit anderen Augen

Politiker zu kritisieren ist leicht. Wenn man aber in ihre Rolle schlüpft, sieht alles oft ganz anders aus. Beim ‚Model International Parliament' haben Schüler und Schülerinnen Gelegenheit dazu.

Die Tische im ‚Parlamentssaal' sind international beflaggt. Nationen aller Welt repräsentieren auf Pappe gepinselt ihr Land. Hinter dem Rednerpult auf der Bühne hängt die blaue Europafahne: Die zweite Sitzung des ‚Model International Parliament' ist eröffnet! Für ein Wochenende im Herbst schlüpfen Schüler aus ganz Europa im Kontaktzentrum Bleyerheide an der deutsch-niederländischen Grenze in die Rolle von ‚Parlamentariern'.

Vor zwei Jahren haben die jetzigen Abiturienten Hans Jörg Gebel und Ralf Sambeth von der Internationalen Afcent-Schule Brunssum das ‚Model International Parliament' ausgetüftelt und zusammen mit ihren Lehrern organisiert. Die Idee: eine perfekte Simulation des Europaparlaments mit Schülern. Es klappte. Seitdem treffen sich einmal im Jahr ‚Jungparlamentarier' aus ganz Europa, um Konflikte aus Politik, Wirtschaft, Umwelt und Soziales zu diskutieren. Insgesamt machten sich bei der letzten Tagung 170 Schüler für 35 Nationen stark.

Der 19-jährige Initiator Hans Jörg erklärt: „Wir haben internationale und nationale Schulen eingeladen. Jeder teilnehmenden Schülerdelegation wurde ein Land zugeteilt, welches die vier ‚Abgesandten' im Schülerparlament vertreten müssen – und zwar vollkommen selbstständig!" Wichtig: Die Schülerinnen und Schüler dürfen nicht für ihre eigene Nation fechten. Vertreten werden auch nicht nur europäische Länder, das Europaparlament ist nur was die Form betrifft Vorbild. So mussten sich die Schüler und Schülerinnen mit den Problemen fremder Staaten auseinandersetzen, darunter dem Irak, Zypern, Japan und Albanien.

5 Lesen Sie den Text ‚Mit anderen Augen'. Sind die folgenden Sätze richtig oder falsch? Verbessern Sie die falschen Sätze.

  a Im ‚Model International Parliament' werden politische Debatten simuliert.
  b Das ‚Model International Parliament' ist geistiges Produkt einiger Lehrer an der Internationalen Afcent-Schule.
  c Die Jungparlamentarier beschränken sich auf das Thema Umwelt.
  d Bei der letzten Tagung argumentierten 170 Schüler für 35 Länder.
  e Alle Teilnehmer müssen für ihr eigenes Land argumentieren.
  f Auseinandersetzungen zwischen dem Irak, Zypern, Japan und Albanien wurden diskutiert.

6 Siehe Self-study Booklet, Seite 24, Übung 4.

7 Debattieren Sie den folgenden Standpunkt: ‚Politik hat nichts mit der Wirklichkeit zu tun'.

WUSSTEN SIE SCHON ...?

- Die Bundeshauptstadt war 40 Jahre lang wegen der Teilung Deutschlands nicht Berlin, sondern Bonn.
- Nach der Wiedervereinigung Deutschlands beschloss der Bundestag mit nur 337 zu 320 Stimmen, Parlament und Regierung nach Berlin zu verlegen.

8 Schreiben Sie einen Artikel für eine deutsche Zeitschrift, in dem Sie das politische System in Deutschland mit der staatlichen Ordnung in Ihrem eigenen Land vergleichen. Betonen Sie die Vor- und Nachteile jedes Systems.

" **Für mich ist es ganz klar: Die Gedanken an Nationalstaaten sind vorbei. Ich fühle mich nicht so sehr als Deutscher, vielmehr als Stuttgarter. In einem vereinten Europa wird es uns allen besser gehen.** "

EUR⚬PA ÜBER ALLES?

Heute leben fast 400 Millionen Menschen in der EU. Jetzt kann ein Österreicher ohne Reisepass durch Deutschland, Frankreich und Spanien nach Portugal fahren. An keiner Grenze wird gefragt, ob man Waren dabei hat, denn: Die ganze Union ist ein Binnenmarkt. Wenn man will, kann man in England oder Schweden studieren, in Italien oder Irland einkaufen, in Holland oder Griechenland ein Geschäft eröffnen. Alles kein Problem mehr. Ab 1999 bildeten elf Staaten der EU eine Währungsunion. Der Euro wurde geboren.

1 Lesen Sie den Text oben und beantworten Sie die folgenden Fragen. Sie dürfen Ausdrücke von nicht mehr als fünf Wörtern aus dem Text abschreiben. Längere Ausdrücke oder Sätze müssen Sie adaptieren.

a Beschreiben Sie die Eigenschaften des EU-Binnenmarktes.
b Warum hat die EU weder Hauptstadt noch Regierung?
c Warum wurden gemeinsame europäische Organe geschaffen?
d Was sind die Vor- und Nachteile von Einstimmigkeits-beschlüssen?

2 📼 Hören Sie sich die Kassette ,Europaweite Probleme' an. Fassen Sie jede der fünf Meinungen zusammen, indem Sie jeweils einen Satzanfang und ein Satzende von den Listen unten zusammenstellen. Zwei Satzanfänge und zwei Satzenden bleiben übrig.

z.B. **a** Offene Grenzen erleichtern die internationale Kriminalität.

a Offene Grenzen erleichtern …
b Die EU hat keine Antwort auf …
c Die größte Herausforderung ist …
d Der Binnenmarkt garantiert …
e Die Korruption in der EU verhindert …
f Agrarsubventionen sind …
g Die EU-Kommission tut nichts gegen …

GRAMMATIK

DAS UNPERSÖNLICHE PASSIV

An keiner Grenze **wird gefragt**, ob man Waren dabei hat.

Siehe Seite 152.

1 … die Armut innerhalb Europas.
2 … die weitere Integration.
3 … die wachsende Zahl der Asylbewerber.
4 … moralische Fragen wie z.B. Gentechnik.
5 … Arbeitsplätze nicht.
6 … die internationale Kriminalität.
7 … eine Anspornung zu Überschüssen.

Die Europäische Union ist kein Staat. Die EU hat deshalb keine Hauptstadt und keine Regierung. Doch sie erlässt Gesetze und hat ein Parlament, das alle fünf Jahre direkt von den Völkern der EU gewählt wird.

Die EU ist ein Verbund von selbstständigen Staaten, die miteinander Folgendes vertraglich vereinbart haben:

- Die Mitgliedsregierungen handeln in einigen Politikbereichen, z.B. Binnenmarkt, Agrarpolitik, Umweltpolitik, Verbraucherschutz, gemeinschaftlich. Dafür wurden gemeinsame europäische Organe geschaffen: die Kommission, das Parlament, ein Gerichtshof und ein Rechnungshof.

- In anderen Politikbereichen z.B. Weltraumforschung, Geldpolitik, Bildungsförderung, Gesundheitswesen, arbeiten die Regierungen eng zusammen.

- In allen übrigen Bereichen der Politik entscheidet jede Regierung weiterhin allein.

Einstimmigkeitsbeschlüsse sind ein heikles Thema in der EU. Der Zwang zur Einstimmigkeit garantiert zwar, dass kein Staat gegen seine Interessen Entscheidungen akzeptieren muss; er kann aber auch dazu führen, dass wichtige Entscheidungen blockiert werden können.

,, Skeptisch bin ich schon. Ich finde, das eigene Geld gehört genauso zur Identität eines Landes wie die eigene Sprache. "

Kommunikation!

Sagen, worum es geht

Es geht hier um + Akk.
Es handelt von + Dat.
Es ist eine Frage des/der/des ...
Es ist hier von + Dat. die Rede.
Im Mittelpunkt dieser Frage steht ...

3 🔲 Hören Sie sich die Kassette ‚Europaweite Probleme' noch einmal an und notieren Sie folgende Meinungen:

a wie offene Grenzen den Drogenhandel erleichtern sollen
b was der weiteren Integration der EU im Wege steht
c wo mit der EU um Arbeitsplätze konkurriert wird
d in welchem Bereich die Technologie schwierige Fragen aufwirft
e was der Sprecher für ‚pervers' hält

4 Diskutieren Sie die folgenden Themen in der Gruppe. Begründen Sie Ihre Meinungen!

a In welchen der Bereiche unten können die Länder der EU wirksam kooperieren?
b In welchen der ausgewählten Bereiche sollte dann mehrheitlich entschieden werden, in welchen Bereichen einstimmig?

- Asylrecht
- Weltraumforschung
- Schaffung einer europäischen Armee
- Umweltschutz
- Währungspolitik

5 🎧 Siehe Self-study Booklet, Seite 25, Übung 5.

6 Schreiben Sie ein kurzes Informationsblatt mit nicht mehr als 150 Wörtern zum Thema ‚Die EU: Erfolge und Herausforderungen'.

WUSSTEN SIE SCHON ...?

1 1946 plädierte Winston Churchill für die europäische Integration und sah die ‚Vereinigten Staaten Europas' vorher.

2 Deutschland war 1958 einer der Mitbegründer der Europäischen Wirtschaftlichen Gemeinschaft, der Vorläuferin der EU.

3 Schon 1992 entschied die Schweiz in einer Volksabstimmung gegen den Beitritt zur EU.

4 1995 trat Österreich der EU bei.

Die deutsche Stadt Herzogenrath und ihre niederländische Nachbarstadt Kerkrade. Seit dem 12. Jahrhundert bildeten die beiden Ortschaften eine Einheit. Als das Land von 's Hertogenrode 1815 neu geordnet wurde, fiel Kerkrade an die Niederlande, Herzogenrath an Preußen. Derselbe Dialekt, dieselbe Kultur, die vielen familiären Bindungen und die sozialen Kontakte blieben jedoch bestehen. In sozial-kultureller Hinsicht ist die Grenze zwischen Herzogenrath und Kerkrade nie eine Barriere gewesen.

Vor diesem Hintergrund haben die zwei Städte 1991 unter dem Namen EURODE einen grenzüberschreitenden Verband gebildet. Vielfältige Projekte wurden auf sportlichen, kulturellen und sonstigen Gebieten aufgegriffen. Im September 1997 legten Herzogenrath und Kerkrade den Grundstein für eine grenzüberschreitende Zusammenarbeit auf öffentlich-rechtlicher Basis.

Schon 1996 wurde die 50 cm hohe Betongrenzmauer beseitigt, die Kerkrade und Herzogenrath trennte. Seit demselben Jahr dürfen sich die Feuerwehren der beiden Städte grenzüberschreitend einsetzen. Jetzt entsteht ein grenzüberschreitendes Business Center. In der Bildung gehen Kerkrade und Herzogenrath auch neue Wege. Nun ist es möglich, dass eine deutsche Lehrkraft in Kerkrader Grundschulen ‚Deutsch' und eine niederländische Lehrkraft in einer Herzogenrather Grundschule ‚Niederländisch' unterrichtet. Mehr als 4000 Deutsche wohnen auf der holländischen Seite. Die Kinder können dort zur Schule gehen.

Entwickelt sich EURODE also zur ersten Europa-Stadt? Mal sehen ...

Hier wachsen Deutschland und Holland zusammen.
Die Linke Straßenseite ist Holland, die rechte Deutschland.

1 Ergänzen Sie die folgenden Sätze durch Informationen aus dem Text.

   a EURODE liegt teils ...
   b Es geht hier eher um eine Wiedervereinigung, da ...
   c Die Einwohner verstehen sich gut, da ...
   d Die Grenzmarkierung wurde ...
   e Die beiden Feuerwehren dürfen ...
   f Deutsche Lehrkräfte dürfen ...

2 a 🔲 Hören Sie sich die Kassette ‚Das legendäre Mäuerchen' an. Sind die folgenden Aussagen richtig oder falsch?

   b Hören Sie noch einnmal zu und korrigieren Sie die falschen Aussagen.

   1 Der Verband Eurode beschäftigt sich mit allen kommunalen Aufgabenfeldern in Kerkrade und Herzogenrath.
   2 Seine erste Aufgabe war die Beseitigung der niedrigen Grenzmauer, die die zwei Städte trennte.
   3 Vor dem Zweiten Weltkrieg wurde ein Maschendrahtzahn entlang der Grenze errichtet.
   4 In den 60er Jahren forderten die Bürgermeister der beiden Städte die Entfernung des Zauns.
   5 Das 50 cm hohe Mäuerchen war lange Zeit eine deutsch-niederländische Kuriosität.

3 🎧 Siehe Self-study Booklet, Seite 25, Übungen 6 und 7.

... doch vielleicht nicht alle?

Ende der 90er Jahre war ein möglicher Euro-Beitritt in der Schweiz immer noch ein sehr umstrittenes Thema. Ist die Schweiz inzwischen Mitglied der EU geworden? Benutzen Sie die Brennpunkt-Website, um die aktuelle Mitgliedschaft der EU zu recherchieren:
http://www.nelson.brennpunkt.co.uk

Fränzi, Zürich

„Ein EU-Beitritt würde uns enorme Nachteile bringen: zum Beispiel Abbau der Demokratie, Senkung des Wohlstands, Verzicht auf eigene Geldpolitik, Aufgabe der Neutralität, Steigung der Ausländerzahlen und Verlust des Rechts auf private Waffen."

„Es hat sich immer wieder gezeigt, dass EU-Neuzuzüger für eine gewisse Zeit ein im EU-Vergleich überdurchschnittliches Wirtschaftswachstum erleben. Die Schweizer Wirtschaft ist schon handelsmäßig eng mit der EU verflochten und könnte rasch die erheblichen Vorteile des großen Binnenmarktes voll nutzen. "

Pia, Bern

Caroline, Aargau

„Die EU-Länder haben eine durchschnittliche Arbeitslosenrate von mehr als 10%. Ein EU-Beitritt würde ohne Zweifel unserem Land die gleiche Misere bescheren. Die Einführung des Euros würde die Abschaffung des stabilen Schweizer Frankens bedeuten. Dies wäre für uns ein enormer Verlust von staatlicher Selbstständigkeit."

„Wirksame Umweltpolitik in Europa ist national allein nicht mehr möglich. Wir müssen die institutionelle Isolation der Schweiz mildern, da der Alleingang einer kleinen Volkswirtschaft mehr Risiken als Chancen bietet. Auch kann eine Gruppe demokratischer Staaten mehr als einzelne zur Lösung von internationalen Konflikten beitragen. "

Michael, Basel

4 🔲 Lesen Sie die vier Aussagen oben. Hören Sie sich dann die Kassette ‚Ja oder Nein zu Europa?' an. Mit welchen der jungen Schweizer oben haben die vier Sprecher/innen jeweils am meisten gemeinsam?

5 🔲 Hören Sie noch einmal zu. Notieren Sie die Argumente auf der Kassette, die in den Texten oben nicht erwähnt werden.

6 Ordnen Sie die Argumente der acht jungen Schweizer für und gegen die EU in eine Kopie der Tabelle unten ein. Schreiben Sie die Argumente mit eigenen Worten.

z.B.

Pro	Kontra
Neue Mitglieder der EU erleben für eine gewisse Zeit ein überdurchschnittliches Wirtschaftswachstum.	Die EU-Länder haben eine hohe Arbeitslosenrate. Ein EU-Beitritt würde zu Erwerbslosigkeit in der Schweiz führen.

7 Stellen Sie sich vor, Bayern sei ein unabhängiger Staat wie die Schweiz geworden. Erörtern Sie zu zweit den möglichen Beitritt Bayerns zur EU. Eine Person ist für den Beitritt, eine ist dagegen.

8 ‚Ist Europa eine der letzten Utopien, für die es sich zu kämpfen lohnt?' Schreiben Sie einen Aufsatz von 350–400 Wörtern zu diesem Thema. Benutzen Sie die Brennpunkt-Website, um weitere Informationen zu diesem Thema zu recherchieren:
http://www.brennpunkt.nelson.co.uk

Grammatik: das unpersönliche Passiv

Textbeispiele

– An keiner Grenze wird gefragt, ob man Waren dabei hat.

– Getankt wird billiger an deutschen Tankstellen.

– An der Grenze wird seit langem nicht mehr kontrolliert.

Diese Form des Passivs wird benutzt, wenn es kein besonderes Subjekt im Satz gibt.

▶ **Wie würde man die Sätze oben ins Englische übersetzen?**

„Unsere Regierung ist keine passive Regierung. Jetzt wird nicht mehr geredet. Jetzt wird nicht mehr gemeckert. Jetzt wird gearbeitet."

Bei normaler Wortstellung benutzt man **es** am Anfang des Satzes.

z.B. Es wird an der Grenze seit langem nicht mehr kontrolliert.

Bei anderer Wortstellung fällt das **es** weg.

z.B. An der Grenze wird seit langem nicht mehr kontrolliert.

▶ **Schreiben Sie diese Sätze um, indem Sie das unpersönliche Passiv benutzen.**

a Man kauft in deutschen Supermärkten günstiger ein.

b Man arbeitet abends.

c Man isst billiger in niederländischen Gaststätten.

d Man spricht schon von einer grenzüberschreitenden Stadt.

Beispiele

– Darüber wird viel geredet.

– Auf die möglichen Gefahren wird nicht geachtet.

Bei Verben mit Präpositionen bleibt die Präposition in Passivsätzen erhalten.

Beispiele

– Diesem Politiker wird nicht geglaubt.

– Den Exkommunisten wird nicht immer vertraut.

Bei Verben, die man mit dem Dativ verwendet, bleibt der Dativ in Passivsätzen erhalten.

Man kann solche Sätze auch mit **es** anfangen.

z.B. Es wird den Exkommunisten nicht immer vertraut.

Einige Verben, die man immer mit dem Dativ benutzt:

antworten	helfen
danken	schaden
drohen	versprechen
folgen	vertrauen
glauben	widerstehen

Eine vollständige Liste finden Sie auf Seite 240.

PRÜFUNGSTRAINING

Vermeidung von Dativverben im Passiv

Manchmal ist es einfacher, das Passiv dieser Verben zu vermeiden.

z.B. Den Exkommunisten wird nicht immer vertraut.
➤ Man traut den Exkommunisten nicht immer.

ÜBUNGEN

🖊 Weitere Grammatikübungen finden Sie auf der Brennpunkt-Website: http://www.brennpunkt.nelson.co.uk

a Machen Sie die Übungen auf Blatt **12.7** .

b Stellen Sie sich vor, Sie seien Politiker/in. Schreiben Sie eine Rede von ca. 100–120 Wörtern, in der Sie möglichst viele Verben mit dem unpersönlichen Passiv und mit Dativverben benutzen.

z.B.

„Es wird häufig gesagt: Vertraue keinem Politiker, besonders, wenn sich seine Lippen bewegen. Ich darf Ihnen versprechen, meine Damen und Herren, mir wird ständig gedankt, weil ich auf so eine unkomplizierte Weise den Wählern rate, dass sie mir vertrauen sollen ..."

Themen	Kommunikation	Grammatik	Prüfungstraining
• Gewalttätigkeit • Verbrechen • Drogen	• sich um etwas Sorgen machen • jemandem Denkanstöße geben	• der Gebrauch des Infinitivs • Nomen und Verben mit Präpositionen	• eine Kassette zusammenfassen

FR**E**UNDE
M**E**DIEN
SCHULE UND BILDU**N**G
ELTERN UND F**A**MILIE
GE**L**D(MANGEL)
WERB**U**NG
ZUKUNFT**S**MÖGLICHKEITEN
AU**S**SEHEN / IMAGE

WO**H**NORT
CHAR**A**KTER
AR**B**EIT(SLOSIGKEIT)
COMPU**T**ER
REGIERU**N**G UND POLITIKER

1 **a** Wählen Sie jeweils aus dem Akrostichon links die vier größten Einflüsse
  • auf Ihr Leben.
  • auf die Gesellschaft.

b ▭ Hören Sie sich die Kassette ‚Unter dem Einfluss' an. Mit welcher der sechs Meinungen haben Sie jeweils am meisten gemein?

c Besprechen Sie zu zweit die möglichen Einflüsse auf die Menschen in den einzelnen Fotos unten!

Inhalt

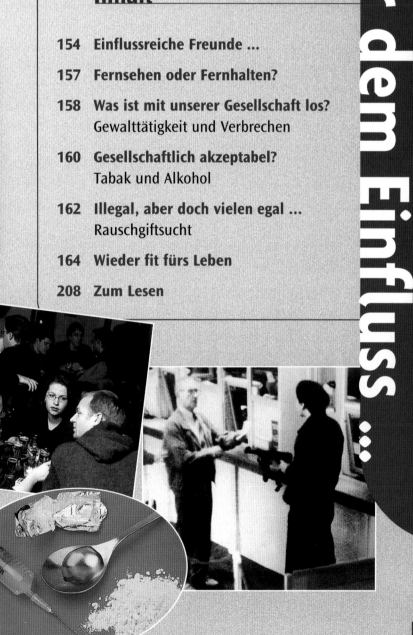

Einflussreiche Freunde ...

Wer übt den größten Einfluss auf uns aus? Was passiert, wenn es einen Interessenkonflikt gibt? Lisa beschreibt einen solchen Zwiespalt.

Ich glaube, ich bin total bescheuert. Jetzt hocke ich hier, habe Gewissensbisse, Zoff mit den Eltern, bin mies drauf und alles nur wegen dieser doofen Disko-Tour gestern Abend, zu der ich von Anfang an keine Lust hatte und die mir obendrein noch null Spaß gemacht hat.

Aber es war eben wieder mal, wie es immer ist. Eigentlich wollte ich nur kurz bei Anna vorbeischauen. Ich hatte fest vor, bis zehn Uhr, spätestens halb elf zu Hause zu sein, denn schließlich hatte ich den Eltern versprochen, dass ich heute früh mit ihnen zu meiner Großmutter
15 fahren würde, um in großer Familienrunde ihren Geburtstag zu feiern.

Bei Anna fing's dann schon an: Anstatt zu sagen, dass ich wegen der Fahrt zu Oma (ich hatte mich richtig darauf gefreut) nicht weggehen wollte, spielte ich das arme Opfer. Nach dem Motto: Meine Oldies wollten einen auf Familie machen und ich müsste mit, sonst gäbe es Stunk.

Anna hat mich richtig bedauert, dabei hätte sie es bestimmt auch okay gefunden, wenn ich ihr gesagt hätte wie es war.

Wenn ich nur wüsste, warum ich solchen Blödsinn erzähle? Es sprudelt einfach nur so aus mir heraus. Eigentlich
30 auch ganz schön unfair meinen Eltern gegenüber, die mich sicher nicht zu irgendetwas zwingen würden, ohne wenigstens meine Argumente anzuhören.

Ich könnte mir in den Hintern treten, wenn ich an diesen Schwachsinn denke, den ich verzapft habe. Andererseits, wenn's dabei geblieben wäre, wär's ja noch nicht so tragisch. Aber während ich mich von Anna bemitleiden ließ, sah ich Siggi, Thea, Uwe und Benno kommen. Und dann ging's los. „Mensch Lisa, komm doch – Tanzen macht Spaß!", „Ach die Kleine muss ins Bettchen, damit sie vor Omama ihr Verslein hinkriegt." Dummes Gelaber
45 eben, bei dem ich ja auch schon oft mitgemacht habe.

Jedenfalls habe ich mich natürlich breitschlagen lassen und bin mitgegangen. Immer noch mit dem Vorsatz, mich bald zu verdrücken. Als wir dann von der Disko in die Pizzeria und von dort wieder in die Disko zogen, war ich zwar schon ziemlich genervt, aber „ich gehe jetzt heim" habe ich auch nicht über die Lippen gebracht. Wenn ich nur wüsste warum? An der Clique kann es nicht liegen. Die Leute sind doch in Ordnung. Es gibt keinen Grund, vor ihnen eine Show abzuziehen. Aber genau das habe ich
60 gemacht. Irgendwann habe ich wieder die ganz Coole gespielt, der eh schon alles egal ist. Weil es dann spät wurde, bin ich heute nicht aus dem Bett gekommen und die Familie ist ohne mich gefahren. Es ist echt verrückt. Ich weiß eigentlich ganz genau, was ich will, tue aber oft das Gegenteil und kann nichts dazu.

1 Lesen Sie den Text ‚Einflussreiche Freunde' oben. Suchen Sie darin die folgenden zehn umgangssprachlichen Vokabeln. Alle können formeller ausgedrückt werden. Welche Synonyme passen zusammen?

UMGANGSSPRACHLICH			FORMELL	
a	Z. 1	bescheuert	**1**	keinen Spaß
b	Z. 2	hocken	**2**	das Gerede
c	Z. 3	Zoff (m.)	**3**	ich fühle mich nicht wohl
d	Z. 3	(ich) bin mies drauf	**4**	ich bereue es
e	Z. 7	null Spaß	**5**	dumm
f	Z. 23	Stunk (m.)	**6**	sich groß aufspielen
g	Z. 34	ich könnte mir in den Hintern treten	**7**	der Ärger
h	Z. 44	das Gelaber	**8**	überreden
i	Z. 48	breitschlagen	**9**	der Streit
j	Z. 58	eine Show abziehen	**10**	sitzen

NOCH MAL

Im Text kommen viele Konditionalsätze vor, weil Lisa verschiedene Möglichkeiten beschreibt, die noch nicht oder gar nicht passiert sind (siehe Seite 115: der Konditional).

2 Lesen Sie den Text noch einmal schnell durch. Versuchen Sie dann, die folgenden Sätze ins Deutsche zu übersetzen, ohne dabei auf den Text zu schauen. Vergleichen Sie dann Ihre Antworten mit Lisas Sätzen!

a *I had promised my parents that **I would go** with them to my grandmother.*

b *I said that **I would have to go** too, or **there would be** trouble.*

c *Anna **would have found** it OK **if I had told** her what the situation was.*

d ***If only I knew** why I talk such rubbish.*

e ***I could kick** myself!*

f *On the other hand, **if it had stopped** there **it wouldn't have been** so bad.*

3 📼 Hören Sie sich jetzt die Kassette ‚Ungeschriebene Gesetze' an, in der eine Psychologin versucht, Lisas Verhalten zu erläutern.

Beantworten Sie die folgenden Fragen.

a Was kann Lisa nicht in Einklang bringen?
b Warum ‚motzt' sie über ihre Eltern?
c Nennen Sie zwei erwähnte Bereiche, in denen oft ungeschriebene Gesetze herrschen.
d Welche Ratschläge gibt die Psychologin Lisa?

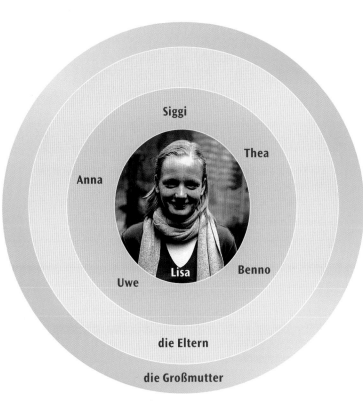

Lisas Einflusskreis

4 Machen Sie jetzt zu dritt einen kurzen Sketch zum Thema ‚Gewissensbisse'. Eine Person ist ein Freund / eine Freundin, der / die einen Interessenkonflikt erlebt. Eine Person ist ein Freund / eine Freundin, der / die will, dass die Clique viel zusammen unternimmt. Die dritte Person ist das Gewissen und sagt, was man eigentlich tun **sollte**!

z.B.

5 Sehen Sie sich die Darstellung von Lisas Einflusskreis an. Zeichnen Sie dann Ihren eigenen Einflusskreis heute und vor vier Jahren. Inwiefern hat er sich verändert? In welchen Situationen erleben Sie heute einen Interessenkonflikt? Schreiben Sie einen Aufsatz von ca. 200 Wörtern darüber.

13 Grammatik: der Gebrauch des Infinitivs

Siehe auch Kapitel 1, 3 und 9 und Grammatik, Seite 240.

Text- und Kassettenbeispiele

– Ich hatte fest vor, bis zehn Uhr zu Hause **zu sein**.

– Lisa versucht, ihr Verhalten **zu verstehen**.

– Es hilft einem, diese Gesetze **zu erkennen**.

Sie sehen hier drei Infinitivsätze.

▶ **Was haben diese Beispiele gemeinsam**
- auf Englisch? • auf Deutsch?

In solchen Sätzen sieht man das Muster:
Verb(,) ... zu + Infinitiv

▶ **Was fällt Ihnen an der Wortstellung auf?**

Achten Sie auf den Unterschied bei trennbaren Verben.

z.B. Lisa hoffte, schnell zurück**zu**kommen.

Auf Seite 154 und auf der Kassette ‚Ungeschriebene Gesetze' gibt es auch andere, oft vorkommende Beispiele für die Verwendung des Infinitivs:

Textbeispiele

– ... dass ich mit ihnen zu meiner Großmutter fahren würde, **um** ihren Geburtstag **zu feiern**.

– **Anstatt zu sagen**, dass ich ... nicht weggehen wollte, ...

– Meine Eltern würden mich nicht zu irgendetwas zwingen, **ohne** meine Argumente **anzuhören**.

▶ **Was bedeuten diese drei Infinitivausdrücke auf Englisch?**

Auch einige Nomen und Adjektive werden mit Infinitivsätzen benutzt:

Text- und Kassettenbeispiele

– Es gibt keinen **Grund**, vor ihnen eine Show **abzuziehen**.

– So wäre es für Lisa **wichtig**, ihren eigenen Standpunkt **zu finden**.

Bei bestimmten Verben sieht man aber ein anderes Muster:

Textbeispiele

– Eigentlich wollte ich nur kurz **vorbeischauen**.

– Ich könnte mir in den Hintern **treten**!

– Ich sah Siggi, Thea, Uwe und Benno **kommen**.

– Ich ließ mich **bemitleiden**.

▶ **Was ,fehlt' in diesen Infinitivsätzen?**

▶ **Übersetzen Sie die Sätze ins Englische. Vorsicht bei den dritten und vierten Beispielen!**

Das Muster **Verb ... Infinitiv** kommt bei drei Gruppen von Verben vor:
- bei Modalverben (siehe Seite 10)
- bei den Verben **sehen, hören, fühlen**
- bei dem Verb **(sich) lassen**

ACHTUNG!

Ein Komma trennt den Hauptsatz vom Infinitivsatz, wenn ein Wort wie **darauf, darüber, davon** usw. im Hauptsatz steht.
z.B. Lisa freute sich **darauf**, ihre Großmutter zu besuchen.

Ansonsten kann man selbst entscheiden, ob man ein Komma setzen möchte oder nicht.
z.B. Lisa versuchte (,) ihre Großmutter zu besuchen

NOCH MAL

Ein Komma **kann** die Verständlichkeit eines Infinitivsatzes verbessern.
z.B. Lisa hatte vor, gestern früh ihre Großmutter zu besuchen.

(Siehe Seite 116.)

ÜBUNGEN

Machen Sie zuerst die Grammatikübungen auf Blatt **13.1**.

🖱 Weitere Grammatikübungen finden Sie auf der Brennpunkt-Website: http://www.brennpunkt.nelson.co.uk

a Spielen Sie zu zweit ‚Infinitiv-Tennis': Bitten Sie Ihren Lehrer / Ihre Lehrerin um die Spielregeln.

b Schreiben Sie zehn Tipps für Jugendliche, die einen Interessenkonflikt vermeiden wollen. Jeder Tipp sollte einen Infinitivsatz enthalten.

z.B. Versuchen Sie, ehrlich zu sein!

Fernsehen oder Fernhalten?

1 📼 Hören Sie sich die Kassette ‚Schädlicher Einfluss?' an und machen Sie Übungen 1–3 auf Blatt **13.2**.

2 Lesen Sie den Text ‚Fernsehen oder Fernhalten?' und machen Sie Übungen 4–6 auf Blatt **13.2**.

3 Arbeiten Sie zu zweit. Stellen Sie sich vor, Sie sind Lehrer/in und sprechen mit einem Kollegen / einer Kollegin über den steigenden Fernsehkonsum Ihrer Schüler. Benutzen Sie Informationen von dieser Seite, Ihre eigene Fantasie und die Ausdrücke im Kommunikationskasten, um Ihre Sorgen über den Einfluss des Fernsehens auszudrücken.

Kommunikation!

Sich um etwas Sorgen machen
Ich mache mir Sorgen (darum/darüber), dass …
Ich finde es erschreckend, dass …
Es stört mich dass …
Es ist erschreckend, dass …

4 🎧 Siehe Self-study Booklet, Seite 26, Übung 1.

5 ✏ Was sollte man machen, um Kinder und Jugendliche vor Gewaltdarstellungen auf dem Bildschirm zu schützen? Schreiben Sie einen kurzen Artikel von ca. 150 Wörtern, in dem Sie Ihre Meinung dazu äußern.

Eine neue Untersuchung über Kinder und Medien belegt, wie erschreckend Fernsehkonsum die Erfahrungswelt schon von Grundschülern bestimmt. Bei der Befragung von 1400 Sechs- bis Zehnjährigen stellte der Augsburger Pädagogikprofessor Werner Glogauer fest: 20 Prozent der Grundschüler hocken 40 Stunden und mehr pro Woche vor dem Fernseher – also weitaus länger als in der Schule. Das Einschalten ist für viele kein Problem: Über ein Drittel der Neun- bis Zehnjährigen verfügt über einen eigenen Apparat.

„Kinder interessieren sich kaum noch fürs Kinderprogramm", sagt Glogauer. „Sie sind neugierig auf Sendungen, die ihnen Einblicke ins Erwachsenenleben bieten."

Doch diese Art Leben besteht zunehmend aus Mord und Totschlag – jedenfalls, wenn man dem Bildschirm glaubt. Bis zu viertausend Leichen – von Krimis bis zu den Nachrichten – zeigen ARD, ZDF und die Privaten pro Woche. Danach werden in 48 Prozent aller Sendungen zumindest einmal Aggression oder Bedrohung dargestellt. Würden die Gewaltszenen einer Woche zusammengeschnitten, käme ein 25 Stunden langer Nonstop-Horrorclip zustande.

Als Glogauer zur Illustration seiner Thesen bei einem Vortrag in Zürich ausgewählte Horrorszenen präsentierte, suchte ein Drittel der 1000 Zuschauer schlagartig das Weite. Viele der Ausharrenden „schlugen bei den schlimmsten Szenen die Hände vor die Augen", erinnert sich Glogauer. Sie konnten nicht ertragen, was ihre Kinder vielleicht schon „cool" finden.

Was ist mit unserer

In Hamburg sind 70 Prozent der Räuber und 41 Prozent aller Gewalttäter jünger als 21 Jahre. Die Verbrechenszahlen nehmen zu und kriminelle Jugendbanden gehören zur Tagesordnung ...

Als Manuel aus dem Knast entlassen wurde, fand der 16-Jährige seinen Vater mal wieder stockbesoffen vor. Am nächsten Morgen wachte der Jugendliche in einer leeren Wohnung auf. „Meine Eltern? Haben sich wohl dünne gemacht. Keine Ahnung, wo sie sich rumtreiben."

Manuel gehört zu der Gang, die in Hamburg-Neuwiedenthal den 17-jährigen Mirco Sch. in den Tod getrieben haben soll. Monatelang terrorisierte die Gang die Trabantenstadt. Sieben Jugendliche sollen von Mirco Geld erpresst haben. Schließlich warf das verzweifelte Opfer sich vor die S-Bahn. Gegen die Gang stapeln sich bei der Polizei inzwischen Anzeigen anderer Jugendlicher wegen Körperverletzung, Bedrohung, Raub und räuberischer Erpressung.

Anfang der 60er Jahre wurde Neuwiedenthal auf einer Wiese im Süden von Hamburg betoniert. Ein Stadtteil zum Schlafen und zum Parken. Herausgekommen ist das, was heute gern ‚sozialer Brennpunkt' genannt wird. Jeder Dritte ist von Arbeitslosigkeit betroffen, jedes zweite Kind lebt von Sozialhilfe.

Fachleute beobachten, dass die Jugendkriminalität in ganz Deutschland ansteigt, die Aggressivität zunimmt. Schon in der Grundschule, so berichten Eltern, werden Kinder von Gleichaltrigen um ‚Milchschnitten' erpresst.

Wenige Stunden, nachdem Manuels Gang festgenommen worden war, ließ die Hamburger Polizei in der Hochhaus-siedlung Kirchdorf-Süd eine weitere Bande hochgehen: sechs Jungen – zwischen 12 und 15 Jahre alt – sollen einen Schulkameraden aus der 7. Klasse brutal geschlagen und Geld von ihm erpresst haben. Bei einem der Jungen (13 Jahre alt) fand die Polizei eine scharfe Pistole, bei einem anderen 22 Patronen.

Prof. Christian Pfeiffer, Leiter des Kriminologischen Forschungsinstituts Niedersachsen, spricht von der ‚Winner-Loser-Society', einer Gesellschaft der Gewinner und Verlierer. Entweder ... oder ..., dazwischen ist nichts. Pfeiffer: „Es gibt eine totale Parallele zwischen Jugendkriminalität und Armutsentwicklung. Viele leben nach dem Motto ‚Nimmste was, haste was. Haste was, biste was.'"

1 **a** Lesen Sie den Text ‚Was ist mit unserer Gesellschaft los?' Sammeln Sie mit Hilfe eines Wörterbuchs so viele Vokabeln wie möglich zum Thema ‚gewalttätiges Verbrechen'. Ordnen Sie Ihre Vokabeln in drei Gruppen:

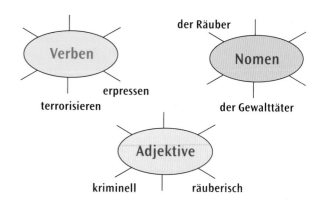

der Räuber

Verben

Nomen

erpressen

terrorisieren

der Gewalttäter

Adjektive

kriminell   räuberisch

b Vergleichen Sie Ihre Antworten mit einem Partner / einer Partnerin. Schlagen Sie unbekannte Vokabeln in einem Wörterbuch nach.

Gesellschaft los?

2 Lesen Sie den Text noch einmal und beantworten Sie die folgenden Fragen. Geben Sie so viele Informationen wie möglich, ohne aber ganze Textabschnitte wortwörtlich abzuschreiben.

a Was wissen Sie über Manuels Familie?
b Warum steht Manuel unter Verdacht?
c Wie hat sich seine Gang verhalten?
d In was für einer Gegend wohnt Manuel?
e Woher wissen Sie, dass Manuels Gang keine Ausnahme ist?
f Woran liegt vermutlich die zunehmende Jugendkriminalität?

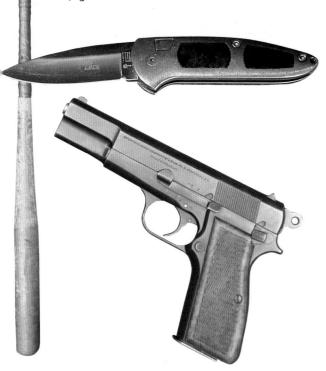

3 📼 Hören Sie sich die Kassette ‚Wo soll das nur hinführen?' an.

a Sammeln Sie so viele Tatsachen wie möglich über die erwähnten Gewaltakten in:
  ● Hannover
  ● Berlin
  ● Magdeburg

b Fassen Sie zu jedem Thema unten die wichtigsten Informationen von der Kassette zusammen:
  ● die Ellenbogenmentalität
  ● Kindererziehung
  ● deutsche Sorgen

4 Nehmen Sie zu zweit einen Radiobericht über gewalttätiges Verbrechen in Deutschland auf. Eine Person ist Reporter/in und beschreibt im Bericht die allgemeine Situation. Die andere ist Sozialarbeiter/in und erläutert mögliche Ursachen und Folgen.

WUSSTEN SIE SCHON ...?

● In Deutschland ereignen sich im Durchschnitt alle 1½ Minuten eine Körperverletzung, alle 3 Minuten ein Wohnungseinbruch und alle 4 Minuten ein Autodiebstahl.

● Um die Jahrtausendwende waren mehr als die Hälfte der Delikte in Deutschland gefährliche und schwere Körperverletzungen.

● Ca. alle 9 Minuten wird bundesweit ein Raubüberfall begangen, ungefähr alle 10 Minuten wird eine Frau vergewaltigt und alle 9 Stunden wird jemand ermordet.

● Im letzten Jahrzehnt ist die Zahl straffälliger Jugendlicher in Deutschland um mehr als 75% gestiegen. Besonders gravierend sind die Probleme in Großstädten.

5 🎧 Siehe Self-study Booklet, Seite 26–27, Übungen 2 und 3.

6 Brennpunkt!
a Debattieren Sie Pro und Kontra des folgenden Standpunkts: ‚Die Jugendkriminalität kann man nur in den Griff bekommen, wenn man strengere Strafen einführt.'

b ✏ Sie machen sich Sorgen über die zunehmende Gewalttätigkeit in der deutschen Gesellschaft und schreiben jetzt an eine Zeitung. Schreiben Sie mit Hilfe der Informationen von Seite 157–159 einen Brief von ca. 250 Wörtern, in dem Sie mögliche Gründe angeben und einige Lösungen vorschlagen.

GESELLSCHAFTLICH AKZEPTABEL?

R auch oder Nicht-Rauch, an der Frage scheiden sich die Geister: Was der eine lustvoll genießt, stinkt dem anderen gewaltig. Ungefähr 18 Millionen Deutsche greifen regelmäßig zum Glimmstängel, unter den 15- bis 24-Jährigen beträgt der Raucheranteil sogar fast 40 Prozent.

„Es klingt vielleicht blöd, aber ich brauch's einfach", begründet Robby seine Lust auf Rauch. „Außerdem schmeckt's auch ganz gut, vor allem nach dem Essen, zum Kaffee, zum Bier ..." Auf eine Schachtel pro Tag kommt der 20-Jährige im Schnitt. Wann er damit angefangen hat und mit wie viel Zigaretten, weiß er heute nicht mehr.

Über die Einteilung in Stress-, Genuss- oder Geselligkeitsraucher schüttelt Robby nur verwundert den Kopf und schließt sich grinsend aus dieser Kategorisierung aus: „Ich rauche, wenn ich Stress habe, genauso wie in Phasen der Entspannung." Und in den Zwischenpausen und an der Bushaltestelle greift er generell zum Tabakröllchen.

Dass er durch den regelmäßigen Genuss von Nikotin, Teer & Co. seine Lebenserwartung um gut acht Jahre verkürzt und sein Risiko, später an Lungenkrebs zu erkranken, um 15 bis 25 Prozent erhöht, stört ihn nicht weiter, „nur, dass ich es beim Sport merke – die Kondition lässt nach".

Genuss, Gewohnheit oder Sucht?

In Deutschland werden jährlich etwa 150 Milliarden Zigaretten geraucht. In den neuen Bundesländern rauchen mehr Menschen als in den alten und die Rauchgewohnheiten sind etwas anders: Es gibt mehr Gelegenheitsraucher, vor allem bei den Frauen, und weniger starke Raucher. Insgesamt rauchen ca. 26% der Raucher mehr als 20 Zigaretten am Tag; in den alten Bundesländern sind es ca. 48%.

Im Westen ist die Zahl der Raucher in den letzten Jahren trotzdem zurückgegangen, obwohl Veränderungen sich innerhalb der Bevölkerung feststellen lassen. Frauen sind heute weitgehend den gleichen Anforderungen und Belastungen wie Männer ausgesetzt und greifen zur gleichen Form der Anregung und Beruhigung. So ging der Raucheranteil bei den Männern in den letzten Jahren stärker zurück als bei den Frauen.

1 Lesen Sie die beiden Texten auf dieser Seite und ergänzen Sie das Rätsel auf Blatt **13.3** . Alle Antworten sind in den Texten.

2 Lesen Sie die Ausschnitte noch einmal. Korrigieren Sie dann die folgende Zusammenfassung.

„Fast 18 Millionen Deutsche sind Gelegenheitsraucher. Im Westen rauchen jetzt mehr Leute als vorher, obwohl ihr Zigarettenkonsum niedriger ist als in den neuen Bundesländern. Robby raucht nur, wenn er unter Stress steht, da Zigaretten seine Lebenserwartung um ca. 15 Jahre verkürzen."

3 Im ersten Text kommen einige Nomen und Verben mit Präpositionen vor. Ergänzen Sie die folgenden Beispiele mit der richtigen Präposition und dem Fall.

a anfangen
b die Einteilung
c erhöhen
d erkranken

e greifen
f kommen
g Lust
h verkürzen

GRAMMATIK

NOMEN UND VERBEN MIT PRÄPOSITIONEN
Siehe Grammatik, Seite 240 und Blatt **13.4** .

SIE HABEN SICH TOTAL VERÄNDERT!

Ich bin im Moment echt deprimiert. Ich habe nämlich zwei gute Freundinnen – wir sind schon seit der Grundschule dick befreundet. Nun aber haben sie sich total verändert! Wir gehen jetzt jeden Nachmittag in den Park, trinken Dosenbier und rauchen Zigaretten, bis mir davon schlecht wird! Früher haben wir nach der Schule alles mögliche zusammen unternommen. Jetzt wollen sie gar nichts machen und reden nur noch über ganz blöde Sachen. Bitte sagt mir, was ich tun soll!

Michaela, 14, München

4 📼 Hören Sie sich die Interviews auf der Kassette ‚Tabak und Alkohol' mehrmals an.

   a Machen Sie Notizen zu den Ansichten der vier jungen Schweizer.

   b Welchen Aussagen stimmen Sie zu? Besprechen Sie **Ihre** Meinung in der Gruppe.

5 Lesen Sie den Brief ‚Sie haben sich total verändert!' aus einer Jugendzeitschrift. Was würden Sie als älterer Schüler / ältere Schülerin diesem Mädchen raten? Machen Sie zu zweit ein Brainstorming! Vergleichen Sie dann Ihre Ratschläge mit anderen in der Gruppe.

6 Stellen Sie sich vor, Sie sind Kummerkastentante oder -onkel. Schreiben Sie jetzt eine Antwort von ca. 200–250 Wörtern auf Michaelas Brief. Sie sollten ihr praktischen Rat geben, sie aber auch auf die Konsequenzen für das spätere Leben aufmerksam machen. Benutzen Sie auch Ideen aus dem Brainstorming und aus den anderen Texten auf diesen Seiten. (Siehe auch den Text auf Seite 56.)

Manches Mal fürchte ich, Gummibärchen sind nur eine Einstiegsdroge für härtere Sachen wie Torte, Schlagsahne, Pralinen...

7 🎧 Siehe Self-study Booklet, Seite 27, Übungen 4 und 5.

8 🖱 Entwerfen Sie ein Poster oder vielleicht ein Flugblatt, das vor den Gefahren von Alkohol oder Tabak warnt! Sie könnten ein Textverarbeitungs- oder Desktop-Publishing-Programm benutzen.

ABHÄNGIG

Alkohol ist neben Nikotin fast überall auf der Welt die Droge Nummer eins. Auch am Arbeitsplatz. Fünf Prozent aller Berufstätigen, so die Berliner Arbeitsgruppe Strukturforschung im Gesundheitswesen (BASiG), sind alkoholkrank, weitere zehn Prozent gelten als gefährdet. Macht zusammen bis zu 3,75 Millionen Männer und Frauen. „Jeder siebte Beschäftigte", resümiert Rita Russland in ihrem ‚Suchtbuch für die Arbeitswelt', „hat ein Alkoholproblem. Mehr Männer als Frauen und zu etwa zehn Prozent Jugendliche."

Süchtige gibt es auch in Spitzenpositionen. Verteilungs- und Konkurrenzkampf, Stress, Risiko und Versagensängste sind auch hier größer geworden. Aber egal, in welcher Hierarchiestufe, die klassische Verteilung Männer = alkoholsüchtig, Frauen = medikamentensüchtig gilt nicht mehr und bei Männern wie bei Frauen haben außerdem Mehrfachabhängigkeiten rapide zugenommen. Wie viele so ständig versuchen, ihren Berufsalltag erträglicher zu machen, Angstwellen, Gefühle von Sinnlosigkeit oder Überforderung ebenso wie von Unterforderung und Langeweile in den Griff zu bekommen, weiß niemand.

Illegal, aber doch vielen egal ...

TECHNO – INFOS

Nach einer Untersuchung des Max-Planck-Instituts haben mindestens drei Prozent der 14- bis 25-Jährigen in Deutschland zumindest einmal Party-Pillen probiert. Schätzungen verschiedener Experten haben ergeben, dass zwischen 100 000 und 500 000 Jugendliche in Deutschland gelegentlich oder sogar regelmäßig Ecstasy nehmen.

Die Gesundheitsgefahren dieser Droge werden dagegen meist unterschätzt. In reiner Form ist Ecstasy kaum erhältlich. Alle möglichen Substanzen – von Kokain bis LSD – verbergen sich in den illegal erworbenen Pillen. Das Nachlassen ihrer Wirkung wird durch immer mehr Pillen ausgeglichen, eine psychische Abhängigkeit kann entstehen und es droht manchmal sogar der Übergang zu harten Drogen.

Eine Umfrage des Hamburger Fortbildungsinstituts unter mehr als 600 Jugendlichen in Techno-Klubs und auf Groß-Raves ergab: Etwa 40 Prozent nehmen gelegentlich Ecstasy. 92 Prozent der Befragten wussten, dass die Techno-Droge illegal auf dem Markt ist. Und 83 Prozent davon meinten, das sei ihnen egal. Wichtig war ihnen dagegen sachliche Aufklärung.

Hier sehen Gruppen wie das Hamburger Büro für Suchtprävention ihre Chance. Sie informieren vor Ort, in der Techno-Szene, über die angebotenen Stoffe sowie über Gefahren beim Konsum und danach. Und sie tragen dazu bei, dass immer mehr Jugendliche die Gefahren von Designerdrogen richtig einschätzen können ...

KEINE MACHT DEN DROGEN

1 Lesen Sie den Text links. Sind die folgenden Sätze richtig (R) oder falsch (F)? Verbessern Sie die falschen Sätze.

a Fast eine halbe Million deutscher Jugendlicher ist ecstasyabhängig.
b Die meisten Jugendlichen kennen zwar die Risiken dieser Droge, machen sich aber keine Sorgen darüber.
c Ecstasy-Pillen enthalten oft andere Drogen.
d Man kann Tabletten bekommen, die die Nebenwirkungen von Ecstasy reduzieren.
e Über ein Drittel der befragten Jugendlichen hat ein Ecstasy-Problem.
f In Hinsicht auf Designerdrogen haben die meisten Jugendlichen in der Umfrage keinen Respekt vor den Gesetzen.
g Viele Jugendliche wollen aber, dass Verbrechen aufgeklärt werden.
h Informationen über Designerdrogen und ihre Nebenwirkungen sind jetzt sogar in den Hamburger Techno-Klubs und auf Groß-Raves erhältlich.

2 a Warum nehmen Ihrer Meinung nach so viele Jugendliche Ecstasy? Machen Sie zu zweit ein Brainstorming.

b Besprechen Sie zu zweit sechs Maßnahmen, die Sie treffen würden, um die Zahl der deutschen Ecstasy-Konsumenten zu vermindern.

3 Hören Sie sich die Kassette ‚Ein paar Fragen zur Modedroge' an. Fassen Sie die wichtigsten gesundheitlichen Informationen über Ecstasy in ca. 150 Wörtern zusammen. Erwähnen Sie:

- die größten Gefahren
- einige Nebenwirkungen und ihre Dauer
- mögliche Langzeitfolgen

PRÜFUNGSTRAINING

Eine Kassette zusammenfassen
Siehe Blatt **13.5**.

4

a   Notieren Sie zu zweit mögliche Gründe für den Genuss härterer Drogen wie Kokain und Heroin.

b   Besprechen Sie die Ähnlichkeiten und Unterschiede der Gründe in Übung 2a.

5   Lesen Sie den Text rechts und beantworten Sie die folgenden Fragen.

a   Wann ist Heike drogensüchtig geworden?

b   Warum begann sie mit Drogen zu experimentieren?

c   Wovor hatte sie Angst?

d   Welche Finanzierungsmethoden erwähnt sie und welche hat sie ausprobiert?

6   ▣ Auf der Kassette ‚Der Weg in die Sucht' interviewt eine Journalistin zwei Drogenabhängige.

a   Bevor Sie sich die Kassette anhören, schlagen Sie die folgenden Vokabeln in einem Wörterbuch nach und versuchen Sie, jeden Ausdruck schriftlich zu definieren:

verdrängen   kiffen
Schweißausbrüche   die Spritze
behütet   der Bedarf

b   Hören Sie sich jetzt die Kassette an. Was haben die zwei Süchtigen und Heike ähnlich / gemeinsam?

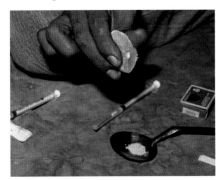

ÜBERLEGUNGSPAUSE?

Heike sitzt im Knast. In den folgenden knapp zwei Jahren wird sich das Leben des 19-jährigen Mädchens hauptsächlich in der kleinen Zelle des Jugendgefängnisses in Niedersachsen abspielen ...

Der Grund ist der gleiche wie bei fast allen der 15 Mädchen im Alter von 16 bis 20 Jahren im Jugendknast Vechta: Verstoß gegen das Betäubungsmittelgesetz – Heike, die heroinabhängig war, hat mit Drogen gedealt um ihre Sucht zu finanzieren. Das Urteil: 21 Monate.

Mit 12 Jahren rauchte Heike zum ersten Mal Haschisch, mit 14 setzte sie sich den ersten Schuss. „Am Anfang war ich neugierig, doch bald hatte ich die Kontrolle verloren und hing total an der Nadel. Irgendwann musst du dich entscheiden, wie du an die Kohle für Heroin kommst. Ich hatte Angst vor Prostitution und Diebstahl kam für mich nicht in Frage – blieb nur das Dealen. Zuerst habe ich anderen Händlern Kunden besorgt, zuletzt selbst Stoff verkauft."

Bei ihren Deals hatte Heike mehr als einmal Gewissensbisse: „Ich wusste, dass ich ein dreckiges Geschäft betrieb, denn kein Junkie hat wirklich die Kontrolle über seine Sucht. Aber was sollte ich machen, ich war ja selbst süchtig ..."

7   Siehe Self-study Booklet, Seite 27, Übung 6.

8   **Rollenspiel**
Stellen Sie sich vor, Sie nehmen an einer Radiodiskussion über Drogen teil. Benutzen Sie Blatt **13.6**, um Ihre Meinung auszudrücken.

Kommunikation!

Jemandem Denkanstöße geben
Siehe Blatt **13.6**.

WUSSTEN SIE SCHON ...?

● Ca. 100–120 000 Deutsche, so schätzen Experten, konsumieren regelmäßig harte Drogen wie Heroin und Kokain.

● Die Drogenszene in Deutschland wandelt sich. Während der Heroinkonsum langsam zurückgeht, werden heute immer mehr ‚Trips' und Pillen genommen.

● Etwa 25% der deutschen Jugendlichen im Alter von 12 bis 24 Jahren haben mindestens einmal illegale Drogen probiert. An der Spitze steht Cannabis, gefolgt von Ecstasy.

Wieder fit fürs Leben

In Bayern lernen Ex-Fixer, ein Leben ohne Heroinspritzen zu führen

I m Gegensatz zu anderen Therapien müssen sich die Patienten in der Uhlandstraße vom ersten Tag an selber um ihre eigene Lage kümmern: „Die meisten sind vorher in anderen Therapien gescheitert. Deshalb setzen wir auf Selbstständigkeit und Eigenverantwortung", sagt Therapeut Dr. Helmut Waldmann von der Münchner Drogenklinik Uhlandstraße.

„Schon im ersten Gespräch sollte ich meinem Therapeuten und den anderen Hausbewohnern erklären, warum ich immer wieder rückfällig wurde", erzählt Andreas (25), seit acht Jahren heroinabhängig. „Ich musste mich also mit meiner Sucht auseinander setzen."

Nach wenigen Tagen musste er genau auflisten, was er alles unternehmen wolle, um sein Leben nach den vier Therapiemonaten in den Griff zu bekommen. „Da kam unheimlich was zusammen", sagt Andreas. Ich musste mich erst mal um Termine beim Zahnarzt kümmern. Das Heroin hat mein Gebiss versaut." Dann brauchte er feste Arbeit. „Also gehe ich regelmäßig zum Arbeitsamt und besorge mir Zeitungen mit Stellenanzeigen. Jetzt schreibe ich fleißig Bewerbungen."

Nebenher klärte Andreas seine künftige Wohnungssituation. „Ich habe mich um einen Platz in einer Nachsorgegruppe beworben. Das ist besser, als wenn ich nach der Therapie allein lebe."

Auch seine finanzielle Situation nahm der junge Mann in Angriff: „Es wird zwar noch viele Jahre dauern, bis ich schuldenfrei bin. Jetzt habe ich wenigstens alle Gläubiger angeschrieben, meine Situation geschildert und Abzahlungsvorschläge gemacht."

Sogar auf eine produktive Freizeitgestaltung werden die Drogenaussteiger vorbereitet. Andreas: „Es gibt Fotokurse, Sportaktivitäten, Mal- und Werkgruppen. Wir gehen auch allein in die Disko, ins Kino oder zu Konzerten."

„Jeder Süchtige muss seinen Weg aus dem Drogensumpf letzten Endes selber finden", sagt Andreas. „Für mich ist die Uhlandstraße das Beste. Andere Fixer brauchen die Gruppe. Letztendlich aber ist der Weg völlig egal. Entscheidend ist nur, das Ziel zu erreichen."

Stellensuche am Computer vom Arbeitsamt: Selbstständigkeit ist Voraussetzung für ein drogenfreies Leben.

1 a Lesen Sie den Text schnell durch und versuchen Sie, seinen Sinn zu verstehen.

LERNTIPP

Notieren Sie zu jedem Absatz ein Wort oder einen kurzen Satz, um das Thema des Absatzes zusammenzufassen. Oft stellen Anfang oder Ende des Absatzes eine Hilfe dar.

b Stellen Sie sich vor, Sie arbeiten für die Münchner Drogenklinik und benötigen einen kurzen Text über Ihre Arbeit mit Andreas für Ihren Jahresbericht. Mit Hilfe Ihrer Notizen schreiben Sie ca. 80–100 Wörter, die den Text zusammenfassen.

2 Hören Sie sich die Kassette ‚Ein österreichisches Behandlungsmodell' an.

a Machen Sie Notizen zu den folgenden Themen:
   1 die Motive der Süchtigen
   2 das Zentrum und sein Personal
   3 die Behandlung

b Vergleichen Sie zu zweit die österreichische und die Münchner Therapie. Welche ist Ihrer Meinung nach besser? Warum?

3 Brennpunkt!
   Nehmen Sie Stellung zu einem der folgenden Standpunkte, indem Sie ca. 350–400 Wörter darüber schreiben. (Siehe auch die Brennpunkt-Website: http://www.brennpunkt.nelson.co.uk.)

a ‚Es ist Aufgabe der Eltern, ihre Kinder vor schlechten Einflüssen zu schützen.'

b ‚Alkohol und Zigaretten sind gefährlicher als Designerdrogen und Rauschgift.'

Themen	Kommunikation	Grammatik	Prüfungstraining
● Stereotype	● Ideen abwägen	● komplizierte Satzbildung	● Prüfungsvorbereitung
● Heimat	● Vergleiche anstellen		● komplizierte Texte verstehen
● Auswanderung			
● globale Interessen			
● Krieg und Frieden			

14

Heimat

Inhalt

EIN DEUTSCHES ALPHABET

A	wie	Ausländerfeindlichkeit	N	wie	Nationalsozialismus
B	wie	Bier	O	wie	Organisation
C	wie	Charakterstärke	P	wie	Pünktlichkeit
D	wie	documenta	Q	wie	Qualitätsarbeit
E	wie	Einheit	R	wie	Reisen
F	wie	Fortschritt	S	wie	Sauberkeit
G	wie	Goethe	T	wie	Tätigkeitsdrang
H	wie	Heimat	U	wie	Umweltschutz
I	wie	Industrie	V	wie	Vereine
J	wie	Jugend	W	wie	Wurst
K	wie	Kartoffeln	X	wie	x-beliebig
L	wie	Luxus	Y	wie	Yücegök, Mehmet
M	wie	Mercedes	Z	wie	Zukunft

Waltraud Stephenson

1 Lesen Sie Waltraud Stephensons ‚deutsches Alphabet'.
Schauen Sie sich auch die Fotos an.

a Wirkt dieses Deutschlandbild eher positiv oder negativ?
b Geht es hier um Klischees? Zutreffende
Verallgemeinungen? Stereotype? Vorurteile? Ironische
Beobachtungen?
c Schreiben Sie ein Alphabet für Ihre Heimat und
vergleichen Sie es mit dem Alphabet links.

Wie Niederländer die Deutschen sehen

Spannung liegt in der Luft bei deutsch-niederländischen Fußballspielen. Die Aggressionsbereitschaft der Fans, der Hooligans, ist dann besonders groß. Ein Alarmzeichen? Kenner glauben ‚ja‘, denn zwischen Deutschen und Niederländern sei noch längst nicht alles in Ordnung. Aufgeschreckt hatte bereits in den 90er Jahren eine Umfrage unter 1800 niederländischen Jugendlichen zwischen 15 und 19 Jahren, die kurz nach den fremdenfeindlichen Krawallen in Rostock erstellt wurde. Rechts einige Ergebnisse.

Zu den Ursachen: Die Besetzung Hollands durch Deutschland im Zweiten Weltkrieg hat tiefe Wunden hinterlassen und ist mitverantwortlich für diese antideutsche Einstellung. Es liegt zum Teil auch daran, dass die 5 Millionen Niederländer, die 81 Millionen Deutschen gegenüberstehen, noch immer vom ‚Kanada-Syndrom‘ befallen sind, einer Art Minder-

wertigkeitskomplex gegenüber dem gigantischen Nachbarn. Und je stärker Deutschland ist, desto negativer scheint außerdem das Deutschlandbild der Niederländer zu werden.

	Die Niederländer sind... %	Die Deutschen sind... %
tolerant	48	14
gesellig	57	16
herrschsüchtig	11	71
praktisch eingestellt	51	21
nüchtern	57	14
stolz auf ihr Land	44	58
pünktlich	13	25
arrogant	12	60
freundlich	55	17
humorlos	39	85

1 Lesen Sie den Artikel oben und entscheiden Sie, ob die Sätze unten richtig oder falsch sind. Verbessern Sie alle Sätze, die falsch sind.

z.B. **a** Es gibt manchmal Aggression zwischen deutschen und niederländischen Fußballfans.

a Es gibt nie Aggression zwischen deutschen und niederländischen Fußballfans.

b Laut einer Studie charakterisieren junge Holländer die Deutschen vor allen Dingen als tolerant und gesellig.

c Die Holländer sehen sich als geselliger, nüchterner und freundlicher als die Deutschen.

d Die Holländer halten die Deutschen für patriotischer als sich selbst.

e Insgesamt ist das Deutschlandbild jugendlicher Niederländer eher negativ.

f Die holländische Besetzung Deutschlands im Zweiten Weltkrieg beeinflusst immer noch das Deutschlandbild der Niederländer.

g Die Bevölkerungsstärke Deutschlands scheint keine bedeutende Rolle zu spielen.

2 Lesen Sie den Text ‚Gefühlsarme Briten und sentimentale Deutsche‘ auf Seite 167. Wie charakterisieren deutsche Autoren oft die Briten? Geben Sie die Antwort in eigenen Worten.

z.B. In deutschen Büchern sind die Briten oft dürr, haben rote Haare und Sommersprossen ...

3 Lesen Sie den Text ‚Gefühlsarme Briten und sentimentale Deutsche‘ noch einmal. Wie erscheint der Deutsche in britischen Büchern

a vor 1914?
b zwischen 1914 und 1945?
c zwischen 1945 und 1970?
d seit 1970?

4 ▭ Hören Sie sich die Kassette ‚Wo kommen stereotype Bilder her?‘ an. Vier junge Leute, Maria, Klaus, Vreni und Jürgen, versuchen diese Frage zu beantworten. Notieren Sie ihre Antworten.

z.B. **a** Maria – aus der Werbung; aus ...

5 ▭ Hören Sie sich das Interview noch einmal an. Welche der Aussagen unten passen am besten zu welcher Person? Zwei Sätze bleiben übrig.

a „Solche Verallgemeinungen gelten nicht, weil die Menschen in einem Land zu verschieden sind.“

b „Gegen das Bild des ‚lustigen, jodelnden Musikers‘ muss man auch die hohe Selbstmordrate dieses Landes in Betracht ziehen.“

c „Stereotype Bilder sind eigentlich harmlos, weil es nur um Witze geht.“

d „Das Bild kann nicht stimmen, weil kein Schweizer, den ich kenne, exakt und pflichtbewusst ist.“

e „Während viele Leute dem klischeehaften Bild der Pünktlichkeit entsprechen, gibt es auch viele, die eben anders sind.“

Gefühlsarme Briten und sentimentale Deutsche

Briten sind hager, rothaarig und sommersprossig, legen viel Wert auf Disziplin, Fairness und ihren Fünf-Uhr-Tee, nippen gern Sherry und Whisky und reden viel über das Wetter, aber selten über Gefühle. So stereotyp ist das Bild, das deutsche Kinder- und Jugendbuchautoren von ihnen zeichnen.

Dr. Emer O'Sullivan an der Freien Universität Berlin fand diese und ähnliche nationale Stereotype bei der Untersuchung von 395 deutschen und britischen Kinder- und Jugendbüchern aus der Zeit von 1870 bis heute.

Einen erstaunlichen Wandel erlebt das Bild der Deutschen bei den britischen Autoren. Bis zum Ersten Weltkrieg erscheinen sie darin gutmütig, sanft, religiös, sentimental, musik- und naturliebend. Zwischen dem Ausbruch des Ersten und dem Ende des Zweiten Weltkriegs ist das Bild völlig verwandelt: Der Deutsche ist nun in der Regel grausam, grunzt, grölt und schlägt fortwährend die Hacken zusammen. Die meisten deutschen Männer sind fett, blond und blauäugig. Nach dem Zweiten Weltkrieg, als noch immerhin zwei Drittel der untersuchten Texte sich mit dem Thema Krieg befassten, erscheint der Deutsche zunehmend als ebenfalls am Krieg Leidender, und seit Beginn der siebziger Jahre wird er immer weniger mit Krieg und Nazis identifiziert, sondern taucht wieder häufiger als begnadeter, sensibler Musiker auf.

Dr. O'Sullivan ist der Meinung, dass viele Autoren Stereotype benutzen, um Vorurteile abzubauen. Er glaubt, dass die Völker dadurch ihre Eigenheiten gegenseitig tolerieren lernen. Er warnt vor der Alternative: Wenn Autoren nationale Besonderheiten nie darstellen, kann dies zu einer ‚gesichtslosen‘ Internationalisierung führen.

> ■ In britischen Kinderbüchern gibt es viele Klischees vom Deutschen – aber Lederhosen kommen in den untersuchten Texten nur einmal vor, getragen von dieser Bilderbuchkatze.

---

6 🎧 Siehe Self-study Booklet, Seite 28, Übungen 1 und 2.

7 Wo kommen stereotype Bilder Ihrer Meinung nach am häufigsten her? Besprechen Sie das zu zweit oder in der Gruppe. Benutzen Sie die Sätze unten.

8 Schreiben Sie ca. 250 Wörter zum Thema ‚Stereotype können Vorurteile abbauen‘. Benutzen Sie Informationen aus den Artikeln auf den Seiten 166 und 167 sowie Ihre eigenen Ideen und Meinungen.

Kommunikation!

Ideen abwägen

		Vorurteile abbauen (können).
Ich glaube persönlich, dass	Stereotype	Vorurteile bestätigen.
Ich bin der Auffassung, dass	solche Bilder	zu Missverständnissen führen.
Einige sind der Ansicht, dass	solche Klischees	zu größerer Toleranz führen.
Es wird gesagt, dass	diese Ideen	den Groll entfachen.
Es steht (nicht) fest, dass	solche Vorstellungen	das Misstrauen fördern.
Wie kann man wissen, ob	solche Meinungen	positiv wirken (können).
		rassistisch sind.

Brennpunkt *sprach mit drei Deutschen zum Thema* *,Heimat'. Und bekam drei verschiedene Interpretationen.*

Rostbratwurst im grünen Herzen Deutschlands?

Zuerst sprachen wir mit Dieter Kissinger, der in Thüringen, dem ,grünen Herzen Deutschlands', lebt.

Was verstehen Sie unter dem Wort ,Heimat'?

„Der Thüringer hat das Heimatgefühl in sich versteckt. Er entdeckt es erst, wenn es ihn woanders hin verschlägt. Wissen Sie, wie gut nach zwei Wochen Abwesenheit die erste Thüringer Rostbratwurst schmeckt?"

„Aber das Wichtigste ist der Wald. Der hat unsere Mentalität geprägt."

„Hier haben sie Spielzeug produziert – dichtgemacht ... Dort, das war ein Glaswerk – zugemacht ... Hier, die Sargfabrik – in der arbeiten sie noch. Die wirtschaftliche Rezession hat die Industrie zwar kaputt gemacht, aber die meisten ziehen nicht weg. Hier ist ihr Haus, ihr Heimat, egal, was wird."

Buch- und Kinderläden in Frankfurt?

Daniel Cohn-Bendit ist als Sohn deutscher Juden in Frankreich geboren. Er wurde 1968 aus Frankreich ausgewiesen und lebt seitdem in Deutschland.

Seit 1989 heißt es immer wieder, die Deutschen seien auf der Suche nach einer neuen Identität. Wie könnte diese aussehen?

„Das, was in der Fastfood-Gesellschaft an deutscher Identität möglich ist, wird genauso oberflächlich sein. Ich habe nichts gegen die Nation, aber ich wende mich gegen eine massive Renationalisierung der deutschen Identität."

Haben Sie also keine Heimatbedürfnisse?

„Doch, doch. Aus der Studentenbewegung hat sich in Frankfurt eine Subkultur mit Cafés, Buch- und Kinderläden gebildet, in der ich mich zu Hause fühle. Ich könnte genauso gut in ähnlichen Subkulturen in Paris oder New York leben."

„Die jungen Türken und Italiener, die hier in der zweiten oder dritten Generation leben, definieren sich längst auch als Frankfurter, mit all den Lebenserfahrungen, die sie auf den Straßen dieser Stadt gemacht haben."

Die ,kleinere' Heimat einer Sprachminderheit?

Seit Jahrhunderten lebt im Osten von Deutschland eine westslawische Sprachminderheit – die Sorben.* Brennpunkt hat mit dem sorbischen Journalisten Jurij Hagen gesprochen.

War Ihnen die DDR eine Heimat?

„Die ,Heimat-DDR' ist jetzt weg. Und wenn ich diese Bindung an meine ,kleinere' Heimat nicht hätte, würde ich jetzt wahrscheinlich verzweifeln."

Was hat die deutsche Vereinigung den Sorben gebracht?

„Es ist jetzt etwas leichter, sich als Sorbe zu bekennen. Wenn man sich zu DDR-Zeiten seinem Gegenüber als Angehöriger der sorbischen Volksgruppe zu erkennen gab, hatte man immer den Verdacht, dass der andere denkt: Das ist einer von jenen ..."

Was können die Sorben dem wiedervereinigten Deutschland geben?

„Wenn die Sorben eines Tages nicht mehr sind, gäbe es wieder eine Volksgruppe, eine Art, einen Klecks Farbe weniger auf diesem Planeten."

*Die Sorben sind nicht mit den Serben zu verwechseln.

1 Welche der folgenden Aspekte des Themas ‚Heimat' sind für Dieter Kissinger, Daniel Cohn-Bendit und Jurij Hagen besonders wichtig? Machen Sie eine Liste für jede Person und geben Sie jeweils Beispiele. Benutzen Sie dabei den Konjunktiv.

z.B. Dieter Kissinger legt viel Wert auf Landschaft und Umwelt. Zum Beispiel meint er, das Wichtigste sei ...

Freundschaft	Nation
Geburtsort	Sprache
Küche	Subkultur
Kultur	Tradition
Landschaft	Umwelt
Multikultur	Wohnort

2 ▭ Hören Sie sich vier Aussagen zum Thema ‚Nationalgefühl' an. Welche Aussage passt jeweils am besten zu welcher der Aussagen unten? (Eine Aussage bleibt übrig.)

a „ Österreichische Sporterfolge bereiten mir immer viel Freude. Und warum denn eigentlich nicht? "

b „ Auf die österreichische Kunst und Kultur können wir stolz sein. Und mit Recht. Es geht hier nicht um krasses Nationalgefühl. Salzburg ist wegen Musik und Kunst ja weltbekannt. "

c „ Vielleicht bin ich patriotisch. Ich liebe mein Heimatland und könnte nie woanders leben. "

d „ Die Nation, in der ich wohne, ist meine Heimat, aber man hat viele Heimaten: seine Freundschaften, sein Haus, seine Stadt, sein Land, die Welt, alles ... Nicht nur das Land, in dem man wohnt. "

e „ Ich bin nicht nationalistisch. Man kann andere Menschen lieben, aber eine Nation zu lieben ist ja unmöglich und vielleicht auch gefährlich. "

„Es lebe die Nationalmannschaft"

3 ▭ Hören Sie sich fünf Straßeninterviews zum Thema ‚Was macht eine Nation aus?' an. Notieren Sie möglichst viele der Ideen auf Deutsch.

4 Ordnen Sie jetzt Ihre Liste nach Wichtigkeit.

5 Vergleichen Sie dann Ihre Resultate mit anderen in der Gruppe, um eine Gruppendefinition von ‚Nation' zu erarbeiten. Benutzen Sie den Kommunikationskasten.

Kommunikation!

Vergleiche anstellen

Was steht bei dir an erster / zweiter / ... Stelle?
Was sind deine Prioritäten?
Was findest du am wichtigsten?
X ist am wichtigsten.
X ist wichtiger als Y.
X ist weniger wichtig als Y.
X ist nicht so wichtig wie Y.
X ist genauso wichtig wie Y.

Siehe auch Grammatik, Seite 244.

6 ∩ Siehe Self-study Booklet, Seite 28, Übung 3.

7 Schreiben Sie ca. 250 Wörter zum Thema 'Was macht eine Heimat aus?'

4 Deutsche im Ausland

Metzgerei in Südaustralien

Nicht nur in Deutschland spricht man Deutsch. Es gibt drei deutschsprachige Länder in Europa und deutschsprachige Minderheiten in anderen Teilen der Welt, z.B. in den USA, in Russland, in Australien, in Belgien, in Osteuropa …

In Russland und Osteuropa

Vom Mittelalter bis in das 19. Jahrhundert sind Millionen Deutsche nach Mittel- und Osteuropa und Russland ausgewandert. Sie waren damals als Arbeitskräfte und Siedler willkommen.

Im Zweiten Weltkrieg wurden die deutschen Siedler aber sehr unbeliebt. Stalin deportierte Tausende von Russlanddeutschen von der Wolga nach Siberien. Es gab eine massive Vertreibung der Deutschen aus ihren Siedlungsgebieten im heutigen Rumänien, Bulgarien und Polen. Die einheimische Bevölkerung in diesen Ländern und die russischen Soldaten verfolgten und töteten Millionen von deutschen Siedlern aus Rache für den Naziterror. Tausende zogen wegen der Verfolgung nach Deutschland zurück.

Vor 1939 wohnten 18 Millionen Deutsche östlich der heutigen deutschen Grenze. Heute sind es nur noch rund 4 Millionen. Die Russlanddeutschen sind mit etwa 2,5 Millionen die größte Gruppe. An zweiter Stelle liegt Polen mit etwa 1,1 Millionen Deutschen. Dann kommen Rumänien(350 000) und Ungarn (250 000). Viele dieser Aussiedler wollen heute aus finanziellen Gründen nach Deutschland zurückziehen.

Flucht nach Deutschland 1945

1 Welche Zeitungsschlagzeile gehört zu welchem Absatz des Textes links? Ordnen Sie sie zu. Eine Schlagzeile bleibt übrig.

- a **DEUTSCHE BEVÖLKERUNG IN RUSSLAND JETZT 4 MILLIONEN**
- b **Russlanddeutsche suchen einen höheren Lebensstandard in der Bundesrepublik**
- c Deutsche Emigrationswelle dauerte 500 Jahre
- d **VERFOLGUNG UND TOD ALS VERGELTUNG FÜR NAZIBRUTALITÄT**

2 Sind die Sätze unten richtig oder falsch oder gibt es keine Informationen im Text?

- a Über die Jahrhunderte sind Millionen von Deutschen aus wirtschaftlichen Gründen nach Osten ausgewandert.
- b Im Zweiten Weltkrieg wurden Tausende von Russlanddeutschen nach Sibirien ausgewiesen, um sie vor dem Naziterror zu schützen.
- c Deutsche Siedler wurden 1945 als Vergeltung für den von Hitler geführten Krieg aus Osteuropa vertrieben.
- d 1939 lebten wesentlich mehr Deutsche östlich der deutschen Grenze als heute.
- e Die Geburtsrate der Russlanddeutschen steigt allmählich wieder.

3 Was wollen die Russlanddeutschen? Lesen Sie den Lückentext unten. Ergänzen Sie eine Kopie des Textes mit Wörtern aus dem Kasten. Hören Sie sich dann den Radiobericht ‚Was wollen die Russlanddeutschen?' an und überprüfen Sie Ihre Antworten.

- Die Russlanddeutschen schwanken zwischen … in die Bundesrepublik und der … an die Wolga.
- Erstens können sie … bleiben, wo sie seit 1941 wohnen.
- Zweitens können sie in eines der neuen … an der Wolga ziehen.
- Drittens können sie in die … auswandern.
- Wegen der politischen und wirtschaftlichen … in Russland neigen die meisten Russlanddeutschen zu dieser … .
- Ein Beauftragter der … wird den Russlanddeutschen finanzielle Hilfe zusagen.

Auswanderung	Bundesregierung			
Bundesrepublik	Chancen	dort	Heimat	Lage
Möglichkeit	Rückkehr	Siedlungsgebiete		

4 Siehe Self-study Booklet, Seite 28–29, Übungen 4 und 5.

Deutsche in Amerika

Die ersten deutschen Siedler waren 1683 dreizehn protestantische Familien aus dem Rheinland. Als verfolgte Minderheit packten sie vor 300 Jahren all ihre Habseligkeiten und segelten mit Kind und Kegel nach Amerika. Präsident William Penn hatte ihnen dort ein ruhiges Leben versprochen. Am 6. Oktober kamen sie in der Nähe von Philadelphia in

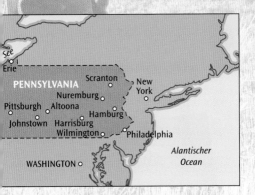

Südostpennsylvanien an und gründeten dort die erste ‚Germantown‘, die heute ein Stadtteil von Philadelphia ist.

Seitdem sind Millionen von Deutschen auch aus politischen und wirtschaftlichen Gründen nach Amerika ausgewandert. Südamerikanische Länder wie Argentinien, Brasilien und Chile sind ebenfalls klassische Auswanderungsländer für Deutsche.

Heute haben 52 Millionen der 220 Millionen US-Bürger deutsche Vorfahren. Damit rangieren die Amerikaner deutscher Abstammung noch vor ihren Landsleuten mit irischen Vorfahren (44 Mio.) und denen mit englischen Ahnen (40 Mio.).

In ihren Dörfern in Pennsylvanien haben die Amish bis heute die

religiöse Strenge und das einfache Leben der ersten deutschen Siedler beibehalten. Sie benutzen keine Autos, keine Elektrizität (stattdessen Paraffinlampen und Pferde-Buggys) und kein Telefon. Ihre Kinder müssen mit 13 die Schule verlassen und auf dem Bauernhof arbeiten . Diese Bauernhöfe sind heute einige der reichsten in Amerika.

---

5 Machen Sie die Übungen 1 und 2 auf Blatt **14.1**, bevor Sie den Text lesen.

6 Lesen Sie den Text oben und die Satzteile unten. Was passt am besten zusammen? (Eine Satzhälfte bleibt übrig.)

z.B. **a** – 4

a	Die ersten deutschen Siedler	**1** ist jetzt ein Stadtteil von Philadelphia.
b	Aus religiösen Gründen	**2** wanderten noch viele Deutsche aus.
c	Die erste deutsche Siedlung	**3** verfolgten protestantische Minderheiten.
d	Millionen von Deutschen	**4** kamen im 17. Jahrhundert nach Amerika.
e	Fast 25% der Amerikaner	**5** behalten die alte Lebensweise bei.
f	Nach Südamerika	**6** haben deutsche Vorfahren.
g	Die Amish	**7** wanderten sie nach Amerika aus.
		8 suchten seitdem ein besseres Leben in Amerika.

7 🔊 Hören Sie sich den Auszug aus der Dokumentarsendung ‚Imigrationswelle‘ an. Sind die Sätze unten richtig oder falsch oder gibt es keine Informationen im Hörtext?

a Um 1900 machten deutsche Einwanderer ca. 10% der amerikanischen Bevölkerung aus.
b Irische Einwanderer bildeten zu dieser Zeit nur 1% der Bevölkerung.
c Es gab damals keine Ausländerfeindlichkeit.
d Viele glaubten, ihre amerikanische Nationalidentität sei in Gefahr.
e Deutschsprachige Schulen wurden von vielen Amerikanern kritisiert.
f Die Immigrationswelle deutscher Katholiken beunruhigte die protestantische Mehrheit in Amerika.
g An sozialen Problemen waren oft die deutschen Einwanderer schuld.
h Für die deutschen Einwanderer kam eine Rückkehr nach Deutschland nicht in Frage.

8 Sie sind Reiseleiter/in. Die anderen in der Gruppe sind deutsche Touristen, die Germantown in Pennsylvanien besuchen. Sie müssen die Geschichte der deutschen Siedler in Amerika erklären. Machen Sie sich detaillierte Notizen zu den folgenden Punkten:

- die ersten deutschen Siedler
- die Amish
- die deutsche Immigrationswelle bis 1900
- Probleme der deutschen Einwanderer

9 Lernen Sie Ihre Erklärung auswendig und tragen Sie sie nur mit Hilfe einiger Notizen vor.

Deutschland und die Welt

Diese Berichte erschienen alle am selben Tag am Ende der 90er Jahre und stellen einen Schnappschuss einer Nation dar.

1

Deutschland und Frankreich treiben EU-Reform voran

Bonn/Paris (dpa) – Frankreich will zusammen mit der neuen deutschen Regierung die Reform der EU voranbringen. Die Bundesregierung müsse bei ihrer Forderung nach einer Verringerung der Beitragszahlungen zu einem generellen Kompromiss bereit sein, sagte der französische Außenminister Hubert Vedrine gestern in Paris.

2

Streit über die NATO

Bonn/Washington – In der Bundesregierung ist Streit ausgebrochen über die Atomwaffen-Strategie der NATO. Verteidigungsminister Scharping bekräftigte, Deutschland werde bei der laufenden Überprüfung der Allianz-Strategie nicht auf einem Verzicht auf einen atomaren Erstschlag bestehen.

3

VERUNSICHERUNG ÜBER PLÄNE DER DEUTSCHEN BANK

Frankfurt/Main – Die Pläne der Deutschen Bank zur Übernahme des US-Investmenthauses Bankers Trust sind von der zuständigen Gewerkschaft mit großer Sorge aufgenommen worden. Die Branchengewerkschaft HBV fürchtet einen weiteren Stellenabbau. Bei der neuen Großbank werde es logischerweise weniger Personal geben, sagte HBV-Vorstand Klaus Carlin.

4

Kein deutscher Sitz im Weltsicherheitsrat in Sicht

New York (dpa) – Die Vollversammlung der Vereinten Nationen hat am Montag in New York beschlossen, nicht vor dem kommenden Herbst über eine Erweiterung des Weltsicherheitsrates abzustimmen. Damit rückt für Deutschland und Japan die Aussicht auf einen ständigen Sitz im höchsten UN-Gremium in die Ferne.

5

ANGST VOR DEM BRITEN-BEEF

Bonn (dpa) – Auf heftige Kritik ist in Deutschland die Weichenstellung der EU-Agrarminister zur Lockerung des Exportverbots für britisches Rindfleisch gestoßen. Als „gesundheits- und verbraucherpolitischen Skandal" wertete der Bund für Umwelt und Naturschutz Deutschlands (BUND) den Ratsbeschluss.

---

1 Wählen Sie für jeden Bericht eine alternative Schlagzeile aus der Liste unten.

a Agrarbeschluss erntet kein Lob
b UN-Macht auf Sand gebaut
c Auseinandersetzungen über Allianz-Strategie
d Inländisches Misstrauen gegenüber Firmenexpansion
e Hoffnung auf erweiterte Rolle in der globalen Politik auf Eis gelegt
f Kooperation wurde abgebremst
g Deutschland tritt nach wie vor für EU-Reform ein

2 Beantworten Sie die Fragen auf Deutsch.

a Was will Deutschland in der EU reduzieren lassen?
b Was hat die Bundesregierung in Bezug auf die NATO-Strategie nicht vor?
c Wozu könnte laut HBV die Übernahme eines US-Investmenthauses führen?
d Wer beschloss über die mögliche Erweiterung des Weltsicherheitsrates?
e Wie empfing Deutschland den Beschluss der EU-Agrarminister?

3 ⌒ Siehe Self-study Booklet, Seite 29, Übung 6.

4  ‚Analyse'. Hören Sie sich die Analyse der deutschen Rolle in den Zeitungsberichten auf Seite 172 an und notieren Sie folgende Meinungen:

a warum Deutschland in eine ‚Führungsrolle' gedrängt werde
b wofür Deutschlands EU-Aktionen ein Zeichen seien
c wofür die Expansion der Deutschen Bank ein Zeichen sei
d was Deutschland in der globalen Politik unternähme
e wofür die deutsche Bewerbung um einen Sitz im Weltsicherheitsrat ein Zeichen sei

5 Lesen Sie noch einmal Ihre Notizen zu Übung 4 und hören Sie sich auch die Analyse noch einmal an. Fassen Sie dann den Hörtext in nicht mehr als 100 Wörtern zusammen.

Ein schwieriges Vaterland

Wir Deutschen neigen offensichtlich zu extremen Gefühlsschwankungen: Entweder strotzend vor Kraft oder winselnd vor Angst. Entweder arrogant oder kleinlaut. Entweder Pickelhaube oder Zipfelmütze. Entweder machtversessen oder ‚machtvergessen'. Früher waren wir die Weltmeister im Bösen; heute streben wir den Spitzenplatz im Guten an. Früher galt die Devise ‚Viel Feind, viel Ehr'; heute ist unser oberstes Gebot, everybody's darling zu sein.

Doch ach, mit Undank wird dies gelohnt; man betrachtet uns keineswegs als moralisches Vorbild. Man erwartet von uns zu Recht, dass wir uns ‚normal' verhalten. Doch was bedeutet das für eine Nation, deren Geschichte so sehr aus dem Rahmen fällt? Wer bei uns für Normalität plädiert, gerät schnell in den Verdacht, die unerfreulichen Kapitel der deutschen Vergangenheit entsorgen zu wollen.

Wer meint, auf Goethe und Beethoven stolz zu sein, muss sich dann aber auch für Buchenwald und Auschwitz schämen. Deutschland ist ein schwieriges Vaterland.

6 In welcher Reihenfolge werden die folgenden Themen im Text ‚Ein schwieriges Vaterland' erwähnt?

a die Distanzierung von den positiven Aspekten der deutschen Geschichte
b der Mangel an Akzeptanz des modernen Deutschlands
c die Belastung der Nazizeit im deutschen Bewusstsein
d der Versuch, eine vorbildliche moderne Nation zu sein
e die angeblichen Widersprüche des deutschen Nationalcharakters

7 Schreiben Sie jeweils einen Satz aus dem Text auf, der die Themen in der Liste a–e oben illustriert.

8 Debattieren Sie in der Gruppe über folgende Frage: Inwieweit ist Deutschland eine ‚normale' Nation?

9 ‚Deutschland ist ein schwieriges Vaterland' – was verstehen Sie unter dieser Aussage? Schreiben Sie anhand der Zeitungsartikel auf Seite 172 und Ihrer Spezialkenntnisse ca. 350 Wörter zu diesem Thema. Erwähnen Sie ...

● Deutschlands wirtschaftliche Stärke
● die Rolle Deutschlands in der EU
● Deutschlands Mitgliedschaft in der NATO
● die Rolle Deutschlands in der UNO
● angebliche Widersprüche der deutschen Nationalidentität

Benutzen Sie die Brennpunkt-Website und/oder das Internet, um aktuelle Berichte zu den Aufsatzthemen zu recherchieren.

„Grundlage der deutschen Außenpolitik bleibt die dauerhafte Verankerung der Bundesrepublik im Kreis der freiheitlichen Demokratien, ihre Mitgliedschaft in der EU und in der NATO, die Stabilisierung und Unterstützung des Reformprozesses in Mittel- und Osteuropa, verantwortungsvolle Mitwirkung in der UNO und die Partnerschaft mit den Entwicklungsländern."

die Bundesregierung

„Die Bundeswehr ist eine reine Verteidigungsarmee."

BOSNIEN 1997

Am 5. Februar 1997 rückte die Bundeswehr nach Bosnien vor. Deutschland nahm jetzt wie alle übrigen 35 Staaten, die Soldaten nach Bosnien-Herzegowina geschickt hatten, mit allen Pflichten und Aufgaben an der neuen NATO-Friedenstruppe teil.

Der relative Erfolg der Ifor-Mission (‚Implementation Force') des Vorjahrs im Ganzen und des deutschen Anteils im Besonderen hatte die bisher niedrige Akzeptanz in Deutschland für die Beteiligung der Bundeswehr an der internationalen Friedenstruppe auf dem Balkan signifikant erhöht.

Was wegen der unguten Assoziationen mit dem Zweiten Weltkrieg noch Anfang der 90er Jahre unmöglich schien, war inzwischen Normalität geworden und wurde von einer Mehrheit der Deutschen auch gut geheißen: Deutsche Soldaten tun Dienst als Friedenstruppen in Bosnien – mit derselben Autorität und dem gleichen Risiko wie ihre Kameraden aus den anderen NATO-Ländern.

Am 5. Februar kam die Bundeswehr in Bosnien an. Nicht alle Deutsche waren sich darin einig, dass das wiedervereinigte Deutschland ‚ein Stück reifer geworden' sei.

JUGOSLAWIEN 1999

Nach dem Scheitern der Verhandlungen im März 1999 zwischen der jugoslawischen Regierung und den Kosovo-Albanern um eine mögliche Autonomie für die Provinz Kosovo bombardierten NATO-Flugzeuge Jugoslawien. Ziel der Aktion: die Kosovo-Albaner vor der anhaltenden ethnischen Säuberung durch die jugoslawische Armee zu schützen. Die

Tornado der Bundesluftwaffe auf dem Balkan 1999

Bundesluftwaffe war daran beteiligt. War das wiedervereinigte Deutschland noch ‚ein Stück reifer geworden'?

1 Vervollständigen Sie die folgenden Sätze im Sinne der Texte oben und links. Vorsicht! Sie brauchen manchmal nur ein einziges Wort dafür.

z.B. **a** Es gab 1997 eine deutsche Beteiligung an **der internationalen Friedenstruppe für Bosnien-Herzegowina**.

a Es gab 1997 eine deutsche Beteiligung an …

b Die deutschen Soldaten hatten die gleichen Pflichten und Aufgaben wie …

c Die Akzeptanz dieser Beteiligung wurde durch den relativen Erfolg der früheren Ifor-Mission …

d Wegen der belasteten deutschen Geschichte hielt man noch Anfang der 90er Jahre einen solchen Einsatz für …

e Es war jedoch nur eine Minderheit der Deutschen 1997 …

f Die NATO-Angriffe gegen Jugoslawien 1999 sollten …

2 🔊 Lesen Sie die Sätze unten. Hören Sie sich dann die Nachrichtensendung ‚Luftangriffe gegen Jugoslawien' an und korrigieren Sie die falschen Sätze in der Liste unten.

z.B. **a** Die Luftangriffe gegen Jugoslawien im März 1999 bedeuteten für die Bundesluftwaffe den ersten Kampfeinsatz **überhaupt**.

a Die Luftangriffe gegen Jugoslawien im März 1999 bedeuteten für die Bundesluftwaffe den ersten Kampfeinsatz seit zwanzig Jahren.

b Das Risiko für deutsche Piloten war relativ gering.

c Die Bundesregierung beschloss, die Beteiligung deutscher Truppen am Kampfeinsatz solle humanitären Zwecken dienen.

d Die Luftoperationen sollten unbegrenzt sein.

e Ein etwaiger Einsatz von Bodentruppen im Kosovo sollte nur unter bestimmten Umständen stattfinden.

Von der jugoslawischen Armee vertriebene Kosovo-Albaner

Deutschlands letzter Krieg

NATO-Luftangriffe auf Jugoslawien März 1999

Seit dem Fall der Berliner Mauer nimmt nun die NATO ihre Funktion als gewaltsame „Vertriebsagentur für Demokratie, Marktwirtschaft und Stabilität" zunehmend uneingeschränkt wahr. Was der NATO recht ist, kann der Bundesrepublik in Zukunft nur billig sein. Bundeskanzler Schröder hat eine Ära der Nichteingriffspolitik beendet und

ist dazu übergegangen, Deutschland außenpolitisch auf Konfrontationskurs zu bringen.

Die Deutschen ziehen in den Krieg gegen Jugoslawien, der wie jeder Krieg ein gerechter sein muss. Wie in jedem Krieg kennen die Medien kein Halten mehr, wenn es um die Entmenschlichung des Gegners geht; wie in jedem

Krieg werden Kriegsgegner für verrückt erklärt; wie in jedem Krieg sind die Helden unsere Soldaten, unser Wehrminister, unsere Fliegerasse.

Deutschland führt wieder einen Angriffskrieg. Es dürfte Deutschlands letzter Krieg sein – zumindest im 20. Jahrhundert.

Andreas Spannbauer, März 1999

3 Schreiben Sie mit eigenen Worten jeweils einen Satz, um zu zeigen, dass Sie Andreas Spannbauers Kommentare zu den folgenden Punkten verstanden haben. Sie dürfen Wendungen von nicht mehr als fünf Wörtern aus dem Text abschreiben. Längere Wendungen müssen Sie adaptieren.

z.B. **a** Andreas Spannbauer meint, die NATO nähme ihre Funktion als Verfechter der Demokratie, der Marktwirtschaft und der Stabilität in der Welt zunehmend wahr.

a die Funktion der NATO

b das Verhältnis zwischen der Bundesrepublik und der NATO

c die Zäsur in der deutschen Außenpolitik

d die Reaktion von Fernsehen und Presse zum Kampfeinsatz

4 Siehe Self-study Booklet, Seite 29, Übung 7.

5 **Rollenspiel**
Machen Sie das Rollenspiel auf Blatt **14.2** .

6 Schreiben Sie einen Brief von mindestens 350 Wörtern an eine Zeitung, in dem Sie für oder gegen eine deutsche Beteiligung an künftigen internationalen Kampfeinsätzen argumentieren. Sie könnten folgende Punkte in Betracht ziehen:

● die Grundlage der deutschen Außenpolitik
● die Last der deutschen Vergangenheit
● die Akzeptanz in Deutschland von Auslandseinsätzen
● die Rolle Deutschlands innerhalb der NATO

PRÜFUNGSTRAINING

Wie bereitet man sich auf die Prüfung vor?
Siehe Blatt **14.3** .

WUSSTEN SIE SCHON ...?

● In Deutschland besteht die allgemeine Wehrpflicht – für Männer. Frauen stehen Laufbahnen nur im Sanitäts- und Musikdienst offen.

● Die Personalstärke der Bundeswehr betrug um die Jahrtausendwende ca. 340 000 Soldaten.

● Die Bundesrepublik stellte im Jahr 2000 das größte konventionelle Truppenkontingent der NATO in Europa.

14 Grammatik: komplizierte Satzbildung

Siehe auch Grammatik, Seite 247.

Textbeispiel

– Wenn die Sorben eines Tages nicht mehr sind, **gäbe es wieder eine Volksgruppe, eine Art, einen Klecks Farbe weniger auf diesem Planeten.**

Die fett gedruckten Wörter im Satz oben bilden den Hauptsatz. Dieser Satz ist unabhängig. Er könnte allein stehen und immer noch eine Bedeutung haben: **Es gäbe wieder eine Volksgruppe, eine Art, einen Klecks Farbe weniger auf diesem Planeten.**

Textbeispiele

– **Wenn man sich zu DDR-Zeiten seinem Gegenüber als Angehöriger der sorbischen Volksgruppe zu erkennen gab**, hatte man immer den Verdacht, dass der andere denkt: Das ist einer von jenen …

– Aufgeschreckt hatte bereits in den 90er Jahren eine Umfrage unter 1800 niederländischen Jugendlichen zwischen 15 und 19 Jahren, **die kurz nach den fremdenfeindlichen Krawallen in Rostock erstellt wurde**.

Die fett gedruckten Wörter in den Sätzen oben bilden Nebensätze. Ihre Bedeutung ist vom Hauptsatz abhängig. Sie können nicht allein stehen und immer noch eine Bedeutung haben.

▷ **Wie wird jeder Nebensatz vom Rest des Satzes getrennt?**

▷ **Wie ist die Wortstellung in den zwei Nebensätzen?**

▷ **Welcher der zwei Nebensätze ist ein Relativsatz?**

Kassettenbeispiel

– Die am 25. März 1999 einsetzenden NATO-Luftangriffe gegen Jugoslawien, an denen sich 14 deutsche Tornados beteiligten, **bedeuteten** für die Bundeswehr den ersten Kampfeinsatz überhaupt.

Die Wortstellung im Hauptsatz oben ist ganz normal. Ein Nebensatz unterbricht den Hauptsatz, stört aber die Wortstellung nicht. Das Verb steht auf dem zweiten Platz. Alles, was vor dem Hauptverb steht, gilt gemeinsam als ‚erste Idee'.

Textbeispiel

– Es liegt auch zum Teil daran, dass die 5 Millionen Niederländer, die 81 Millionen Deutschen gegenüberstehen, noch immer vom ‚Kanada-Syndrom' befallen sind, einer Art Minderwertigkeitskomplex gegenüber dem gigantischen Nachbarn.

Auch Nebensätze können von anderen Nebensätzen unterbrochen werden. Die normale Wortstellung des unterbrochenen Nebensatzes (d.h. Verb am Ende) wird dadurch nicht beinflusst.

PRÜFUNGSTRAINING

Komplizierte Texte verstehen

Manchmal sind sehr lange deutsche Sätze etwas schwierig zu lesen, wenn sie viele Nebensätze enthalten. In diesem Fall gehen Sie so vor:

● Stellen Sie fest, welche Sätze zusammengehören. Unterstreichen Sie sie und/oder benutzen Sie Klammern.

   z.B. [Die jungen Türken und Italiener], die hier in der zweiten oder dritten Generation leben, [definieren sich längst auch als Frankfurter, mit all den Lebenserfahrungen], die sie auf den Straßen dieser Stadt gemacht haben.

● Unterstreichen Sie alle Relativpronomen und Wörter wie **damit**, **daran** usw.

   z.B. Es liegt auch zum Teil daran, dass die 5 Millionen Niederländer, die 81 Millionen Deutschen gegenüberstehen, noch immer vom ‚Kanada-Syndrom' befallen sind, einer Art Minderwertigkeitskomplex gegenüber dem gigantischen Nachbarn.

● Stellen Sie dann fest, auf welches Hauptwort sich diese Wörter beziehen, z.B. **daran** bezieht sich hier auf den Inhalt des ganzen Nebensatzes; **die** bezieht sich auf **die 5 Millionen Niederländer**.

ÜBUNGEN

Machen Sie zuerst die Grammatikübungen auf Blatt **14.4**.

▱ Weitere Grammatikübungen finden Sie auf der Brennpunkt-Website: http://www.brennpunkt.nelson.co.uk

a Notieren Sie zehn Beispiele komplizierter Satzbildung aus den Texten in diesem Buch. Benutzen Sie die analytische Technik im Prüfungstraining oben, die Ihnen beim Verständnis hilft.

b Notieren Sie fünf weitere komplizierte Sätze und versuchen Sie, jeweils eine alternative Satzkonstruktion zu finden, bei der die Bedeutung des Satzes nicht verändert wird.

   z.B. Wenn man sich zu DDR-Zeiten seinem Gegenüber als Angehöriger der sorbischen Volksgruppe zu erkennen gab, hatte man immer den Verdacht, dass der andere denkt: Das ist einer von jenen …

   ➔

   Man hatte immer den Verdacht, dass der andere denkt: Das ist einer von jenen … , wenn man sich zu DDR-Zeiten seinem Gegenüber als Angehöriger der sorbischen Volksgruppe zu erkennen gab.

15 Es liegt an uns

Inhalt

1 Sehen Sie sich die Karikatur oben an. Welche positiven Erfindungen der modernen Welt prophezeit Nostradamus? Nennen Sie mit Hilfe eines Wörterbuchs so viele wie möglich.

2 Tragen Sie gern Verantwortung? Machen Sie die Umfrage auf Blatt **15.1** .

Das Ende des

Noch immer werden in der Bundesrepublik jährlich 2,5 Millionen Wirbeltiere zu Versuchszwecken für den medizinischen Fortschritt ‚verbraucht'. Zum Wohl des Menschen sterben vor allem Mäuse (800 000 pro Jahr) und Ratten (500 000

Für Tierversuche

„Tatsache ist, dass viele, wenn nicht sogar alle Erkenntnisse über Entstehung und Verlauf von Krankheiten, Operationstechniken, medizinische Geräte, Diagnosemethoden sowie Arzneimittel aus Tierversuchen resultieren. Ein gutes Beispiel ist die Bekämpfung der Diphtherie, an der noch 1892 in Deutschland 50 000 Kinder und Jugendliche starben, die aber heute praktisch ausgerottet ist, nachdem Emil von Behring Ende des 19. Jahrhunderts ein Antitoxin an Meerschweinchen entwickelte.

Häufig wendet man ein, dass auch nach Tierversuchen Nebenwirkungen nicht auszuschließen sind. Dies ist jedoch eher ein Argument **für** Tierversuche. Eine ganzheitliche Medizin ist nicht an Zellkulturen oder Computersimulationen testbar, und eine Erprobung am lebenden Organismus, der mehr ist als nur die Summe seiner Organe, ist nach wie vor unerlässlich.

Einige Daten zu Ratten und Mäusen: Schätzungen zufolge sind die etwa 5 600 000 domestizierten Katzen in der BRD verantwortlich für ca. 100 000 000 getötete Ratten und Mäuse im Jahr. Bei medizinischen Versuchen werden dagegen nur 1 300 000 Ratten und Mäuse pro Jahr verwendet.

Es stimmt auch nicht, dass Versuchstiere durch die Tests gestresst werden. Stress in der Versuchstierhaltung verbietet sich von selbst, da hierdurch Versuchsergebnisse verfälscht werden."

Verena Roth

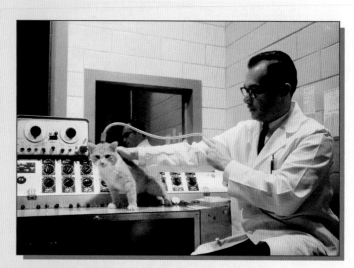

1 Lesen Sie den Artikel und finden Sie Wörter oder Ausdrücke, die zu den folgenden Definitionen oder Synonymen passen.

z.B. **a** generell

a im Allgemeinen
b Vertebraten
c kleine zu untersuchende Stücke aus dem Körper
d Reagenzglasverfahren
e neulich
f Technik, bei der Bruchstücke der Erbsubstanz isoliert werden
g moralisch zu rechtfertigen
h Medikamente

2 Lesen Sie den Artikel noch einmal. Füllen Sie eine größere Kopie des Rasters aus. Versuchen Sie mit eigenen Worten, möglichst für jedes Argument ein Gegenargument zu finden.

Pro	Kontra
Viele, wenn nicht sogar alle medizinischen Erkenntnisse resultieren aus Tierversuchen.	Eine vernünftige Lebensweise beeinflusst unsere Gesundheit wesentlich stärker als durch Tierversuche entwickelte Medikamente.

Versuchskaninchens?

pro Jahr), aber auch Meerschweinchen, Kaninchen, Affen, Schweine, Hunde und Katzen. Viele Tests sind gesetzlich vorgeschrieben, obwohl sie durch Alternativverfahren ersetzt werden könnten.

Brennpunkt *interviewte zwei Wissenschaftler zum Thema ‚Tierversuche'.*

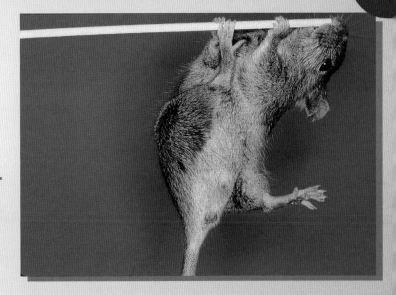

Gegen Tierversuche

„Es ist unvorstellbar, wie die sich zivilisiert nennenden Industrienationen mit diesen ärmsten der Tiere umgehen. Die Wissenschaftler betonen immer wieder, dass es sich bei Versuchstieren ja fast immer ‚nur' um Ratten und Mäuse handeln würde, um ‚Ekeltiere' und ‚Schädlinge' also, die auch sonst gnadenlos gejagt, vergiftet oder erschlagen werden dürfen. Die hemmungslose Ausbeutung der Tiere geht in jüngster Zeit so weit, dass Mäuse im Rahmen der Gentechnologie in ihrem Erbgut verändert werden, damit sie zwangsläufig Krebs, AIDS und andere Krankheiten des Menschen bekommen.

Das Ergebnis eines Tierversuchs gilt generell nur für das eingesetzte Versuchstier und das getestete Präparat oder den überprüften Eingriff. Ohne Zweifel gibt es viele Beispiele, bei denen eine bestimmte Tierart und der Mensch auf eine chemische Substanz vergleichbar reagieren, aber es gibt ebenso

viele Beispiele, bei denen sich bei Mensch und Tier völlig unterschiedliche Wirkungen zeigen.

In fast allen Bereichen der Medizin werden zunehmend Studien mit *in vitro*-Methoden durchgeführt. Dabei geht es um Untersuchungen mit schmerzfreier Materie in Form von Mikroorganismen, Gewebeproben und Zellmaterial in Nährlösung. Geeignete *in vitro*-Methoden sind aussagekräftiger, reproduzierbarer, billiger und rascher durchzuführen als Tierversuche und vor allem ethisch vertretbar.

Seit Jahrtausenden ist bekannt, dass der Mensch seine Krankheiten zu einem erheblichen Maß selbst verursacht. Eine vernünftige Lebensweise beeinflusst unsere Lebenserwartung wesentlich stärker als alle nur möglichen tierexperimentell entwickelten Medikamente."

Rainer Koch

3 ∩ Siehe Self-study Booklet, Seite 30, Übung 1.

4 ▣ Hören Sie sich die Kassette ‚Bremen kontra Tierversuche' an. Beantworten Sie die Fragen unten.

  a Was ist das Ziel des Bürgerantrags?
  b Inwieweit wurde die Aktion von der Bürgerschaft unterstützt?
  c Welche Experimente sind besonders umstritten?
  d Inwieweit wurde die Aktion bundesweit unterstützt?
  e Wie reagierten Extremisten auf die Arbeiten an der Universität?
  f Welche Sicherheitsmaßnahme musste getroffen werden?
  g Wie hat die Wissenschaftsbehörde die Versuche begrenzt?

5 Arbeiten Sie jetzt zu zweit. Eine Person ist Wissenschaftler/in und unterstützt Tierversuche, die andere Person ist Mitglied der Vereinigung ‚Ärzte gegen Tierversuche'. Führen Sie eine Diskussion zum Thema ‚Tierversuche – wo liegt unsere Verantwortung?'.

6 Schreiben Sie einen Brief von ca. 350 Wörtern an eine Zeitschrift, in dem Sie Ihre Meinung zu Tierversuchen vertreten. Sie dürfen Ausdrücke aus den Originaltexten von nicht mehr als sechs Wörtern abschreiben. Längere Ausdrücke müssen Sie adaptieren.

Einstieg in das Gen-Food-Zeitalter?

Kennt noch jemand den Butterfinger – diesen klebrig-süßen Schokoriegel mit ganz viel Erdnussbutter drin? Er sollte unseren heimischen Markt aufmischen, das erste Produkt in deutschen Läden, das genmanipulierten Mais enthielt, zu akzeptieren. Der 'Kult-Riegel' aus den USA sollte nicht nur das richtige Häppchen zwischendurch für alle sein, die trendy und hip sind. Der Butterfinger sollte den Deutschen vor allem den Einstieg in das Gen-Food-Zeitalter versüßen.

Doch Gentech als Werbegag zog einfach nicht. Gekauft haben den Butterfinger nur relativ wenige. Inzwischen hat ihn Nestlé zurückgezogen. Ist der Genkrieg also entschieden?

Bereits Mitte der 90er Jahre ging ein Riss durch idyllische Orte wie Wallerfing in Niederbayern, weil in den Gemeinden erstmals gentechnisch präparierte Rüben angebaut werden sollten. Durch die Genmanipulation wurden ertragreiche Pflanzen ver- sprochen, denen Kälte, Hitze, Krankheiten, Unkrautvernich- tungsmittel oder salziger Boden nichts anhaben können. Die Bauern waren in zwei Lager gespalten. Was sollte auf den Äckern gedeihen – mutierte Monster oder optimierte Nutz- pflanzen? Doch viele, deren Rüben seit Jahren durch einen Virus geschädigt wurden, glaubten an die genmanipulierten Rüben. „Die Rübe ist so krank wie nie. Jetzt hilft nur noch die Gentechnologie", hieß es damals ganz plakativ.

Der Verbraucher wurde und wird immer noch beruhigt, die Manipulierung der Natur sei nichts Neues: „Es ist nicht ganz richtig, wenn man meint, durch die Gentechnik werde erstmalig in die Natur eingegriffen. Alles, was der Mensch heute und schon seit Jahrtausenden tut, wie beispiels- weise die Züchtung von Nutz- pflanzen oder die Domestizierung von wilden Tieren, hat unsere Natur grundlegend verändert."

Inzwischen sind sich die Wissen- schaftler über Gen-Food nicht mehr einig. Viele Ärzte und Mediziner sind besorgt über den Einsatz von Antibiotika-Resistenzen im Gen-Mais. Laut einer Umfrage der Internationalen Gesellschaft für Chemotherapie hielten 75 Prozent der Wissenschaftler das Risiko für inakzeptabel. Lediglich zwei Prozent der befragten Wissenschaftler hielten den Mais für sicher.

Im Supermarkt lassen die Ver- braucher Genprodukte lieber vergammeln (sofern ein Genprodukt dazu in der Lage wäre). Einige Hersteller fürchten wohl Imageverluste, wenn sie weiter Genprodukte feilbieten.

Schon vor der Jahrtausendwende hatten verschiedene Unternehmen in Deutschland, Österreich und der Schweiz angekündigt, bei der Produktion ihrer Eigenmarken auf genveränderte Soja- und Mais- zusätze zu verzichten.

1 Lesen Sie den Text auf Seite 180. Sind die folgenden Sätze richtig oder falsch? Korrigieren Sie die falschen Sätze.

a Der Butterfinger sollte den Weg ins Gen-Food-Zeitalter bahnen.

b Der Gentech-Schokoriegel fand begeisterten Absatz.

c In den 90er Jahren gab es Zwietracht unter deutschen Bauern um die genmanipulierten Rüben.

d Viele Bauern begrüßten die eingebaute Virus-Resistenz der neuen Gen-Rüben.

e Der Verbraucher wurde beruhigt: Die Gentechnik stelle keinen Eingriff in die Natur dar.

f Laut einer Studie befürwortete die Mehrheit der befragten Wissenschaftler den Einsatz von genmanipuliertem Mais.

g Verschiedene Unternehmen in Deutschland, Österreich und der Schweiz lehnten einen Verzicht auf genveränderte Soja- und Maiszusätze in ihren Eigenmarken ab.

2 Fassen Sie den Text ‚Einstieg in das Gen-Food-Zeitalter?' zusammen. Benutzen Sie nicht mehr als 150 Wörter.

Einige Webseiten befürworten das Gen-Food

3 📼 Hören Sie sich die Kassette ‚Genpanik?' an, in der Jugendliche über Gentechnologie sprechen. Welche Vor- und Nachteile dieser Technologie werden erwähnt? Machen Sie zwei Listen.

Vorteile	Nachteile
Man könnte die ganze Landwirtschaft revolutionieren.	

4 Siehe Self-study Booklet, Seite 30, Übung 2.

5 Sehen Sie sich Blatt **15.2** an und erklären Sie einem Deutschsprachigen, was in der englischsprachigen Zeitung steht.

6 Stellen Sie sich vor, Sie seien eine/r der Jugendlichen auf der Kassette ‚Genpanik'. Benutzen Sie die Ausdrücke unten, um mit einem Partner / einer Partnerin über Gentechnologie zu diskutieren.

Kommunikation!

Wie man seine Meinung rechtfertigt

Tatsache ist (doch), dass …
Die Tatsachen/Fakten/Statistiken sprechen dafür, dass …
Studien haben gezeigt, dass …
Es lässt sich nicht bestreiten, dass …

7 Recherchieren Sie Informationen und Artikel zum aktuellen Stand der Gen-Food-Debatte und schreiben Sie einen Aufsatz von 350 Wörtern zum Thema ‚Ist der Gen-Krieg entschieden?'.

Tipp: Benutzen Sie die Brennpunkt-Website und/oder das Internet, um aktuelle Berichte zu den Aufsatzthemen zu recherchieren: http://www.brennpunkt.nelson.co.uk

GRAMMATIK

SATZANFÄNGE
Siehe Blatt **15.3**.

Ein Schritt vor und zwei zurück

WIRD DER MENSCH ÜBERFLÜSSIG?

Selbst in den Science-Fiction Filmen der 80er und 90er Jahre hatten seelenlose Roboter noch menschliche Gestalt. Die utopischen Maschinenwesen haben sich in der Realität inzwischen in freundliche, wenn auch seelen- und gesichtslose Helfer verwandelt, die dem Menschen schwere und gefährliche Arbeit abnehmen und seine Gesundheit schützen. Der elektronische Kollege arbeitet ständig so gut wie früher der beste Arbeiter an seinem besten Tag und, was nicht zu vergessen ist, verlangt dabei keinen Lohn, keine Mittagspause und keinen Urlaub. Kein Wunder, dass die Nachfrage nach den ‚stummen Dienern' der Industrie explosionsartig zunimmt.

Frithjof Bergmann, Direktor des Zentrum ‚Neue Arbeit', hält den Vormarsch der Technologie für unerlässlich: „Als arbeitssparende Technologie die Landwirtschaft neu strukturierte, begannen viele verdrängte Landarbeiter in städtischen Fabriken zu schuften. ▶

Kein Lohn, keine Mittagspause, kein Urlaub

---

1 Lesen Sie den Artikel und suchen Sie im Text vier Synonyme für **Roboter**.

  a d _ _ u _ _ _ _ _ _ _ _ _ _ M _ _ _ _ _ _ _ _ _ _ _ _
  b d _ _ e _ _ _ _ _ _ _ _ _ _ K _ _ _ _ _ _
  c d _ _ s _ _ _ _ _ _ D _ _ _ _ _
  d d _ _ a _ _ _ _ _ _ _ _ _ _ S _ _ _ _ _ _

2 Ergänzen Sie folgende Sätze, um zu zeigen, dass Sie die Informationen im Text verstanden haben. Achten Sie auf die Satzkonstruktion!

  a Die Industrieroboter sollen dem Menschen die Arbeit erleichtern, indem ...
  b Die Nachfrage nach den Industrierobotern nimmt explosionsartig zu, weil ...
  c Der Verlust an Arbeitsplätzen in der Landwirtschaft war eine Folge ...
  d Die Automation in der Industrie führte auch zu ...
  e In der Dienstleistungsbranche verschwinden auch jetzt Arbeitsplätze wegen ...
  f Laut Manfred Schweizer ersetze der Industrieroboter den Menschen angeblich nur ...
  g Unentbehrlich ist der menschliche Kollege, wo ...
  h Der Industrieroboter ist immer noch vom Menschen abhängig, weil ...

3 📼 Hören Sie sich die Kassette ‚Der Traum vom humanoiden Roboter' an und notieren Sie die folgenden Informationen.

  a der Rückstand zwischen Deutschland und Japan in der Roboterforschung
  b die möglichen Funktionen eines künftigen humanoiden Serviceroboters
  c der Grund zu seiner Entwicklung in Japan
  d die aufmerksame Fähigkeit des Roboters ‚Honda-Mann'
  e die Schwäche des deutschen Roboters ‚Bisam'
  f die Stärke der sechsbeinigen deutschen Roboter ‚Katharina' und ‚Lauron'
  g das Ziel der amerikanischen Roboterforschung

Als später dann die Automation Industriearbeitsplätze wegrationalisierte, kam ein großer Teil der Erwerbsarbeitskräfte im Dienstleistungssektor unter. Jetzt, wo Hochtechnologie eine Menge von Jobs in der Dienstleistungsbranche überflüssig macht, stehen arbeitsfähige Menschen einer unhaltbaren Zwangslage gegenüber.

Die Tatsache, dass so viele Menschen härter arbeiten und weniger verdienen und dass so viele häufig überarbeitet, während andere arbeitslos sind, sprechen dafür, dass irgendetwas ernsthaft nicht in Ordnung ist."

Die Befürchtung, dass die automatischen Sklaven den Menschen allmählich überflüssig machen, setzt Manfred Schweizer vom Fraunhofer-Institut für Produktionstechnik und Automatisierung in Stuttgart entgegen: „Roboter werden die Arbeitswelt zwar verändern, sie werden die Arbeit jedoch nicht abschaffen können. Roboter werden nur dort eingesetzt, wo monotone Arbeiten zu verrichten sind. Überall, wo auch nur Ansätze zur Kreativität gebraucht werden, haben Roboter nichts zu bestellen. Außerdem braucht ein Roboter den Menschen zur Programmierung, Wartung und Instandhaltung."

Die utopischen Maschinen?

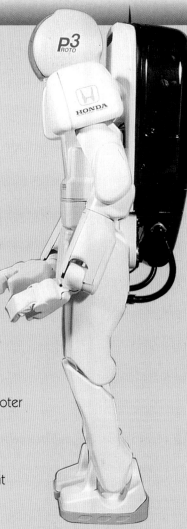

Vorsicht Stufe! – Honda-Mann 1999

4 Machen Sie sich jetzt mit Hilfe eines Wörterbuchs ein Brainstorming in der Gruppe. Was sind die positiven und negativen Auswirkungen von Technik, Forschung und Wissenschaft auf unser Zeitalter? Füllen Sie eine Kopie dieser Tabelle aus.

Entdeckung/ Erfindung	Positive Folgen	Negative Folgen
die Kernkraft	eine leistungsfähige Energiequelle	Strahlenverseuchung; Kernwaffen
die Weltraumfahrt das Internet Industrieroboter die Gentechnologie usw.		

5 Diskutieren Sie jetzt zu zweit über die verschiedenen Entdeckungen und Erfindungen in Ihrer Tabelle und wägen Sie jeweils die Vor- und Nachteile ab. Gibt es Entdeckungen oder Erfindungen, auf die wir lieber verzichten sollten?

6 Siehe Self-study Booklet, Seite 30, Übung 3.

7 Brennpunkt!
Schreiben Sie einen Aufsatz von 350 Wörtern zum Thema ‚Mit dem Fortschritt ist auch unweigerlich ein Schritt zurück verbunden'. Benutzen Sie Ideen und Ausdrücke von Seite 178–183. Siehe auch ‚Zum Lesen', Seite 214–216.

Macht über Leben und Tod
Der Gipfel des Fortschritts?

In Deutschland ist die aktive Sterbehilfe – ärztliche Tötung auf Verlangen des Patienten – verboten. Die passive Sterbehilfe – Unterlassung der lebensverlängernden Maßnahmen – ist dagegen bereits erlaubt. Ebenso gestattet ist die indirekte Sterbehilfe – effektive Schmerzlinderung, die den vorzeitigen Tod des Schwerkranken in Kauf nimmt.

In den Niederlanden wird die aktive Sterbehilfe praktiziert. Obwohl auch dort kein Sterbehilfegesetz besteht, das die Euthanasie erlaubt, wird von der Strafverfolgung der ‚Todesärzte' abgesehen, solange sie sich nach einem strengen Kriterienkatalog richten:

● Der Todeskandidat muss seinen Wunsch zu sterben unbeeinflusst und bei klarem Bewusstsein wiederholt erklärt haben.

● Sein Leiden muss unerträglich und durch keinerlei medizinische Maßnahmen zu lindern sein.

● Vor dem Euthanasieakt soll der Arzt einen Kollegen zu Rate ziehen und schließlich, nach vollbrachter Tat, den Justizbehörden einen Fallbericht zusenden.

Anfänglich wurde die Euthanasiepraxis der Niederlande als pragmatisch und human gelobt, doch viele Kritiker halten sie jetzt für ein missglücktes und gefährliches Experiment, das den Arzt zum Henker machen kann.

Umfragen zufolge befürworten rund 70 Prozent der Deutschen eine Liberalisierung der Sterbehilfe wie in Holland. Doch bei den ▶

1 Lesen Sie den Text und beantworten Sie die folgenden Fragen mit eigenen Worten. Sie dürfen Sätze und Ausdrücke von nicht mehr als sechs Wörtern aus dem Text abschreiben. Längere Ausdrücke müssen Sie adaptieren.

a Erklären Sie den Unterschied zwischen aktiver und passiver Sterbehilfe.
b Unter welchen Umständen erlaubt Holland die Euthanasie?
c Was haben Befürworter und Gegner der Euthanasie gemeinsam?
d Nennen Sie zwei Gründe, warum die Euthanasie in Deutschland ein besonders heikles Thema ist.
e Was für einen Vergleich zieht Brunhilde Dietrich zwischen alten Menschen und Tieren?

2 🔊 Hören Sie sich die Kassette ‚Sterbehilfe im Dritten Reich' an. Notieren Sie die folgenden Informationen vom Band.

a wann der Nazistaat anfing ‚unheilbar Kranke' zu töten
b wer als ‚unheilbar Kranker' galt
c wie Hitlers Regierung diese Menschen bezeichnete
d wohin diese Menschen allmählich gebracht wurden
e wie viel sie über Ziel und Grund des Transports wussten
f wie viele Behinderte von Naziärzten getötet wurden

3 Fassen Sie jetzt anhand Ihrer Notizen von Übung 2 den Hörtext ‚Sterbehilfe im Dritten Reich' zusammen.

4 🔊 Hören Sie sich die Kassette ‚Gnadentod oder Mord?' an. Ergänzen Sie dann die folgenden Sätze.

a Jeder alte Mensch sollte ...
b Die Medizin sollte leidenden Menschen helfen ...
c Entscheidungen über Leben und Tod ...
d Es fragt sich, ...
e Viele Todkranke würden lieber ...
f Bei Patienten, deren Leben unerträglich ist, ...

5 Vergleichen Sie Ihre Antworten zu Übung 4 mit denen eines Partners / einer Partnerin. Welchen Aussagen stimmen Sie persönlich am meisten zu? Besprechen Sie das Thema ‚Sterbehilfe' zu zweit.

WUSSTEN SIE SCHON ...?

● Das Wort **Euthanasie** kommt aus dem Griechischen und bedeutet ‚schöner Tod'.

● 1939 starb der weltberühmte Psychoanalytiker Sigmund Freud friedlich in seinem Schlaf, nachdem sein Arzt auf Freuds Bitte dem an Krebs leidenden Todkranken eine Überdosis Morphium injizierte.

Deutschen geriet die aktive Sterbehilfe in Verruf, seit im Zweiten Weltkrieg Naziärzte Euthanasie als Tarnbezeichnung für den Massenmord an Behinderten missbrauchten.

Heute werfen sich in der Bundesrepublik Befürworter und Gegner der Euthanasie gegenseitig Menschenverachtung vor. Die einen malen sich aus, wie immer mehr Menschen am Ende ihrer Tage gegen ihren erklärten Willen statt länger am Leben nur noch länger am Sterben gehalten werden. Die anderen argwöhnen, der Euthanasiebegriff solle erneut als Vorwand für Massenmord dienen.

Hochgeschaukelt wird die Diskussion durch das deutsche Dilemma einer Endzeitgesellschaft mit zurückgehenden Geburtenraten und steigendem Anteil an Greisen. Immer weniger Junge müssen für immer mehr Alte sorgen. Vor diesem Hintergrund erhält die natürliche Angst älterer Menschen vor einem langen Sterben eine neue düstere Dimension. Sie müssen nun fürchten, im hohen Alter den eigenen Nachkommen eine unzumutbare Last zu sein.

,,Die Überalterung der Bevölkerung ist ja eine unserer größten Miseren", schreibt die 87-jährige Euthanasiebefürworterin Brunhilde Dietrich. ,,Wenn ein Mensch ein Tier in Schmerz und Qual leiden sieht, läuft sein Herz über und es bekommt den Gnadenschuss oder die Todesspritze. Warum kennt man diese Gnade nicht auch beim Menschen?"

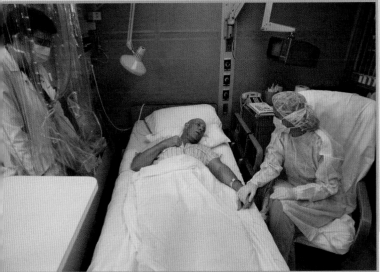

ACHTUNG!

– ärztliche Tötung auf Verlangen des Patient**en**

– nicht auch beim Mensch**en**

Diese Nomen gehören zu einer bestimmten Gruppe maskuliner Nomen, die in allen Fällen außer dem Nominativ auf -**(e)n** enden.

Siehe auch Grammatik, Seite 242.

6 Siehe Self-study Booklet, Seite 31, Übung 4.

7 **Brennpunkt!**
Debattieren Sie das Pro und Kontra des folgenden Standpunkts: ‚Es ist unverantwortlich, aktive Sterbehilfe zu befürworten.'

8 ✏ Schreiben Sie einen Aufsatz von 350 Wörtern zum Thema ‚Euthanasie – Sterbehilfe oder Mord?'

Tipp: Benutzen Sie die Brennpunkt-Website und/oder das Internet, um aktuelle Berichte zu den Aufsatzthemen zu recherchieren: http://www.brennpunkt.nelson.co.uk

„Ich wollte nicht tatenlos zusehen …"

Alle drei Sekunden stirbt ein Kind, weil lebensrettende Helfer und Medikamente fehlen. Das sind am Tag rund 30 000 Kinder – gestern, heute, morgen. Sie sterben an Durchfall, weil sie und ihre Eltern keinen Zugang zu sauberem Trinkwasser haben. Oder sie sterben an bei uns längst vergessenen Infektionskrankheiten wie Masern, Keuchhusten, Tetanus oder Diptherie, weil sie nicht geimpft sind. In Indien oder Afrika haben viele solche Kinder kaum eine Chance. „Ärtze für die Dritte Welt", ein deutsches Ärzteteam, hilft vor Ort. Dr. Monika Klass aus Hamburg und Dr. Hasso Kraft aus Egelsbach waren dabei.

„Bei meiner Ankunft in Kalkutta hatte ich den schon häufig beschriebenen Kulturschock", erklärt Dr. Monika Klass. „Die Realität war weitaus schlimmer als alles, was ich mir vorgestellt hatte. So viel Armut, Schmutz und Elend hatte ich noch nicht gesehen. Viele der vorherrschenden Krankheiten wären vermeidbar, wenn die Menschen besser über Hygiene, Ernährung und Gesundheitsvorsorge informiert wären."

„Die latente Anwesenheit von Hunger, Krankheit und Tod in Howrah hat mich sehr mitgenommen. Die sozialen Verhältnisse können wir allerdings nicht ändern. Aber zwischen allem Elend und Leiden in den Slums von Kalkutta habe ich Erfolg für den Einzelnen, Freude und Dankbarkeit erlebt."

Vor zehn Jahren fuhr Dr. Hasso Kraft zu seinem ersten Einsatz nach Dhaka in Bangladesch.

„Das war ein Kulturschock. Wir hatten eine sehr primitive Unterkunft. Überall waren Schmutz, Abfall und Gestank. Heerscharen von Kakerlaken kamen uns entgegen. Eine ziemliche Umstellung für einen Mitteleuropäer."

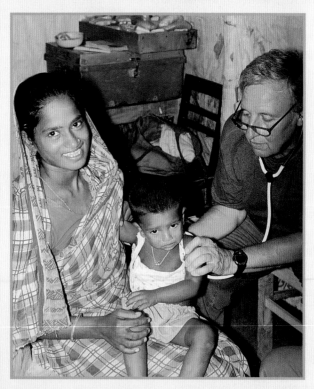

„Anfangs behandelten wir im Freien oder in einer windschiefen Wellblechhütte, ohne fließendes Wasser. Die Hände desinfizierten wir nach jedem Patienten mit Alkohol. Bis zu 200 Patienten warteten täglich auf unsere ärztliche Hilfe. Das Problem ist nicht, dass es in Bangladesch keine Ärzte gibt. Es gibt genügend, aber die Leute können sie nicht bezahlen. Denn 60% der Menschen in Dhaka leben unterhalb der Armutsgrenze."

„Rückblickend muss ich sagen, dass mich die Arbeit in Bangladesch mehr erfüllt hat als meine Tätigkeit als Arzt in Deutschland. Oft hatte ich hier das Gefühl, dass ein Großteil der Patienten auch zu Hause hätte bleiben können."

AUF HILFE

1 Lesen Sie den Artikel auf Seite 186. Schreiben Sie ein Informationsblatt von ca. 200 Wörtern für deutschsprachige Ärzte und Ärztinnen, die sich für einen möglichen Einsatz in der Dritten Welt interessieren. Illustrieren Sie jedes der Themen unten.

- Hintergrund und Ausmaß der Probleme
- die mögliche Reaktion der Ärzte/Ärztinnen bei der Ankunft
- örtliche Bedingungen
- Arbeitsbedingungen des Ärzteteams
- Leistungen und Erfolge

2 Rollenspiel
Eine Person ist Dr. Monika Klass. Die andere Person ist ein/e Freund/in, der/die glaubt, sie vernachlässige ihre Familie und ihre Patienten in Deutschland, wenn sie noch einmal ins Ausland fährt. Nehmen Sie sich ca. 10 Minuten Zeit, um Ihre Rollen vorzubereiten. Sie können das Gespräch auf Kassette aufnehmen.

3 📼 Hören Sie sich das Interview ‚Das Grüne Kreuz' an und beantworten Sie die folgenden Fragen.

- **a** Was für eine Organisation hat Roland Wiederkehr gegründet?
- **b** Welche vier Faktoren können unter dem Dach des Grünen Kreuzes zusammenarbeiten?
- **c** Wie sollte die Organisation auf Umweltkatastrophen reagieren?
- **d** Wie wird die neue Umweltakademie Politikern aus aller Welt helfen?
- **e** Was erkennen die jüngeren Wirtschaftsführer immer mehr?
- **f** Wie viel können heute Einzelne laut Wiederkehr erreichen?

4 Siehe Self-study Booklet, Seite 31, Übung 5.

5 Wie kann man die Lebensqualität anderer verbessern? Was kann ein Einzelner tun, um bei den vielen Problemen der modernen Welt zu helfen? Machen Sie ein Brainstorming in der Gruppe. Notieren Sie zuerst die Probleme, dann mögliche individuelle Hilfsmaßnahmen.

z.B.

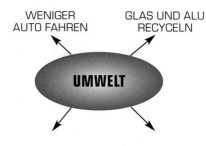

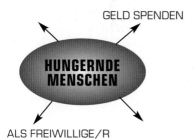

Ärzte für die Dritte Welt

STIMMT ES, DASS IHR NICHT NUR AN EUCH, SONDERN AN DIE GANZE MENSCHHEIT DENKT ...?

KARMA 99

6 Brennpunkt!
Was kann ein Einzelner tun, um bei den vielen Problemen der modernen Welt zu helfen? Gibt es heute Probleme, die nur von Staaten oder internationalen Hilfsorganisationen gelöst werden können? Schreiben Sie einen offenen Brief von ca. 300 Wörtern an die UNO, in der Sie sich zu diesem Thema äußern.

NACHTRAG ZUM EURO-START

Wiederholung und Gedächtnissstützen

So könnte man die Themen dieses Kapitels wiederholen und darstellen. Bereiten Sie ähnliche Assoziogramme zu den wichtigsten Themen vor, die in der Prüfung auftauchen könnten. (Fragen Sie Ihren Lehrer / Ihre Lehrerin, wenn Sie nicht sicher sind, welche Themen Sie wiederholen sollen.) Hängen Sie die Assoziogramme dort auf, wo Sie sie regelmäßig sehen. Versuchen Sie auch regelmäßig, die Themendarstellungen im Geist zu rekonstruieren.

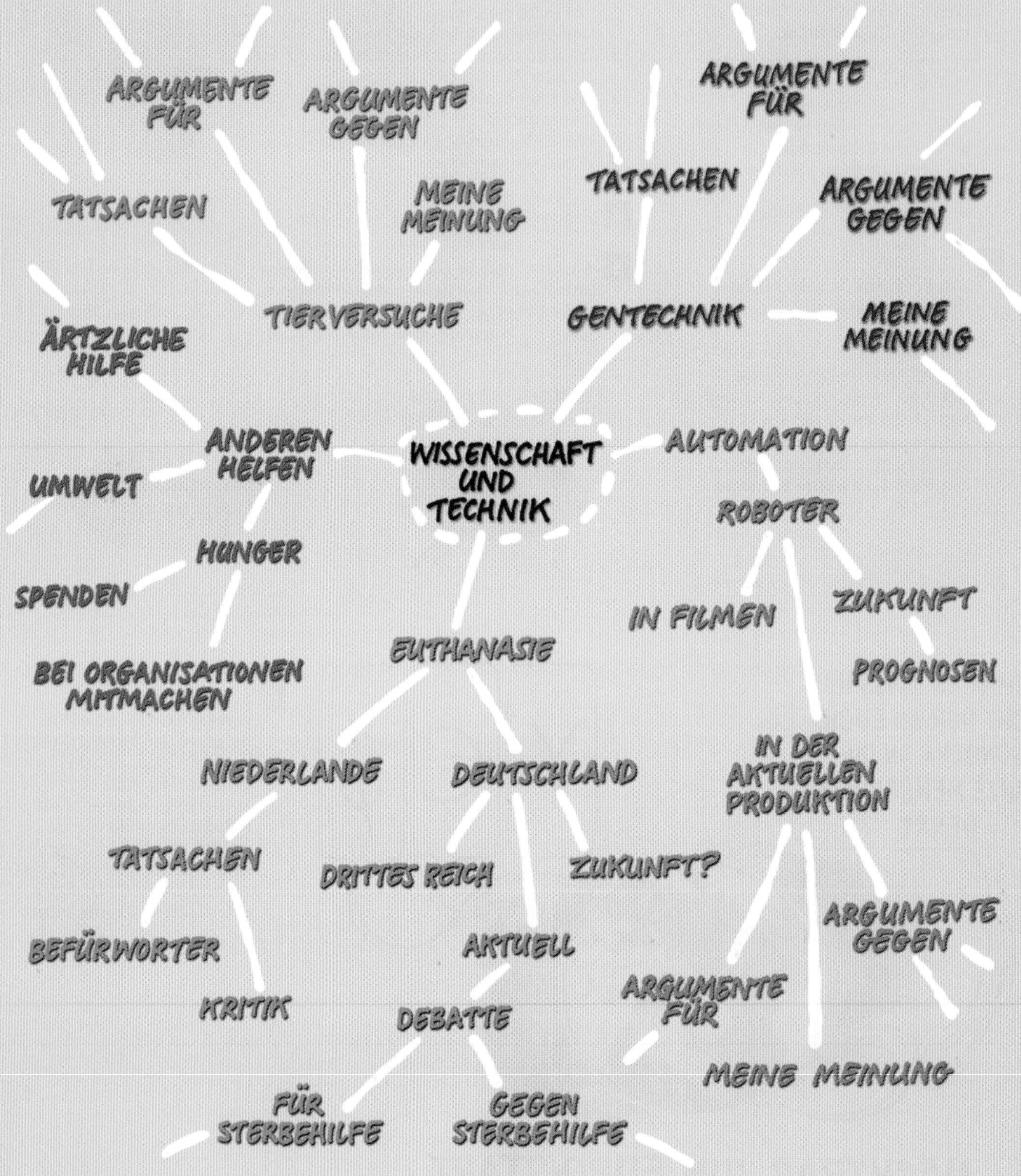

ARGUMENTE FÜR

ARGUMENTE GEGEN

MEINE MEINUNG

TATSACHEN

ÄRTZLICHE HILFE

TIERVERSUCHE

ARGUMENTE FÜR

TATSACHEN

ARGUMENTE GEGEN

MEINE MEINUNG

GENTECHNIK

ANDEREN HELFEN

UMWELT

HUNGER

SPENDEN

BEI ORGANISATIONEN MITMACHEN

WISSENSCHAFT UND TECHNIK

AUTOMATION

ROBOTER

ZUKUNFT

IN FILMEN

PROGNOSEN

EUTHANASIE

NIEDERLANDE

DEUTSCHLAND

IN DER AKTUELLEN PRODUKTION

ZUKUNFT?

TATSACHEN

DRITTES REICH

BEFÜRWORTER

AKTUELL

ARGUMENTE GEGEN

ARGUMENTE FÜR

KRITIK

DEBATTE

MEINE MEINUNG

FÜR STERBEHILFE

GEGEN STERBEHILFE

Zum Lesen 2

INHALT

7 Rund ums Geld!

Das teuerste Ei

Nicht etwa ein Ei aus Gold, sondern ein ganz normales Hühnerei, Güteklasse A, kostete im November 1923 genau 360 Milliarden Mark. Die Geldentwertung in Deutschland war damals so groß, dass täglich neues Geld gedruckt wurde, um die immer teurer werdenden Dinge des täglichen Bedarfs bezahlen zu können. Brot kostete in dieser Zeit 420 Milliarden Mark, ein Pfund Butter 2,6 Billionen Mark, eine Briefmarke 50 Milliarden Mark.

‚Erlebnis-Shopping‘

Es wird immer mehr geklaut. Seit der Wiedervereinigung von Ost und West gibt es in Deutschland eine starke Zunahme von Ladendiebstählen. Ungefähr ein Drittel der ertappten Langfinger ist zwischen 14 und 18 Jahre alt. Erwischt werden nur die wenigsten: Experten schätzen die Dunkelziffer auf 90 bis 95 Prozent.

Wenn Jugendliche ertappt werden, argumentieren sie meist mit Geldmangel. Es stellt sich jedoch oft heraus, dass viele ein angemessenes Taschengeld bekommen. Die Hauptmotive für Ladendiebstahl sind bei vielen eher Mutproben, Langeweile, Gruppenzwang oder Verführung durch das Warenangebot.

Wohlstand

Viele Zeitgenossen sagen:
Ich bin gegen diese Konsumgesellschaft,
aber sie konsumieren fleißig mit.
Ich bin gegen diese verrückte Mode,
aber sie kleiden sich nach ihr.
Ich bin gegen diesen Wohlstand,
aber sie wollen ihr Mofa, Motorrad, Auto.
Ich bin gegen das unmäßige Essen,
aber sie können auf nichts verzichten.
Ich bin gegen diese Überflussgesellschaft,
aber ich, ich lebe gut in ihr.

Häsi, 18, Schweiz

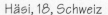

DIEBSTAHL HAT FOLGEN

Diebstähle von Jugendlichen zwischen 14 und 18 Jahren werden nach dem Jugendgerichtsgesetz behandelt, das dem Richter mehrere Möglichkeiten lässt:

1 Erziehungsmaßregeln, z.B. Weisungen, sich einem Betreuungshelfer zu unterstellen oder eine Arbeitsleistung zu erbringen.

2 Zuchtmittel, da gibt es die Verwarnung, die Erteilung von Auflagen (z.B. den Schaden wieder gutzumachen) und den Jugendarrest (Freizeit-, Kurz- oder Dauerarrest).

3 Jugendstrafe, d.h. mindestens sechs Monate Haft in einer Jugendstrafvollzugsanstalt. Zur Jugendstrafe greift der Richter jedoch nur in Ausnahmefällen – bei gewohnheitsmäßigen Wiederholungstätern oder wenn die Wiederholung der Tat wahrscheinlich ist.

---

a Welchen Artikel finden Sie am interessantesten? Warum?

b Siehe Self-study Booklet, Seite 15, Übung 7.

Die Hilfe zur Selbsthilfe.

DEUTSCHE WELTHUNGERHILFE
Spendenkonto: **1115**

Deutsche Welthungerhilfe

Schirmherr: Bundespräsident Johannes Rau

Wer sind wir?

- Wir sind eine Nichtregierungs-
organisation für Entwicklungs-
zusammenarbeit.

- Wir sind gemeinnützig.
Wir sind politisch und
konfessionell unabhängig.

- Wir helfen den Menschen
in Afrika, Asien und
Lateinamerika.

- Wir unterstützen
landwirtschaftliche
Programme einheimischer
Partnerorganisationen.

- Besonderer Schwerpunkt:
Umweltschutz.

- Wir leisten Projekthilfe zur
Selbsthilfe. Die Motivation,
der Einfallsreichtum und das
Engagement der Armen sind
die Grundlage dafür.

Bitte unterstützen Sie unsere Arbeit mit Ihrer Spende.

Misereor hat den Auftrag, Hunger und Krankheit, Elend und Ungerechtigkeit in der Dritten Welt zu bekämpfen. Die partnerschaftliche Hilfe und Unterstützung will mehr sein als der berühmte ‚Tropfen auf den heißen Stein'. Mit den Entwicklungs-projekten soll die Lebenssituation der Menschen nachhaltig und dauerhaft verbessert werden.

Misereor – das heißt Hilfe zur Selbsthilfe für die Ärmsten der Armen in Afrika, Asien und Lateinamerika. Jährlich werden weltweit über 3000 Projekte gefördert. Misereor – ein Baustein zur Solidarität in der einen Welt.

Die Spenden für Misereor sind das Fundament der Hilfe. Die Unterstützung der vielen Projekte ist nur möglich, weil viele Menschen ihre Augen vor Not und Elend in der Welt nicht verschließen. Ihre Hilfe ist im wahrsten Sinne des Wortes notwendig.

---

ch war zu müde und zu verzweifelt, zu all denen zu gehen, die ich um Geld fragen konnte, und ich wollte sie anrufen, soweit sie Telefon hatten. Manchmal gelingt es mir, meiner Stimme am Telefon jenen beiläufigen Klang zu geben, der den Kredit stärkt, denn es ist ein Geheimnis, daß wirkliche Not, die man an der Stimme hört, vom Gesicht ablesen kann, die Börsen verschließt.

Eine Telefonzelle am Bahnhof war frei, und ich ging hinein, und suchte mein Notizbuch aus der Tasche, um die Nummern derer zu suchen, die ich um Geld fragen konnte. Ich hatte sehr viele Groschen in der Tasche und zögerte noch einige Augenblicke, sah mir die uralten dreckigen Tarife an, die an den Wänden der Zelle hingen, die völlig übermalte Gebrauchsanweisung, und ließ zögernd die ersten beiden Groschen in den Schlitz fallen. Ich wählte die Nummer dessen, von dem ich am ersten erwarten konnte, daß er mir etwas geben würde, aber seine Absage würde auch alles viel schlimmer machen, weil ich alle anderen viel weniger gern fragte. Und ich ließ die beiden Groschen unten in der Tiefe des Automaten ruhen, drückte den Hebel noch einmal herunter und wartete etwas. Der Schweiß sammelte sich auf meiner Stirn, er klebte mir das Hemd im Nacken fest, und ich spürte, wieviel für mich davon abhing, ob ich Geld bekommen würde.

Aus: *Und sagte kein einziges Wort* von Heinrich Böll.

Spende für MISEREOR

... damit sie menschenwürdig leben können.

> a Wie wird in diesen Texten versucht, Leute zum Spenden zu bewegen?
>
> b Wem würden Sie am ehesten Geld geben und warum?

Im Teufelskreis der Armut

Junge Bettler sind Alltag in deutschen Städten

FRANKFURT – Der etwa 16-jährige Junge am Bahnhof erzählt jeden Tag die gleiche Geschichte. „Mir fehlt das Geld für die Fahrkarte nach Hause. Können Sie mir bitte helfen?" Bettelnde und obdachlose Jugendliche sind Alltag in deutschen Städten.

Auch in Familien gibt es immer mehr Armut. Besonders Kinder und Jugend-liche gehören zu den neuen Armen. Bei den Sozialhilfeempfängern haben die unter 18-Jährigen bereits den höchsten Anteil und Ehepaare mit Kindern seit Beginn der 80er Jahre die größte Zuwachsrate. 2,8 Millionen Kinder unter 15 leben in Deutschland in Armut, schätzt der Paritätische Wohlfahrts-verband. Die Armutsgrenze liegt bei 1000 Mark (500 Euro) für Alleinstehende und 2500 Mark (1250 Euro) im Monat für einen Fünf-Personen-Haushalt.

Armen Kindern droht soziale Ausgren-zung. Sie bekommen kein Taschengeld, können nicht an Klassenfahrten teilnehmen, haben Hemmungen, ihre Freunde einzuladen, oder haben überhaupt weniger Freunde. Gesundheit-liche, vor allem psychosoziale Probleme sind stärker ausgeprägt. Sie haben oft auch eine schlechte Ernährung – frisches Obst und Gemüse kommen seltener auf den Tisch.

Die Familien haben meist kleine Wohnungen und die Kinder kein eigenes Zimmer, keine Möglichkeit, sich zurückzuziehen, keinen Platz zum ungestörten Lernen für die Schule. Die Startchancen für ein Leben außerhalb der Armut sind schlecht, ein Teufelskreis schließt sich. Kinder reagieren unter-schiedlich auf soziale Not. Mädchen neigen dazu, sich zurückzuziehen, Jungen pflegen das Image der Ausgegrenzten und rotten sich oft in Gruppen zusammen, die Jugendliche aus anderen Stadtvierteln verprügeln.

Wenn Leila Wasser holt

Gerade noch hatte die gleißende Sonne erbarmungslos das Land erhitzt. Gerade noch hatte diese Hitze flimmernd über der weiten Fläche gestanden, die in dieser Gegend des Sudan nur gelegentlich von einigen Hügeln und kleineren Bergrücken unterbrochen wurde. Doch plötzlich fegten ein paar heftige Windböen über das spärliche Buschgras und drückten die Halme und kleineren Büsche flach auf den Boden. Leila zurrte ihr Tuch, das sie um den Kopf geschlungen hatte, fester. Die Windstöße verfingen sich in den wild flatternden Enden des Tuches. Leila griff nach dem einen Ende und spannte es vor ihren Mund und ihre Nase. Sie wußte, was gleich geschehen würde, wenn sich die Luft rötlich färbte und sich ein grauroter Schleier vor die Sonne schob. Der Wind wurde immer heftiger und trieb die dunkle Wolke schnell näher. Leila stemmte sich ihm mit aller Kraft entgegen. Mit ihren zehn Jahren und ihrem zierlichen Körper mußte sie aufpassen, daß der heiße Wind sie nicht umstieß.

Der rote Schleier hatte sie erreicht. Leila drehte sich mit dem Rücken gegen den Wind. Dann regnete es Sand, roten Sand, der überall eindrang, in Nase und Ohren, in die Augen. Sie begannen zu brennen. Leilas Mund war trocken und ausgedörrt. Sie fuhr sich mit der Zunge über die rissigen Lippen und spürte den Geschmack von Sand und Staub. Er knirschte zwischen ihren Zähnen.

Sehr lange würde es nicht dauern, bis die Sandwolke über sie hinweggebraust war. Dann konnte sie den Weg zur Wasserstelle fortsetzen. Dort würde sie ihren Eimer, den sie auf dem Kopf trug, füllen und auch den Sand aus ihrem Mund spülen können. Im Hafir gab es Wasser. Jetzt noch.

Als die Windstöße an Heftigkeit nachließen, setzte Leila ihren Weg fort. Mehrmals am Tag mußte sie diesen staubigen Pfad zwischen der Hütte ihrer Eltern und dem Hafir zurücklegen, jenem großen Becken, das in die Erde gegraben war, und in dem während der Regenzeit das Regenwasser gesammelt wurde. Den größten Teil des Tages brachte sie mit Wasserholen zu, und in den restlichen Stunden mußte sie auf ihre kleinen Geschwister aufpassen. Für die Schule blieb keine Zeit.

Hans-Martin Große-Oetringhaus (1948–): Schriftsteller und Medien-Pädagoge beim Kinderhilfswerk ‚terre des hommes'. Hat in Afrika, Asien und Lateinamerika gearbeitet.

a Welche Probleme eines Wohlstandslandes und welche Probleme eines Entwicklungslandes werden in diesen Texten dargestellt?

b Stellen Sie sich vor, Sie seien der 16-jährige Junge am Bahnhof oder Leila. Beschreiben Sie in ca. 200 Wörtern Ihren Alltag.

Sechs-Uhr-Nachrichten

*In Mozambique
sind etwa
einhundert Flüchtlinge
ums Leben gekommen,
überwiegend Kinder,
meldet das Radio.*

*Ich höre
diese Nachricht
mit nicht mehr Emotionen
als den nachfolgenden
Wetterbericht
und frühstücke weiter.*

Bernd, 17 Jahre alt

In Los Angeles, so klatschen Branchenkenner, spricht die Kriminalpolizei ihre Einsatzpläne längst mit den Regisseuren der Reality-Shows ab. Und bald wird es so weit sein, dass ein Drogendealer nach einem harten Arbeitstag nach Hause kommt, seinen Fernseher anschaltet und bei einer Polizei-Show hängen bleibt. Wenn die Polizei dann an seiner Tür klingelt, kann er auf dem Bildschirm nachschauen, wer draußen steht.

Das wäre das Ende des Fernsehens und der Beginn des Nahsehens.

„Sie hängt ständig vor der Glotze"

Hallo, Martina!

Seit dem ersten Schuljahr bin ich (16) sehr eng mit meiner besten Freundin Svenja zusammen. Sie ist auch 16. Wir verstehen uns echt prima. Nur ist es wahnsinnig schwer, sie mal aus dem Haus zu kriegen. Am liebsten bleibt sie zu Hause und guckt fern, liest oder plätschert eben so rum.

Mir geht das total anders: Wenn die anderen aus meiner Klasse immer von ihren Disko-Feten erzählen, könnte ich echt platzen vor Neid! Ich würde so gerne auch solche Sachen erleben!

Aber mit Svenja geht das nicht. Sie hat absolut keine Lust auf so was.

Andrea (16), ohne Ortsangabe

„Gewalt und Aggression sind für einen Großteil der Kinder dann akzeptabel, wenn die Szenen wirklichkeitsfremd sind, wie dies etwa in Zeichentrickfilmen der Fall ist. Anders ausgedrückt: Je näher ein Modell sich dem Alltag annähert, umso mehr werden solche Szenen auch als Gewalt empfunden."

Jan-Uwe Rogge

a Welche Auswirkungen des Rundfunks werden in diesen Ausschnitten erwähnt? Machen Sie eine Liste!

b Was würden Sie Andrea raten?

Szenenbild aus dem Film *Die verlorene Ehre der Katharina Blum*, 1975.

b Entwerfen Sie zu zweit das sensationell aufgemachte Titelblatt einer Boulevardzeitung. Als Ausgangspunkt nehmen Sie entweder Katharinas Geschichte oder eine der Schlagzeilen oben auf Seite 103.

Erfinden Sie eine riesige Schlagzeile und eine dramatisch aufgebauschte ‚Story'.

Heinrich Böll (geb. 1917) erhielt 1972 den Nobelpreis für Literatur.

a Lesen Sie den folgenden Ausschnitt aus Heinrich Bölls Erzählung *Die verlorene Ehre der Katharina Blum.*

Katharina steht unter Verdacht, Komplizin des Kriminellen Götten zu sein. Sie hat ihn auf einer Party bei ihrer Patin Frau Woltersheim kennen gelernt und hilft ihm, der Polizei zu entkommen. Es folgt eine lüsterne und erlogene Pressekampagne, die Katharinas persönliche Ehre völlig zerstört und ihren guten Namen in den Schmutz zieht ...

Es wurde Katharina Blum anheimgestellt, nach
Hause zu gehen oder an einem ihr genehmen Ort
zu warten, aber sie lehnte es ab, nach Hause zu
gehen, die Wohnung sagte sie, sei ihr endgültig
verleidet, sie zöge es vor, in einer Zelle zu warten,   5
bis Frau Woltersheim vernommen worden sei,
und mit dieser dann nach Hause zu gehen. In
diesem Augenblick erst zog Katharina die beiden
Ausgaben der ZEITUNG aus der Tasche und
fragte, ob der Staat – so drückte sie es aus –   10
nichts tun könne, um sie gegen diesen Schmutz
zu schützen und ihre verlorene Ehre
wiederherzustellen. Sie wisse inzwischen sehr
wohl, daß ihre Vernehmung durchaus
gerechtfertigt sei, wenn ihr auch dieses ‚Bis-ins-   15
letzte-Lebensdetail-Gehen' nicht einleuchte, aber
es sei ihr unbegreiflich, wie Einzelheiten aus der
Vernehmung – etwa der Herrenbesuch – hätten
zur Kenntnis der ZEITUNG gelangen können,
und alle diese erlogenen und erschwindelten   20
Aussagen. Hier griff Staatsanwalt Hach ein und
sagte, es habe natürlich angesichts des riesigen
öffentlichen Interesses am Fall Götten eine
Presseverlautbarung herausgegeben werden
müssen; eine Pressekonferenz habe noch nicht   25
stattgefunden, sei aber wohl wegen der Erregung
und Angst, die durch Göttens Flucht – die sie,
Katharina, ja ermöglicht habe – entstanden sei,
nun kaum noch zu vermeiden. Im übrigen sei sie
jetzt durch ihre Bekanntschaft mit Götten eine   30
‚Person der Zeitgeschichte' und damit
Gegenstand berechtigten öffentlichen Interesses.

N.B. die ZEITUNG = erfundener Name einer großen Boulevardzeitung.

Die Erfindung der Buchdruckerei

Bis zum 15. Jahrhundert gab es keine gedruckten Bücher. In den Klöstern schrieben gelehrte Mönche die Handschriften ab. Manche von ihnen wussten die Anfangsbuchstaben kunstvoll und in schönen Farben zu malen.

Im 15. Jahrhundert lernte man Bilder und kleine Texte in Holz schneiden und abdrucken. Später versuchte man, einzelne Buchstaben in kleine Holzstäbchen zu schneiden. Man konnte diese beweglichen Buchstaben zu Wörtern und Zeilen zusammensetzen.

Ein Bürger aus Mainz, Johannes Gutenberg, machte jahrelang solche Versuche, bis er schließlich die Kunst erfand, Buchstaben aus Blei zu gießen. Im Jahre 1446 druckte er das erste Buch auf seiner Presse.

Bedeutung des Theaters im Leben der Völker

Der Besuch des Theaters zum Genusse des Schauspiels ist für die Städter ein Bedürfnis geworden, und selbst die Bewohner des Landes, wenn sie in die Stadt kommen, versäumen in vielen Fällen das Theater nicht. Da nun in dem Schauspiele menschliche Taten, Gefühle, Meinungen usw. vorgeführt werden, so ist kein Zweifel, dass dies auf das Wesen der Zuschauer Einfluss hat und bei so oftmaligem Genusse des Theaters allmählich ihre Lebensrichtungen mehr oder minder bestimmt. Besonders gilt dies von der Jugend, die alles feurig aufnimmt, gar leicht in ihre Taten überträgt und umso sicherer eine bestimmte Färbung für das ganze Leben in sich aufnimmt.

Adalbert Stifter (1805–1868)

Beim Aufkommen jedes neuen Mediums sind die ‚schlechten Auswirkungen' hervorgehoben worden. So warnte man ganz besonders Jugendliche in den zwanziger Jahren vor den Gefahren des Radiohörens.

Virtuelle Realität!

Schon 1965 hatte Marshall McLuhan vorausgesagt, dass die Elektrizität uns rasch in die „Schlussphase der Erweiterungen des menschlichen Körpers und der Sinne" transportieren werde – in die Phase „der technologischen Simulation des Bewusstseins".

‚Virtuelle Realität' ist als die wichtigste Erfindung seit der Entwicklung des Telefons bezeichnet worden, aber auch als „furchtbar verdummendes Meta-Fernsehen", bei dem der Mensch, endlich von seinem Körper geschieden, das passive Opfer einer ganz und gar künstlichen Welt wird.

Der Guru und Medienliebling dieser Szene heißt Jaron Lanier. Sein DataGlove, ein eng anliegender Handschuh aus hochelastischem, synthetischem Material, ist mit Fiberoptik-Kabeln ausgekleidet. Zusammen mit einem Kopfhörer und gekoppelt an ausgeklügelte Computergraphiksysteme, hat der Datenhandschuh eine ganz neue Form der Interaktion mit dem Rechner möglich gemacht.

Man kann z.B. eine Fahrradtour durch eine künstliche Sommerlandschaft machen. Mit dem ‚Mandala-System' kann man sich in einer künstlichen akustischen Umwelt bewegen, tanzen und verschiedene elektronische Instrumente in Gang setzen. Es gibt ‚Windsurfen in einem virtuellen Himmel' und eine Videoinstallation, die ‚Beobachte dich selbst' heißt und bei der man sich unvermittelt in ein Bild von Vermeer oder van Gogh versetzt sieht.

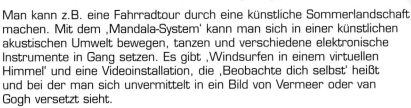

a Vergleichen Sie Stifters Auswertung des Theaters im 19. Jahrhundert mit den Auswirkungen von Film und Fernsehen heute.

b Welche Implikationen hat die Erfindung der virtuellen Realität für die Zukunft? Stellen Sie sich ihre künftige Verwendung vor.

⑨ Global gesehen ...

Heiße Luft?

Wer hätte das gedacht: Mittwochs ist es auf der Nordhalbkugel der Erde angeblich zwei Hundertstel Grad wärmer als sonntags. Das liegt am Berufsverkehr und an den zahlreichen Fabriken, die an Werktagen mehr Brennstoffe verbrauchen und damit die Atmosphäre aufheizen. Auf der südlichen Erdhalbkugel gibt es weniger Autos und verschmutzende Schornsteine.

Greift zur Flasche!

Pro Jahr werden in Deutschland über 4 Milliarden Getränkedosen geleert. Von der Herstellung bis zum Verkauf wird für jede Dose so viel Energie verbraucht, wie man benötigt, um eine Stereoanlage 45 Minuten lang voll aufzudrehen oder eine Stunde Computer zu spielen. Zudem entstehen bei der Aluminiumproduktion giftige Gase. Mit anderen Worten: Kauft Getränke in Mehrwegflaschen, auch wenn sie teurer sind!

Sparen ist angesagt

Fürs Waschen, Duschen und Baden benutzt täglich jeder in Deutschland fast 50 Liter Wasser; 35 Liter Wasser rauschen durchs Klo und die Waschmaschine schluckt mindestens 15 Liter. Fürs Essen und Trinken benötigen wir hingegen nur ganze 5 Liter am Tag. Also öfter einmal aufs Baden verzichten, Duschen tut's auch und spart Wasser; Toilette mit Spartaste ausrüsten und nur volle Waschmaschine laufen lassen. Informieren Sie sich! Wer alle Tipps und Tricks beherzigt, kann täglich zwischen 40 und 50 Liter Wasser sparen.

Das grüne Band

131 Brutvogelarten haben Vogelkundler gezählt. Laubfrosch, Libelle, Schwarzstorch und Birkhuhn leben auch in den früheren Grenzstreifen. Auf den Magerrasen wachsen seltene Orchideen wie die Bienenragwurz. Über neun Bundesländer hinweg verbindet der rund 1400 Kilometer lange frühere Todesstreifen zur DDR seltene Biotope, ehemals verbotenes Land. Der Bund für Umwelt und Naturschutz Deutschland (BUND) hat jedoch mit Luftbildern die rasante Zerstörung der Brachflächen durch die Pflüge der Bauern dokumentiert. BUND fordert die Fortdauer dieser Flächen als ‚Naturschutz-Projekt Deutsche Einheit'.

Welche Informationen über die Umwelt finden Sie am interessantesten? Warum?

Katastrophe

die erde sie
weint aus
grauen schweren
wolken

die erde sie
brüllt im
grollenden gewitter

die erde sie
bebt
häuserzerstörend

die erde sie
blutet heiß
aus undichten
stellen ihres mantels

wir schweigen
bedrückt
und hoffen, dass sie uns
nicht mit diesen warnungen meint.

Stefan, Neu-Ulm

Die Emscherquelle

Ein Schild an einer Garage verweist mich auf die Emscherquelle. Daß die Emscher, der dreckigste Fluß Deutschlands, eine Quelle haben soll, ist eigentlich naheliegend, denn irgendwo entspringt schließlich jeder Fluß. Doch allzuoft während meiner Studentenzeit habe ich sie sich als stinkenden Abwasserkanal durch Rauxel, Herne oder Gelsenkirchen quälen sehen, um glauben zu können, daß diese Brühe einmal quellreines Wasser war.

Ein paar Hundert Meter weiter ist das Wunder wahr: vor einem stattlichen Fachwerkhaus ein kristallklarer See, auf dem sich perlweiße Gänse tummeln. Am Ufer prächtige alte Kastanien, Ulmen, Eschen. Ländlicher Frieden, wie man ihn selbst im Sauerland suchen müßte. Und das soll nun der Emscher Anfang sein!

Wie aber wird die Quelle zur Emscher? Erst plätschert der Bach unschuldig zwischen Hecken und Sträuchern am Rande eines Feldes entlang. Das Wasser ist klar, einige Steine des Bachbetts sind von grünen Algen leicht verfärbt, ein Rinnsal im Allgäu kann nicht sauberer sein. Doch dann, hinter einem dichten Gestrüpp, ein großes schwarzes Loch, und die Emscher ist verschwunden, in einem Kanalisationsrohr unter die Erde getaucht, einfach weg. Feldmann steckt seinen Kopf in das etwa einen halben Meter hohe Rohr, traut sich aber nicht ins Dunkel. Eine Straße und mehrere kleine Gärten weiter spuckt ein ähnliches Loch das Bächlein wieder aus...

Jetzt hat die Emscher ihre Unschuld verloren, denke ich, es fängt ja oft ganz harmlos an. Bis zu den nächsten Papierfetzen ist es nicht weit, dann kommt die erste Zigarettenschachtel, die erste Coca-Büchse, ein Nylonstrumpf ist an einem Ast hängengeblieben und windet sich wie eine Schlange. Die Besiedlung am Ufer nimmt zu. Aus der Böschung ragen kleine Tonröhren, aus denen es unheilverkündend herauströpfelt, zunehmend verlieren die Algen an Farbe, zunehmend wird das Wasser trübe: das Totenreich – schon wenige hundert Meter von der Quelle entfernt kündigt es sich an.

Aus: *Deutschland umsonst – zu Fuß und ohne Geld durch ein Wohlstandsland* von Michael Holzach

Michael Holzach (1947–1983): Reporter und Schriftsteller. Anfang der 80er Jahre wanderte er sechs Monate lang mit seinem Hund Feldmann durch Deutschland, um die Wohlstandsgesellschaft aus der Perspektive eines Vagabunden zu erleben.

Die Wolke

„Hier ist es auch runtergekommen! Überall ist es runtergekommen! Nicht so stark? Nicht lebensbedrohend? Wer sagt das? Der Innenminister? Die Politiker? Verlaßt euch drauf: Der Boden, die Luft, die Lebensmittel – alles ist verseucht! Auch wenn ihr nicht wie skalpiert ausseht: Ihr seid programmiert auf Krebs! Was sind vierhundert, fünfhundert Kilometer bei einem SuperGAU? Nur welcher Krebs bei euch ausbrechen wird, ist noch die Frage. Und unter euren Enkeln werden sich phantastische Mißgeburten tummeln. Auch die sind programmiert. Macht euch schon mal gefaßt auf die Frage, wie es dazu kommen konnte!"

Aus: *Die Wolke* von Gudrun Pausewang

Gudrun Pausewang (geb. 1928): Lehrerin und Autorin vieler Romane und Erzählungen. Ihr Roman Die Wolke *ist 1987 erschienen. Er handelt von einem erfundenen Reaktorunfall im deutschen Kernkraftwerk Grafenrheinfeld.*

Suchen Sie Beispiele für die Zerstörung der Umwelt in diesen Texten. Was würden Sie tun, um solche Probleme zu vermeiden? Schreiben Sie ca. 250 Wörter darüber.

Fahrverbot wegen Ozon in vier Bundesländern

Hamburg. Erstmals in Deutschland gilt heute ein eingeschränktes Fahrverbot wegen zu hoher Konzentration des Reizgases Ozon in der Luft. In Baden-Württemberg, Hessen, Rheinland-Pfalz und dem Saarland dürfen nur noch Autos mit geregeltem Katalysator oder schadstoffarme Fahrzeuge fahren. Nordrhein-Westfalen kam gestern noch knapp an der Verhängung von Fahrverboten vorbei; die Landesregierung will heute darüber entscheiden.

Das Fahrverbot gilt in allen vier Bundesländern von sechs Uhr morgens an zunächst für 24 Stunden und kann jeweils um einen Tag verlängert

werden. Pendler dürfen ihr Auto trotz des generellen Fahrverbots weiterhin benutzen, wenn es unzumutbar ist, auf den eigenen Wagen zu verzichten. Eine Sondergenehmigung muss man dann nicht haben.

Quelle: *General-Anzeiger*, 12. August 1998

Das autogerechte Land

Rund 5 Prozent der Bundesrepublik – eine Fläche so groß wie das Saarland und Schleswig-Holstein zusammen – sind ausschließlich für die Produktion und den Betrieb des Deutschen liebsten Spielzeugs da: Autobahnen, Straßen, Tiefgaragen, Tankstellen, Raststätten, Schrottplätze und Autofabriken breiten sich aus wie ein Flächenbrand. Pro Stunde werden über 5400 Quadratmeter für Autos zugebaut – das entspricht der Größe eines Fußballfelds. Allein ein vierspuriges Autobahnkreuz verbraucht eine Fläche von der Größe der Heidelberger Altstadt.

Rund um das Auto

Zur Zeit decken öffentlicher Nahverkehr und Bahn in der BRD nur ein Siebtel des Personenverkehrs ab. Die Hälfte aller mit Auto gefahrenen Strecken sind aber kürzer als 5 km.

Das Auto der Zukunft?

Daimler-Benz präsentiert das Antriebssystem von morgen. Die Vision: Das Auto der Zukunft sondert statt giftiger Abgase nur noch Luft und Wasserdampf ab. Das Zauberwort: die Brennstoffzelle. Das Prinzip: die kontrollierte Vereinigung von Wasserstoff und Sauerstoff zu Wasser unter Freisetzung von Energie, die zum Antrieb des Fahrzeugs dient. Die Realität: der Kleinwagen im Foto.

Weniger Autos:
Bremen setzt auf öffentlichen Nahverkehr und Car-Sharing

Viele Menschen benötigen nur selten ein Auto. Am Wochenende oder für den Einkauf wollen sie aber nicht auf einen Wagen verzichten. In Bremen ermöglicht das Projekt ‚Bremer Karte plus AutoCard' das flexible Umsteigen von öffentlichen Transportmitteln auf Wagen des Car-Sharing-Autoverleihers ‚Stadtauto'.

Moderne Computer- und Kommunikationstechnologie macht die AutoCard möglich: Wer sich bei der Stadtauto GmbH hat registrieren lassen und 60 Mark (30 Euro) für die AutoCard bezahlt hat, muss nur zu einer der Stationen des Verleihers gehen, die Karte an der Windschutzscheibe des gewünschten Fahrzeugs halten,

im Wagen die persönliche Identifizierungsnummer eingeben, den Kilometerstand ins Bordbuch eintragen, und dann kann es losgehen. Abgerechnet wird nach Zeit und Kilometern. Kleintransporter, Cabrios, wendige Stadtflitzer – Wagentypen für jeden Bedarf sind vorhanden.

> Glauben Sie, dass das Auto ein Umweltproblem für die Zukunft bleiben wird? Warum (nicht)? Benutzen Sie Informationen aus den Texten, um Ihre Antwort zu rechtfertigen.

Niemand darf wegen seines Geschlechtes, seiner Abstammung, seiner Rasse, seiner Sprache, seiner Heimat und Herkunft, seines Glaubens, seiner religiösen oder politischen Anschauungen benachteiligt oder bevorzugt werden. (Grundgesetz Parag. 1 (3))

Die Würde des Menschen ist unantastbar. (Grundgesetz Parag. 1 (1))

Ausländer raus?

„Wenn du selber weißt, dass du Ausländer bist, ist das Leben für dich einfacher. Es ist wie in einem Club. Dass du selbst nicht Mitglied bist, bedeutet nicht, dass du kein Mensch bist. Du hast nur nicht die Sonderrechte der Clubmitglieder. So ist das Leben. Wir sind nicht alle gleich."

Peter Dei-Kwarteng aus Ghana, 18 Jahre alt

„Deutschland ist ein ausländerfreundliches Land – und wird es auch bleiben", hat Bundeskanzler Helmut Kohl erklärt.

„Das Land, das die Fremden nicht beschützt, geht bald unter"

Johann Wolfgang von Goethe

MACH' MEINEN KUMPEL NICHT AN! VEREIN GEGEN AUSLÄNDERFEINDLICHKEIT UND RASSISMUS.

„Hass und Abneigung gegen das Fremde hat es immer schon gegeben, bereits in Westdeutschland – auch vor der Maueröffnung. Übrigens nicht nur hier, sondern auch in allen anderen Ländern", sagt Psychologe Eberhard Okon.

Okon entschuldigt nicht, was passiert, erklärt aber, dass in ganz Osteuropa alles Vertraute für die Menschen dort zusammengebrochen sei: das alte politische Wertesystem, und wirtschaftlich herrsche ein Fiasko. Die Folgen: Unsicherheit und daraus resultierende Angst.

Was sagen die Ausschnitte und Zitate oben über die Situation der Ausländer in Deutschland aus?

HABEN WIR DEUTSCHE EINE BESONDERE VERPFLICHTUNG, FLÜCHTLINGE AUFZUNEHMEN?

Ja. Denn mehr als 800 000 Deutsche waren vor den Nazis auf der Flucht, weil sie wegen ihrer Rasse oder ihrer politischen Überzeugung verfolgt und in Konzentrationslager gebracht wurden. Viele wurden in anderen Ländern als Flüchtlinge aufgenomen. Die Konsequenz aus den schrecklichen Erfahrungen mit der Nazidiktatur ist der Satz im Grundgesetz: „Politisch Verfolgte genießen Asylrecht."

In der Zeit seit der Wiedervereinigung sah sich ganz Deutschland einem beunruhigenden Ansteigen von Gewaltverbrechen gegen alle Andersartigen gegenüber, besonders solchen nicht deutschen Ursprungs. Die Zahl der Angriffe auf Ausländer zum Beispiel stieg zwischen 1990 und 1992 um 800%.

10 Ich bin eine deutsche Türkin

Unten sind zwei Ausschnitte aus dem Buch *Ich bin eine deutsche Türkin* von Ranka Keser. Die Hauptperson ist Ferda Öztürk, eine Türkin, die aber in Deutschland geboren und aufgewachsen ist. In Tagebuchform geschrieben bietet dieses Buch einen Einblick in die Welt einer Türkin zweiter Generation.

27. Juli 1993

In fünf Tagen fahren wir in die Türkei! Meine Eltern haben an die 1000 DM für Geschenke ausgegeben. Wenn man nur einmal im Jahr nach Hause fährt, muß man natürlich allen etwas mitbringen. Etwas gemein finde ich es aber schon, daß sie so viel Geld für die Familie ausgeben. Wenn ich mir neue Klamotten oder ein Buch kaufen will, muß ich immer darum betteln. Aber dann hole ich mir eben in der Stadtbücherei was zum Lesen. Vater sagt, ich lese sowieso zu viel unwichtigen Quatsch. Ich solle lieber den Koran lesen.

Meine Klassenkameradinnen gehen alle am Wochenende ins Kino oder ins Café, aber da darf ich nicht mit. Das einzige, was mir bleibt, ist Lesen. Das kann mir Vater nicht nehmen. Aber ständig muß er seine Kommentare abgeben. Wenn er ein Buch findet über Hitler und den Zweiten Weltkrieg (das Thema habe ich als Referat in der Schule gewählt), sagt er, wie mich nur so ein Zeug interessieren kann. Hitler sei tot und der Krieg vorbei.

Überhaupt schreibt er mir alles vor! Auch was ich anziehe, kann ich nicht selbst entscheiden. Die Röcke müssen unbedingt die Knie bedecken. Das ist sowieso schon das Kürzeste, was ich anziehen darf. Hosen kann ich fast ganz vergessen, jedenfalls Jeans und enge Hosen. Wir haben noch eine Türkin in der Klasse, die ... immer ein Kopftuch tragen muß. Die Jungen aus der Klasse reißen es ihr herunter, und sie bindet es jedesmal geduldig wieder zusammen.

Ich frage mich, warum Jungen so aggressiv sein müssen! Zu mir sagen sie oft ,Kotztürk‘, weil ich mit Nachnamen Öztürk heiße. Zu dritt oder viert haben sie eine große Klappe und schreien mir gemeine Sachen nach. Sehe ich aber einen von ihnen allein auf der Straße, ist er klein wie eine Feldmaus!

Ich reagiere normalerweise nicht auf die Anpöbeleien. Nur einmal habe ich eine richtige Wut bekommen. Elke und ich standen in der Pause zusammen, als zwei Jungs aus der Parallelklasse sich hinter uns stellten und der eine sagte: „Weißt du, was 'n Türke auf 'ner Mülltonne ist? - Hausbesetzer." Die beiden lachten sich halbtot. Ich habe mich langsam umgedreht und gesagt „Sitzt ihr beiden nach der Schule nicht immer auf den Mülltonnen vor dem Tor? Also, ich bin noch nie auf einer Mülltonne gesessen." Elke hat die beiden arrogant von oben bis unten angesehen, das kann die ganz gut.

Es war zwar nur ein Witz, was die beiden von sich gegeben haben, aber genau solche Sprüche zeigen dieses saublöde Vorurteil, daß Türken primitiv und schmutzig seien. Ich werde so sauer, wenn sie schlecht über Ausländer reden. Sie wissen überhaupt nichts von uns. Aber manchmal ist es auch umgekehrt. Genauso wütend werde ich, wenn Ausländer schlecht über Deutsche reden, denn Türken verstehen bei den Deutschen auch vieles falsch. Wenn ein Mädchen nur in die Disco geht und einen Freund hat, ist sie für Türken schon eine Gottlose, ein Flittchen. Und wenn eine Deutsche mit ihrem Freund zusammenzieht, ist sie eine Schlampe.

14. Juli 1993

Manchmal bin ich richtig verwirrt. In der Schule erzählen die Mädchen lässig vom Rumknutschen und von Kondomen, und zu Hause höre ich, wie meine Familie solche Mädchen als Nutten beschimpft. Und alle sind sie absolut von ihrer Meinung überzeugt. Mir scheint immer, als hätten die recht, die gerade reden. ... Und später höre ich das Gegenteil und gebe dann denen Recht. Wer bin ich eigentlich?

Welchen Problemen steht Ferda als Frau und als Türkin gegenüber?

*Die Texte unten wurden Anfang 1999
von den Republikanern veröffentlicht.*

Gesamtleistung für Ausländer und das Ausland: 155 Milliarden jährlich

Wer wundert sich da noch über den allseits beklagten ‚Standort Deutschland'.

Die vorstehende Schätzung ist keine Anklage gegen unsere ausländischen Gäste oder das Ausland, denn die Mentalität alles zu nehmen, was man kriegen kann, ist inzwischen überall verbreitet. Es handelt sich vielmehr um einen Beitrag im Sinne der von den Ausländerbeauftragten selbst geforderten Information und Aufklärung. Sie soll zu weiterer Diskussion und wo nötig Korrektur anregen, aber auch das Nachdenken darüber anregen, ob diese Politik noch dem Eid der Politiker entspricht, den Nutzen des deutschen Volks zu mehren.

Sie sprechen null Deutsch

Große Aufregung in Neukölln, dem größten Berliner Stadtbezirk. Immer mehr Eltern nehmen ihre Kinder von den Schulen, weil die Deutschen hoffnungslos in die Minderheit geraten sind.

Im Norden des Bezirks, der sich langsam aber sicher zum Slum entwickelt – und dies nahe dem Herzen der Stadt –, gibt es inzwischen eine Vielzahl von Klassen, die zu 80 (!) Prozent aus Ausländerkindern besteht.

Im Neuköllner Schulamt heißt es: „Teilweise kommen ausländische Kinder mit null Deutschkenntnissen in die Schule. Sie sprechen in der Familie nur Türkisch."

Kein Wunder: Es gibt türkische Mütter, die seit 20 Jahren in der Stadt leben und noch heute kaum ein Wort Deutsch verstehen. Verständlich, dass unter solchen Umständen die letzten deutschen Familien die Flucht ergreifen und ihre Kinder in andere Bezirke schicken. Aber auch manchen integrierten Türken ist die Situation nicht mehr geheuer. Auch sie beginnen wegzuziehen, bringen ihre Kinder sogar in den Osten.

Eine der Hauptverantwortlichen für die heutige Misere ist die ehemalige rot-grüne Schulsenatorin Sybille Volkholz. Sie hatte damals Quotenregelungen abgeschafft und unsere deutschen Kinder gnadenlos in das bereichernde bunte, multikulturelle Paradies gestürzt.

Polizei gegen Rassismus!

Um Rassismus zu bekämpfen, haben zwölf Polizisten eine Woche bei ausländischen Familien verbracht …

Die Aktion war ungewöhnlich. Eine Woche lang waren zwölf Bonner Polizisten vom Dienst befreit. Statt auf Streife zu gehen, verbrachten sie die Zeit mit 15 Ausländern und ihren Familien.

Initiiert wurde die Aktion von den Ordnungshütern selbst. Eine Gruppe von ihnen wollte nicht länger tatenlos den ausländerfeindlichen Ausschreitungen ihrer Kollegen zuschauen. Die Medien hatten mehrfach über Misshandlungen und Beschimpfungen von Ausländern auf Polizeiwachen berichtet. Für viele Ausländer sind die grün Uniformierten ein rotes Tuch. Das Bonner Projekt unter dem Motto ‚Grüne gehen fremd – Fremde sehen grün' fand bundesweit großes Echo. Ähnliche Projekte laufen in anderen deutschen Städten an oder sind für die Zukunft geplant.

Robert, einer der Polizisten, der am Bonner Projekt teilgenommen hat, erzählt, was ihm die Woche gebracht hat:

„Ein Teilnehmer aus Ruanda bat uns, in Polizeiuniform mit seiner kleinen Tochter zu spielen. Seine Tochter kenne Uniformierte nur als Mörder. Ich habe mir selten Gedanken darüber gemacht, wie andere meine Rolle sehen. Jetzt bin ich sensibler dafür geworden, wie Menschen aus anderen Kulturen mich als Polizist sehen."

Fremdenfreundliches Deutschland

Dass Deutschland ein fremdenfreundliches Land ist, wie es deutsche Politiker stets unterstrichen haben, zeigt sich besonders an der breiten Unterstützung, die die Aktionen gegen Fremdenfeindlichkeit und Gewalt in der Bevölkerung genießen. Auch die Tatsache, dass Deutschland die meisten Bürgerkriegsflüchtlinge aus dem ehemaligen Jugoslawien aufgenommen hat und dass die meisten sich hier legal aufhaltenden Ausländer dauerhaft in Deutschland leben wollen, sind Zeugnis eines toleranten und weltoffenen Landes. Der wechselseitige Respekt im Umgang zwischen Deutschen und Ausländern, die gegenseitige Bereitschaft zu Toleranz und zur Wahrung des inneren Friedens sind Voraussetzung dafür, dass dies auch in Zukunft so bleibt.

Welche Einstellungen gegenüber Ausländern werden in den Texten oben vertreten?

Bruchstücke der deutschen Geschichte

Das Leben ist billig ...

Zwei Männer sprachen
miteinander.
Freiwilliger?
'türlich.
Wie alt?
Actzehn. Und du?
Ich auch.
Die beiden Männer gingen
auseinander.
Es waren zwei Soldaten.
Da fiel der eine um. Er war tot.
Es war Krieg.

Zwei Männer sprachen miteinander.
Na, wie ist es?
Ziemlich schief.
Wieviel haben Sie noch?
Wenn es gut geht: viertausend.
Wieviel können Sie mir geben?
Höchstens achthundert.
Die gehen drauf*
Also tausend.
Danke.
Die beiden Männer gingen auseinander.
Sie sprachen von Menschen.
Es waren Generale.
Es war Krieg.

Als der Krieg aus war, kam der Soldat nach Haus. Aber er hatte kein Brot.
Da sah er einen, der hatte Brot. Den schlug er tot.
Du darfst doch keinen totschlagen, sagte der Richter.
Warum nicht, fragte der Soldat.

Aus den *Lesebuchgeschichten* von Wolfgang Borchert (1921–1947)

*draufgehen *to be used up / bite the dust (people or things)*

Damals lernten wir in der Schule ...

Damals lernten wir in der Schule,
daß es Herrenmenschen und Untermenschen gebe. Herrenmenschen
seien alle, die von den Germanen
abstammten, Untermenschen alle,
die nicht von den Germanen
abstammten. Willis Eltern und
meine Eltern glaubten nicht an
so was. Willis Vater sagte, wer
sich in unserem Dorf für einen
germanischen Herrenmenschen
halte, der sei ein Trottel. In unserem
Dorf hatten die Kelten gesiedelt,
die Slawen, die Römer und die
Bajuwaren. Wir waren alle
gemischter Abstammung. Wenn
jemand blond und blauäugig war
wie Willi, war es ein reiner Zufall.

**Aus: *Unser Hund und der Krieg* von
Käthe Recheis**

Raten Sie, aus welcher Zeit die
Ausschnitte oben stammen.

Ostalgie

Acht Jahre nach dem Fall der Mauer heißt es nicht mehr 'Test the West', sondern 'Kost the Ost'. Ein wahrer Nostalgie-Boom rund um das Alltagsleben der 'ehemaligen' DDR ist entstanden. Es ist 'in', einen der letzten Trabanten zu fahren und auf dem Prenzlauer Berg in einer Malocherpinte einen Goldbroiler zu bestellen.

Nach und nach geraten DDR-Alltagsprodukte und -wörter in Vergessenheit. Je mehr jedoch die letzten Überreste der DDR verschwinden, desto öfter ist der Ruf zu hören: „Ganz schlecht war's ja früher nicht."

So 'ex' ist die DDR gar nicht in den Köpfen. Immerhin sind zwei Generationen tief geprägt worden. Und auch im Internet finden sich immer mehr Seiten, die sich mit dem Leben in der DDR beschäftigen. Der 'Wilde Osten' lebt mehr denn je.

»In meine Arme, Bruderherz!«

DAS TAGEBUCH DER ANNE FRANK

Als die Nazi-Invasoren 1942 die Verfolgung der Juden intensivierten, verbarg sich die dreizehnjährige Anne Frank zusammen mit ihren Eltern, ihrer Schwester und vier anderen Personen in den versiegelten Hinterräumen eines Amsterdamer Bürohauses.

Zwei Jahre lang lebten sie dort in Sicherheit, bis sie im August 1944 verraten wurden. Anne starb im Konzentrationslager Bergen-Belsen. Mit Ausnahme ihres Vaters kamen auch alle anderen ums Leben. Annes Tagebuch wurde durch Zufall gefunden. Hier lesen Sie einige Auszüge daraus.

Samstag, 20. Juni 1942

Mein Vater, der liebste Schatz von einem Vater, den ich je getroffen habe, heiratete erst mit 36 Jahren meine Mutter, die damals 25 war. Meine Schwester Margot wurde 1926 in Frankfurt am Main geboren, in Deutschland. Am 12. Juni 1929 folgte ich. Bis zu meinem vierten Lebensjahr wohnte ich in Frankfurt. Da wir Juden sind, ging dann mein Vater 1933 in die Niederlande. Er wurde Direktor der Niederländischen Opekta Gesellschaft zur Marmeladeherstellung.

Ab Mai 1940 ging es bergab mit den guten Zeiten: erst der Krieg, dann die Kapitulation, der Einmarsch der Deutschen, und das Elend für uns Juden begann. Judengesetz folgte auf Judengesetz, und unsere Freiheit wurde sehr beschränkt. Juden müssen einen Judenstern tragen; Juden müssen ihre Fahrräder abgeben; Juden dürfen nicht mit der Straßenbahn fahren; Juden dürfen nicht mit einem Auto fahren, auch nicht mit einem privaten; Juden dürfen nur von 3-5 Uhr einkaufen; Juden dürfen nur zu einem jüdischen Friseur; Juden dürfen zwischen 8 Uhr abends und 6 Uhr morgens nicht auf die Straße; Juden dürfen sich nicht in Theatern, Kinos und an anderen dem Vergnügen dienenden Plätzen aufhalten; Juden dürfen nicht ins Schwimmbad, ebensowenig auf Tennis-, Hockey- oder andere Sportplätze; Juden dürfen nicht rudern; Juden dürfen in der Öffentlichkeit keinerlei Sport treiben; Juden dürfen nach acht Uhr abends weder in ihrem eigenen Garten noch bei Bekannten sitzen; Juden dürfen nicht zu Christen ins Haus kommen; Juden müssen auf jüdische Schulen gehen und dergleichen mehr.

Samstag, 11. Juli 1942

Rechts neben uns ist das Haus einer Firma aus Zaandam, links eine Möbeltischlerei. Diese Leute sind also nach der Arbeitszeit nicht in den Gebäuden, aber trotzdem könnten Geräusche durchdringen. Wir haben Margot deshalb auch verboten, nachts zu husten, obwohl sie eine schwere Erkältung erwischt hat, und geben ihr große Mengen Codein zu schlucken. Tagsüber müssen wir auch immer sehr leise gehen und leise sprechen, denn im Lager dürfen sie uns nicht hören.

28. September 1942 (Nachtrag)

Es beklemmt mich doch mehr, als ich sagen kann, daß wir niemals hinaus dürfen, und ich habe große Angst, daß wir entdeckt und dann erschossen werden. Das ist natürlich eine weniger angenehme Aussicht.

Donnerstag, 19. November 1942

Dussel hat uns viel von der Außenwelt erzählt, die wir nun schon so lange vermissen. Es ist traurig, was er alles gewußt hat. Zahllose Freunde und Bekannte sind weg, zu einem schrecklichen Ziel. Abend für Abend fahren die grünen oder grauen Militärfahrzeuge vorbei, und an jeder Tür wird geklingelt und gefragt, ob da auch Juden wohnen. Wenn ja, muß die ganze Familie sofort mit, wenn nicht, gehen sie weiter. Niemand kann seinem Schicksal entkommen, wenn er sich nicht versteckt.

Mittwoch, 13. Januar 1943

Und wir, wir haben es gut, besser als Millionen anderer Menschen. Wir sitzen sicher und ruhig und essen sozusagen unser Geld auf. Wir sind so egoistisch, daß wir über »nach dem Krieg« sprechen, uns über neue Kleider und Schuhe freuen, während wir eigentlich jeden Cent sparen müßten, um nach dem Krieg anderen Menschen zu helfen, zu retten, was noch zu retten ist.

Freitag, 29. Oktober 1943

Meine Nerven gehen oft mit mir durch, vor allem sonntags fühle ich mich elend. Dann ist die Stimmung im Haus drückend, schläfrig und bleiern. Draußen hört man keinen Vogel singen, eine tödliche und bedrückende Stille liegt über allem. Diese Schwere hängt sich an mir fest, als würde sie mich in die Tiefe ziehen.

Samstag, 12. Februar 1944

Ich glaube, daß ich den Frühling in mir fühle. Ich fühle das Frühlingserwachen, fühle es in meinem Körper und in meiner Seele. Ich muß mich mit Gewalt zusammennehmen, um mich normal zu verhalten. Ich bin völlig durcheinander, weiß nicht, was zu lesen, was zu schreiben, was zu tun ist, weiß nur, daß ich mich sehne ...

Dienstag, 11. April 1944

Einmal wird dieser schreckliche Krieg doch vorbeigehen, einmal werden wir doch wieder Menschen und nicht nur Juden sein!

Mittwoch, 3. Mai 1944

Seit zwei Wochen lunchen wir samstags erst um halb zwölf. Am Vormittag gibt es nur eine Tasse Brei. Ab morgen soll das jeden Tag so sein, so können wir eine Mahlzeit einsparen. Gemüse ist immer noch schwer zu bekommen. Heute mittag hatten wir fauligen Kochsalat. Es gibt nur Salat, Spinat und Kochsalat, sonst nichts. Dazu noch angefaulte Kartoffeln, also eine herrliche Zusammenstellung! ...

Ich bin jung und habe noch viele verborgene Eigenschaften. Ich bin jung und stark und erlebe das große Abenteuer, sitze mittendrin und kann nicht den ganzen Tag klagen, weil ich mich amüsieren muß! Ich habe viel mitbekommen, eine glückliche Natur, viel Fröhlichkeit und Kraft. Jeden Tag fühle ich, wie mein Inneres wächst, wie die Befreiung naht, wie schön die Natur ist, wie gut die Menschen in meiner Umgebung, wie interessant und amüsant dieses Abenteuer. Warum sollte ich dann verzweifelt sein?

Was sagen diese Auszüge über das Leben im Versteck und Annes Charakter?

11 Die Küchenuhr

Sie sahen ihn schon von weitem auf sich zukommen, denn er fiel auf. Er hatte ein ganz altes Gesicht, aber wie er ging, daran sah man, daß er erst zwanzig war. Er setzte sich mit seinem alten Gesicht zu ihnen auf die Bank. Und dann zeigte er ihnen, was er in der Hand trug.

Das war unsere Küchenuhr, sagte er und sah sie alle der Reihe nach an, die auf der Bank in der Sonne saßen. Ja, ich habe sie noch gefunden. Sie ist übriggeblieben.

Er hielt eine runde tellerweiße Küchenuhr vor sich hin und tupfte mit dem Finger die blaugemalten Zahlen ab.

Sie hat weiter keinen Wert, meinte er entschuldigend, das weiß ich auch. Und sie ist auch nicht so besonders schön. Sie ist nur wie ein Teller, so mit weißem Lack. Aber die blauen Zahlen sehen doch ganz hübsch aus, finde ich. Die Zeiger sind natürlich nur aus Blech. Und nun gehen sie auch nicht mehr. Nein. Innerlich ist sie kaputt, das steht fest. Aber sie sieht noch aus wie immer. Auch wenn sie jetzt nicht mehr geht.

Er machte mit der Fingerspitze einen vorsichtigen Kreis auf dem Rand der Telleruhr entlang. Und er sagte leise: Und sie ist übriggeblieben.

Die auf der Bank in der Sonne saßen, sahen ihn nicht an. Einer sah auf seine Schuhe und die Frau sah in ihren Kinderwagen.

Dann sagte jemand:

Sie haben wohl alles verloren?

Ja, ja, sagte er freudig, denken Sie, aber auch alles! Nur sie hier, sie ist übrig. Und er hob die Uhr wieder hoch, als ob die anderen sie noch nicht kannten.

Aber sie geht doch nicht mehr, sagte die Frau.

Nein, nein, das nicht. Kaputt ist sie, das weiß ich wohl. Aber sonst ist sie doch noch ganz wie immer: weiß und blau. Und wieder zeigte er ihnen seine Uhr. Und was das Schönste ist, fuhr er aufgeregt fort, da habe ich Ihnen ja noch überhaupt nicht erzählt. Das Schönste kommt nämlich noch: Denken Sie mal, sie ist um halb drei stehengeblieben. Ausgerechnet um halb drei, denken Sie mal.

Dann wurde Ihr Haus sicher um halb drei getroffen, sagte der Mann und schob wichtig die Unterlippe vor. Das habe ich schon oft gehört. Wenn die Bombe runtergeht, bleiben die Uhren stehen. Das kommt von dem Druck.

Er sah seine Uhr an und schüttelte überlegen den Kopf. Nein, lieber Herr, nein, da irren Sie sich. Das hat mit den Bomben nichts zu tun. Sie müssen nicht immer von den Bomben reden. Nein. Um halb drei war ganz etwas anderes, das wissen Sie nur nicht. Das ist nämlich der Witz, daß sie gerade um halb drei stehengeblieben ist. Und nicht um Viertel nach vier oder um sieben. Um halb drei kam ich nämlich immer nach Hause. Nachts, meine ich. Fast immer um halb drei. Das ist ja gerade der Witz.

Er sah die anderen an, aber die hatten ihre Augen von ihm weggenommen. Er fand sie nicht. Da nickte er seiner Uhr zu: Dann hatte ich natürlich Hunger, nicht wahr? Und ich ging immer gleich in die Küche. Da war es dann fast immer halb drei. Und dann, dann kam nämlich meine Mutter. Ich konnte noch so leise die Tür aufmachen, sie hat mich immer gehört.

Und wenn ich in der dunklen Küche etwas zu essen suchte, ging plötzlich das Licht an. Dann stand sie da in ihrer Wolljacke und mit einem roten Schal um. Und barfuß. Immer barfuß. Und dabei war unsere Küche gekachelt. Und sie machte ihre Augen ganz klein, weil ihr das Licht so hell war. Denn sie hatte ja schon geschlafen. Es war ja Nacht.

So spät wieder, sagte sie dann. Mehr sagte sie nie. Nur: So spät wieder. Und dann machte sie mir das Abendbrot warm und sah zu, wie ich aß. Dabei scheuerte sie immer die Füße aneinander, weil die Kacheln so kalt waren. Schuhe zog sie nachts nie an. Und sie saß so lange bei mir, bis ich satt war. Und dann hörte ich sie noch die Teller wegsetzen, wenn ich in meinem Zimmer schon das Licht ausgemacht hatte. Jede Nacht war es so. Und meistens immer um halb drei. Das war ganz selbstverständlich, fand ich, daß sie mir nachts um halb drei in der Küche das Essen machte. Ich fand das ganz selbstverständlich. Sie tat das ja immer. Und sie hat nie mehr gesagt als: So spät wieder. Aber das sagte sie jedesmal. Und ich dachte, das könnte nie aufhören. Es war mir so selbstverständlich. Das alles war doch immer so gewesen.

Einen Atemzug lang war es ganz still auf der Bank. Dann sagte er leise: Und jetzt? Er sah die anderen an. Aber er fand sie nicht. Da sagte er der Uhr leise ins weißblaue runde Gesicht: Jetzt, jetzt weiß ich, daß es das Paradies war. Das richtige Paradies.

Auf der Bank war es ganz still. Dann fragte die Frau: Und Ihre Familie?

Er lächelte sie verlegen an: Ach, Sie meinen meine Eltern? Ja, die sind auch mit weg. Alles ist weg. Alles, stellen Sie sich vor. Alles weg.

Er lächelte verlegen von einem zum anderen. Aber sie sahen ihn nicht an.

Da hob er wieder die Uhr hoch und er lachte. Er lachte: Nur sie hier. Sie ist übrig. Und das Schönste ist ja, daß sie ausgerechnet um halb drei stehengeblieben ist. Ausgerechnet um halb drei.

Dann sagte er nichts mehr. Aber er hatte ein ganz altes Gesicht. Und der Mann, der neben ihm saß, sah auf seine Schuhe. Aber er sah seine Schuhe nicht. Er dachte immerzu an das Wort Paradies.

von Wolfgang Borchert (1921–1947)

Borchert kämpfte an der Front in Russland, wurde verletzt und kam ins Krankenhaus; wurde dann wegen seiner kritischen Einstellung drei Monate lang in Einzelhaft gesetzt; wurde wieder an die Front geschickt und wieder aus politischen Gründen verhaftet; kehrte 1945 schwach und krank in seine hamburgische Heimat zurück und starb zwei Jahre später.

Beschreiben Sie
a den Ton und die Stimmung dieser Kurz-geschichte (benutzen Sie noch mal Blatt 5.3)
b die Gefühle des jungen Mannes.

Der deutsche Schriftsteller, Thomas Mann, vor Hamburger Studenten, 1953:

„ Täuschen wir uns nicht darüber, daß zu den Schwierigkeiten, die die Einigung Europas verzögern, ein Mißtrauen gehört in die Reinheit der deutschen Absichten, eine Furcht anderer Völker vor Deutschland und vor hegemonialen Plänen ... Sache der heraufkommenden deutschen Generation, der deutschen Jugend ist es, diese Furcht zu zerstreuen, indem sie das längst Verworfene verwirft und klar und einmütig ihren Willen kundgibt – nicht zu einem deutschen Europa, sondern zu einem europäischen Deutschland. “

Ich bin nur ein Tropfen in einem Meer. Aber was wäre ein Meer ohne Tropfen?
Vive, 18, Schweiz

Welche Aspekte der Politik werden positiv, welche negativ dargestellt?

Meine Stimme, mein Besitz

„Es ist ein Glück, wählen zu dürfen. Spannender als Krieg und Kesselschlachten sind der Friede und seine Wahlkämpfe. Das ist Besitz: eine Stimme. Sie fällt ins Gewicht und beweist, daß ich lebe. Niemand kauft sie mir ab. Denn sie ist teurer als alle Wahlgeschenke. Nicht alles, aber vieles steht auf dem Spiel. Es geht nicht um Leben und Tod, nur vier Jahre Zukunft und deren Folgen stehen in Frage. Nur? Wer hat sie übrig? Wer wollte vier Jahre stimmlos sein und nicht da?"

Günter Grass in „Dich singe ich, Demokratie"

„ **D**ie Regierung hat für die Bevölkerung das zu besorgen, wonach die Menschen ein Bedürfnis haben, was sie aber selbst überhaupt nicht tun können oder doch, auf sich selbst gestellt, nicht ebenso gut tun können. In all das, was die Menschen ebenso gut selber tun können, hat die Regierung sich nicht einzumischen. “

Abraham Lincoln, 1854

Bei der Geburt eines Sohnes

(Nach dem Chinesischen des Su Tung-p'o, 1036–1101)

Familien, wenn ihnen ein Kind geboren ist
Wünschen es sich intelligent.
Ich, der ich durch Intelligenz
Mein ganzes Leben ruiniert habe
Kann nur hoffen, mein Sohn
Möge sich erweisen als
Unwissend und denkfaul.
Dann wird er ein ruhiges Leben haben
Als Minister im Kabinett.

Bertolt Brecht (1898–1956)

ENTHÜLLUNGEN EINER PRINZESSIN

Exklusivinterview mit Harry Schwindel

EURO NEWS

0.30 Euro

HS: Verehrte Prinzessin, wie sind Sie zu Ihrem hübschen Namen gekommen?

Europa: Mit dieser Frage geben Sie mir Gelegenheit, einen weit verbreiteten Irrtum aufzuklären. ‚Europa' ist ein Wort, das aus einer sehr alten Sprache stammt. Es bedeutet ursprünglich ‚dunkel'.

Im Laufe der Jahrhunderte bin ich in mehreren Abbildungen mit blondem Haar dargestellt worden. Ich bin aber eine dunkelhaarige Schöne – wie mein

Name sagt und wie Sie vielleicht schon bemerkt haben. Das Wort Europa bedeutet auch ‚Abend'. Zur Zeit der Römer bekam der nordische Teil der damals bekannten Erde den Namen ‚Abendland' gegenüber dem orientalischen ‚Morgenland' im Osten. Europa war für die Römer der dunkle Teil der Erde, über dem die Sonne untergeht.

HS: Also, erzählen Sie uns bitte aus Ihrem Leben!

Europa: Mein Vater hieß Agenor und war König von Phönizien, einem Reich an der Küste des Mittelmeers. An seinem Hofe wuchs ich wohl behütet heran und entwickelte mich zu einer außergewöhnlichen Schönheit. Als ich eine junge Frau geworden war, geschah das Unfassbare. Eines Tages erblickte ich einen kraftvollen weißen Stier im Garten unseres Könighofs. Er sah herrlich aus, mächtig und doch zärtlich zugleich. Ich näherte mich ihm wie von einer magischen Kraft angezogen, fing an, mit ihm zu spielen und setzte mich schließlich auf seinen Rücken. Plötzlich – schwupp – erhob sich das gewaltige Tier mit mir in die Luft und sauste davon.

HS: Hatten Sie große Angst?

Europa: Ja, natürlich, aber irgendwie war ich berauscht, und ich spürte, dass göttliche Kräfte im Spiel waren. Mein Stier landete elegant auf einer Insel im Mittelmeer, die den Namen Kreta trägt.

Als ich völlig benommen war, sprach er mich mit menschlicher Stimme an und sagte, dass er mich zur Frau begehre.

HS: Um Himmels Willen! Sie konnten doch keinen Stier heiraten!

Europa: Während er sprach, nahm mein Stier nach und nach menschliche Formen an. Schließlich stand Göttervater Zeus vor mir. Er hatte einen seiner üblichen Tricks angewandt, mit denen er mehrmals wohl erzogene Mädchen verführt hat.

HS: Ihre Geschichte ist wirklich faszinierend, Prinzessin. Trotzdem verstehe ich nicht ganz, warum unser gesamter Kontinent heute noch Ihren Namen trägt.

Europa: Im Laufe jahrhundertelanger Überlieferung wurden Sagenwelt und Wirklichkeit häufig miteinander vermischt. In der Wirklichkeit war die Insel Kreta, wo man meine zweite Heimat angesiedelt hat, eine der ersten blühenden Hochkulturen. Da das Abendland ebenfalls Züge einer kulturellen Gemeinschaft trägt, hat es nicht nur das historische Erbe, sondern auch meinen Namen übernommen. ‚Europa' wurde zu einem Aushängeschild für Kultur und Zivilisation. Und, finden Sie nicht, dass es Ihrem Kontinent zur Ehre gereicht, sich mit dem Namen einer so einmaligen Prinzessin schmücken zu dürfen?

> Wie kam ‚Europa' zu seinem Namen? Fassen Sie die Geschichte dieses Wortes zusammen.

Kein schöner Land

1987 schrieb Elke Heidenreich Kein schöner Land, *eine Satire auf die Politik in Deutschland in sechs Sätzen. Jeder Satz besteht aus ungefähr 20 Seiten. Hier der Anfang des ersten Satzes.*

Es ist nicht nötig, die Kleinstadt näher zu benennen, in der sich unsere Geschichte sich zuträgt, zumal sie dort nur ihren Ausgangspunkt nimmt, aber dann weitergeführt wird in der Bundeshauptstadt Bonn, über die große Worte zu verlieren sich nicht lohnt, Sie wissen alle, daß Bonn die Stadt ist, in der es regnet, man ist müde und die Schranken sind immer runter, und kein Mensch würde sich für dieses Bonn am Rhein mit seiner lächerlichen Fußgängerzone und dem Ernst-Moritz-Arndt-Denkmal oben am Alten Zoll interessieren, in dessen Sockel allerdings die wichtigen Verse eingeritzt sind:

«Der Gott, der Eisen wachsen ließ,
    der wollte keine Knechte» –

wenn es nicht durch ein albernes Geschick dahin gekommen wäre, daß ausgerechnet diese Perle der Provinz deutsche Bundeshauptstadt wurde – jeder weiß, daß das nur mit der Nähe zu Rhöndorf zu tun hat, jenem Ort in der Gegend um Königswinter weiter rheinaufwärts, in dem Konrad Adenauer seine Rosenzucht betrieb, nach den Rosen zu

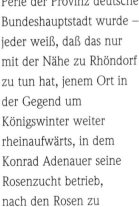

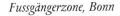
Fussgängerzone, Bonn

Niveacreme griff und sagte, jut, meine Damen, meine Herren, Bundeskanzler will isch jerne werden, aber in der Nähe von Rhöndorf muß et sein – und wer je in Königswinter war am Fuße des Drachenfels, der zweifelt nicht, daß Bonn die bessere Wahl war, obwohl die Abgeordneten, die sich dort zu Tode langweilen, möglicherweise sogar anders darüber denken, aber ich weiß wirklich nicht, ob die Städte, in die sie an den Wochenenden heimfahren in den muffigen Intercitys, soviel aufregender sind als dieses Bonn, Deutschland ist halt überall, und viele von ihnen kommen ja aus geradezu unsäglichen Landkreisen, so unsäglich, daß ich oft denke, sie werden überhaupt nur Abgeordnete, um auch mal etwas anderes von der Welt zu sehen ...

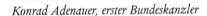
Konrad Adenauer, erster Bundeskanzler

a Warum schreibt Elke Heidenreich Ihrer Meinung nach auf diese Weise? Was für einen Effekt will sie erzielen?

b Experimentieren Sie damit, andere Texte in *Brennpunkt* in Heidenreichs Stil umzuschreiben.

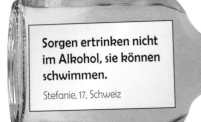

Sorgen ertrinken nicht im Alkohol, sie können schwimmen.

Stefanie, 17, Schweiz

Er nimmt Drogen, der Bengel.

Damit löst er keine Probleme!

NIKOTIN

Das Nikotin ist der Stoff, der Raucher abhängig macht. Es ist ein starkes Nerven- und Gefäßgift, das in kleineren Dosen die Hirntätigkeit anregt und in höheren Dosen genau die entgegengesetzte Wirkung hat. Bei 50 Milligramm liegt seine tödliche Dosis, aber die geringen Mengen Nikotin, die in einer Zigarette stecken, verursachen kaum gesundheitliche Schäden. Schädlich dagegen – sogar krebserregend – sind viele andere Inhaltsstoffe, die da im Rauch verbrennen oder sich während des Rauchvorgangs erst bilden.

Ich hab' auch meine Probleme ...

nehme ich etwa Drogen?!

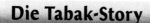

Die Tabak-Story

Vor rund 500 Jahren brachten Kolumbus und seine Begleiter den Tabak vom tropischen und subtropischen Teil Amerikas nach Europa. Während das Pfeiferauchen zunächst nur bei Seeleuten üblich war, galt es um 1600 herum am französischen Hof als *très chic* Tabak zu schnupfen. Der Kautabak dagegen blieb dem einfachen Mann vorbehalten. Trotz vielfältiger Verbote (so durfte bis 1848 in Deutschland nicht auf der Straße geraucht werden) fand der Tabakgenuss immer mehr Anhänger.

Die häufigste Art des Rauchens, das Zigarettenrauchen, ist in Europa dagegen erst sehr spät bekannt geworden. Englische und französische Soldaten entdeckten während des Krimkriegs (1853–1856) den in Papier gewickelten Tabak bei den Russen und Türken und brachten diesen Brauch mit in ihre Heimatländer. Aber erst mit der Möglichkeit der maschinellen Produktion setzte sich die Zigarette gegenüber Zigarre und Pfeifen- und Schnupftabak in allen Ländern und Gesellschaftsschichten durch.

a Welche Informationen über Tabak finden Sie am interessantesten?

b Schreiben Sie drei oder vier Tagebucheinträge, in denen Sie Christianes Geschichte von Detlefs Standpunkt aus erzählen.

Christiane F.

Ich sog das Pulver sofort durch die Nase ein. Alles, was ich spürte, wa ein beißend bitterer Geschmack. Ich musste Brechreiz unterdrücken und spuckte dann doch eine Menge von dem Zeug wieder aus. Dann kam es aber unheimlich schnell. Meine Glieder waren wahnsinnig schwer und waren gleichzeitig ganz leicht. Ich war irrsinnig müde u das war ein unheimlich geiles Gefühl. Das war am 18. April, einen Monat vor meinem 14. Geburtstag. Ich werde das Datum nie vergess

❖❖❖❖❖❖❖❖

Der Dezember kam. Ich wachte in Axels Wohnung neben Detlef auf. Mir war tierisch kalt. Ich sah auf irgendeine Schachtel. Da sprang mi plötzlich die Schrift auf der Schachtel an. Es waren die Farben, die wahnsinnig grell leuchteten und in den Augen weh taten. Es war vor allem ein Rot, das mir Angst machte.

Mein Mund war voller Speichel. Ich schluckte ihn hinunter aber er war sofort wieder da. Er kam irgendwie wieder hoch. Dann war der Speichel doch weg und ich hatte einen ganz trockenen, klebrigen Mund. Ich versuchte etwas zu trinken. Aber das ging nicht. Ich zitter vor Kälte, bis mir so heiß wurde, dass mir der Schweiß runterlief. Ich weckte Detlef und sagte: „Du, mit mir ist was los."

Detlef sah mir ins Gesicht und sagte: „Du hast Pupillen so groß wie Untertassen." Er machte eine lange Pause und flüsterte dann: „So, Mädchen, jetzt ist bei dir auch soweit."

Ich zitterte wieder und sagte: „Was denn, was ist denn los?"

Detlef sagte: „Turkey."

Aus: Wir Kinder vom Bahnhof Zoo von Christiane F.

Auf frischer Tat ertappt

Streit auf dem Grillfest: 18-Jähriger erstochen

Berglen – Ein 18 Jahre alter Deutscher ist in der Nacht zum Sonntag bei einer Messerstecherei auf einer Wiese bei Berglen getötet worden. Ein 22-Jähriger gestand inzwischen die Tat, bei der zwei weitere junge Männer verletzt wurden. Der Tathergang nach einem Streit bei einem Grillfest ist noch nicht ganz geklärt. Einen politischen Hintergrund konnte ein Polizeisprecher jedoch ausschließen.

Alkohol am Steuer

Die Bilanz: Jeder zweite Verkehrstote in Deutschland ist Opfer einer Sauftour. Der Anteil der 18- bis 24-jährigen Fahrer, die mit zu viel Alkohol im Blut entdeckt werden, ist überproportional hoch. Und: Alkohol am Steuer ist fast nur Männersache. Nur bei zehn Prozent aller entdeckten Sauftouren sitzt eine Frau hinterm Lenkrad.

Aber glatter Zufall ist, ob einer erwischt wird. Vier Richtige im „Lotto 6 aus 49" sind wahrscheinlicher, als im Suff von einer Polizeikelle gestoppt zu werden. Denn statistisch ist ein Volltrunkener mehr als 250-mal unbehelligt unterwegs, ehe ihn Beamte zum Aderlass bringen. Benebelte fahren sogar bis zu 600-mal unbehelligt durch den Verkehr.

Insgesamt kurven Bier- und Weinselige etwa 60- bis 80-millionenmal jährlich über unsere Straßen. Das bedeutet: In einem von rund 300 Autos – so viele stehen zu Stoßzeiten auf einer einzigen großstädtischen Kreuzung im Stau – sitzt ein Besoffener am Lenkrad. Mit ihnen steigt das Unfallrisiko ums 35fache.

Bahn-Anschlag: Fahndung läuft

Stuttgart – Ein Zug der Stadtbahnlinie 9 war gegen 20.45 Uhr im Stadtteil Ost entgleist, nachdem Jugendliche Steine auf die Schienen gelegt hatten. Der tonnenschwere Triebwagen sprang von den Gleisen, rammte einen Ampelmast und kam erst 20 Meter weiter quer zur Fahrbahn auf der verkehrsreichen Hackstraße zum Stehen. „Allein dem Umstand, dass dort in diesem Moment kein Auto fuhr, ist es zu verdanken, dass es keine katastrophalen Folgen gab", sagte ein Polizeisprecher. Ein Fahrgast wurde bei dem Unfall leicht verletzt.

Die Polizei fahndet jetzt nach sechs Jugendlichen aus dem benachbarten Wohngebiet. Die Raitselberg-Siedlung gilt wegen ihrer auffälligen Jugendkriminalität als besonders problematischer Stadtteil. Sollten die Täter dingfest gemacht werden, droht ihnen eine Freiheitsstrafe von bis zu fünf Jahren.

APOTHEKERIN SCHREIT RÄUBER AN

Innerhalb von 90 Minuten überfiel ein vermutlich drogensüchtiger Mann am Freitag zwei Apotheken in Schwabing und Moosach.

In der Vichow-Apotheke in der Ungererstraße scheiterte er allerdings an einer energischen Apothekerin, die sich von seinem Messer nicht beeindrucken ließ und ihn dermaßen wütend anschrie, dass er fluchtartig davonrannte. Gegen 16.15 erschien der etwa 25-Jährige in der Apotheke in der Baubergerstraße, bedrohte die Apothekerin (49) erneut mit einem Messer und entkam mit den Einnahmen aus der Kasse. Das Münzgeld ließ er unbeachtet zurück.

---

a Lesen Sie alle Berichte auf dieser Seite. Welches Verbrechen hier finden Sie am schlimmsten? Warum?

b Siehe Self-study Booklet, Seite 27, Übung 7.

„Um Himmels willen, er scheint dein
Italienisch nicht ganz verstanden zu haben!"

Das Wort ist Gesetz?

Die Wette

Über vierzig Jahre sind es her", begann der
andere von neuem zu reden, „daß wir uns ...
zum erstenmal getroffen haben. Du, Bärlach,
warst damals ein junger Polizeifachmann aus
der Schweiz in türkischen Diensten, herbestellt,
um etwas zu reformieren, und ich – nun ich war
ein herumgetriebener Abenteurer wie jetzt
noch ...

Was diskutierten wir denn damals, Bärlach ...?
Ein Verbrechen zu begehen nanntest du eine
Dummheit, weil es unmöglich sei, mit
Menschen wie mit Schachfiguren zu operieren.
Ich dagegen stellte die These auf, mehr um zu
widersprechen als überzeugt, daß gerade die
Verworrenheit der menschlichen Beziehungen
es möglich mache, Verbrechen zu begehen, die
nicht erkannt werden könnten ... Und wie wir nun
weiterstritten, ... da haben wir im Übermut eine
Wette geschlossen:

Ich hielt die kühne Wette, in deiner Gegenwart
ein Verbrechen zu begehen, ohne daß du
imstande sein würdest, mir dieses Verbrechen
beweisen zu können."

„Nach drei Tagen", sagte der Alte leise und
versunken in seiner Erinnerung, „wie wir mit
einem deutschen Kaufmann über die Mahmud-
Brücke gingen, hast du ihn vor meinen Augen ins
Wasser gestoßen."

„Der arme Kerl
konnte nicht
schwimmen ...
Der Mord trug
sich an einem
strahlenden
türkischen Sommertag bei einer angenehmen
Brise vom Meere her auf einer belebten Brücke
in aller Öffentlichkeit zwischen Liebespaaren
der europäischen Kolonie, Muselmännern und
ortsansässigen Bettlern zu, und trotzdem
konntest du mir nichts beweisen. Du ließest
mich verhaften, umsonst. Stundenlange
Verhöre, nutzlos. Das Gericht glaubte meine
Version, die auf Selbstmord des Kaufmanns
lautete."

„Du konntest nachweisen, daß der Kaufmann
vor dem Konkurs stand und sich durch einen
Betrug vergeblich hatte retten wollen", gab der
Alte bitter zu, bleicher als sonst.

„Ich wählte mir mein Opfer sorgfältig aus,
mein Freund", lachte der andere.

Aus: *Der Richter und sein Henker*
von Friedrich Dürrenmatt

*Friedrich
Dürrenmatt
(1921–1990):
Schweizer
Dramatiker
und Autor.
Die Themen
Justiz und
Verantwortung
kommen oft in
seinen Werken
vor, wo er
Humor mit
ernsteren
Aussagen
verbindet.*

Worum ging es bei der Wette?

Wer hat sie gewonnen? Wie?

„Weder da noch dort"

Ich bin 16 Jahre alt und gehe in die 10. Klasse des Gymnasiums. Geschwister habe ich keine. Meine Eltern sind beide berufstätig. Vor zwei Jahren sind wir aus Polen in die Bundesrepublik Deutschland gekommen.

Nach außen hin geht es uns hier viel besser als in der alten Heimat: Meine Eltern haben eine gute Arbeit gefunden. Wir haben eine schöne Wohnung, ein großes Auto und schicke Kleidung.

Aber ich fühle mich hier so alleine wie noch nie in meinem Leben.

Ich vermisse meine Freunde in Polen sehr. In der Schule gelingt mir der Anschluss nicht mehr. Da werde ich schnell als Polin abgetan. Auch außerhalb der Schule habe ich so gut wie keine Kontakte.

Ich weiß nicht mehr, wie ich es anstellen soll, hier endlich ein paar gute Freunde zu finden.

Am liebsten würde ich heute noch nach Polen zurückfahren.

Wie sehr die Auswanderer in Südaustralien ihre Heimat vermissten, zeigen viele Stellen in den Briefen der folgenden Jahre. „Meine Gedanken", so schreibt z.B. Marie Degenhardt im Jahre 1863, „sind die meiste Zeit bei euch und in der Heimat. Denn wenn dieses Land auch noch so schön ist, so fühlt man sich doch darinnen nicht heimisch, wenigstens ich nicht, denn das Land, die Menschen und selbst das häusliche Leben sind so ganz anders als in der alten Heimat, dass es einem jeden, der nicht ein bloßer Weltmensch ist, schwer wird, sich hier heimisch und wohnlich zu fühlen. Ich bin nun bereits zehn Jahre hier im Land, aber ich fühle mich noch genauso fremd nach dieser langen Zeit."

Am 19. Januar kam Reinhold Boger mit einer Aeroflot-Maschine aus Moskau in Hamburg an, in der Tasche die Ausreisepapiere und ein Visum für die Bundesrepublik. Mit ihm flogen seine Frau Luisa, die 85-jährige Schwiegermutter, Sohn Fjodr und dessen Frau Ludmilla mit ihren drei Söhnen, 10, 16 und 20 Jahre alt – vier Generationen, auf der Suche nach der neuen Heimat. Luisa Boger spricht als einzige in der Familie Deutsch. Sie ist wie ihr Mann 63 Jahre alt.

Fjodr, der sich jetzt Friedrich nennt, bittet seine Mutter, zu übersetzen: „Dort haben sie gesagt, wir sind Deutsche, Faschisten. Und hier sind wir doch die Russen, nicht wahr?" „Ja", sagt die alte Frau Boger, „hier wartet keiner auf uns, und dort brauchen sie uns nicht. Wir sind weder da noch dort. Das ist schwer für uns, sehr schwer."

Was sagen diese Texte über die Erlebnisse von Auswanderern und Vertriebenen? Was haben sie gemeinsam? Was haben sie nicht gemeinsam?

Das ist deine Heimat!

Das Wort Heimat hat viele Assoziationen. Hier einige dichterische Interpretationen.

Kommt einer
von ferne
mit einer Sprache
die vielleicht die Laute
verschließt
mit dem Wiehern der Stute
oder
dem Piepen
junger Schwarzamseln
oder
auch wie eine knirschende Säge
die alle Nähe zerschneidet

Kommt einer
von ferne
mit Bewegungen des Hundes
oder
vielleicht der Ratte
und es ist Winter
so kleide ihn warm
kann auch sein
er hat Feuer unter den Sohlen
(vielleicht ritt er
auf einem Meteor)
so schilt ihn nicht
falls dein Teppich durchlöchert schreit –

Ein Fremder hat immer
seine Heimat im Arm
wie eine Waise
für die er vielleicht nichts
als ein Grab sucht.

Nelly Sachs

Daheim –
das ist überall,
wo etwas wartet.
Ein Ort,
ein Name,
der Antwort gibt.
Etwas, das lebt.
Und Liebe –
der dunkle Glanz
in den Augen.

Alois Hergouth

Deutschland heute
Als zivilisiertes und
industrialisiertes
westliches Land
geben wir
mit großen Gesten
Entwicklungshilfe
in die Länder der Dritten Welt.

Dabei hätten wir
sie selbst so nötig,
Entwicklungshilfe;
allerdings solcher Art,
die man mit Geldern
nicht schaffen kann.

Mitmenschlichkeit.

Kristiane Allert-Wybranietz

Lesen Sie die Gedichte auf den Seiten 212
und 213. Wählen Sie ein Gedicht oder einen
Auszug. Benutzen Sie Blatt **5.3**, um die
allgemeine Stimmung oder Absicht und den
allgemeinen Ton des Gedichts zu beschreiben.
Äußern Sie auch Ihre Meinung dazu.

O das Rheinland ist ein schönes Land, voll Lieblichkeit und Sonnenschein. Im blauen Strome spiegeln sich die Bergesufer mit ihren Burgruinen und Waldungen und altertümlichen Städten. Dort vor der Haustür sitzen die Bürgersleute des Sommerabends, und trinken aus großen Kannen, und schwatzen vertraulich…

Heine

Heimat

Heimat,
ein paar Festmeter
Dasein.
Die Haut
der Mutter.
Wer sie auszieht,
friert.

Luis S. Stecher

Dein Erstes und dein Letztes, der Sonnenregen, der in deine Wiege fiel, die drei Hände voll Staub, die über deinen letzten Ankerplatz hingesegnet werden, deine Hoffnung, deine Liebe und dein Glauben, dein köstlichstes Erbe und dein heiligstes Zukunftsgut: das ist deine Heimat!

Findeisen

PATRIA

IDEALE

PATRONEN

IDOLE

PATRIOTEN

IDIOTEN

TOTEN

Peter Waibel

Und Sie? Was bedeutet Heimat für Sie? Schreiben Sie Ihr eigenes Gedicht zum Thema ‚Heimat'. Sie könnten eines der Gedichte auf diesen Seiten adaptieren oder vielleicht Ideen aus verschiedenen Gedichten zusammenstellen oder Sie könnten auch Ideen aus einem Text auf den Seiten 168 und 169 als Grundlage für ein eigenes Gedicht verwenden. Hinweis: Nicht alle Gedichte enthalten Reime.

Fortschritt, Fortschritt ...

VATIKAN SEGNET ROBOTER

Der größte Markt für Roboter ist zur Zeit wohl die Unterhaltung: seien es elektronische Haustiere oder schauspielernde Roboter, wie Disney sie anfertigen lässt. Der erste richtige humanoide Roboter wird aus Japan kommen. Ob er etwas taugen wird, ist noch völlig offen. Trotzdem hat Honda schon mal beim Vatikan gefragt, ob so ein humanoider Roboter auch keine religiösen Gefühle verletze. Der ‚Honda-Mann‘ bekam den Segen aus dem Vatikan.

```
                    Beton
                Beton   Beton
            Beton   Beton   Beton
        Beton   Beton   Mensch   Beton   Beton
            Beton   Beton   Beton
                Beton   Beton
                    Beton
```

a Lesen Sie das Gedicht ‚Der Panther‘ von Rainer Maria Rilke. Nur vom Titel her weiß man, dass es um einen Panther geht. Auf welche Geschöpfe und Situationen könnte sich das Gedicht sonst beziehen, wenn es nicht diesen Titel hätte? Schlagen Sie alternative Titel vor!

b Was hat das Rilke-Gedicht mit dem Bildgedicht ‚Beton‘ gemeinsam?

Der Panther
Im Jardin des Plantes, Paris

Sein Blick ist vom Vorübergehn der Stäbe
so müd geworden, daß er nichts mehr hält.
Ihm ist, als ob es tausend Stäbe gäbe
und hinter tausend Stäben keine Welt.

Der weiche Gang geschmeidig starker Schritte,
der sich im allerkleinsten Kreise dreht,
ist wie ein Tanz von Kraft um eine Mitte,
in der betäubt ein großer Wille steht.

Nur manchmal schiebt der Vorhang der Pupille
sich lautlos auf –. Dann geht ein Bild hinein,
geht durch der Glieder angespannte Stille –
und hört im Herzen auf zu sein.

Rainer Maria Rilke (1875–1926):
österreichischer Dichter, der romantische, symbolische Gedichte schrieb.

Noch über die Wende 2001 hinweg standen und fuhren sie überall herum. Jeder hatte so ein Ding, viele hatten zwei. Die meisten gaben monatlich mehr dafür aus als für ihre Wohnung. Es wurde identifiziert mit Tüchtigkeit, Erfolg, Reichtum, Freiheit. Diese Wertordnung schien unerschütterlich gesichert. Alternative Projekte scheiterten, verlacht von den Besserwissenden. Aber – zunächst noch unbemerkt von den Weisen – kauften mehr und mehr kein neues mehr, ließen das alte stehen, da das Geld immer knapper und der Treibstoff immer teurer wurde. Inzwischen sind viele Straßen aufgerissen und in Grünanlagen verwandelt.

Aus: ‚Eine Reportage im Jahre 2020: Bremen – heimliche Hauptstadt Nordwestdeutschlands'

**Computerwelt
Plastikmenschen
Gummigehirne
Lebende Ruinen
Sterile Gedanken
Massenware
Größenwahnsinn
Fortschritt**

Martin, 18, Schweiz

Deutsches Schrumpfen

Die Bevölkerungszahlen gehen im 21. Jahrhundert dramatisch zurück. Zur Zeit leben 82 Millionen Menschen in der Bundesrepublik. Bei der hypothetischen Annahme, die Zuwanderung käme zum Erliegen und die Geburtenzahl bliebe konstant bei derzeit 1,4 Kindern pro Frau, würde die Bevölkerung im Jahr 2020 auf 78 Millionen und im Jahr 2100 sogar auf 33 Millionen sinken. Selbst wenn weiter 150 000 Menschen pro Jahr zuwandern, würde die Bevölkerungszahl im Jahr 2100 auf 60 Millionen Menschen sinken.

Rainer Munz, Bevölkerungswissenschaftler der Berliner Humboldt-Uni: „Die Geschichte lehrt, die Deutschen haben immer geglaubt, sie haben zu wenig Menschen auf zu kleinem Raum. Im Jahr 1910 hätten in Deutschland auch nur 40 Millionen Menschen gelebt."

Wir sind im Jahr 2050. Beschreiben Sie eine Erfindung oder eine Entdeckung, auf die der Mensch verzichtet hat, und erklären Sie den Hintergrund und die Auswirkungen des Verzichts.

Verantwortung!

1 Du sollst deinen Mitmenschen unbeschadet seiner Hautfarbe, seiner Sprache, seiner Lebensgewohnheiten und seines Geschlechts als deinen Nächsten annehmen.

2 Du sollst die Würde, die Freiheit und das Recht eines jeden Menschen achten. Wer die Würde anderer angreift, greift dich an.

3 Du sollst deinen Mitmenschen ausreden lassen, ihm zuhören und ihn zu verstehen suchen.

4 Du sollst die religiösen, weltanschaulichen und politischen Überzeugungen anderer achten und sie nicht herabsetzen.

5 Du sollst gegen niemanden Gewalt anwenden und jeder Gewaltanwendung entgegentreten.

6 Du sollst alleine oder mit anderen deine Interessen vertreten und dein Eigentum zum allgemeinen Wohle nutzen, ohne anderen Menschen oder der Allgemeinheit Schaden zuzufügen.

7 Du sollst dich über die Angelegenheiten des Gemeinwesens informieren, für deine Überzeugungen eintreten und bei der Lösung selbst mit anpacken.

8 Du sollst an Wahlen und an Abstimmungen teilnehmen.

9 Du sollst dich verweigern und Protest erheben, wann immer der Staat die Menschenrechte oder das allgemeine Völkerrecht missachtet oder einen Angriffskrieg vorbereitet.

10 Du sollst Widerstand leisten gegen jeden, der es unternimmt, die politische Ordnung des Grundgesetzes, insbesondere Grundprinzipien der Demokratie – wie die Gewaltenteilung –, zu beseitigen.

Schreiben Sie selbst zehn Gebote über Verantwortung.

Ein Unverantwortlicher...

Ich bin unschuldig, frei von Verantwortung, nicht in der Pflicht.

Alles fängt schon damit an, dass ich nicht freiwillig auf der Welt bin. Frau hat mich einfach geboren.

Gegen meine Erziehung konnte ich mich höchstens wehren. Aber nicht mich selbst erziehen.

Jetzt bin ich erwachsen, handle in eigener Verantwortung.

Und: Ich tue mein bestes, aber keiner macht mit.

Wenn ich wähle, dann kriegen immer die anderen die Mehrheit. Die, die ich nicht wähle. Und so kann ich natürlich nichts für die Politik, die da herauskommt.

Wenn ich nur noch Mehrwegflaschen kaufe, dann lachen mich beim Spazierengehen im Wald trotzdem die rostigen Bierdosen an.

Und wenn ich mit meinem abgasgereinigten Auto langsam durch die Gegend fahre, weil ich das für vernünftig halte, dann zieht jede stinkende alte Rostlaube trotzdem wüst hupend an mir vorbei.

Und weil ich drei Kinder habe, sagen meine in die Apokalypse verliebten Bekannten, das sei ganz unverantwortlich: Kinder in diese Welt zu setzen, die bald vor die Hunde geht.

Gut, dass wenigstens ich mir nichts vorzuwerfen habe. Schuld sind die anderen. Deren Verantwortung möchte ich nicht tragen.

Urs Baer

Prüfungstraining

1 Wer sind wir?

Generationsunterschiede

Teil 1

Jugendliche erwarten zu viel von uns Erwachsenen. Wir sollen Vorbild sein, also uns in jeder Lebenslage ideal verhalten. Dabei bedenken sie nicht, mit welchen Schwierigkeiten wir heute zu kämpfen haben. Angst um den Arbeitsplatz, Spannungen innerhalb der Familie, ständige Verantwortung für alles und jeden. Das sind große Sorgen, die Jugendliche nicht verstehen, weil sie zu sehr mit sich selbst beschäftigt sind. Von unserer größeren Lebenserfahrung und gut gemeinten Ratschlägen wollen sie auch nichts wissen.

Wählen Sie die drei Satzenden, die dem Text nach richtig sind.

Erwachsene ...
a ... fürchten, dass sie ihre Stelle verlieren.
b ... wollen nicht immer arbeiten.
c ... sollten ihre Kinder nicht schlagen.
d ... sollen alle Situationen meistern.
e ... beschweren sich zu viel.
f ... sollen anderen zeigen, wie man sich benimmt.
g ... beschäftigen sich nicht genug mit Jugendlichen.

(3 Punkte)

Teil 2

Meike, 17 Jahre
Erwachsene sind langweilig. Sie wollen nichts unternehmen und vor allem nichts riskieren. Als Jugendlicher will man aktiv sein und möchte alles ausprobieren. Besonders interessant ist natürlich das Verbotene.

Heiko, 16
Wir Jugendliche glauben an eine bessere Welt und dass es möglich ist, die schlimmen Zustände zu ändern. Man kann doch nicht tatenlos zusehen, wenn es so viel Armut und Ungerechtigkeit gibt.

Mario, 18
Erwachsene leben auf einem anderen Planeten. Der Alltag hat sie verschluckt und sie haben die Lust zum Lachen einfach verloren. Sie haben vergessen, dass sie auch einmal jung gewesen sind.

Wer sagt was? Verbinden Sie die Buchstaben mit den jeweiligen Namen.

a Erwachsene sind immer so todernst.
b Ich experimentiere gern.
c Wir müssen uns aktiv daran beteiligen, die Probleme zu beseitigen.
d Man möchte am liebsten das machen, was man nicht darf.
e Erwachsene haben ein schlechtes Gedächtnis.

(5 Punkte)

Teil 3

1 Was würde Heiko vielleicht machen, um die schlimmen Zustände zu ändern? Schreiben Sie 30–40 Wörter.

(8 Punkte)

2 Was ist Ihre persönliche Meinung zu dem Unterschied zwischen Jugendlichen und Erwachsenen? Schreiben Sie 30–40 Wörter. Vermeiden Sie es, Ausdrücke aus dem Text zu benutzen.

(8 Punkte)

Teil 4

Translate the following passage *into German*.

Young people want to change the world. They feel that adults do not want to know about the problems of today. Others feel lonely because they think that nobody understands them. How is one to bridge the gap between the generations? There is no final answer to this question. Everybody has to work out his own solution.

(16 Punkte)

2 Zusammen oder allein?

Liebespaare

Teil 1

Milena (16) und Nils (17) sind seit einem Jahr zusammen.

Milena	Nils
Wir ergänzen uns gut. Ich bin spontan und unternehmungslustig, gehe gern auf Partys und treibe viel Sport. Nils ist mehr ein stiller Typ.	Ich muss nicht ständig etwas vorhaben. Die eigenen vier Wände sind auch mal schön. Ruhe ist für mich wichtig.
Wir sind eben völlig verschieden. Wenn mir etwas nicht gefällt, sage ich das sofort.	Ich warte meistens ab, bis sich alles von allein klärt. Ich versuche, allen Streitigkeiten aus dem Weg zu gehen.
Ich bekomme eine Krise, wenn es ein Problem gibt und keiner macht den Mund auf.	Durch Milena lerne ich immer noch etwas dazu. Sie zeigt mir, dass es besser ist, über alles zu reden. Diese Offenheit gefällt mir.
Für mich ist es wichtig, dass Nils mir zeigt, wie sehr er mich mag. Bei ihm habe ich alles, was ich brauche. Wir haben uns gesucht und gefunden.	

Passen die folgenden Beschreibungen zu

    a Milena
    b Nils
oder   **c** keinem von beiden?

Verbinden Sie die Zahlen mit den jeweiligen Buchstaben.

1 streitsüchtig	**6** offen
2 häuslich	**7** friedlich
3 entspannt	**8** exzentrisch
4 egoistisch	**9** voller Energie
5 immer unterwegs	**10** fit

(10 Punkte)

Teil 2

Julia und Henrik, beide 18, verliebten sich vor sechs Monaten.

„Wir waren zwei Jahre lang gute Freunde, bevor wir auf einer Klassenfahrt zusammengekommen sind. Wir wussten also genau, mit wem wir uns einlassen. Dass wir uns gut verstehen, war schon von Anfang an klar. Aber auf der Reise haben wir festgestellt, dass wir auch dieselben Interessen haben. Wir gehen beide gern ins Theater oder Konzert. Wir hören dieselbe Musik. Außerdem verbindet uns das gemeinsame Interesse an der englischen Sprache, weil wir beide ein Jahr im Ausland waren. Ich glaube, das nennt man dieselbe Wellenlänge. Wenn wir uns ansehen, wissen wir sofort, was im Kopf des anderen vorgeht. Aber am wichtigsten ist für uns das Gefühl zusammenzugehören."

Wählen Sie die jeweils richtige Satzergänzung.

a Julia und Henrik haben sich
   1 in der Schule
   2 auf einer Klassenfahrt
   3 im Ausland   kennen gelernt.

b Wahrscheinlich haben sie das Jahr in
   1 Russland
   2 Frankreich
   3 Amerika   verbracht.

c Sie verstehen sich auch ohne zu
   1 fühlen.   **3** denken.
   2 sprechen.   **4** hören.

d Sie sind ein Liebespaar seit
   1 zwei Jahren.
   2 einem Jahr.
   3 einem halben Jahr.

(4 Punkte)

Teil 3

Katrin (24) und Ole (21) sind seit anderthalb Jahren ein Paar.

Ole: „Unser gemeinsamer Weg verläuft recht kurvenreich. Mal geht's steil bergauf, mal ziemlich steil bergab."

Katrin: „Wir sind beide launisch und impulsiv."

Ole: „Deshalb gibt es manchmal auch Streit zwischen uns. Neulich zum Beispiel ..."

Schreiben Sie den Dialog zu Ende. Erzählen Sie von dem Streit (30–40 Wörter) und wie es dann wieder „bergauf" ging (30–40 Wörter).

(16 Punkte)

3 Pause machen

Ferien zwischen Himmel und Wasser

Teil 1

Das ist so eine Sache mit den deutschen Inseln. Es gibt sie eigentlich gar nicht. Ob Rügen, Fehmarn oder Sylt – das sind alle keine wirklichen Inseln. Denn eine wirkliche Insel kann man nur auf dem Wasser- oder Luftweg erreichen. Diese aber sind so nah an dem Festland, dass sie problemlos durch eine Brücke oder einen Damm mit diesem zu verbinden sind. Und das hat man auch getan. So wurden Inseln zu Halbinseln, oder besser gesagt: zu halben Inseln. Die einzige echte deutsche Insel ist Helgoland, aber hier soll von Rügen die Rede sein.

Mit fast tausend Quadratmetern ist Rügen so groß, dass man gar nicht das Gefühl hat, auf einer Insel zu sein. Obwohl man an keinem Punkt dieser bizarr geformten Ostseeinsel weiter als acht Kilometer vom Meer entfernt ist, kann man es kaum sehen oder hören, denn es ist hügelig und waldreich dort. Auch kann man es nicht riechen, den die Luft ist nicht so von Salz gesättigt wie an den Küsten der Nordsee.

Die landschaftliche Schönheit zieht viele Urlauber an, und tatsächlich ist der wichtigste Arbeitgeber auf Rügen der Tourismus. Selbst wenn das Wetter im Sommer mal nicht zum Baden geeignet ist, so bieten sich dort immer Spaziergänge an, und Pensionen, Ferienhäuser und Hotels sind voll ausgebucht. Wer außerhalb der Saison kommt, hat bei der Zimmersuche freilich keine Probleme. Noch hat es sich nicht herumgesprochen, dass Rügen auch im Winter schön ist.

Ergänzen Sie die folgenden Sätze mit Ihren eigenen Worten *auf Deutsch*.

a Auf eine wirkliche Insel kann man nur
   mit .... oder mit .... kommen.   (2)
b Halbinseln kann man außerdem auch
   mit .... oder mit .... erreichen.   (2)
c Auf Rügen gibt es viele .... und ....   (2)
d Viele Leute machen dort Urlaub, weil ....   (1)
e Im Sommer kann man auf Rügen immer ....   (1)
f Im Winter bekommt man leicht Zimmer,
   weil ....   (2)

(10 Punkte)

Teil 2

Hörtext ‚Traumferien‘.

Nachdem Sie den Text gehört haben, müssen Sie entscheiden, zu wem die folgenden Aussagen passen:

zu   **a** Silke
          b Dominik
oder   **c** keinem von beiden?

Verbinden Sie die Zahlen mit den jeweiligen Buchstaben.

 1 ... sitzt gern auf einer Schaukel.
 2 ... fühlt sich auf dem Wasser am Wohlsten.
 3 ... möchte etwas erleben.
 4 ... segelt gern durch die Luft.
 5 ... will nicht immer angesprochen werden.
 6 ... geht gern im Park spazieren.
 7 ... ist gern mit Gleichaltrigen zusammen.
 8 ... liegt auf der Matratze im Bett am Besten.
 9 ... fährt gern durch die Landschaft.
10 ... entspannt sich gern.

(10 Punkte)

Teil 3

Was wären die idealen Ferien für Sie und warum? Schreiben Sie etwa 30–40 Wörter.

(8 Punkte)

4 Die Qual der Wahl?

Angar Jarbit – Wer ist der Kerl?

Als sie zu ihrem ersten Design-Wettbewerb nach München reisten, war im Hotel für die zwei Mädchen Anja und Garbit zusammen nur ein Einzelzimmer gebucht. Die Veranstalter hatten sich unter dem Namen Angar Jarbit einen jungen Mann aus dem Orient vorgestellt. Dabei ist der Name nur eine Kombination aus den beiden Vornamen, wie man aus dem Label leicht erkennen kann.

Anja und Garbit haben sich beim Modedesign-Studium an der Fachhochschule in Hamburg kennen gelernt und schnell festgestellt, dass sie ganz ähnliche Vorstellungen von Mode haben. Also beschlossen sie, als Team beim Wettbewerb anzutreten. Das Missverständnis mit ihrem Namen war eher ein gutes Omen: Angar Jarbit gewann. Der Preis: Die beiden durften ihre erste komplette Kollektion realisieren und auf den Messen in Düsseldorf und Paris präsentieren.

Das ist drei Jahre und sechs Kollektionen her – fast ohne Urlaub oder freies Wochenende. Angar Jarbit ist ein Markenname geworden, eine kleine Firma mit allem Drum und Dran, die ihre Klamotten weltweit verkauft. Anja und Garbit besorgen gemeinsam das Material und überlegen zusammen, was sie daraus schneidern wollen. „Ich mache Hosen und Röcke, Anja lieber Oberteile", beschreibt Garbit die Arbeitsteilung. Alles Weitere wird zu zweit durchgeboxt: Rechnungen, Verhandlungen mit der Bank usw. Nur zusammen wohnen wollen sie nicht. „Ich glaube, wir sind sowieso schon mehr zusammen als jedes Ehepaar auf der Welt", sagt Anja.

1 Sind die folgenden Sätze dem Text nach (1) richtig, (2) falsch oder (3) nicht im Text? Verbinden Sie die Buchstaben mit der entsprechenden Zahl.

a Ein junger Orientale gewann beim Wettbewerb.
b Anja und Garbit sind verheiratet.
c Das Studium hat sie zusammengeführt.
d Anja hat eine Briefmarkensammlung.
e Sie haben den gleichen Geschmack, was Mode betrifft.
f Nach dem Wettbewerb durften sie ihre Mode ausstellen.

g Wenn sie im Hotel sind, übernachten sie immer zusammen in einem Einzelzimmer.
h Sie verkaufen ihre Mode nur in Düsseldorf oder Paris.
i Der Lieblingssport der beiden ist Autorennen.
j Ihre Kleidung kann man überall kaufen.

(10 Punkte)

2 Suchen Sie im Text Wörter oder Ausdrücke, die den folgenden Umschreibungen bzw. Synonymen entsprechen.

a haben ihre gegenseitige Bekanntschaft gemacht
b sofort herausgefunden
c ziemlich gleiche Ideen
d günstiges Zeichen
e verwirklichen
f plus allem, was dazugehört
g kaufen
h denken gemeinsam nach

(8 Punkte)

3 Hörtext ‚Ferienjobs'.

Beantworten Sie die Fragen zu dem Hörtext *auf Deutsch*.

a Zuerst bekam Yvonne nur Absagen. Was sagten die Ladenbesitzer vielleicht zu ihr? *(1)*
b Was kann man wohl in Yvonnes jetzigem Laden kaufen? Geben Sie drei konkrete Beispiele. *(3)*
c Welchen Sport treibt Yvonne? *(1)*
d Wo hat Emilie in den letzten Ferien gearbeitet? *(1)*
e Wie viele Stunden musste sie dort arbeiten? *(1)*
f Warum fand sie es ermüdend? *(1)*
g Was wollten ihre Eltern nicht? *(1)*
h Was fanden Alexanders Freunde komisch? *(1)*
i Nennen Sie zwei Gründe, warum Alexander seinen Job gern hat. *(2)*

(12 Punkte)

5 Drück dich aus!

Kultur

Teil 1

Sie kommen von überall her; zu Lande, übers Wasser, aus der Luft. Doch was immer sie nach Dresden lockt – wenn es dunkel wird in Sachsens Hauptstadt, dann haben alle nur ein Ziel: den Theaterplatz, wo zum Feierabend die Kandelaber aufleuchten und wo die große Semperoper steht, in der berühmte Werke von Wagner und Strauss Premiere hatten. Dann kommen an schönen Tagen die Ausflügler auf qualmenden Elbdampfern heran; die Touristen schlendern vom Altmarkt herüber; Gruppen aus West und Ost, Volkshochschulen, Musikvereine, Kegelklubs: alle wollen sie sehen. Denn ein Besuch der 1841 von Gottfried Semper erbauten Oper ist unter Europas Kulturkonsumenten inzwischen Breitensport geworden. Abend für Abend steuern vollbesetzte Busse den Theaterplatz an. Selbst aus opernverwöhnten Metropolen wie Berlin, München und Hamburg trifft Publikum ein. Längst ist die Sächsische Staatsoper ein Dresdner Schlager – bestaunt, verehrt und selbst auf dem Schwarzmarkt fast immer ausverkauft.

1 Sind die folgenden Aussagen dem Text nach (1) richtig, (2) falsch oder (3) nicht im Text? Verbinden Sie die Buchstaben mit der entsprechenden Zahl.

a Gottfried Semper komponierte Opern.

b Die Gruppen bestehen nicht nur aus Musikliebhabern.

c In der französischen Metropole sind Opern immer ausverkauft.

d Karten kann man nur auf dem schwarzen Markt bekommen.

e Die Kandelaber werden zu besonderen Feiern abends eingeschaltet.

f In den Bussen ist kein Platz mehr zu haben.

g In Hamburg, München und Berlin gibt es gute Opernaufführungen.

h Außer der Oper hat Dresden auch anderes anzubieten.

(8 Punkte)

2 Suchen Sie im Text Wörter oder Ausdrücke, die den folgenden Umschreibungen bzw. Synonymen am besten entsprechen.

a Leute, die ständig geistigem Leben nachjagen

b hoch geachtet

c Hobby für alle

d bummeln

e fahren auf ... zu

f von Großstädten, wo es ausgezeichnete Opern gibt

g zum ersten Mal aufgeführt wurden

(7 Punkte)

Teil 2

Das Wort 'Tanztheater' ist in keinem Tanzlexikon zu finden. Trotzdem ist es seit langem überall bekannt. Erfunden wurde der Begriff schon in den späten zwanziger Jahren durch den Choreographen Kurt Jooss, der 1928 in Essen zu den Gründern der Folkwang-Schule gehörte. Vierzig Jahre später greift seine Meisterschülerin Pina Bausch die Ideen ihres Lehrers wieder auf und verwirklicht sie. Als Ballettchefin benennt sie ihr Ensemble um: Aus dem Wuppertaler Ballett wird das 'Tanztheater Wuppertal'. Zunächst choreographiert sie Opern als dramatisch bewegte Modern-Dance-Stücke, doch dann entfernt sie sich weiter von dem, was sie gelernt hat. Zunehmend versetzt sie den reinen, absoluten Tanz mit theatralischen Bildern und realistischen Elementen; ihre Tänzer beginnen zu singen und zu sprechen. Verwundern darf das niemanden. Denn schon bei Antritt ihrer Chefposition sagte sie, sie sei weniger daran interessiert, wie sich die Menschen bewegten, als was sie bewege.

Answer the following questions *in English*.

a What does the text tell us about Kurt Jooss? (2)

b What were Pina Bausch's first steps towards realising her teacher's ideas? (2)

c How did she change the traditional ballet? (2)

d What is her philosophy regarding dance? (2)

(8 Punkte)

6 Leib und Seele

Ohne Rauch geht's auch

Teil 1

Auf jeder Zigarettenschachtel steht es: Rauchen gefährdet die Gesundheit. Viele Jugendliche wissen, dass Nikotin schädlich ist, aber trotzdem raucht ein Drittel von ihnen, und zwar mehr Mädchen als Jungen. Das ist nicht nur eine Frage der Emanzipation. Im Fernsehen und in Zeitschriften sieht man viele elegante Models und Schauspielerinnen mit Zigaretten. So umgehen Zigarettenfirmen das Werbeverbot, das allgemein im Fernsehen und im Radio gilt. Viele Kritiker verlangen deshalb einen besseren Nichtraucherschutz, wie zum Beispiel auch die Abschaffung von Zigarettenautomaten, weil Kinder dort ohne Kontrolle der Eltern Zigaretten ziehen können.

Welche vier Sätze sind dem Text nach richtig?

a Besonders im Fernsehen machen die Zigarettenfirmen Reklame für ihre Produkte.

b Eltern haben die Kontrolle über ihre Kinder völlig verloren.

c Gegner der Zigarettenwerbung fordern weitergehende Maßnahmen.

d Die Gleichberechtigung wird hier in Frage gestellt.

e Jungen sind vernünftiger als Mädchen und rauchen nicht.

f Mädchen wollen das nachmachen, was sie sehen und schick finden.

g Viele Jugendliche sind nicht über die Gefahren des Rauchens aufgeklärt.

h Zigarettenwerbung geschieht oft auf indirekte Weise.

i Eine große Anzahl junger Leute ist sich über die Gefahren des Rauchens im Klaren.

(4 Punkte)

Teil 2

Der Werbespruch „ohne Rauch geht's auch" fällt bei Jenny (18) auf taube Ohren: „Jugendliche, die rauchen, gehören heute einfach zum Alltag", erklärt Jenny. So wie sie denken viele Jugendliche und auch Erwachsene. Sie selbst raucht seit 5 Jahren, was ihre Eltern wissen und dulden. Früher hat Jenny auch illegale Drogen genommen, aber damit ist jetzt Schluss. Ihre Mutter ist deshalb froh, dass ihre Tochter nur Tabak raucht.

Timo (14) und Falk (13) haben sich in der Schulpause beim Rauchen kennen gelernt. Hinter dem Schulgebäude treffen sie sich mit anderen jungen Rauchern, natürlich immer darauf bedacht, von Lehrern nicht erwischt zu werden, um „Spaß zu haben und Leute zu treffen", wie Timo sagt. „Das ist ähnlich wie beim Sport. Rauchen verbindet."

Stefan (21) ist dagegen überzeugter Nichtraucher. Vielleicht kommt es daher, weil seine Eltern Kettenraucher waren und ihn als Kind immer die schlechte Luft im Zimmer gestört hat. „Ich warf meinen Eltern vor, dass meine Gesundheit durch Passivrauchen gefährdet wäre", erzählt er. Aber er ist auch ein ehrgeiziger Sportler und weiß, dass er mit Rauchen seine Karriere aufs Spiel setzt.

1 Wählen Sie die Wörter aus der Wortkiste, die dem Text über Jenny am besten entsprechen.

a Aufrufe zu einem rauchlosen Leben will Jenny nicht ....

b Viele Leute .... ihre ....

c Früher hat sie .... genommen, die .... waren.

d Ihre Eltern verhalten sich deshalb ....

Wortkiste:

gewissenhaft	hören	tolerant
angeboten	Kritik	verboten
Meinung	aufhören	beachten
schließen	teilen	versprechen
Substanzen	Heilmittel	

(6 Punkte)

2 Wählen Sie die vier Wörter, die am besten zu Timo passen.

a heimlich

b sportlich

c gesellig

d fleißig

e wagemutig

f kennerhaft

g verbindlich

h ungehorsam

(4 Punkte)

3 Wählen Sie die Satzergänzungen, die am besten zu Stefan passen.

a Stefan raucht nicht, weil ...
1 ... seine Eltern ihn angekettet hatten.
2 ... er als Kind geraucht hat.
3 ... er an die Zukunft denkt.

b Er ist ein Mensch, der ...
1 ... sich zum Rauchen nicht verführen lässt.
2 ... seine Eltern immer gestört hat.
3 ... nicht genau weiß, was er will.

c Als Sportler will er ...
1 ... nur allein spielen.
2 ... andere übertreffen.
3 ... Raucher boykottieren.

(3 Punkte)

7 Geld regiert die Welt

Ansprache zum 1. Mai

Heute ist zwar ein Feiertag, aber viele werden am Tag der Arbeit an den nächsten Arbeitstag denken; manche mit Vorfreude, manche mit Widerwillen; die einen mit der Hoffnung, eine neue Aufgabe beginnen zu können, andere in Sorge um ihren Arbeitsplatz. Alle aber wissen, dass Arbeit die notwendige Grundlage für unser Zusammenleben ist. Wo sie fehlt, fehlen finanzielle Sicherheit und soziale Anerkennung. Deshalb dürfen wir uns mit der Massenarbeitslosigkeit nicht abfinden.

Doch Arbeitsplätze entstehen nicht von selbst. Wir müssen die Zukunft der Arbeit sichern und sie gestalten. Dazu gehört ein ständiger Dialog zwischen Arbeitgebern, Politikern und den Gewerkschaften. Wir brauchen Ideen für neue Produkte und neue Produktionsweisen, neue Berufe z.B. in der Umwelttechnik, aber auch in der Freizeitindustrie und in den sozialen Diensten. Wir brauchen Menschen, die diese Plätze ausfüllen können, aber sie müssen dafür ausgebildet und qualifiziert werden. Eine Wirtschaft kann nur dann konkurrenzfähig bleiben, wenn Arbeitnehmer optimal auf ihre Aufgaben vorbereitet sind. Man muss ihnen auch die Möglichkeit geben, sich ständig über neue Entwicklungen auf dem Laufenden halten zu können.

Die Zukunft ist jetzt: Was man in der Gegenwart versäumt, wird sich in der Zukunft bitter rächen. Jede Investition in Forschung und Entwicklung von neuen Technologien ist wichtiger als andere Geldanlagen. Dazu gehören vor allem Aus- und Weiterbildung unserer Jugend. Sonst werden den Unternehmern die Fachkräfte fehlen, die sie brauchen, um die konkurrenzfähigen Produkte der Zukunft herzustellen. Also müssen wir alles tun, was wir können, damit die manchmal geliebte, manchmal gehasste, aber immer gebrauchte Arbeit auch morgen gesichert ist.

1 Suchen Sie Formulierungen im Text, die den folgenden Umschreibungen entsprechen.

a ... fürchten, dass sie ihre Stelle verlieren
b nötiges Fundament
c unsere Gesellschaft
d von anderen geschätzt werden
e darum können wir ... nicht akzeptieren
f wir müssen dafür sorgen, dass wir auch morgen noch Stellen haben
g mit anderen dauernd darüber sprechen
h Leute, die sich für diese Arbeit eignen
i das Morgen ist heute
j was man heute unterlässt

(10 Punkte)

2 Answer the following questions *in English*.

a Describe the different feelings people have thinking about the next working day, and the reasons for it. *(4)*
b Despite those differences, what knowledge do they share? *(2)*
c According to the text, what are the consequences of unemployment? *(2)*
d Apart from politicians, what other bodies should be involved in the dialogue? *(2)*
e Name two areas where new jobs could be created. *(2)*
f Why is it essential to have well-qualified employees? *(1)*
g What further opportunities should be given to employees? *(1)*
h Name two areas where money should be invested. *(2)*

(16 Punkte)

3 Hörtext ‚Ein Erlebnis in der dritten Welt'.

Fassen Sie den Hörtext *auf Deutsch* zusammen (70–80 Wörter).

(10 Punkte)

8 Die Medien

Kinder brauchen Fernsehen

Viele Eltern wollen nicht, dass ihre Kinder viel fernsehen. Sie halten es aus verschiedenen Gründen für schädlich. Die einen sagen, dass es die Augen zu sehr anstrengt. Andere meinen, dass die Kinder zu viel ungeeignetes Material in sich aufnehmen. Auch finden viele, dass diese Beschäftigung zu passiv ist. Der berühmte Psychologe Bettelheim dagegen verteidigt das Fernsehen: „Kinder haben viele Wünsche, aber nicht alle können erfüllt werden. Deshalb träumen sie oft am Tag. In Fernsehfilmen spiegeln sich diese Tagträume."

Selbstverständlich ist auch er gegen den uneinge-schränkten Fernsehkonsum. Welche Filme sollten Kinder also sehen? „Wer es gut mit ihnen meint, erspart ihnen ‚Bildungsprogramme' wie *Sesamstraße*. Diese Art von Sendungen schafft nur die Illusion, dass man Wissen leicht und mühelos erwerben kann, was natürlich nicht stimmt." Aber auch harmlose Geschichten von lieben, netten Kindern und niedlichen Tieren findet Bettelheim nicht empfehlenswert. Er ist sich darüber im Klaren, dass Gewalt eine gewisse Faszination ausübt und meint, dass viele Kinder aggressive Fantasien nicht nur genießen, sondern sogar brauchen. Er weist dabei auf Untersuchungen hin, die gezeigt haben, dass Kinder weniger aggressiv sind, wenn sie ihre Wut beim Zuschauen in der Fantasie abreagiert haben.

Der Psychologe fordert Eltern auf, nicht alles zu verbieten, was den Kindern Spaß macht. Viel besser wäre es, wenn sie mit ihren kleinen Töchtern und Söhnen gemeinsam einen Film ansähen und sich anschließend mit ihnen darüber unterhielten.

1 Welche vier Sätze sind dem Text nach richtig?

a Während des Schlafens träumen viele Kinder.
b Eltern sollten mit ihren Kindern die Fernsehprogramme besprechen.
c Kinder fühlen sich von Gewalttätigkeit angezogen.
d Je wütender Kinder sind, desto fantasiereicher werden sie.
e Eltern sollten mehr Spaß mit ihren Kindern haben.
f Kinder, die gewalttätige Filme sehen, sind weniger angriffslustig.
g Der Psychologe meint, dass Kinder so viel fernsehen sollten, wie sie wollen.
h Bildungsprogramme täuschen oft vor, dass Lernen nicht schwer ist.
i Der Psychologe empfiehlt Filme über artige Kinder.

(4 Punkte)

2 Füllen Sie die Lücken mit den Wörtern aus der Wortkiste, die dem Text am besten entsprechen.

a .... des Fernsehens sagen, dass Kinder .... leiden können.
b Kritiker sagen, dass die .... oft nicht das Richtige für Kinder sind.
c Kinder haben oft ...., die .... bleiben.
d Kinder leben häufig in einer Welt, die.......... ist.
e Eltern sollten ihren Kindern auch mal etwas .... , was diesen .... macht.

Wortkiste:

unerfüllt	unwirklich	Befürworter
Fantasien	Freude	Programme
vorlesen	Eltern	ungeeignet
sportlich	körperlich	vormachen
Gedanken	verbieten	Wünsche
Gegner	erzieherisch	erlauben

(8 Punkte)

3 Sollten Kinder gewalttätige Filme sehen?

Schreiben Sie einen Artikel für eine deutsche Schülerzeitung, in dem Sie Ihre Meinung zu diesem Thema begründen (etwa 80 Wörter).

(16 Punkte)

9 Warum in aller Welt?

Die Bahn als Umweltsieger

Teil 1

Verkehr als umweltbelastender Faktor zählt zu den größten Problemen Europas. Experten aller Länder sind sich einig, dass der Bahn als umweltschonendem Transportmittel eine tragende Rolle bei der Bewältigung der Verkehrsströme zukommen muss.

Da Österreich ein verhältnismäßig kleines Land ist, sollte mit dem Verbau von Bodenfläche besonders sparsam umgegangen werden. Auch hier kann die neue Bahn einen wichtigen Beitrag zur Erhaltung der Natur leisten. Während man für eine zweigleisige elektrifizierte Bahnstrecke meist mit ca. 14 Metern Breite auskommt, nimmt eine Autobahn rund 38 Meter in Anspruch. Leistungsgleiche Straßenbauten benötigen daher fast dreimal so viel Verkehrsflächen wie die Eisenbahn.

Zur Erbringung der gleichen Verkehrsleistung benötigt die Bahn nur etwa ein Viertel der Energie des Straßenverkehrs und etwa ein Sechstel des Flugverkehrs. LKW-Transporte verbrauchen gegenüber dem Güterzug pro Leistungseinheit sogar rund achtmal so viel Energie wie die Bahn. Straßenverkehr, Schiff- und Luftfahrt sind im Bereich der Energieversorgung bis zu 85% vom Ausland abhängig, während der von den ÖBB benötigte Fahrstrom zu 80% aus heimischer Wasserkraft gewonnen wird.

Auch der Einsatz „sauberer" Energie macht die Bahn zum umweltfreundlichen Verkehrsmittel. Das zeigt sich besonders deutlich bei einem Vergleich der Schadstoffemissionen: Ein LKW verursacht dreißigmal so viel Luftverschmutzung wie die Bahn, ein PKW 8,3 mal so viel und selbst ein Schiff kommt noch auf einen mehr als dreimal so hohen Wert.

Answer the following questions *in English.*

a On what point do experts agree? **(2)**

b What care should be taken on account of Austria's size? **(1)**

c What comparison is made between the land required to build a railway and that needed for a motorway? **(2)**

d How does rail traffic compare with that of other modes of transport? **(3)**

e What is the source of most of the energy needed to run the railway in Austria? **(2)**

f How does the final paragraph show that the railway is an environmentally friendly means of transportation? **(3)**

(13 + 5 Punkte)

Teil 2

Beantworten Sie die folgenden Fragen *auf Deutsch.* **Schreiben Sie jeweils zwischen 230 und 250 Wörtern.**

a Wie können Familie und Gesellschaft zum Erhalt einer lebenswerten Umwelt beitragen?

b „Lärm kann im Zusammenleben mit Nachbarn Probleme bereiten." Zeigen Sie an drei Beispielen, wie solche Probleme sinnvoll gelöst werden können.

c Sie wohnen in der Nähe einer Fabrik, die Ihrer Meinung nach für Umweltverschmutzung verantwortlich ist. Sie führen ein Telefongespräch mit dem Leiter. Schreiben Sie den Dialog.

(45 Punkte)

10 Alle Menschen sind gleich ...

Nur die Straßennamen sind deutsch

Teil 1

Der Berliner Ali Yigit ist 34, hat Sozialpädagogik und Elektrotechnik studiert und spielt seit 15 Jahren Theater in seiner Muttersprache Türkisch. Jetzt hat er einen neuen Job, der ihm „super Spaß macht" und aus ihm vielleicht einen lokalen Star. Er ist Moderator beim Berliner Lokalsender Radyo Metropol FM, dem ersten türkischen UKW-Radio außerhalb der Türkei mit Vollprogramm. Es wird nur türkisch moderiert, die Nachrichten werden in Türkisch vorgelesen und türkischer Pop wird gespielt. Ein deutscher Hörer erkennt nur an den Straßennamen, dass er in Berlin ist. 27 junge Leute arbeiten bei Metropol FM. Bedingung für alle ist: Deutsch und Türkisch sprechen und Berlin kennen. Was für die Mitarbeiter gilt, muss nicht für den Chef gelten. Geschäftsführer Herbert Schnaudt spricht kein Wort Türkisch und in Berlin kennen sich seine Mitarbeiter bei weitem besser aus als er, gibt der Hamburger zu. Metropol FM ist nicht zufällig in Berlin. „Für uns ist Berlin eine Großstadt mit 170 000 Einwohnern. So eine geschlossene türkische Gemeinde gibt es nirgendwo sonst in Deutschland. Wir wollen die zweite und dritte Generation haben, das sind 110 000 Leute, davon müssen wir so viele wie möglich erreichen." Schnaudt wartet ab, ob sich Metropol FM in Berlin „rechnet". Wenn es gut läuft, will er sein Produkt überall dort anbieten, wo in Deutschland viele Türken leben.

Vervollständigen Sie die folgenden Sätze *auf Deutsch.* **In Ihren Antworten dürfen Sie Wörter oder Ausdrücke aus dem Text benutzen, aber das Abschreiben ganzer Sätze oder Abschnitte ist nicht erlaubt.**

a Zur Zeit arbeitet Ali Yigit ....

b Im Radyo Metropol FM wird grundsätzlich alles ....

c Als Deutscher weiß man, dass man sich in Berlin befindet, weil ....

d Der Chef kommt ursprünglich aus ....

e Herr Schnaudt ist gespannt, ob ....

(10 Punkte)

Teil 2

In der Zeitung finden Sie die folgende Reklame:

Jugend gegen Rassismus

Wir haben nur eine Zukunft, wenn wir mit Toleranz und Menschlichkeit gegen Rassismus und Gewalt kämpfen. Das kann aber nur erfolgreich sein, wenn wir es alle zu unserer persönlichen Sache machen. Wir von ‚Jugend gegen Rassismus' bieten allen unsere Freundschaft an.

Mitmachen – Stoppt Rassismus und Gewalt!

Tel. 73 167299

Rufen Sie *Jugend gegen Rassismus* an. Notieren Sie das Gespräch und benutzen Sie dabei 140–160 Wörter *auf Deutsch.*

- Erklären Sie, wer Sie sind und warum Sie anrufen.
- Geben Sie Beispiele von Rassismus, die Sie entweder persönlich erlebt haben oder von denen Sie gehört haben.
- Erzählen Sie, was man tun kann, um Toleranz und Menschlichkeit zu fördern.
- Sagen Sie, was Sie persönlich tun können, um die Arbeit der ‚Jugend gegen Rassismus' zu unterstützen.

(40 Punkte)

Teil 3

Beantworten Sie die folgenden Fragen *auf Deutsch.*
Schreiben Sie jeweils zwischen 230 und 250 Wörtern.

a Türke **und** Deutscher? Ist es möglich, beides zu sein?

b „Deutsche, die einen schwarzen und einen weißen Elternteil haben, fühlen sich in die deutsche Gesellschaft oft nicht hinreichend integriert." Wie kann sich Ihrer Meinung nach die Situation für solche Leute verbessern?

c „Trotz aller Emanzipation findet man immer noch sehr selten Frauen in Spitzenpositionen." Warum ist das der Fall?

d Wie verbreitet ist die Ausländerfeindlichkeit in Deutschland? Was kann man dagegen tun?

e Sie sind Journalist in Deutschland und kommen mit einem Gastarbeiter ins Gespräch. Schreiben Sie den Dialog für Ihre Zeitung.

(45 Punkte)

11 Geschichte lebt

Die Wiedervereinigung Deutschlands

Teil 1

Hörtext: ‚Bericht von Kani Alavi'. Dieser Bericht besteht aus zwei Teilen.

1 Beantworten Sie die Fragen *zum ersten Teil* dieses Hörtextes *auf Deutsch.*

  a Was ist Kani Alavi von Beruf und woher stammt er? *(2)*

  b Was hat er aus dem Radio erfahren? *(1)*

  c Warum machte er sich Sorgen? *(2)*

  d Warum war es doch nicht gefährlich, nach draußen zu gehen? *(2)*

(7 Punkte)

2 Write a summary of *the second part* of the report which you have just heard in 80–100 words of continuous *English* prose, addressing in particular the points below.

- What Kani Alavi did while standing at his window.
- How he reacted to what he saw.
- How the West Germans reacted to those from the East.
- Kani Alavi's impressions of what the West Germans felt deep inside.
- How he recorded the mood which he experienced.
- What happened later on in his flat.

(8 Punkte)

Teil 2

Beantworten Sie die folgenden Fragen *auf Deutsch.*
Schreiben Sie jeweils zwischen 230 und 250 Wörtern.

a Beschreiben Sie die Unterschiede zwischen der ehemaligen DDR und dem heutigen Deutschland. Wie stehen Sie dazu?

b Sie sind eingeladen worden, an einem politischen Jugendkongress in Deutschland teilzunehmen. Ihr Beitrag fängt so an: „Sollten junge Deutsche immer noch an Deutschlands dunkle Vergangenheit erinnert werden oder wäre es besser, wenn man sich nur auf die Zukunft konzentrierte?" Wie geht Ihr Beitrag weiter?

(45 Punkte)

12 Von mir aus ...

Die Europäische Union

Teil 1: Interpreting

Your brother, Martin, is keen on pursuing a career in politics after leaving university and you arrange for him to speak to Joachim, a German friend of yours, in order to find out about German attitudes towards the European Union. You have to interpret *from German to English and vice versa*, as neither speaks the other's language. The first part of the discussion is given below.

Martin

> Hi – thanks for giving up your time to talk to me. I'm sorry, but my German is not too good, so my brother/sister will have to interpret.

Joachim

> Das ist überhaupt kein Problem. Was möchten Sie gerne wissen?

Martin

> We hear that Germans are really not so interested in European matters, especially now that they are still struggling with the problems which reunification brought about.

Joachim

> Das stimmt nicht ganz. Meine Firma arbeitet zum Beispiel viel mit Firmen in Osteuropa zusammen und wir freuen uns alle auf den baldigen Beitritt dieser Länder zur EU.

Martin

> Yes, I can imagine that this would result in new economic growth and market opportunities.

Joachim

> Ja, hoffentlich. Übrigens hat es hier in Europa so viele kriegerische Konflikte gegeben. Wir können uns nur wünschen, dass die EU uns künftig vor solchen Schrecken bewahren kann.

Martin

> I agree wholeheartedly. If it can ensure that we all live together peacefully and with mutual understanding, it has to be worthwhile.

Joachim

> Was halten Sie übrigens vom Euro? In der Hinsicht scheinen die Briten etwas zurückhaltend zu sein.

Martin

> That's true, though I think the Euro could be successful provided the European Central Bank prepares properly for its introduction.

(45 Punkte)

Teil 2: Task-based assignment

Situation

As a speaker of German, you have been invited to address a youth conference on financial affairs in Dortmund on behalf of your school. As part of your preparation for the conference, you find an article on the Euro.

Data

Das neue Geld ab 2002

Hamburg – Als Bargeld werden D-Mark und Pfennig im Jahr 2002 von Euro und Cent abgelöst. Von der neuen Währung wird es dann sieben unterschiedliche Geldscheine und acht Münzen geben. Die Banknoten unterscheiden sich in Farbe und Größe. Sie haben den folgenden Wert: Fünf Euro (grau), zehn (rot), 20 (blau), 50 (orange), 100 (grün), 200 (gelbbraun) und 500 Euro (lila). Auf den Scheinen sind Motive aus der Architektur wie Bögen oder Brücken zu sehen. Es werden aber keine wirklich existierenden Bauwerke gezeigt, um kein Land zu bevorzugen. Die Münzen tragen den Wert ein, zwei, fünf, zehn, 20 und 50 Cent sowie ein und zwei Euro. Sie zeigen auf einer Seite nationale Symbole. Die deutschen Münzen zieren Bundesadler, Brandenburger Tor und Eichenlaub. Alle Münzen und Scheine werden in allen Ländern der Euro-Zone gültig sein.

Task

After consulting with others at your school, write/deliver your speech *in German* (200–225 words) in which you:

- comment on the advantages of the Euro;
- comment on the disadvantages of the Euro;
- propose a way forward to ensure a common policy within the European Union.

(45 Punkte)

Teil 3

**Beantworten Sie die folgenden Fragen *auf Deutsch*.
Schreiben Sie jeweils zwischen 230 und 250 Wörtern.**

a „Die Europäische Union hat schon in der
   Vergangenheit viele Erleichterungen gebracht."
   Wie stehen Sie dazu?

b Sie wohnen in der Schweiz und Sie schreiben einen
   Brief an eine schweizerische Zeitung. Ihr Brief fängt
   so an: „Sehr geehrte Damen und Herren, obwohl
   die Schweiz nicht Teil der EU ist, arbeite ich dort
   schon seit einigen Jahren und habe bis jetzt meine
   Entscheidung noch nie bereut." Wie geht Ihr Brief
   weiter?

(45 Punkte)

13 Unter dem Einfluss

Jugendkriminalität – Patentrezepte gibt es nicht

Teil 1

Die gestiegene Jugendkriminalität und der Umgang mit straffällig gewordenen Jugendlichen sind ein viel diskutierter Themenbereich in Deutschland. In Deutschland sind Jugendliche bis zu 14 Jahren strafunmündig und können nicht verurteilt werden. Ab 14 Jahren können sie dem Jugendrichter vorgeführt werden.

Die neue polizeiliche Kriminalstatistik belegt erneut einen Trend, der bereits seit Anfang der 90er Jahre zu beobachten ist: Kinder und Jugendliche geraten immer häufiger als Straftäter ins Visier der Polizei. Auf ihr Konto gehen vor allem Ladendiebstähle, aber auch schwerere Straftaten bis hin zum Mord. In Frankfurt/Main beispielsweise sind zwei Drittel aller Straßenräuber noch keine 21 Jahre alt. Die Fachwelt diskutiert heftig, Patentrezepte gegen die junge Gewalt sind dennoch nicht in Sicht.

Der schnelle und für viele nahe liegende Ruf nach schärferen Gesetzen läuft ins Leere. Bis zu fünf Prozent eines Jahrgangs laufen nach Erkenntnissen des Bielefelder Jugendforschers Klaus Hurrelmann „aus dem Ruder", und zwar mit einer bislang nicht gekannten Brutalität und Erbarmungslosigkeit.

Jugendrichter und Jugendämter verwalten meist nur noch die wachsende Kriminalität: Dem Erziehungsgedanken verpflichtet, sprechen die meisten Jugendrichter auch für schwerere Straftaten keine oder nur geringe Strafen aus. Die für die erzieherische Resozialisierung zuständigen Jugendämter haben weder Zeit noch Geld für jeden einzelnen ihrer Kunden: Ihre sachliche und personelle Ausstattung bezahlen die notorisch klammen Kommunen. Bundesjustizminister Edzard Schmidt-Jortzig propagiert seit längerem die Einrichtung geschlossener Heime für besonders auffällige Kinder – auch gegen den Willen ihrer Eltern.

**1 Suchen Sie im Text Wörter oder Ausdrücke, die
den folgenden Umschreibungen bzw. Synonymen
entsprechen.**

a zu jung, um für eine Straftat juristisch
   verantwortlich gemacht zu werden

b öfter

c erlangen die Aufmerksamkeit der Polizei

d Experten und Expertinnen

e die Jugendkriminalität

f hat keinen Erfolg

g geraten außer Kontrolle

h die Wiedereingliederung straffällig gewordener
   Personen in die Gesellschaft

i die ständig unter Geldnot leidenden Landkreise
   und Städte

j fordert

(10 Punkte)

2 Translate the following passage *into German*.

Crime has risen amongst young people and many who
commit crimes are too young to be charged. Frequently
children are responsible for thefts and even murders. It
appears that no clear solution is in sight, especially
since judges often refuse to punish these young
criminals.

(15 Punkte)

Teil 2

**Beantworten Sie die folgenden Fragen *auf Deutsch*.
Schreiben Sie jeweils zwischen 230 und 250 Wörtern.**

a „Fernsehhelden sind oft falsche Helden."
   Wie stehen Sie dazu?

b Macht Fernsehen gewalttätig?

(45 Punkte)

14 Heimat

Deutsche Lachklubs

Teil 1

"Vor dem Lachen muss man üben, üben, üben."
Wenn Manfred Leitner zum Beispiel wie ein Löwe
lachen will, reißt er seinen Mund ganz
weit auf, streckt die Zunge heraus und hebt seine
Hände zu Löwenpranken. Dann kommt
tief aus dem Bauch ein herzhaftes Lachen.
„Das Löwenlachen schaut so lustig aus", sagt
der 55-jährige Regensburger. „Da muss ich oft
so lachen, dass ich nicht mehr weiterreden
kann." Leitner ist Mitglied des ersten Lachklubs
Deutschlands und hat in Regensburg die
erste Gruppe in Bayern gegründet. Inzwischen
lachen in Deutschland 22 Klubs mit rund
350 humorvollen Mitgliedern um die Wette.
„Die Deutschen lachen viel zu wenig, sie
haben einfach keine Zeit dazu", sagt der
Scherzartikelhändler. Laut Statistik lachen
die Deutschen heute täglich nur noch sechs
Minuten – in den 50er Jahren waren es
noch 18 Minuten.

Einmal wöchentlich treffen sich die Mitglieder,
um in kollektives Gelächter auszubrechen.
Wer aber rote Pappnasen und Witzeerzähler
erwartet, wird enttäuscht. In elf streng
geregelten Schritten wird das Lachen 20 Minuten
lang geübt. Zum Einstieg stellen sich die
lachwilligen Teilnehmer im Kreis auf, klatschen in
die Hände und skandieren den Schlachtruf „Ho-
ho-hahaha" aus vollem Hals – und atmen tief
durch. Dann wird mal herzlich, mal lautlos, mal
summend gelacht. Spätestens wenn die Lacher
wie Löwen aufeinander zuspringen, kann
niemand mehr ernst bleiben. „Am Anfang ist das
Lachen sicher verkrampft", räumt Leitner ein, der
an seinem Schuh immer eine Glocke trägt und
dauernd zu Scherzen aufgelegt ist. „Aber der
Wille ist alles; wenn man das Lachen zulässt,
wird man immer lockerer."

1 **Welche Satzteile gehören zusammen? Vorsicht!
Es gibt mehr Satzenden als Satzanfänge.**

a Wenn man zum ersten Mal in Manfred Leitners
   Klub geht,
b Wenn man zum ersten Mal Manfred Leitner
   kennen lernt,
c Wenn man wie ein Raubtier lachen will,
d Wenn man sehr viel lacht,
e Wenn man lustige Erzählungen erwartet,
f Wenn man das Lachen lernen will,
g Wenn man lachen kann,

1 hat man sich vertan.
2 fühlt man sich ziemlich befangen.
3 kann man kaum mehr sprechen.
4 muss man den Mund ganz weit aufmachen.
5 kann man nicht mehr richtig atmen.
6 wird man in seinem Verhalten lässiger.
7 erkennt man ihn an seiner komischen Kleidung.
8 lacht man laut sechs Minuten lang.
9 muss man immer wetten.
10 braucht man nicht immer vor sich hin zu lachen.
11 sieht man nur Löwen und Tiger.

(7 Punkte)

2 **Translate the following passage *into German*.**

According to statistics, people laugh less than they did
some years ago, possibly because they no longer have
sufficient time. For this reason Andreas Köppen founded
a laughter club in Switzerland two years ago. Currently
there are sixty members, who meet once a month. They
are usually inhibited to start with, but they soon find it
difficult to stay serious.

(15 Punkte)

Teil 2

**Beantworten Sie die folgenden Fragen *auf Deutsch*.
Schreiben Sie jeweils zwischen 230 und 250 Wörtern.**

a Aus welchen Gründen denken Ihrer Meinung
   nach viele, dass die Deutschen keinen Sinn für
   Humor haben? Sind Sie auch dieser Ansicht?
b Sie arbeiten in Großbritannien für eine deutsche
   Zeitung und Sie schreiben einen Bericht zum
   folgenden Thema: „Die britische Einstellung
   zu Deutschland und den Deutschen".

(45 Punkte)

Der Mensch im Mittelpunkt

Teil 1

ERSTER TEIL

Längst zu einer Institution sind die beiden Pfarrer am Flughafen München geworden: Dr. Franz Gasteiger (katholisch) und Helmut Leipold (evangelisch). Die Zielsetzung der beiden: in der technisierten Welt eines Flughafens den menschlichen Aspekt nicht zu vergessen.

Anfangs war die ökumenische Seelsorge an einem Flughafen für die beiden noch Neuland. Nach Frankfurt ist München erst der zweite deutsche Flughafen, an dem Geistliche sich um die Menschen am Flughafen, seien es Mitarbeiter oder Passagiere, kümmern und für Gespräche und Ratschläge zur Verfügung stehen.

Nach rund eineinhalb Jahren ziehen die Geistlichen Bilanz: Viele Menschen kommen zu ihnen, um beispielsweise über ihre große Flugangst oder ihren Abschiedsschmerz zu sprechen. In Zusammenarbeit mit dem kirchlichen Sozialdienst, dem medizinischen Dienst und den Behörden am Flughafen haben die Geistlichen bereits vielen geholfen.

1 Welche zwei der folgenden Sätze entsprechen am besten dem Inhalt *des ersten Teils* des Textes?

a Die beiden Pfarrer stammen aus Neuseeland.

b München ist der erste Flughafen in Deutschland, an dem Pfarrer arbeiten.

c Die Pfarrer arbeiten schon seit achtzehn Monaten am Flughafen.

d Die Pfarrer machen sich große Sorgen um die Seelen der Passagiere.

e Viele Leute, die mit den Pfarrern reden, haben Angst, weil sie sich von ihren Lieben trennen müssen.

(2 Punkte)

ZWEITER TEIL

Die Hilfe kann ganz .... (1) sein: Mal sind sie bei der Polizei und dem Bundesgrenzschutz, um sich um Menschen mit Pass- und Asylproblemen zu .... (2). Mal stellen sie ein Bett für die Nacht zur .... (3), zum Beispiel wenn jemand sein Flugzeug .... (4) und kein Geld mehr hat. Mal .... (5) sie ein warmes Essen aus. Bei umfassenderen, zum Beispiel existenziellen oder familiären Problemen versuchen die Pfarrer, ... (6) einzufädeln. Als persönliches Fazit über die bisherige .... (7), zu der auch das tägliche ökumenische Mittagsgebet und die katholischen und evangelischen Gottesdienste am Wochenende .... (8), sagt Gasteiger: „Ich wäre .... (9), wenn ich die Stelle am Flughafen nicht hätte. Sie vermittelt mir das Gefühl von befriedigender Seelsorge." Und Pfarrer Leipold: „Ich komme jeden Tag gerne hierher zur Arbeit."

2 Ergänzen Sie die Lücken *im zweiten Teil* des Textes mit Wörtern aus der folgenden Liste, die zeigen, dass Sie den Text richtig verstanden haben. Vorsicht! Es gibt mehr Wörter als Lücken.

a abstrakt	g geben	m Schwierigkeiten
b Arbeit	h gehören	n todtraurig
c arbeiten	i konkret	o Verfügung
d besorgen	j kümmern	p verpasst
e einstellen	k Lösungen	q Versuchung
f erreicht	l ökumenisch	r Vorführung

(9 Punkte)

Teil 2

Beantworten Sie die folgenden Fragen *auf Deutsch*. Schreiben Sie jeweils zwischen 230 und 250 Wörtern.

a Bei einem Besuch in Österreich sagte der Papst: „Das Leben ist ein Geschenk Gottes, ein Gut, über das nur er allein bestimmen kann." Wie stehen Sie dazu?

b „Wenn einmal der Damm des Lebensschutzes gebrochen ist, wenn, was bei der Legalisierung der Abtreibung geschah, die Würde und Unantastbarkeit des Lebens preisgegeben wird, dann drohen über kurz oder lang auch alle anderen Menschenrechte in Frage gestellt zu werden." Wie stehen Sie dazu?

c Am Telefon besprechen Sie mit einem Familienmitglied die eventuelle Legalisierung der Euthanasie. Führen Sie das Telefongespräch – ein Partner bzw. eine Partnerin ist dabei als Familienmitglied.

d Inwiefern sind Sie der Meinung, dass man die künstliche Verlängerung des Lebens um jeden Preis verlangen soll?

(45 Punkte)

Grammatik

INHALT

VERBS

Verbs in German are classed as either weak (regular) or strong (irregular). A list of the most common strong verbs is to be found on pages 250–252.

PRESENT TENSE (Chapter 1, page 6)

FORMATION

Add the endings shown below to the stem of the infinitive. The stem is the part of the verb which remains after removing the -e(n) of the infinitive.

Weak verbs, e.g. *machen* / *lächeln*:

Singular		Plural	
Ich (I)	mache/läch(e)le	wir (we)	machen/lächeln
du (you)	machst/lächelst	ihr (you)	macht/lächelt
er (he/it)		Sie (you)	
sie (she/it)	macht/lächelt	sie (they)	machen/lächeln
es (it)			

(*man* takes the same endings as *er/sie/es*, e.g. *man macht*.)

Strong verbs, e.g. *fahren*:

Singular		Plural	
ich	fahre	wir	fahren
du	fährst	ihr	fahrt
er		Sie	
sie	fährt	sie	fahren
es			

(Only the *du* and *er/sie/es* forms are irregular. All other forms are always regular.)

German has three ways of saying 'you': *du* for one person that you know well and are on good terms with; *ihr* for more than one person that you know well and are on good terms with; *Sie* for one or more people that you are addressing formally.

Some verbs have a stem that ends in -*d* or -*t*. Where this occurs, an -*e*- is inserted between the stem and certain endings. This enables the ending to be pronounced. Where the stem ends in -*s* or -*z*, only -*t* is added in the *du* form.

arbeiten

ich	arbeite	wir	arbeiten
du	arbeitest	ihr	arbeitet
er/sie/es	arbeitet	Sie/sie	arbeiten

reisen – du reist
heißen – du heißt

Note the following irregular present tenses in the singular. The verb *sein* is irregular throughout. The modal verbs (*können, müssen, dürfen, mögen, wollen, sollen*) also have irregular forms in the singular. (See page 235.)

	wissen	haben	werden
ich	weiß	habe	werde
du	weißt	hast	wirst
er/sie/es	weiß	hat	wird

sein

ich	bin	wir	sind
du	bist	ihr	seid
er/sie/es	ist	Sie/sie	sind

USE

The present tense denotes:

1   the present state of something:
    – *Ich bin müde.* (I am tired.)

2   an action that is going on now (the '-ing' form in English):
    – *Das Baby schreit.* (The baby is crying.)

3   an action that is done regularly:
    – *Andrea kehrt jeden Abend ins Heim zurück.*
      (Andrea returns to the home each evening.)

4   a future action when used with an appropriate adverb of time:
    – *Im Sommer heirate ich.*
      (I'm getting married in the summer.)

5   an action that began in the past and is still continuing ('has/have been -ing for + time' in English):
    – *Sie wartet seit einer Woche auf den Brief.* (She has been waiting for the letter for a week – and is still waiting.)
    – *Ich lerne seit drei Jahren Deutsch.* (I have been learning German for three years – and am still learning.)

PERFECT TENSE (Chapter 2, page 16)

FORMATION

An auxiliary verb (part of *haben* or *sein*) and the past participle of the verb are required (e.g. *gemacht, gearbeitet, gefahren, gegangen*).

ich	habe	
du	hast	
er/sie/es	hat	viel gearbeitet
wir	haben	
ihr	habt	
Sie/sie	haben	

ich	bin	
du	bist	
er/sie/es	ist	in die Stadt gegangen
wir	sind	
ihr	seid	
Sie/sie	sind	

Past participle

1   Weak verbs form their past participle by putting *ge-* before the stem and -*t* on the end of the stem. If the stem ends in a -*t* or -*d*, an -*e*- is inserted between the stem and the -*t*.
    machen – gemacht
    sammeln – gesammelt
    wandern – gewandert
    arbeiten – gearbeitet

2   Strong verbs usually have a past participle that ends in -*en* but it has to be learnt. It will usually be given in a list of strong verbs. This can be found in a good dictionary and on pages 250–252.
    fahren – gefahren   *stehen – gestanden*
    gehen – gegangen   *lesen – gelesen*

3 Verbs that end in –*ieren* do not have a past participle beginning with *ge-*.
telefonieren – *telefoniert*
reparieren – *repariert*

4 Verbs that have a separable prefix (*aufmachen, ausgehen*) have the *ge-* between the prefix and the stem.
aufgemacht
ausgegangen

5 Verbs that have an inseparable prefix (*be-, emp-, ent-, er-, ge-, ver-, zer-*) have no *ge-* in the past participle.
beginnen – *begonnen*
gestehen – *gestanden*
erschießen – *erschossen*
vergessen – *vergessen*
entfliehen – *entflohen*
empfehlen – *empfohlen*

6 The modal verbs have no *Umlaut* in the past participle (see page 235).
können – *gekonnt*
dürfen – *gedurft*
müssen – *gemusst*
mögen – *gemocht*

Position of the past participle

1 The past participle normally goes at the end of the sentence.
– *Er ist heute nach Berlin **gefahren**.*

2 In a subordinate clause, it comes just before the auxiliary verb (i.e. the part of *sein* or *haben*).
– *Weil er heute nach Berlin **gefahren** ist, hat er sehr früh gefrühstückt.*

sein or *haben*?

Most verbs take *haben*, including reflexive verbs. There are, however, three important groups of verbs that take *sein*, all of which are intransitive. Transitive verbs have an object, e.g. the verb 'to take'; normally you take 'something', e.g. 'The thief takes the money'. Intransitive verbs do not have an object, e.g. 'to fall', 'to die'. You do not normally 'fall something' or 'die something'. 'The thief falls' or 'The thief dies' are both correct sentences with a subject and a verb, but no object.

Three groups of verbs which take *sein* are:

1 Intransitive verbs of motion.
– *gehen* – *Ich **bin** in die Stadt **gegangen**.*
– *fahren* – *Er **ist** nach Berlin **gefahren**.*
– *laufen* – *Wir **sind** zu den Geschäften **gelaufen**.*
(But: *Er **hat** den Wagen nach Berlin **gefahren*** because the verb now has an object.)

2 Intransitive verbs that express a change of state (e.g. to wake up – from sleeping to waking; to go to sleep – from waking to sleeping; to freeze – from liquid to solid; to die – from life to death).
– *aufwachen* – *Er **ist** noch nicht **aufgewacht**.*
– *einschlafen* – *Wir **sind** im Unterricht **eingeschlafen**.*
– *zufrieren* – *Der Fluss **ist** letzten Winter **zugefroren**.*
(But: *Seine Mutter **hat** ihn nicht **geweckt*** because *wecken* is a transitive verb.)

3 The verbs *sein* and *bleiben*.
– ***Sind** Sie je in Deutschland **gewesen**?*
– *Ich **bin** zu Hause **geblieben**.*

USE

Both the perfect and imperfect denote actions that took place in the past (I went, have gone, did go, was going). The perfect is more common in speech and the imperfect is more commonly found in formal writing, but there is no hard and fast distinction.

IMPERFECT TENSE (Chapter 3, page 30)

FORMATION

Weak verbs: add the endings shown below to the stem of the verb.

machen

ich	mach**te**	wir	mach**ten**
du	mach**test**	ihr	mach**tet**
er/sie/es	mach**te**	Sie/sie	mach**ten**

Strong verbs: the stem vowel of many strong verbs changes in the imperfect and has to be learnt, e.g. *singen* – *sang*; *kommen* – *kam*; *trinken* – *trank*; *geben* – *gab*.

ich	sang	wir	sang**en**
du	sang**st**	ihr	sang**t**
er/sie/es	sang	Sie/sie	sang**en**

(Some verbs which have a stem ending in *-d* or *-t* have an extra *e* before the imperfect endings, e.g. *ich arbeitete*.)

1 Some weak verbs change their stem vowel as well as taking the characteristic *-te* ending of weak verbs:
kennen – *kannte*
bringen – *brachte*
wissen – *wusste*
nennen – *nannte*
denken – *dachte*
senden – *sandte*
wenden – *wandte*
rennen – *rannte*

2 Modal verbs lose their *Umlaut* in the imperfect:
können – *konnte*
müssen – *musste*
dürfen – *durfte*
mögen – *mochte*

USE

The imperfect can be used for any action in the past (went, did go, has gone, was going, used to go) and has the same meaning as the perfect tense. It tends to be used more in written German, but it does occur frequently in speech. The following short newspaper extract shows the use of both the perfect and imperfect tenses in a few lines.
– *Bei einem Überfall auf die Hauptkasse des NDR **haben** zwei Männer rund 100 000 Mark **erbeutet**. Sie **drangen** in den Kassenraum **ein**, **warfen** die Kassiererin zu Boden und **nahmen** das Geld aus dem Tresor. Die Täter **sind** flüchtig.*

The imperfect tense can also be used with the preposition *seit* to give the meaning 'had been -ing for + time'.
– *Ich **lernte** seit drei Jahren Deutsch, als ich zum ersten Mal nach Deutschland **fuhr**.* (I had been learning German for three years when I went to Germany for the first time.)

PLUPERFECT TENSE (Chapter 3, page 30)

FORMATION

This tense follows the same kind of rules as the perfect. However, instead of using the present tense of the auxiliary verbs (*hat* or *ist*) plus the past participle, the imperfect of those verbs is used (*hatte* or *war*) plus the past participle. Verbs that form their perfect tense with *sein* will also form the pluperfect tense with that verb.

ich	hatte	
du	hattest	
er/sie/es	hatte	
wir	hatten	viel gearbeitet
ihr	hattet	
Sie/sie	hatten	

ich	war	
du	warst	
er/sie/es	war	
wir	waren	in die Stadt gegangen
ihr	wart	
Sie/sie	waren	

(For the exact rules of which verbs go with *sein*, refer to the earlier section on the perfect tense.)

USE

The pluperfect tense is normally used in conjunction with the imperfect. In a text which is relating events that happened in the past, the pluperfect would be used to indicate events which had happened earlier, before the events being narrated. It is used as in English (had seen, had read, had done): 'When I went into town I saw a friend who **had** just **bought** a CD.'

– *Nur noch tot konnte man eine 51-jährige türkische Frau aus Rendsburg aus den Trümmern ihres Mercedes 190 bergen. Das Fahrzeug **war** kurz vor drei in der Nacht zum Mittwoch auf der Autobahn 7 von der Fahrbahn **abgekommen** und **hatte** sich mehrfach **überschlagen**.*

FUTURE TENSE (Chapter 4, page 36)

FORMATION

The future tense is formed by using the verb *werden* plus the infinitive, which is normally placed at the end of the sentence or clause.

spielen

ich	werde	
du	wirst	
er/sie/es	wird	
wir	werden	heute Fußball spielen
ihr	werdet	
Sie/sie	werden	

USE

The future tense is used in a similar way to the English future tense (I shall, I will, I am going to). It indicates an action that is going to take place in the future.

– *Nächste Woche **werde** ich meine Verwandten **besuchen**.*
  (I'm going to visit my relatives next week.)

1 The future tense is also used to express an assumption, and in this usage is not really talking about the future at all.
   – *Wo ist Kerstin? Sie **wird** wohl in der Schule **sein**.*
     (Where's Kerstin? She'll probably be in school.)

2 Notice the difference between the following sentences. The second sentence contains a form of the modal verb *wollen* and is not a future tense.
   – *Er **wird** nächste Woche nach Berlin **fahren**.*
     (He **will go** to Berlin next week.)
   – *Er **will** nächste Woche nach Berlin **fahren**.*
     (He **wants to go** to Berlin next week.)

FUTURE PERFECT TENSE (Chapter 4, page 36)

FORMATION

The future perfect is formed with the auxiliary verb *werden* plus the past participle and the infinitive of either *haben* or *sein*, depending on how the verb used would form its perfect tense (*er wird … gegangen sein / gemacht haben*).

ich	werde	
du	wirst	
er/sie/es	wird	
wir	werden	nach Berlin gefahren sein
ihr	werdet	
Sie/sie	werden	

ich	werde	
due	wirst	
er/sie/es	wird	
wir	werden	die Arbeit gemacht haben
ihr	werdet	
Sie/sie	werden	

USE

It is used in a similar way to English (shall / will have done) and indicates that an action will have been completed by a certain time in the future.

– *Bis Montag **werde** ich die Arbeit **gemacht haben**.*
  (I **will have finished** the work by Monday.)

REFLEXIVE VERBS

Reflexive verbs are far more common in German than in English. Few English verbs require a reflexive pronoun (myself, yourself, himself, etc.). Often the German reflexive pronoun cannot be translated directly into English. The reflexive pronoun is normally accusative, e.g. *ich wasche mich*. The reflexive pronoun is in the dative case, however, if the sentence already contains an accusative object, e.g. *ich wasche mir die Hände*. The dative reflexive pronoun indicates 'whose' hands are being washed. The hands are the object.

sich waschen		Accusative	Dative
ich	wasche	mich	mir die Hände
du	wäschst	dich	dir die Hände
er/sie/es	wäscht	sich	sich die Hände
wir	waschen	uns	uns die Hände
ihr	wascht	euch	euch die Hände
Sie/sie	waschen	sich	sich die Hände

In the perfect and pluperfect tenses, reflexive verbs use the auxiliary verb *haben* because they tend to be transitive verbs with an object, e.g. *ich habe mich gewaschen.*

Note the imperative forms: *wasch dich! wascht euch! waschen Sie sich!*

1 Some verbs can be used with either a dative or an accusative reflexive pronoun, often with a difference in meaning, e.g. *sich vorstellen* (to introduce oneself; to imagine).
   – *Darf ich **mich** vorstellen?* (May I introduce myself?)
   – *Ich kann **mir** vorstellen, dass Sie traurig sind.*
     (I can imagine that you feel sad.)

2 The reflexive pronoun should come as close to the subject of the sentence as possible, since that is what it refers to. In a main clause this is after the main verb. In a subordinate clause it will probably be adjacent to the actual subject. If the subject is a noun, it may even come before the subject.
   – *Ich interessiere **mich** für Fußball.*
   – *Weil ich **mich** für Fußball interessiere, sehe ich mir oft die Sportsendungen im Fernsehen an.*
   – *Weil **sich** mein Sohn für Fußball interessiert, spielt er in der Schulmannschaft.*

THE MODAL VERBS (Chapter 1, page 10)

FORM

Present

müssen (to have to, must)

ich	muss	wir	müssen
du	muss	ihr	müsst
er/sie/es	muss	Sie/sie	müssen

können (to be able to, can)

ich	kann	wir	können
du	kannst	ihr	könnt
er/sie/es	kann	Sie/sie	können

dürfen (to be allowed to, may)

ich	darf	wir	dürfen
du	darfst	ihr	dürft
er/sie/es	darf	Sie/sie	dürfen

mögen (to like)

ich	mag	wir	mögen
du	magst	ihr	mögt
er/sie/es	mag	Sie/sie	mögen

wollen (to want to)

ich	will	wir	wollen
du	willst	ihr	wollt
er/sie/es	will	Sie/sie	wollen

sollen (to be supposed to, to be to)

ich	soll	wir	sollen
du	sollst	ihr	sollt
er/sie/es	soll	Sie/sie	sollen

Imperfect

Ich	musste (konnte/durfte/ mochte/wollte/sollte)	wir	mussten
		ihr	musstet
du	musstest	Sie/sie	mussten
er/sie/es	musste		

Perfect
Modal verbs all form their perfect tense with *haben*.

1 When used without an infinitive, their past participles are: *gemusst, gekonnt, gedurft, gemocht, gewollt, gesollt.* The imperfect is often used in preference to these forms.
   – *Das **habe** ich nicht **gekonnt**.*
   – *Sie **hat** es nicht **gewollt**.*

2 When used with an infinitive, their past participle is the same as the infinitive: *müssen, können, dürfen, mögen, wollen, sollen.*
   – *Das **habe** ich nicht tun **können**.*
   – *Wir **haben** die Arbeit machen **müssen**.*
   – *Sie **hat** es nicht schreiben **wollen**.*

Pluperfect
This follows the same rules as the perfect above. The imperfect of *haben* is used instead of the present tense.
   – *Das **hatte** ich nicht tun können.*

Future
This tense is formed in the same way as for other verbs.
(See *Future Tense*, page 234.)
   – *Ich **werde** es machen müssen*

Present subjunctive (see pages 237–238)
   – *ich müsse / könne / dürfe / möge / wolle / solle*

Imperfect subjunctive (see pages 237–238)
   – *ich könnte / dürfte / möchte / wollte / sollte*

Past conditional
Note the past conditional forms and their meanings:
   – *Ich hätte es machen müssen.*
     (I should have done it. / I ought to have done it.)
   – *Ich hätte es machen können.*
     (I could have done it. / I might have done it.)
   – *Ich hätte es machen dürfen.*
     (I might have been allowed to do it.)
   – *Ich hätte es machen mögen.* (I would have liked to do it.)
   – *Iche hätte es machen wollen.* (I would have wanted to do it.)
   – *Ich hätte es machen sollen.* (I ought to have done it.)

WORD ORDER

1 The infinitive always comes at the end of the clause.
   – *Ich muss in die Stadt **fahren**.*

2 In a subordinate clause, the modal verb comes after the infinitive.
   – *Weil ich in die Stadt fahren **muss**, kann ich die Arbeit nicht machen.*

3 Note the position of the auxiliary verb (*haben*) in the following subordinate clauses in the perfect and pluperfect tenses. It is sometimes possible to avoid such word order by using the imperfect tense.
   – *Weil er das Buch **hat** lesen wollen, ...*
     Better: *Weil er das Buch lesen wollte, ...*
   – *Nachdem er mit ihr **hatte** sprechen können, ...*
   – *Er glaubte, dass ich das nicht **hätte** machen sollen.*
   – *Wenn sie mehr Geld **hätten** verdienen können, wären sie länger im Ausland geblieben.*

USE

1 *müssen* has the meaning 'to have to, must'.
   – *Ich muss morgen nach Paris fliegen.*
     (I have to fly to Paris tomorrow.)
   Care must be taken when using *müssen* with *nicht*. It does not equate with the English '(you) mustn't'. Instead it has the meaning '(you) don't have to (if you don't want to)'.
   – *Du musst das nicht tun.* (You **don't have to** do that.)
   – *Das darfst du nicht tun.* (You **mustn't** do that.)

   In the subjunctive, *müsste* has the same meaning as *sollte* (should/ought).
   – *Man müsste eigentlich mehr Zeit haben.*
     (We should really have more time.)
   – *Man hätte eigentlich mehr Zeit haben müssen.*
     (We should really have had more time.)

2 *können* has the meaning 'to be able to, can'.
   – *Können Sie mir bitte sagen, wie ich zum Bahnhof komme?*

   It is often used on its own, without an infinitive.
   – *Er kann gut Deutsch.* (He can speak good German.)
   – *Ich kann nichts dafür.* (I can't help that.)

   It often has the meaning 'may' or 'might'.
   – *Das kann sein.* (Maybe.)
   – *Er könnte schon heute ankommen.* (He might arrive today.)

   In English 'can' is often used with the meaning 'may'. (Can I smoke here?) In German, a clear distinction is made between *können* (can) and *dürfen* (may, be allowed to).
   – *Darf ich hier rauchen?* (Can/May I smoke here?)

   The imperfect subjunctive *könnte* is a more polite form for making a request.
   – *Könnten Sie mir helfen, bitte?* (Could you help me, please?)

3 *dürfen* has the meaning 'to be allowed to, may'.
   – *Darf man hier baden?* (Is swimming allowed here?)

   The negative form of *dürfen* expresses the English 'must not'.
   – *Du darfst nicht auf der Straße spielen.*
     (You mustn't play in the road.)

   The imperfect subjunctive *dürfte* expresses an assumption.
   – *Er dürfte wohl Recht haben.* (He is probably correct.)
   – *Sie dürfte jetzt dreißig sein.* (She must be about thirty now.)

4 *mögen* has the meaning 'to like'.
   – *Er mag Schokolade gern.* (He likes chocolate.)

   In the subjunctive form, *möchte* it is used as a polite request or enquiry.
   – *Möchten Sie Bier oder Wein?* (Would you like beer or wine?)

   It sometimes has the meaning 'may', as in the following examples:
   – *Das mag wohl sein.* (That may be.)
   – *Wie dem auch sein mag.* (However that may be.)

5 *wollen* has the meaning 'to want to'.
   – *Ich will bald ins Ausland fahren.*
     (I want to go abroad soon.)

   It is also used to express the idea of being about to do something.
   – *Er wollte gerade gehen, als seine Frau zur Tür hereinkam.*
     (He was just about to go, when his wife came in.)

Note:
   – *Wollen wir nach Hause gehen?* (**Shall** we go home?)
   – *Was wollen Sie damit sagen?* (What do you **mean** by that?)

6 *sollen* has a range of meanings: 'shall, to be to, to be supposed to, to be said to'.
   – *Ich soll nächste Woche nach Berlin fahren.*
     (I am to go to Berlin next week.)
   – *Er soll sehr intelligent sein.*
     (He is supposed to be very intelligent.)
   – *Sie soll sehr reich sein.* (She is said to be very rich.)

   In the subjunctive, *sollen* has the meaning of 'should' or 'ought to'.
   – *Du solltest sie häufiger anrufen.*
     (You ought to ring her up more frequently.)
   – *Das hätte er nicht machen sollen.*
     (He ought not to have done that.)

LASSEN (Chapter 13, page 156)

FORMATION
lassen behaves very much like a modal verb when it is followed by an infinitive.

Present

ich	lasse ihn kommen (I send for him)
du	lässt
er/sie/es	lässt
wir	lassen ihn kommen (we send for him)
ihr	lasst
Sie/sie	lassen

Imperfect
– *Ich ließ ihn kommen.* (I sent for him.)

Perfect (without another infinitive)
– *Ich habe ihn zu Hause gelassen.* (I (have) left him/it at home.)

Perfect (with another infinitive)
– *Ich habe ihn kommen lassen.* (I sent for him.)

USE OF *LASSEN*

1 With the meaning of letting or allowing someone to do something:
   – *Er lässt mich mit seinem Computer spielen.*
     (He lets me play with his computer.)

2 With the meaning of having something done, of getting somebody to do something for you, when it is often used with a reflexive pronoun:
   – *Ich lasse mir die Haare schneiden.*
     (I am having my hair cut.)

3 As a reflexive verb, usually in the third person, with the meaning 'that can be done':
   – *Das lässt sich machen.* (That can be done.)
   – *Das Buch lässt sich leicht lesen.*
     (The book can be easily read.)

THE PASSIVE (Chapter 7, page 92)

FORMATION

The passive gets its name from the fact that the subject of the verb is not actually doing anything. Something is being done to it. ('The dog bites the boy': here the dog is actively doing something. This is said to be the active form. 'The boy is bitten by the dog': here the boy is doing nothing. He is having something done to him by the dog. This is said to be the passive form.) In English, the passive is formed by using the appropriate form of the verb 'to be' + the past participle (is eaten, was drunk, is seen, will be done). In German, it is formed with the verb *werden* + the past participle, which goes to the end of the clause.

Present

ich	**werde** ...	gebissen	(I am bitten)
du	**wirst** ...	gebissen	(you are bitten)
er/sie/es	**wird** ...	gebissen	(he/she/it is bitten)
wir	**werden** ...	gebissen	(we are bitten)
ihr	**werdet** ...	gebissen	(you are bitten)
Sie/sie	**werden** ...	gebissen	(you/they are bitten)

The German form also translates the English continuous form 'I am being bitten', 'he is being bitten', etc.

Imperfect

ich	**wurde** ...	gebissen	(I was bitten)
du	**wurdest** ...	gebissen	(you were bitten)
er/sie/es	**wurde** ...	gebissen	(he/she/it was bitten)
wir	**wurden** ...	gebissen	(we were bitten)
ihr	**wurdet** ...	gebissen	(you were bitten)
Sie/sie	**wurden** ...	gebissen	(you/they were bitten)

Perfect

Instead of the normal past participle *geworden*, a special form without *ge-* is used: *worden*. The verb *werden* forms its perfect with *sein*, because it is an intransitive verb expressing a change of state.
- *Ich bin ... gebissen worden.* (I have been bitten.)

Pluperfect

- *Ich war ... gebissen worden.* (I had been bitten.)

Future

The verb *werden* has to be used twice: as the auxiliary to form the future and as an infinitive to form the passive. This is known as the passive infinitive (Chapter 10, page 121).
- *Ich werde ... gebissen werden.* (I will be bitten.)

The passive infinitive is also found with modal verbs.
- *Du könntest ... gebissen werden.* (You could be/get bitten.)

USE

The passive is used in a similar way to English, although perhaps slightly less frequently. There are certain differences that should be noted.

1   In English, the word 'by' usually introduces the agent through which the action of the passive verb is done. In German, the agent is introduced by: *von* for a living agent; and *durch* for an inanimate agent.

- *Der Mann wurde von dem Hund gebissen.* (The man was bitten by the dog.)
- *Er wurde durch eine Explosion schwer verletzt.* (He was badly injured by an explosion.)

2   The passive is often avoided by using one of the following constructions:

man (one, they, people) with an active verb (Chapter 7, page 92, Lerntipp):
- *Über 3000 Autos werden jährlich in den Kieler Nachrichten angeboten.* → *Man bietet jährlich über 3000 Autos in den Kieler Nachrichten an.* (More than 3000 cars are offered for sale each year in the *Kieler Nachrichten*.)

sein + infinitive:
- *Kein besseres Auto kann gefunden werden.* → *Kein besseres Auto ist zu finden.* (No better car is to be found.)

sich lassen + infinitive (Chapter 13, page 156):
- *Diese hohen Preise können nicht bezahlt werden.* → *Diese hohen Preise lassen sich nicht bezahlen.* (These high prices can't be paid.)

3   Care must be taken with verbs that have a dative (indirect) object. If they are used in the passive, they may only be used in an impersonal form with the subject *es*. So the verb is always in the singular form (*wird, wurde, ist ... worden*). Often the sentence begins with the dative object and the *es* is dropped (Chapter 12, page 152).

Active:
- *Die Männer halfen **den alten Frauen**.* (Note the dative object is emboldened.)

Passive:
- *Es wurde **den alten Frauen** von den Männern geholfen.*

More normal form:
- ***Den alten Frauen** wurde von den Männern geholfen.*
- *Es wurde **mir** geholfen. **Mir** wurde geholfen.*

4   There is also an impersonal form of the passive with the subject *es* (Chapter 12, page 152).
- *Es wird heute Abend hier getanzt.* (There will be dancing here tonight.)
- *Es wurde viel geredet, aber keine Lösung gefunden.* (There was a lot of talking, but no solution was found.)

If the sentence begins with something other than the subject *es*, then the *es* is dropped.
- *Hier wird gekocht und hier wird gegessen.* (The cooking is done here, and you eat here.)

5   Care must be taken to differentiate between an action (*werden* + past participle) and a state (*sein* + past participle).
- *Die Tür wurde geschlossen.* (The door was closed – action.)
- *Die Tür war geschlossen.* (The door was closed, i.e. it wasn't open – state.)

SUBJUNCTIVE (Chapter 8, page 101; Chapter 9, page 115)

There are two main tenses of the subjunctive (present and imperfect). By using the present or imperfect subjunctive of the auxiliary verbs (*haben, sein, werden*) it is possible to form other tenses (perfect, pluperfect, future).

FORMATION OF THE PRESENT

To the stem of the verb the following endings are added. There is no distinction between weak and strong verbs. They all follow the same pattern, except the verb *sein*, which is irregular.

machen/gehen/müssen/haben

ich	mache / gehe / müsse / habe
du	machest / gehest / müssest / habest*
er/sie/es	mache / gehe / müsse / habe
wir	machen / gehen / müssen / haben
ihr	machet / gehet / müsset / habet*
Sie/sie	machen / gehen / müssen / haben

*The imperfect subjunctive forms *du müsstest / hättest* and *ihr müsstet / hättet* are more common.

sein

ich	sei	wir	seien
du	seiest	ihr	seiet
er/sie/es	sei	Sie/sie	seien

FORMATION OF THE IMPERFECT

Weak verbs

To the stem of the verb add the following endings. (The imperfect subjunctive of weak verbs is exactly the same as the normal imperfect.)

ich	machte	wir	machten
du	machtest	ihr	machtet
er/sie/es	machte	Sie/sie	machten

Modal verbs take the same endings as weak verbs:
ich könnte; ich müsste; ich dürfte; ich möchte; ich sollte; ich wollte.

Strong verbs

To the normal imperfect stem add the endings of the present subjunctive. If the vowel of the stem is *a, o* or *u*, an *Umlaut* is also added.

ich	käme / ginge / gäbe
du	kämest / gingest / gäbest
er/sie/es	käme / ginge / gäbe
wir	kämen / gingen / gäben
ihr	kämet / ginget / gäbet
Sie/sie	kämen / gingen / gäben

USE

Modern English has only a few remaining examples of the subjunctive (If I were you ...). In German it is used to express reported speech. The use of the subjunctive indicates that the words being reported may not be true. The reader or the listener must judge for him/herself. The tense of the subjunctive should normally be the same as the tense used in the original words. In reality it does not matter which tense of the subjunctive is used. Because so many forms of the subjunctive are the same as the indicative, the overriding rule is that a tense should be used which can be seen to be subjunctive.

1 – „*Ich bin müde*", *sagte der Jugendliche.*
 ("I am tired", said the young man.)
 – *Der Jugendliche sagte, er **sei** müde.* ⎫ The young man said
 – *Der Jugendliche sagte, dass er müde **sei**.* ⎭ that he was tired.

In modern spoken German, the form without *dass* is more normal. In the example above, it was possible to use the present subjunctive *sei* (the same tense as the original words) because it is obviously a subjunctive form.

2 – „*Wir kommen zur Party*", *sagten die Jugendlichen.*
 ("We're coming to the Party", said the young people.)
 – *Die Jugendlichen sagten, sie **kämen** zur Party.*
 (The young people said they were coming to the party.)

In the above example, the present subjunctive to match the original tense would have been *kommen*, which is exactly the same as the normal indicative. So the imperfect subjunctive *kämen* was used instead. This form is obviously a subjunctive. It is important always to use a tense of the subjunctive which can be recognised as such. Usually this means using the imperfect subjunctive instead of the present. The tense as such is irrelevant. The important thing is that it should be subjunctive.

3 – „*Wir sind zur Party gegangen, nachdem wir unsere Arbeit fertig gemacht hatten*", *sagten die Mädchen.*
 – *Die Mädchen sagten, sie **seien** zur Party gegangen, nachdem sie ihre Arbeit gemacht **hätten**.*

It is important to put everything said into the subjunctive. In the example above, the original sentence uses the perfect and then the pluperfect. The subjunctives in the reported speech mirror this.

4 When putting direct speech into reported speech, it is important to remember to change the pronouns in an appropriate way.
 – „*Ich kann mein Buch nicht finden*", *rief der Junge.*
 – *Der Junge rief, **er** könne **sein** Buch nicht finden.*

5 When putting a question into reported speech, it may be necessary to use the word *ob* (whether), which sends the verb to the end of the subordinate clause. This is for questions which have no question word (*wer, wie, wo, was* etc.).
 – „*Sind Sie müde?*" *fragte man mich.*
 ("Are you tired?" I was asked.)
 – *Man fragte mich, ob ich müde **sei**.*
 (I was asked whether I was tired.)

When there is a question word, it is retained and sends the verb to the end of the subordinate clause.
 – „*Was für eine Person sind Sie?*" *fragte man mich.*
 – *Man fragte mich, **was für** eine Person ich **sei**.*
 – „*Wann kann Susanne den Führerschein machen?*" *fragte er.*
 – *Er fragte, **wann** Susanne den Führerschein machen **könne**.*

6 When putting a command into reported speech, it is necessary to use the verb *sollen*.
 – „*Komm mal zu mir!*" *rief sie.*
 – *Sie rief, dass ich zu ihr gehen solle.*

7 The subjunctive is also used in clauses that begin with *als ob* (as if). The very meaning of the expression indicates that something unreal is being talked about. Hence the use of the subjunctive (Chapter 10, page 123).
 – *Er sieht aus, als ob er krank **sei/wäre**.* (He looks as if he's ill.)
 – *Er sieht aus, als **sei/wäre** er krank.* (An alternative with the verb in second place.)
 – *Er tat, als ob er reich **wäre**.* (He pretended to be rich.)

CONDITIONAL (Chapter 4, page 36; Chapter 9, page 115)

FORMATION

This is the equivalent of the English 'would' and can be rendered either by the imperfect subjunctive or by *würde* + infinitive. Since the imperfect subjunctive of weak verbs is exactly the same as the normal indicative imperfect form, *würde* + infinitive is the preferred form of the conditional for those verbs. It can also be used for strong verbs, although most of the common strong verbs use their imperfect subjunctive form, because it is simpler. *Würde* + infinitive would rarely be used for modal verbs.

ich käme	I would come
ich würde ... kommen	I would come
ich würde ... machen	I would do/make
ich könnte	I would be able to
ich wäre	I would be
ich würde ... sein	I would be
ich würde ... arbeiten	I would work
ich möchte	I would like to

USE

The conditional is used mainly in 'if' sentences (*wenn-Sätze*). If a certain condition were true, then this would happen. (If I were rich, I would buy a car. – I am not rich, but if I should come into some money, then I would buy myself a car.) Normally the conditional is used in both parts of the *wenn* sentence, i.e. in the part beginning with *wenn* and in the second part of the sentence.

- *Wenn ich reich **wäre**, **würde** ich ein Auto kaufen.*
  (If I were rich, I would buy a car.)
- *Wenn ich schneller laufen **könnte**, **käme** ich früher an.*
  (If I could walk more quickly, I would arrive sooner.)
- *Wenn ich ein Auto kaufen **würde**, **würde** ich damit nach Deutschland fahren.*
  (If I bought a car, I would go to Germany in it.)

PAST CONDITIONAL (Chapter 10, page 128)

FORMATION

This is the equivalent of the English 'would have'. In German it is formed with the imperfect subjunctive of *haben* or *sein* + the part participle. Care must be taken with modal verbs. When a modal verb is used in a tense form which requires a past participle, it has two possible past participles: one when used without another infinitive (*gekonnt, gemusst, gemocht, gewollt, gesollt, gedurft*) and one when used with another infinitive (*können, müssen, mögen, wollen, sollen, dürfen*). See the section on modal verbs (page 235) for a fuller explanation.

ich wäre ... gekommen	I would have come
ich wäre ... gewesen	I would have been
ich hätte ... gemacht	I would have done/made
ich hätte ... gekonnt	I would have been able to
ich hätte es machen können	I would have been able to do it

(Note the position of *hätte* if it comes in the *wenn* part of the sentence: *Wenn ich es **hätte** machen können.*)

USE

The past conditional is also used mainly in 'if' sentences, but it refers to a condition in the past. If something had been done, then this would have happened. (If I were rich now, I would buy a car. If I **had been** rich several years ago, I **would have** bought a car). The past conditional is used in both the *wenn* part of the sentence and the result part.

- *Wenn ich reich **gewesen wäre**, **hätte** ich ein Auto **gekauft**.*
  (If I had been rich, I would have bought a car.)
- *Wenn ich ein Auto **gekauft hätte**, **wäre** ich damit nach Deutschland **gefahren**.* (If I had bought a car, I would have gone to Germany in it.)
- *Wenn ich schneller **hätte** laufen **können**, **wäre** ich früher **angekommen**.* (If I had been able to walk more quickly, I would have arrived sooner.) (Note the position of *hätte*.)

It is possible to use 'if' sentences without the *wenn*. Usually the result clause then begins with *so*. Such sentences tend to be more appropriate for a literary style.

- ***Wäre** ich reich, **so würde** ich ein Auto kaufen.*
- ***Hätte** ich ein Auto **gekauft**, **so wäre** ich damit nach Deutschland **gefahren**.*

PRESENT AND PAST PARTICIPLES (Chapter 8, page 98)

FORMATION

To form the present participle a *-d* is added to the infinitive. This corresponds to the English '-ing' form.
sterbend – dying
schmelzend – melting

For the formation of the past participle, see the section on the perfect tense, page 232.

USE

1. Both the present and the past participle are often used as adjectives. If they come before a noun, they must take the appropriate adjectival ending.
   - *die sterbenden Kinder in Afrika*
     (the dying children of Africa)
   - *die gestorbenen Kinder in Afrika*
     (the dead children of Africa)

   When used as adjectives, they are often expanded in written German by the addition of other phrases before the participle. This often produces a construction which has no exact equivalent in English.
   - *Die **schnell fahrenden** Autos produzierten sehr viele Abgase.* (The cars which were going fast produced a lot of exhaust gases.)
   - *Die **durch die Straßen der Stadt fahrenden** Autos produzierten viele Abgase.* (The cars driving through the streets of the town produced a lot of exhaust gases.)

2. This construction can usually be replaced by means of a relative clause (a 'which' clause). This is the construction that would be heard in speech, rather than the expanded adjectival phrase.
   - *Die durch die Straßen der Stadt fahrenden Autos produzierten viele Abgase.*
   - *Die Autos, **die durch die Straßen der Stadt fuhren**, produzierten viele Abgase.*

3. The present participle may be used as an adverb.
   - *Sie kam **lächelnd** ins Zimmer herein.*
     (She came into the room smiling.)

4 Both participles, when used as adjectives, have comparative and superlative forms:
- *Das ist das reizendste Kind, das ich je gesehen habe.*
- *Es war der umstrittenste Artikel, der in dieser Zeitung gedruckt wurde.*

VERBS AND THEIR OBJECTS (Chapter 7, page 90)

Most transitive verbs in German take a direct object in the accusative case. In addition, a large number of verbs take an object in the dative case; many require a preposition with an object; and some take an object in the genitive. Many of these verbs have no direct English equivalent. A good dictionary will show the construction that is required.

Verb + accusative: *Sie beantwortet den Brief.*
(She answers the letter.)
Verb + genitive: *Es bedarf großer Anstrengungen.*
(It requires great efforts.)
Verb + dative: *Wir helfen den Kindern.*
(We help the children.)
Verb + preposition: *Er erinnert sich an den Tag.*
(He remembers the day.)

1 Some common verbs governing the dative:

ähneln	to resemble
antworten	to answer
begegnen	to meet by chance
danken	to thank
dienen	to serve
drohen	to threaten
entfliehen	to escape from
entsprechen	to correspond to
folgen	to follow
gefallen	to please, to like
gehorchen	to obey
gehören	to belong
glauben	to believe
gratulieren	to congratulate
helfen	to help
sich nähern	to approach
raten	to advise
schaden	to damage
schmeicheln	to flatter
vertrauen	to trust
verzeihen	to forgive
widersprechen	to contradict
widerstehen	to resist
zuhören	to listen to

2 Some of the more common verbs taking a preposition:

abhängen von + dat.	to depend on
achten auf + acc.	to pay attention to
ankommen auf + acc.	to depend on
antworten auf + acc.	to answer
sich ärgern über + acc.	to get annoyed at
aufpassen auf + acc.	to look after, to mind
sich beklagen über + acc.	to complain about
bestehen aus + dat.	to consist of
denken an + acc.	to think of
deuten auf + acc.	to indicate
dienen zu + dat.	to serve as
sich entscheiden für + acc.	to decide on
sich erinnern an + acc.	to remember
sich interessieren für + acc.	to be interested in

sich kümmern um + acc.	to bother about
lachen über + acc.	to laugh at
leiden an + dat.	to suffer from
sich schämen für + acc.	to be ashamed of
sorgen für + acc.	to care for
sprechen über + acc.	to speak about
teilnehmen an + dat.	to take part in
verzichten auf + acc.	to do without
warten auf + acc.	to wait for
weinen vor + dat.	to weep with
zählen auf + acc.	to count on
zeigen auf + acc.	to point at

3 When a verb with a preposition is required to govern a verb or a clause (I am thinking of **going to town**. I'm waiting for **him to come**.), a particular construction is necessary. This involves putting *da* or *dar* with the preposition and then using an infinitive with *zu* or a whole clause that begins with *dass*. The *daran, darum*, etc. serve to introduce the following clause (Chapter 11, page 140) and must be introduced by a comma.
- *Ich warte **darauf**, dass er kommt.*
(I'm waiting for him to come.)
- *Wir rechnen **damit**, dass wir im Juli verreisen.*
(We're counting on going away in July.)

THE INFINITIVE (Chapter 3, page 23; Chapter 9, page 116; Chapter 13, page 156)

USE

1 The infinitive is often used with *zu*. It is normally placed at the end of its clause.
- *Er versucht immer, seine Arbeit gut zu machen.*
- *Du brauchst nicht so früh zu kommen.*

2 Note the following constructions with *zu* + infinitive (Chapter 13, page 156). These constructions are usually separated by a comma from the rest of the sentence (see point 4 below).

um … zu …	in order to …
ohne … zu …	without -ing
anstatt … zu …	instead of -ing

- *Er kam zur Schule, **um** seine Freunde **zu** sehen.*
(He came to school to see his friends.)
- *Er hat die Aufgabe gemacht, **ohne** ein Wörterbuch **zu** benutzen.* (He did the work without using a dictionary.)
- ***Anstatt** den Aufsatz **zu** schreiben, ging er ins Kino.*
(Instead of writing the essay, he went to the cinema.)

3 With verbs which have a separable prefix, the *zu* comes between the prefix and the verb:
- *Ich versuchte, die Tür aufzumachen.*

4 Where a main clause contains *darauf, darüber, davon*, etc. and is followed by a clause containing *zu* + infinitive, a comma **must** be used to separate the clauses:
- *Ich freue mich darauf, ins Kino zu gehen.*
Otherwise, the comma before a clause containing *zu* + infinitive is **optional**. However, it is often used to clarify longer or more complex constructions:
- *Er hatte vor zu essen.*
- *Er hatte vor, gestern mit Freunden ins Restaurant zu gehen.*

5 The infinitive is used without *zu* in the following cases.
After the modal verbs:	*Wir müssen Vokabeln lernen.*
After *lassen*:	*Er ließ sich die Haare schneiden.* (He had his hair cut.)
After *gehen* and *fahren*:	*Gehen wir schwimmen? Nein ich kann nicht, ich gehe meine Oma besuchen.*
With *sehen* and *hören*:	*Ich sehe ihn kommen.* (I see him coming.)

THE IMPERATIVE (Chapter 6, page 52)

This is the form of the verb which is used to give a command. In writing, an exclamation mark is often used to denote that it is a command. Since there are three ways of saying 'you' in German (*du, ihr, Sie*; see the section on the present tense, page 232), there are three ways of giving commands.

1 **The *du* form**: this is normally the stem of the verb with *-e*, which is usually dropped in normal usage unless the stem ends in *-d, -t* or *-n*. Any irregularity in the present tense *du* form of the verb is retained in the imperative form, unless it is an *Umlaut*. The *-st* ending is dropped.

du kommst → komm!	*du nimmst → nimm!*
du arbeitest → arbeite!	*du siehst → sieh!*
du redest → rede!	

But in the following the *Umlaut* is dropped:

| *du fährst → fahr!* | *du schläfst → schlaf!* |

2 **The *ihr* form**: this is the same as the normal *ihr* form, but without the *ihr*:

ihr kommt → kommt!	*ihr nehmt → nehmt!*
ihr arbeitet → arbeitet!	*ihr seht → seht!*
ihr redet → redet!	*ihr fahrt → fahrt!*

3 **The *Sie* form**: this is the same as the normal *Sie* form, but with the *Sie* after the verb:

Sie kommen → kommen Sie!	*Sie sehen → sehen Sie!*
Sie arbeiten → arbeiten Sie!	*Sie fahren → fahren Sie!*
Sie nehmen → nehmen Sie!	

4 The verb *sein* has three irregular imperative forms: *sie! seid! seien Sie!*

5 Reflexive verbs form their imperatives as follows:
du setzt dich → setz dich!
ihr setzt euch → setzt euch!
Sie setzen sich → setzen Sie sich!

SEPARABLE AND INSEPARABLE VERBS (Chapter 2, page 15)

Many verbs in German alter their basic meaning by the addition of a prefix (*machen* – to make or do; *aufmachen* – to open). Some of these prefixes separate from the verb and are called separable. Others never separate and are therefore called inseparable. English has a similar construction. The verb 'to take' in English can alter its basic meaning by the addition of a preposition (to take over, to take off, to take on, to take up.) In German it is important to know which prefixes separate and where they come in the sentence.

1 The following prefixes are always inseparable:
be-; emp-; ent-; er-; ge-; ver-; zer-

2 Position of the separable prefix:
In a main clause, the prefix goes to the end of the clause:
– *Die Kinder **sehen** jeden Abend **fern**.*
In a subordinate clause, the prefix and the verb come together:
– *Als er die Tür **aufmachte**, …*

The past participle of separable verbs has the *ge-* between the prefix and the verb. Inseparable verbs have no *ge-*:
– *Er hat die Tür **aufgemacht***
– *Sie hat **versprochen**, heute Nachmittag zu kommen.*

In the infinitive form with zu, the zu comes between the prefix and the verb:
– *Um die Tür **aufzumachen**, musste man sich anstrengen.*

IMPERSONAL VERBS

There are verbs that always have *es* as their subject, e.g. *es gelingt mir* (I succeed). They are usually followed by a clause beginning with *dass* or an infinitive with *zu*. Very often they take a dative personal pronoun or noun (*meinem Freund, mir* in the examples below).
– *Es ist meinem Freund gelungen, einen Job zu finden.* (My friend succeeded in finding a job.)
– *Es fiel mir ein, dass ich mein Geld vergessen hatte.* (It occurred to me that I had forgotten my money.)

Some common impersonal verbs:

es fällt mir ein, dass … / zu	it occurs to me that … / to
es gefällt mir	I like it
es geht mir gut	I'm fine
es geht um etwas (acc.)	it's about something
es gibt + acc.	there is / there are
es handelt sich um etwas (acc.)	it's a question of something
es hängt von etwas ab (dat.)	it depends on something
es hat keinen Zweck, … zu	there's no point in …
es ist mir warm/kalt	I feel warm/cold
es ist mir egal	it's all the same to me
es kommt auf etwas (acc.) *an*	it depends on something
es liegt an etwas (dat.)	it's because of something
es lohnt sich	it's worthwhile
es macht nichts	it doesn't matter
es stellt sich heraus, dass	it turns out that
es tut mir Leid	I'm sorry
es ist mir übel/schlecht	I feel sick

Some expressions lose the *es* when there is an inversion (subject after the verb). In the above list, only the following do this: *es fällt mir ein; es ist mir warm/kalt; es ist mir übel/schlecht* to produce: *mir fällt ein; mir ist warm/schlecht; mir ist übel/schlecht*.

NOUNS

All nouns in German have a gender, which does not always correspond with the biological sex of the noun (*das Mädchen* – the girl). It is important when learning vocabulary to learn the gender and the plural form of nouns. Good dictionaries will always show the gender, the genitive form and the plural of nouns, e.g. *der Mann* (*-es/¨-er*): *des Mannes / die Männer*.

DECLENSION (Chapter 3, page 24; Chapter 4, page 33)

There are four cases in German, which are usually indicated by the article or by an ending. These cases are:

1 The **nominative**, which is used to indicate the subject of the verb. It is also used in the second part of the sentence after the verbs *sein, werden, heißen, scheinen*.
   – *Der Schüler arbeitet fleißig.* (The pupil works hard.)
   – *Das ist der Chef.* (That's the boss.)

2 The **accusative**, which is for the direct object of the verb. It is also used after certain prepositions.
   – *Wir kennen den Schüler gut.* (We know the pupil well.)
   – *Ich warte auf den nächsten Bus.*
     (I am waiting for the next bus.)

3 The **genitive**, which shows possession, with the meaning 'of' (Chapter 4, page 33). A few verbs take an object in the genitive case. It is also used after a number of prepositions.
   – *Der Name des Politikers ist Henning.*
     (The name of the politician is Henning.)
   – *Wegen des Wetters bleiben wir zu Hause.*
     (We're staying at home because of the weather.)

In the genitive singular, *-s* is added to masculine and neuter words of more than one syllable, e.g. *des Politikers*. If a word ends in *-s, -ß* or *-z* or has only one syllable, then *-es* is added, e.g. *des Buches*. Words ending in *-nis* double the *-s* in the genitive (*des Ergebnisses*). Names of the months do not usually take *-s* in the genitive.

4 The **dative**, which is used to indicate the indirect object, with the meaning 'to'. It is used also as the object of certain verbs and after certain prepositions.
   – *Ich gab dem Mann das Geld.*
     (I gave the money to the man.)
   – *Die Lehrerin spricht mit dem Schüler.*
     (The teacher is talking to the pupil.)

In the dative plural, all nouns take an extra *-n* if they do not already end in one. See the nouns marked *in the table below.

Declensions of nouns

Singular	Masculine	Feminine	Neuter
Nominative	*der Mann*	*die Frau*	*das Haus*
Accusative	*den Mann*	*die Frau*	*das Haus*
Genitive	*des Mannes*	*der Frau*	*des Hauses*
Dative	*dem Mann*	*der Frau*	*dem Haus*

Plural	
Nominative	*die Männer/Frauen/Häuser*
Accusative	*die Männer/Frauen/Häuser*
Genitive	*der Männer/Frauen/Häuser*
Dative	*den Männern*/Frauen/Häusern**

Weak nouns

A number of masculine nouns decline with *-n* in all cases apart from the nominative singular. They are called weak nouns (Chapter 15, page 185). In a good dictionary, they will be indicated by the fact that their genitive case ends in *-(e)n*. Compare *der Mann* (*-es/ˉer*) with *der Herr* (*-n/-en*).

Singular			
Nominative	*der Herr*	*der Student*	*der Nachbar*
Accusative	*den Herrn*	*den Studenten*	*den Nachbarn*
Genitive	*des Herrn*	*des Studenten*	*des Nachbarn*
Dative	*dem Herrn*	*dem Studenten*	*dem Nachbarn*

Plural	
Nominative	*die Herren/Studenten/Nachbarn*
Accusative	*die Herren/Studenten/Nachbarn*
Genitive	*der Herren/Studenten/Nachbarn*
Dative	*den Herren/Studenten/Nachbarn*

Nouns in apposition

A noun must be in the same case as the noun or pronoun with which it stands in apposition, i.e. the noun that it refers back to. In these examples, the nouns in apposition are emboldened.
   – *Ich wohne in München* (dat.), *einer Großstadt* (dat.) *in Süddeutschland.*
     (I live in Munich, a city in southern Germany.)
   – *Kennen Sie Herrn Schmidt* (acc.), *meinen neuen Nachbarn?* (acc.) (Do you know Mr Smith, my new neighbour?)

Note, however, that there is a strong tendency to avoid the genitive singular in spoken German. In such cases, the nominative may be used, or *von* + dative.

DIMINUTIVES

Diminutives are forms of the noun meaning a small version, or used as a term of affection.

These are formed by adding *-lein* or *-chen* to the normal form of the noun. Such nouns are always neuter. An *Umlaut* is also added to the vowel if it is *a, o, u* or *au*.
die Frau – das Fräulein
das Haus – das Häuschen

THE ARTICLE

der, die, das are known as the definite article; *ein, eine* are known as the indefinite article. The articles change their form to indicate the case, gender and number (i.e. singular or plural) of the noun they accompany.

THE DEFINITE ARTICLE (THE)

	Masculine	Feminine	Neuter	Plural
Nominative	*der*	*die*	*das*	*die*
Accusative	*den*	*die*	*das*	*die*
Genitive	*des*	*der*	*des*	*der*
Dative	*dem*	*der*	*dem*	*den**

(*Any noun not already ending in *-n* must be given one.)

The definite article is often combined with a preposition:
im (*in dem*); *zur* (*zu der*); *ans* (*an das*); *vom* (*von dem*).

THE INDEFINITE ARTICLE (A, AN)

Singular

	Masculine	Feminine	Neuter
Nominative	*ein Mann*	*eine Frau*	*ein Haus*
Accusative	*einen Mann*	*eine Frau*	*ein Haus*
Genitive	*eines Mannes*	*einer Frau*	*eines Hauses*
Dative	*einem Mann*	*einer Frau*	*einem Haus*

Plural

Nominative	*keine Männer/Frauen/Häuser*
Accusative	*keine Männer/Frauen/Häuser*
Genitive	*keiner Männer/Frauen/Häuser*
Dative	*keinen Männern/Frauen/Häusern*

ein cannot be used in the plural, so *kein* (no, not a, not any), which can be used in the plural, is shown instead.

ADJECTIVES

Adjectives can be used before a noun (attributively), in which case they take the appropriate adjectival ending, e.g. *der alte Herr*, or they can be used on their own (predicatively) and take no ending, e.g. *der Herr ist alt*.

ADJECTIVAL ENDINGS (Chapter 4, page 39)

Weak endings

Adjectival endings used after the definite article (*der, die, das*) and *dieser, jener, jeder, mancher, welcher, solcher* are called weak endings.

Singular

	Masculine	Feminine	Neuter
Nominative	*der alte Mann*	*die alte Frau*	*das alte Haus*
Accusative	*den alten Mann*	*die alte Frau*	*das alte Haus*
Genitive	*des alten Mannes*	*der alten Frau*	*des alten Hauses*
Dative	*dem alten Mann*	*der alten Frau*	*dem alten Haus*

Plural

Nominative	*die alten Männer/Frauen*
Accusative	*die alten Männer/Frauen*
Genitive	*der alten Männer/Frauen*
Dative	*den alten Männern/Frauen*

Mixed endings

Adjectival endings used after the indefinite article (*ein, eine*) and *mein, dein, sein, ihr, unser, euer, ihr, Ihr, kein* are called mixed endings. This table is identical with the table above, except for the masculine nominative and the neuter nominative and accusative.

Singular

	Masculine	Feminine	Neuter
Nom.	*ein alter Mann*	*eine alte Frau*	*ein altes Haus*
Acc.	*einen alten Mann*	*eine alte Frau*	*ein altes Haus*
Gen.	*eines alten Mannes*	*einer alten Frau*	*eines alten Hauses*
Dat.	*einem alten Mann*	*einer alten Frau*	*einem alten Haus*

Plural

Nominative	*keine alten Männer/Frauen*
Accusative	*keine alten Männer/Frauen*
Genitive	*keiner alten Männer/Frauen*
Dative	*keinen alten Männern/Frauen*

Strong endings

Adjectival endings when the adjective is not preceded by any kind of article word (adjective + noun) are known as strong endings. The adjective ending takes over the function of the article and indicates the gender, case and number of the noun. The ending on the adjective shows what the definite article would have been, if it had been there: e.g. (*der*) *alter Mann*; (*das*) *altes Haus*; mit (*den*) *alten Häusern* (see the *der/die/das* table opposite). The only exception is the genitive ending with masculine and neuter nouns (*-en* instead of *-es*).

Singular

	Masculine	Feminine	Neuter
Nominative	*alter Mann*	*alte Frau*	*altes Haus*
Accusative	*alten Mann*	*alte Frau*	*altes Haus*
Genitive	*alten Mannes*	*alter Frau*	*alten Hauses*
Dative	*altem Mann*	*alter Frau*	*altem Haus*

Plural

Nominative	*alte Männer/Frauen*
Accusative	*alte Männer/Frauen*
Genitive	*alter Männer/Frauen*
Dative	*alten Männer/Frauen*

1 Adjectives after *einige* (some, a few), *einzelne* (some, individual), *mehrere* (several), *viele* (many) and *wenige* (few) and numbers have the same endings as adjectives without an article: *einige interessante Bücher; mehrere gute Bekannte; viele gute Leute; zwei schöne Bäume*.

2 Adjectives after *alle* take the same endings as after the definite article: *alle guten Leute*.

3 Adjectives ending in *-er* and *-el* lose the *e* when an ending is added: *ein teures Buch; ein dunkler Wald*.

4 *hoch* loses its *c* when an ending is added: *der hohe Berg*.

5 Adjectives formed by adding *-er* to names of towns do not take any additional adjectival ending.
   – *Der Kölner Dom ist sehr schön.*
   – *Im Frankfurter Stadtzentrum kann man gut einkaufen.*

6 Adjectives used as adverbs never take an ending.
   – *Sie hat einen schön gestrickten Pullover getragen.*
   (She wore a beautifully knitted pullover.)

7 After *etwas, mehr, nichts, viel, wenig* the adjective takes the same endings as when there is no preceding article (see the table of strong endings above) and the adjective is written with a capital letter.
   – *Ich wünsche dir viel Gutes für deinen neuen Posten.*
   – *Sie hat sich zum Geburtstag etwas Teures gewünscht.*
   – *Er wollte mir von etwas Gutem erzählen.*

8 Nouns are often formed from adjectives, in which case they have a capital letter and the appropriate adjectival ending (Chapter 4, page 39; Chapter 11, page 140).
   – *der Kranke* – the patient (from weak endings table above)
   – *ein Kranker* – a patient (from mixed endings table above)
   – *Kranke* – patients (from strong endings table above)

COMPARISON OF ADJECTIVES (Chapter 5, page 44)

German forms the comparative (bigger, smaller, more interesting) by adding *-er* to the adjective and forms the superlative (biggest, smallest, most interesting) by adding *-st*. German always renders the comparative or superlative in a single word, unlike the English forms 'more beautiful', 'most interesting', etc.

schön – schöner – (der, die, das) schönste

1 Many monosyllabic adjectives take an *Umlaut* in the comparative and superlative.
alt – älter – älteste
groß – größer – größte
jung – jünger – jüngste

2 Adjectives ending in *-er* or *-el* drop the *e* in the comparative form.
*teuer – **teurer** – teuerste*
*dunkel – **dunkler** – dunkelste*

3 The comparative and superlative forms always take an adjectival ending when used after an article and before a noun.
– *Wir brauchen ein größeres Auto.*
– *Das ist das interessanteste Buch, das ich seit langem gelesen habe.*

4 A superlative form with *am* + *-en* can be used on its own, without an accompanying noun. This is also the form used for adverbs.
– *Unsere Stadt hat viele hohe Gebäude. Der Dom ist eines der höchsten. Ich glaube aber, dass der neue Fernsehturm am höchsten ist.*
– *Mit der U-Bahn fährt man am schnellsten.* (Adverb)

5 The comparative forms *mehr* and *weniger* have no endings.
– *Er hat mehr Geld als ich.*
– *Wir haben weniger Freizeit als früher.*

6 Forming comparisons (adjectives and adverbs) (Chapter 5, page 44).
-er als
– *Er ist **größer als** ich.* (He is bigger than me.)
– *Ich habe einen **schnelleren** Wagen **als** sie.*
(I have a faster car than she has.)

(eben) so … wie …; (genau) so … wie; nicht so … wie …
– *Sein Auto ist **ebenso schnell wie** meins. Aber mein Auto ist **nicht so teuer wie** seins.*
– *Sein Auto fährt **genauso schnell wie** meins. Aber mein Auto kostet **nicht so viel wie** seins.*

ADVERBS

In English, adverbs are often formed by adding '-ly' to an adjective. German adverbs generally have the same form as the corresponding adjective. Adverbs never take adjectival endings.
– *Er lief **schnell** zur Schule.* (He ran **quickly** to school.)

1 If more than one adverb occurs in a sentence, the normal word order is **time**, **manner**, **place**:

	(Time)	(Manner)	(Place)
– *Ich fahre*	*heute*	*mit dem Bus*	*in die Stadt.*

2 Note that you cannot insert an adverb between the subject and the verb as you can in English.
– *Ich fahre oft in die Stadt.* (I often go to town.)

PRONOUNS

A pronoun is a word that is used to replace a noun. Since nouns in German are declined (i.e. used in different cases), pronouns too change their form to indicate their case.

PERSONAL PRONOUNS

Nominative	Accusative	Dative
ich	*mich*	*mir*
du	*dich*	*dir*
er	*ihn*	*ihm*
sie	*sie*	*ihr*
es	*es*	*ihm*
wir	*uns*	*uns*
ihr	*euch*	*euch*
Sie	*Sie*	*Ihnen*
sie	*sie*	*ihnen*

1 Note the word order when there are two pronouns as objects. The accusative precedes the dative pronoun.

	(Acc.)	(Dat.)
– *Er gibt*	*es*	*mir.*

2 If a noun and a pronoun object occur together, the pronoun always comes first.
– *Er gibt mir das Buch.*

3 Note the various forms of the interrogative pronouns:
Nom.	*wer:*	*Wer hat dir das gesagt?*
Acc.	*wen:*	*Wen hast du gestern im Geschäft gesehen?*
Gen.	*wessen:*	*Wessen Auto war das?*
Dat.	*wem:*	*Mit wem hast du gestern gesprochen?*

4 *Was für* can be followed by a noun in any case. The preposition *für* does not have to be followed by a noun in the accusative case as you would expect.
Nom.	*Was für ein Mann ist er?*
Acc.	*Was für einen Wagen haben Sie?*
Dat.	*In was für einem Haus wohnen Sie?*

RELATIVE PRONOUNS (Chapter 6, page 60)

These are in English the words 'who', 'which', 'that', 'whose', etc., as in the sentence: 'That is the man who gave me the money.' In German, the relative pronoun must agree in gender and number with the word to which it relates back (*Das ist der Mann, der …*; *Das ist die Frau, die …*). The case of the pronoun will be determined by its function in the relative clause. If the pronoun is the subject of the verb in the relative clause, then it will be in the nominative case. If it is the object of the verb in the relative clause, it will be in the accusative case. The relative pronouns are as follows:

Singular

	Masculine	Feminine	Neuter
Nominative	der	die	das
Accusative	den	die	das
Genitive	dessen	deren	dessen
Dative	dem	der	dem

Plural

Nominative	die
Accusative	die
Genitive	deren
Dative	denen

- *Das ist der Mann, der neben mir wohnt.* (Subject)
- *Das ist der Mann, den ich gestern sah.* (Object)
- *Das ist der Mann, dessen Sohn Karl heißt.* (Genitive – whose)
- *Das ist der Mann, mit dem ich im Büro arbeite.* (Dative)

1 A relative pronoun always sends the verb to the end of the relative clause.

2 In English the relative pronoun is often omitted. (He's the man my father knew well.) In German it is never dropped.
   - *Das ist der Mann, **den** mein Vater gut kannte.*

3 When the relative pronoun is governed by a preposition, the preposition must be at the beginning of the clause before the relative pronoun. The preposition cannot stand on its own at the end of the clause as in English. Compare 'He's the man I work for' with *Er ist der Mann, für den ich arbeite.*

4 There should always be a comma before the relative pronoun.

5 The relative pronoun to refer back to *etwas, nichts, alles* is *was*.
   - *Alles, was ich habe, gebe ich dir.*
   - *Ich kann nichts sehen, was mich interessiert.*

6 *was* is also used to refer back to a whole clause, rather than to a particular noun.
   - *Er gab mir DM 100, was mir sehr gefiel.*

POSSESSIVE ADJECTIVES AND PRONOUNS

POSSESSIVE ADJECTIVES

These are the words 'my', 'your', etc. to show possession, usually followed by a noun (my book, your car).

(ich)	mein	(wir)	unser
(du)	dein	(ihr)	euer
(er)	sein	(Sie)	lhr
(sie)	ihr	(sie)	ihr
(es)	sein		

The possessive adjectives can be used with nouns in all cases and are declined like *ein*:

Singular

	Masculine	Feminine	Neuter
Nominative	mein Mann	meine Frau	mein Haus
Accusative	meinen Mann	meine Frau	mein Haus
Genitive	meines Mannes	meiner Frau	meines Hauses
Dative	meinem Mann	meiner Frau	meinem Haus

Plural

Nominative	meine Männer/Frauen
Accusative	meine Männer/Frauen
Genitive	meiner Männer/Frauen
Dative	meinen Männern/Frauen

POSSESSIVE PRONOUNS

These are used to show possession, but without the noun, which has usually already been mentioned (Whose book is that? It's mine.). Possessive pronouns are the same as the possessive adjectives, but they have no noun with them, and in the nominative and accusative have different endings to show the gender of the noun being referred to.

	Masculine	Feminine	Neuter	Plural
Nominative	meiner	meine	mein(e)s	meine
Accusative	meinen	meine	mein(e)s	meine
Dative	meinem	meiner	meinem	meinen

- *Ist das dein Buch? Ja, das ist **mein(e)s**.*
  (Is that your book? Yes, that's mine.)
- *Wo ist mein Kuli? **Deiner** ist da drüben.*
  (Where's my biro? Yours is over there.)

PREPOSITIONS (Chapter 5, page 50)

Prepositions are words that link two nouns or pronouns together to show the relationship of one to the other (The book is on/under/beside/behind the table). In German, prepositions determine the case of the noun that follows them. Prepositions in particular expressions can be very different from English usage and need to be learnt (*auf dem Land* – in the country).

1 Prepositions that always take the accusative case:

bis	until (often used with another preposition: *bis zum Ende*)	*bis November*
durch	through	*durch den Garten*
entlang	along (comes after the noun)	*die Straße entlang*
für	for	*für meinen Vater*
gegen	against	*gegen die Wand*
ohne	without	*ohne Geld*
um	around, at (time), about	*um das Haus*
wider	against, contrary to (abstract: my will, my wish)	*wider meinen Willen*

2 Prepositions that always take the dative case:

aus	out of, from (a country)	*aus dem Haus*
außer	except for, apart from	*außer mir*
bei	at the house of, near, in the course of, at, with, during	*bei meinem Onkel*
gegenüber	opposite, towards, compared with (often comes after the noun)	*dem Rathaus gegenüber*
mit	with	*mit meiner Schwester*
nach	after, to (a country or town), according to	*nach dem Frühstück*
seit	since	*seit (dem) Anfang des Jahres*
von	from, of	*von der Schule*
zu	to (a building)	*zur Post*

3 Prepositions that can take either the accusative or the dative case:

an	at, on (a vertical surface), to
auf	on (a horizontal surface)
hinter	behind
in	in
neben	beside
über	over, above, across, about
unter	under, below, among
vor	in front of, before, ago
zwischen	between

Whenever there is any idea of motion towards the noun after the preposition, the accusative is used. If there is no idea of motion towards the noun, the dative is used.

- *Ich gehe ins (in das) Haus.*
  (I go into the house – motion towards the house.)
- *Ich wohne im (in dem) Haus.*
  (I live in the house – no motion towards the house.)
- *Der Mann geht im Zimmer auf und ab.* (The man walks up and down in the room. Although there is motion here it is not motion towards the room; it is within the room.)
- *Er fährt auf die Straße.* (He drives onto the road: motion towards the road; the implication is that he has come from somewhere else onto the road.)
- *Er fährt auf der Straße.* (He is driving on the road. Although there is motion, it is not towards the road, it is along it.)

4 Prepositions that always take the genitive case:

außerhalb	outside	*außerhalb des Hauses*
innerhalb	inside, within	*innerhalb der Stadt*
statt	instead of	*statt des Buches*
trotz	inspite of, despite	*trotz meines Vaters*
um … willen	for the sake of	*um meines Vaters willen*
während	during	*während des Tages*
wegen	because of	*wegen des Wetters*

Prepositions are often used with **verbs**. It is a good idea to learn them as you come across them and to keep a list that you can revise from. See the list on page 240.

denken an + acc – to think of
sich erinnern an + acc. – to remember
bitten um + acc. – to ask for

Prepositions can occur with *da(r)* – meaning 'with it', 'on it', 'in it'. (If the preposition begins with a vowel, the *r* is inserted for ease of pronunciation.) (See also page 240.)

damit – with it
darauf – on it
darin – in it

Similarly, they can also occur with *wo(r)* – to ask a question: 'on what?', 'in what?', 'with what?'.

womit? – with what?
worauf? – on what?
worin? – in what?

ab and *als* can be used as prepositions, usually without an article:

ab Juli – from July
ab sofort – from now on
ab nächstem Monat – from next month
als Kind – as a child

CONJUNCTIONS

Conjunctions are words that join two sentences together. (He bought a book. He went into town. He bought a book **when** he went into town.) In German there are two kinds of conjunctions: co-ordinating and subordinating conjunctions.

CO-ORDINATING CONJUNCTIONS

Co-ordinating conjunctions join two main sentences and do not affect the structure of the second sentence in any way. A comma is placed before the conjunctions *aber*, *denn* and *sondern*. It is optional before *und* and *oder* if the following clause contains a subject.

aber – but
denn – because, for
oder – or
sondern – but (after a negative)
und – and

- *Er kam nach Hause(,) und die Zeitung war schon da.*
- *Sie wollte in die Stadt gehen, aber das Wetter war schlecht.*

SUBORDINATING CONJUNCTIONS

Subordinating conjunctions connect a subordinate clause with a main clause or with another subordinate clause. In German the verb in the subordinate clause must go to the end of the clause. The following conjunctions all send the verb to the end of the clause they introduce.

als – when (an action in the past)
als ob – as if
anstatt dass … - instead of + -ing
bevor – before
bis – until
da – as, since
damit – so that, in order that
dass – that
ehe – before
je nachdem – depending on
je … desto – the more … the more …
nachdem – after
ob – whether, if
obwohl / obschon / obgleich – although
seit(dem) – since (time)
so dass – so that, with the result that
sobald – as soon as
solange – as long as
während – while
weil – because
wenn – when, whenever, if
wie – as, how

Subordinating conjunctions are always preceded by a comma if they follow the main clause:
- *Er hat die Zeitung gelesen, **bevor** er in die Stadt gegangen **ist**.*

Where the subordinate clause comes first, a comma goes between the two verbs in the middle of the sentence to separate the subordinate clause from the main clause:
- ***Während** meine Frau sich gewaschen **hat,** habe ich eine Tasse Tee gemacht.*

WORD ORDER (Chapter 2, page 19)

The position of the verb in a German sentence needs special attention.

1 In a simple sentence (or the main clause of a complex sentence), the main verb must always be in second place. It is not necessarily the second word in the sentence or clause, but it is the second idea. A German sentence does not have to begin with the subject of the sentence. It can begin with a variety of different expressions. By putting a word or phrase first that would perhaps not normally be there, attention is being drawn to it.

– *Ich*	fahre	heute mit dem Bus in die Stadt.
– *Heute*	fahre	ich mit dem Bus in die Stadt.
– *Mit dem Bus*	fahre	ich heute in die Stadt.
– *In die Stadt*	fahre	ich heute mit dem Bus.

In the last three sentences, a different phrase is being emphasised in each sentence : *heute, mit dem Bus, in die Stadt*. The verb, however, remains the second idea in the sentence.

2 Most conjunctions (words that join sentences or clauses together) send the verb to the end of the sentence or clause, in which case, the clause is normally called a subordinate clause. Conjunctions that introduce such clauses are called subordinating conjunctions. In written German, these conjunctions should have a comma in front of them, unless they begin the sentence. The comma indicates that one clause has finished and another is beginning.
   – *Ich fahre heute mit dem Bus in die Stadt, weil der Wagen heute repariert werden muss.*

3 If a subordinate clause starts the sentence, it counts as the first idea in the whole sentence and is then followed by the main verb. So we get the pattern verb + comma + verb in the middle of the sentence:
   – *Weil ich keinen Wagen habe, fahre ich mit dem Bus in die Stadt.*

4 A few conjunctions do not affect the position of the verb in the second clause. They are called co-ordinating conjunctions and join two sentences or main clauses. They are the words *und, aber, denn, oder, sondern*. (See section on conjunctions above.)

5 The position of *nicht* in a German sentence is variable. Its normal position is towards the end of the sentence or clause, but before any infinitive or past participle. It will come before any word or phrase that it specially qualifies.
   – *Ich kann meine Aufgabe nicht finden.*
     (I can't find my exercise. – normal position)
   – *Ich habe ihn heute nicht gesehen.*
     (I haven't seen him today. – normal position)
   – *Ich konnte nicht früher kommen.*
     (I couldn't come earlier. – special reference to früher)

PARTICLES

Particles are words such as *aber, doch, eben, ja, mal, schon*, etc. They lend considerable subtlety of emphasis to German and are difficult to translate into English.

aber

aber often gives emphasis to an expression of approval or disapproval:
Das Buch ist aber toll. (The book is really good.)
Du spinnst aber! (You're talking complete rubbish!)

doch

1 *doch* is used to intensify an imperative:
   Ruf doch mal an! (Go on, ring up!)
   Fahren Sie doch mit dem Bus! (Why don't you go on the bus?)

2 *doch* can have the sense of 'after all', 'anyway', 'in spite of that':
   Ich wollte die CD nicht, aber sie hat sie mir doch geschenkt.
   (I didn't want the CD but she gave it to me anyway.)

3 *doch* can suggest surprise or disbelief in response to a negative statement:
   Sie glauben doch nicht, dass ich gelogen habe.
   (You surely don't believe that I lied.)

4 *doch* can intensify an exclamation:
   Ich habe mich doch gewundert! (I was really amazed.)

eben

1 *eben* can mean 'just' in the sense of 'just now' or in the sense of 'exactly':
   Wir sind eben angekommen. (We have just arrived.)
   Das Problem ist nicht eben gravierend.
   (The problem is not exactly serious.)

2 *eben* can suggest an explanation:
   Ich habe den Zug verpasst. Ich habe eben Pech gehabt.
   (I missed the train. I was just unlucky.)

ja

1 *ja* can suggest 'of course', 'certainly', 'for sure', 'indeed':
   Ich kann dir ja helfen. (Of course I can help you.)
   Du weißt ja alles. (You know everything, for sure.)

2 *ja* can emphasise a range of feelings:
   Das ist ja unerhört! (That really is outrageous!)
   Das ist es ja eben. (That's the whole point.)

3 *ja* can intensify an imperative:
   Bleib ja im Bett! (Be sure to stay in bed.)
   Bring dein Handy ja nicht mit!
   (Be sure not to bring your mobile!)

mal

1 With an imperative, *mal* can mean 'just':
   Warte mal! (Just wait!)
   Stell dir das mal vor. (Just imagine that.)

   Note also:
   Moment mal! (Just wait a moment!)

2 *mal* is sometimes used for emphasis or to convey encouragement or enthusiasm:
   Lass mal sehen! (Let's have a look.)
   Komm mal mit! ((Come on.) Come with us.)

3 After *wollen*, it can mean 'just':
   Ich will mal fernsehen. (I just want to watch TV.)
   Ich will kurz mal in die Stadt.
   (I just want to go into town for a bit.)

schon

1   There are variations on its basic sense of 'already':
    schon am nächsten Morgen (the very next morning)
    Warst du schon mal hier? (Have you been here before?)
    Da ist er schon wieder. (There he is again.)

2   *schon* can emphasise a belief or confidence:
    Sie wird schon mitfahren. (She will (definitely) come with us.)
    Es wird schon gehen. (Everything'll be OK.)

3   *schon* can suggest acceptance of another's point of view:
    Ja, schon. (Yes, OK. (I accept that.))
    Das stimmt schon, aber … (I accept that, but …)

GLOSSARY OF GRAMMATICAL TERMS

das Adjektiv (adjective): a word used to describe a noun. Can be used before a noun (attributively) or on its own (predicatively). Must have an ending if it comes before the noun.

das Adverb (adverb): a word or group of words used to describe how the action of a verb is carried out, e.g. He ran quickly. Adverbs in English normally end in '-ly'. In German they are the same as the adjective and do not take an adjectival ending, e.g. *er lief schnell*.

der Akkusativ (accusative case): used to indicate the object of a verb and after certain prepositions. Normally shown by the article (*den, einen*).

die Apposition (apposition): a construction in which a word or group of words is placed immediately after another word in order to modify or explain it. The words in apposition are normally enclosed in commas and in German must be in the same case as the noun being explained, e.g. *Kennen Sie Herrn Schmidt, meinen neuen Nachbarn?*

der bestimmte Artikel (definite article): the word 'the' (*der, die, das* in German). These show the gender, case and number (i.e. singular or plural) of nouns.

der Dativ (dative case): used in German to indicate the indirect object (*Ich gebe dem Mann das Buch*) and after certain prepositions (*mit der Frau*). The dative case has the basic meaning 'to' (*dem Mann* – to the man; *ihm* – to him). Normally shown by the article (*dem, einer*, etc.).

die Deklination (declension): the changing in forms of nouns, pronouns and adjectives to show case, number and gender.

deklinieren (to decline): to go through the various forms of a noun, pronoun or adjective to show case, number and gender: *der Mann, den Mann, des Mannes, dem Mann, die Männer*.

das Diminutiv, die Verkleinerungsform (diminutive): noun that ends in *-lein* or *-chen* to indicate that it is a small version of the noun (e.g. *das Häuschen* – little house) or as a term of endearment.

einsilbig (monosyllabic): a word consisting of only one syllable, e.g. *der Tisch*.

der Fall, der Kasus (case): a grammatical category to indicate the relationship of nouns and pronouns to each other in a sentence. In German there are four cases (nominative, accusative, genitive and dative), which are used to show the subject, object, possession and indirect object.

das Futur (future): the form of the verb that indicates that an action will take place in the future (*Ich werde dich morgen anrufen* – I will ring you tomorrow). Formed by using a form of the verb *werden* + infinitive.

der Genitiv (genitive case): the case of a word that means 'of', usually used with another noun to show to whom the noun belongs: 'the girl's book' would be translated in German by 'the book of the girl' – *das Buch des Mädchens*. Normally shown by the article (*des, der, eines, einer*). (-*s* is added to names, with no apostrophe, e.g. *Franks Buch*.)

das Genus, das Geschlecht (gender): nouns and pronouns in German have one of three genders: masculine (*Maskulinum, männlich – der*), feminine (*Femininum, weiblich – die*) or neuter (*Neutrum, sächlich – das*).

das Hilfsverb (auxiliary verb): the verbs *haben, sein, werden*, which are used to form other tenses, such as the perfect (*er hat gelacht; er ist gekommen*) and the future tense (*er wird bald kommen*).

der Imperativ, die Befehlsform (imperative): the form of the verb used to give an order (go home! – *geh nach Hause!*; come here! – *kommen Sie hierher!*). In German there are three forms of the imperative to correspond to the three ways of saying 'you'.

das Imperfekt, das Präteritum (imperfect): the simple form of the verb used to indicate that an action happened in the past (he played – *er spielte*; he came – *er kam*). Similar in meaning to the perfect tense but formed without the help of another verb.

der Indikativ (indicative): a form of the verb used to make statements, to describe what is actually happening, e.g. 'He is at home', in contrast with the subjunctive, which is used to describe unreal or unlikely situations, as in 'If I were him, I would stay at home'.

die indirekte Rede (reported speech): this is speech that is reported without using the actual words spoken and without using speech marks. Compare 'He said that he was going to town' (reported or indirect speech) with 'He said, "I am going to town"' (direct speech). In German the subjunctive form of the verb is used in reported speech. This indicates that the reported speech may be inaccurate.

der Infinitiv (infinitive): the form of the verb that is found in the dictionary (*laufen* – to run) before it has been changed to a particular tense or made to agree with a subject.

intransitiv (intransitive): a word used to describe a verb that cannot have a direct object. In English the verb 'to take' would normally be used with an object and would be transitive (He took the money). The verb 'to fall' would not normally have an object. One cannot 'fall something'.

die Inversion (inversion): when the subject follows the verb, instead of coming before it. This happens frequently when a sentence begins with something other than a verb, e.g. *Dann sah ich das Auto*.

der Kasus: see **der Fall**

der Komparativ (comparative): the form of the adjective used to compare one thing with another (This apple is smaller than that one). In English it is formed by adding '-er' to the adjective or by using 'more' (This film is more interesting). In German it can only be formed by adding *-er* to the adjective.

das Konditional (conditional): the 'would' form of the verb (*würde* + infinitive or the imperfect subjunctive in German) to indicate what would happen if a certain condition were true. Normally found in 'if' sentences (*Wenn-Sätze*).

das Konditional in der Vergangenheit (past conditional): the 'would have' form of the verb. Used to indicate what would have happened in the past if a certain condition had been true (If I had had lots of money last year, I would have bought myself a car). Rendered in German by the pluperfect subjunctive (*ich hätte gelacht* – I would have laughed; *ich wäre gegangen* – I would have gone).

die Konjunktion (conjunction): a word that joins two sentences or clauses together. Co-ordinating (*koordinierende*) conjunctions in German do not affect the word order in the sentence that follows the conjunction. Subordinating (*subordinierende*) conjunctions send the verb to the end of the clause that they introduce.

konjugieren (to conjugate): to go through the various forms of a verb (*ich gehe, du gehst, er geht*, etc.).

der Konjunktiv, die Konjunktivform (subjunctive): the form of the verb that is used to express an unreal or unlikely situation (If I were you I would stay at home). It is impossible for a person to be somebody else, hence the subjunctive 'were' in English. It is used in German for reported speech, e.g. *Er sagte, er sei krank*, and in conditional sentences, e.g. *Wenn ich mehr Geld hätte, würde ich nach Amerika fahren*.

das Modalverb (modal verb): the verbs *können, müssen, dürfen, mögen, wollen, sollen*, which govern another verb in the infinitive form.

der Nebensatz (clause): part of a sentence containing a subject and a verb. A complex sentence will consist of a main clause (*der Hauptsatz*) and a number of subordinate clauses, which do not make sense on their own.

der Nominativ (nominative case): used to indicate the subject of a verb. Normally shown by the articles (*der, die, das / ein, eine, ein*).

das Nomen, das Substantiv (noun): a word that refers to a person, place or thing. Nouns in German have a gender, which is shown by the definite article (*der Tisch, die Tür*).

das Objekt (object): a noun or pronoun which is the recipient of the action of a verb (The boy kicked the ball). Here the ball is the object of the verb 'kicked'.

das Partizip Perfekt (past participle): the part of the verb (e.g. *gemacht, gegangen*), which, together with the auxiliary verb *haben* or *sein*, forms the perfect tense.

das Partizip Präsens (present participle): the form of the verb that ends in '-ing' (laughing, running.) In German it is often used as an adjective. Formed by adding -*d* to the infinitive, e.g. *lachend*.

das Passiv (passive): a form of the verb in which the subject is the **recipient** of the action, rather than the **doer** of the action. Hence the subject is passive not active (The ball was kicked by the boy). In this sentence, the ball is the subject of the verb but is doing nothing; the action is being done to it. The passive is formed in German by using the verb *werden* + the infinitive.

das Perfekt (perfect): the tense of a verb that indicates that an action took place in the past. It is formed by using the auxiliary verb *haben* or *sein* together with the past participle of the verb that is being put into the perfect tense (*ich habe gelacht, ich bin gegangen*).

das Plusquamperfekt, die Vorvergangenheit (pluperfect): the tense of a verb that indicates an action that took place before another action in the past. With the meaning 'had', 'had been -ing' (When I saw him yesterday, he had already been to town). Formed in German by the imperfect of the auxiliary verb *haben* or *sein* + the past participle (*er hatte gelacht, er war gegangen*).

das Possessivadjektiv (possessive adjective): the words 'my', 'your', 'his', etc. to show possession of a noun (my book – *mein Buch*; your house – *dein Haus*).

das Possessivpronomen (possessive pronoun): the words 'mine', 'yours', 'his', which show possession of a noun but without the noun being mentioned (Whose book is this? It's **mine**. *Wessen Buch ist das? Es ist meins.*).

das Präteritum: see **das Imperfekt**

das Pronomen (pronoun): a word used to replace a noun (*der Mann – er; die Frau – sie; den Frauen – ihnen*).

das Reflexivverb (reflexive verb): a verb that has a reflexive pronoun (*mich, dich, sich*, etc.) which refers back to the subject of the verb (*er wäscht sich* – he washes himself). Many more verbs in German are reflexive and have no direct counterpart in English (*sich setzen* – to sit down).

das Relativpronomen (relative pronoun): the words 'who', 'which', 'whose', 'that' which refer back to a noun or pronoun in a previous clause (e.g. That's the man who stole the car). In German the relative pronouns are nearly all identical with the definite article (*der, die, das*, etc.).

der Stamm (stem): the part of the verb that remains when the -(*e*)*n* of the infinitive has been removed (*machen – mach; lächeln – lächel*).

das starke Verb (strong verb): an irregular verb, one that does not follow the normal pattern. They need to be learnt, e.g. *nehmen – nimmt – nahm – hat genommen*.

das Subjekt (subject): a noun or pronoun, used with a verb, that usually indicates who or what is doing an action (The boy kicks the ball). Here the boy is the subject; he is the person carrying out the action of kicking.

der Superlativ (superlative): the form of the adjective that in English ends in '-st' or is indicated by 'most' (biggest, most interesting). In German *größte, (am) interessanteste(n)*.

das schwache Verb (weak verb): a regular verb that follows the pattern of other regular verbs, e.g. *machen – macht – machte – gemacht*.

transitiv (transitive): a word used to describe a verb that has an object, e.g. 'to bring'. Used without an object, this verb would make no sense (I've brought). The verb only has any meaning when it has an object (I've brought a sleeping bag).

Umlaut: the two dots that sometimes appear in German over the vowels *a, o, u* (*ä, ö, ü*) to modify the pronunciation.

der unbestimmte Artikel (indefinite article): the words 'a', 'an' (*ein, eine, einem*, etc. in German).

das untrennbare Präfix, die untrennbare Vorsilbe (inseparable prefix): a syllable attached to a basic verb form to change the meaning of the verb (*stehen* – to stand; *verstehen* – to understand). Unlike most prefixes, inseparable ones never separate from the verb. In German the inseparable prefixes are: *be-, emp-, ent-, er-, ge-, ver-, zer-*.

das Substantiv: see **das Nomen**

das Verb (verb): a class of words that serve to indicate the occurrence or performance of an action, or the existence of a state, e.g. 'run', 'make', 'do', 'be'.

die Vorvergangenheit: see **das Plusquamperfekt**

die Verkleinerungsform: see **das Diminutiv**

die Zeitform (tense): the form of the verb which indicates when an action takes/took place, i.e. present tense, future tense.

Verbliste

THE MORE COMMON IRREGULAR VERBS

The forms of compound verbs are the same as for the basic verb, e.g. *anfangen* has the same irregularities as *fangen*.

* These verbs take *sein* in the perfect tense.

Infinitive	3rd person singular present indicative	Imperfect indicative	Past participle	English meaning
backen	bäckt	backte / buk (old)	gebacken	to bake
befehlen	befiehlt	befahl	befohlen	to order
beginnen	beginnt	begann	begonnen	to begin
beißen	beißt	biss	gebissen	to bite
biegen	biegt	bog	*gebogen	to bend, to turn
bieten	bietet	bot	geboten	to offer
binden	bindet	band	gebunden	to bind
bitten	bittet	bat	gebeten	to request, to ask
bleiben	bleibt	blieb	*geblieben	to stay
braten	brät	briet	gebraten	to roast, to fry
brechen	bricht	brach	gebrochen	to break
brennen	brennt	brannte	gebrannt	to burn
bringen	bringt	brachte	gebracht	to bring
denken	denkt	dachte	gedacht	to think
dringen	dringt	drang	*gedrungen	to penetrate, to push
dürfen	darf	durfte	gedurft	to be allowed to
empfangen	empfängt	empfing	empfangen	to receive
empfehlen	empfiehlt	empfahl	empfohlen	to recommend
empfinden	empfindet	empfand	empfunden	to feel
erschrecken	erschrickt	erschrak/erschreckte	erschrocken	to scare
essen	isst	aß	gegessen	to eat
fahren	fährt	fuhr	*gefahren	to drive, to travel
fallen	fällt	fiel	*gefallen	to fall
fangen	fängt	fing	gefangen	to catch
finden	findet	fand	gefunden	to find
fliegen	fliegt	flog	*geflogen	to fly
fliehen	flieht	floh	*geflohen	to flee
fließen	fließt	floss	*geflossen	to flow
fressen	frisst	fraß	gefressen	to eat (of animals)
frieren	friert	fror	*gefroren	to freeze
geben	gibt	gab	gegeben	to give
gehen	geht	ging	*gegangen	to go, to walk
gelingen	gelingt	gelang	*gelungen	to be successful
gelten	gilt	galt	gegolten	to be valid, to count
genießen	genießt	genoss	genossen	to enjoy
geschehen	geschieht	geschah	*geschehen	to happen
gewinnen	gewinnt	gewann	gewonnen	to win
gießen	gießt	goss	gegossen	to pour
gleichen	gleicht	glich	geglichen	to resemble
gleiten	gleitet	glitt	*geglitten	to slide
graben	gräbt	grub	gegraben	to dig
greifen	greift	griff	gegriffen	to seize
haben	hat	hatte	gehabt	to have
halten	hält	hielt	gehalten	to hold
hängen	hängt	hing	gehangen	to hang
heben	hebt	hob	gehoben	to lift
heißen	heißt	hieß	geheißen	to be called
helfen	hilft	half	geholfen	to help
kennen	kennt	kannte	gekannt	to know, to be familiar with
klingen	klingt	klang	geklungen	to sound

Infinitive	3rd person singular present indicative	Imperfect indicative	Past participle	English meaning
kommen	kommt	kam	*gekommen	to come
können	kann	konnte	gekonnt	to be able to
kriechen	kriecht	kroch	gekrochen	to creep
laden	lädt	lud	geladen	to load
lassen	lässt	ließ	gelassen	to let, to allow
laufen	läuft	lief	*gelaufen	to run, to walk
leiden	leidet	litt	gelitten	to suffer
leihen	leiht	lieh	geliehen	to lend
lesen	liest	las	gelesen	to read
liegen	liegt	lag	gelegen	to lie
lügen	lügt	log	gelogen	to tell lies
meiden	meidet	mied	gemieden	to avoid
messen	misst	maß	gemessen	to measure
mögen	mag	mochte	gemocht	to like to
müssen	muss	musste	gemusst	to have to
nehmen	nimmt	nahm	genommen	to take
nennen	nennt	nannte	genannt	to name
pfeifen	pfeift	pfiff	gepfiffen	to whistle
raten	rät	riet	geraten	to advise, to guess
reiben	reibt	rieb	gerieben	to rub
reißen	reißt	riss	gerissen	to tear
reiten	reitet	ritt	*geritten	to ride
rennen	rennt	rannte	*gerannt	to run
riechen	riecht	roch	gerochen	to smell
rufen	ruft	rief	gerufen	to call
saugen	saugt	saugte/sog	gesaugt/gesogen	to suck
schaffen	schafft	schuf	geschaffen	to create
scheinen	scheint	schien	geschienen	to shine, to seem
schieben	schiebt	schob	geschoben	to push, to shove
schießen	schießt	schoss	geschossen	to shoot
schlafen	schläft	schlief	geschlafen	to sleep
schlagen	schlägt	schlug	geschlagen	to beat
schleichen	schleicht	schlich	*geschlichen	to creep, to sneak
schließen	schließt	schloss	geschlossen	to close
schmelzen	schmilzt	schmolz	geschmolzen	to melt
schneiden	schneidet	schnitt	geschnitten	to cut
schreiben	schreibt	schrieb	geschrieben	to write
schreien	schreit	schrie	geschrie(e)n	to shout, to cry out
schweigen	schweigt	schwieg	geschwiegen	to be silent
schwimmen	schwimmt	schwamm	*geschwommen	to swim
schwören	schwört	schwor	geschworen	to swear
sehen	sieht	sah	gesehen	to see
sein	ist	war	*gewesen	to be
senden	sendet	sandte/sendete	gesandt/gesendet	to send
singen	singt	sang	gesungen	to sing
sinken	sinkt	sank	*gesunken	to sink
sitzen	sitzt	saß	gesessen	to sit
sollen	soll	sollte	gesollt	to be supposed to
sprechen	spricht	sprach	gesprochen	to speak
springen	springt	sprang	*gesprungen	to jump
stehen	steht	stand	gestanden	to stand
stehlen	stiehlt	stahl	gestohlen	to steal
steigen	steigt	stieg	*gestiegen	to climb
stoßen	stößt	stieß	gestoßen	to push
streichen	streicht	strich	gestrichen	to stroke
streiten	streitet	stritt	gestritten	to quarrel

*These verbs take *sein* in the perfect tense.

Infinitive	3rd person singular present indicative	Imperfect indicative	Past participle	English meaning
tragen	trägt	trug	getragen	to carry
treffen	trifft	traf	getroffen	to meet
treiben	treibt	trieb	getrieben	to drive
treten	tritt	trat	*getreten	to step
trinken	trinkt	trank	getrunken	to drink
tun	tut	tat	getan	to do
verderben	verdirbt	verdarb	verdorben	to spoil
vergessen	vergisst	vergaß	vergessen	to forget
verlieren	verliert	verlor	verloren	to lose
verzeihen	verzeiht	verzieh	verziehen	to excuse
wachsen	wächst	wuchs	*gewachsen	to grow
waschen	wäscht	wusch	gewaschen	to wash
weisen	weist	wies	gewiesen	to show, to point out
wenden	wendet	wandte/wendete	gewendet/gewandt	to turn
werden	wird	wurde	*geworden	to become
werfen	wirft	warf	geworfen	to throw
wiegen	wiegt	wog	gewogen	to weigh
wissen	weiß	wusste	gewusst	to know
wollen	will	wollte	gewollt	to want to
ziehen	zieht	zog	gezogen	to pull
zwingen	zwingt	zwang	gezwungen	to compel

Acknowledgements

The authors and publishers wish to thank the following for use of copyright material:

1 Wer sind wir?

'Zeig dein wahres Gesicht. Das andere mag ich nicht' from *Musenalp* 1987; 'Ist Dummheit die Intelligenz von Morgen?' from *Musenalp* 1987; 'Wer fühlt sich erwachsen?': Torsten, Manuela, Nicole, Verena, Marc, Susanne in *JUMA* 4/90, Simone, Peter from Bundeszentrale für politische Bildung (Ed.): *PZ* 6/91; Dieter, Ursi, Martin *Musenalp*; Petra from *PZ* 6/91, Bundeszentrale für politische Bildung; 'Individuum' by Heike Hartung from Jugendwerk der Deutschen Shell AG (ed.), *Jugend vom Austausch ausgeschlossen* © Rowohlt Taschenbuchverlag GmbH, Reinbek; 'Ist das die Jugend von heute?' from *Stern* 4/9/86; 'Natürlich Jeans' from *Die neuen Leiden des jungen W* by Ulrich Plenzdorf, Hinstorff Verlag, Rostock, 1973; 'Nur wer erwachsen wird und Kind bleibt, ist ein Mensch', 'Da steht er nun' by Erich Kästner, *PZ* 6/91, Bundeszentrale für politische Bildung; 'Mörderische Entscheidung' by Joachim Friedmann, Carlsen Verlag GmbH.

2 Zusammen oder allein?

'Bravo Liebestip' from *Bravo* Nr. 50, 6/12/90; 'Die Tür ist offen' from *Freitag* 6/3/92; 'Neue Väter hat das Land' from *Scala* Nr. 1, Jan/Feb 92, Frankfurter Societäts Druckerei; 'Möchtest du mal Kinder?' from *Junge Zeit*, 5/92, pp. 14–15; 'Immer mehr deutsche...' from 'Immer mehr Menschen leben freiwillig als Single' in *Focus* 3/5/99, p. 206; 'Die Zahl der Scheidungen...' from 'Mütter ohne Männer...' in *Brigitte* 19/97, p. 108; 'Die Geburtenzahl sinkt...' from 'Keine Lust auf Kinder' in *Deutschland* 4/98, pp. 14–17; 'Zur Zeit sind ca. 21,5% der Bevölkerung...' from 'Keine Lust auf Kinder' in *Deutschland* 4/98, pp. 14–17; 'Einelternfamilien sind heutzutage...' from Dossier in *Brigitte* 19/97; 'In Deutschland lebten...' from *Tatsachen über Deutschland*, p. 413; 'Top Ten der besten Flirtplätze' from *Bravo Girl!* 15/10/97, p.32; 'Jetzt ist Schluss!' from *X-mag* 5/98, p. 28; 'Die macht der Liebe' from Bertolt Brecht *Der kaukasische Kreidekreis, Die Stücke von Bertolt Brecht in einem Band*, p. 836, Suhrkamp Verlag; 'Aller Anfang ist schwer' from *Junge Zeit* 12/12/91; 'Wir haben den ganzen Abend...', Touché cartoon © Tom, Jochen Enterprises in *JUMA* 1/98, p. 39; 'Sie sollten ihn mal hören!...', cartoon by Gary Larson, 1992 EPS/Distr.BULLS; 'Ich befürchte, dass du...', cartoon by Erik Liebermann from *Schweine mit Igeln*, p. 212 © Elefanten Press Verlag GmbH; 'Hägar der Schreckliche' from *Hägar der Schreckliche: Gut gegeben!* By Dik Browne, KFS/Distr. Bulls

3 Pause machen!

'Die deutschen Sportsvereine...' from *Tatsachen über Deutschland*, p. 427, Frankfurter Societäts Druckerei; 'Die Mannschafts- und Fun-Sportarten...' from *Bravo-Sport*, 'Jugend und Sport', pp. 30–71; 'Absolut out...' from *Bravo-Sport*, 'Jugend und Sport', pp. 30–71; 'Hitliste der in der Freizeit ausgeübten Sportsarten' from *Bravo-Sport*, 'Jugend und Sport', pp. 30–71; 'Urlaub mit/ohne Eltern' from *Junge Zeit* 6/91; 'Reisetrends bis zum Jahr 2020' from *Süddeutsche Zeitung*, 28/6/98, p. V2/2; 'Spanien' from *Brigitte Extra* 8/98, pp. 10–11; 'Kanada' from 'Im Kajak durchs Eismeer' in *Junge Zeit*, 6/93; 'Burma' from 'Freiwillig in Burma gefangen' in *Musenalp*, 1987; 'Konfrontation der Interessen: Deutschland' from *GEO Magazin Highlights*; 'Konfrontation der Interessen: Das Ausland'/'Die Checkliste für den sanften Urlaub' from *Auf geht's Jugendumweltreisen'*, Auf geht's Urlaub einmal anders e.V.; 'Deutsche zieht es ins Ausland...' from *Deutschland Magazine* 23/6/97, Frankfurter Societäts Druckerei; 'Der Spinnenmann' from *Welt der Wunder* 7/98; 'Die Deutschen sind...' from *Scala* Nov/Dez 1988; 'Jumping Jack's Flash' from *ran* 12/91; 'Der Japaner', 'Drei Engländer' from *Junge Zeit* 5/91; 'Kleinstadtsonntag' by Wolf Biermann, *Alle Lieder* © 1991 by Verlag Kiepenheuer & Witsch Köln; 'Algenpest' from *SWF3* 3/6/92; 'Urlaubscheckliste' from *Hessischer Rundfunk 3* 3/6/92; 'Die Deutschen sind...' from *Scala* Nov/Dez 1988; 'Am Meeresstrand' by Thomas Mann from *Buddenbrooks* © S. Fischer Verlag, 1901, Berlin; 'Kopfgymnastik' from *JUMA*; 'Tourismus' from *Deutschland Magazine*, June 1997; 'Mörderische Entscheidung' by Joachim Friedmann, Carlsen Verlag GmbH.

4 Die Qual der Wahl?

'Was bringt die Zukunft' from *Zeitlupe 25*, 2/92; 'Was verbessert die Berufschancen?' from *X-mag* 10/98, *Brigitte* 12/97, *Tips zu Bildung und Ausbildung* from 'Neue EU Bildungsprogramme'; 'Über 4 Millionen Deutsche/Ungefähr eine halbe Million...' from *Brigitte* 6/96, Verlag Gruner und Jahr; 'Im Osten...' from *Folie 12: Arbeit und Soziales, Inter Nationes*; 'Gleich weiterkommen?' from *Freundin* 25.3.98; 'In Deutschland leben/Von den Frauen...' from *Tatsachen über Deutschland*, Frankfurter Societäts Druckerei; 'Mitarbeiter/innen Reservierungszentrale' from *Markt und Chance* 17, 25.4.97; 'Die Zukunft der Arbeit' from *Start: Das Magazin für Ausbildung, Beruf und Karriere* 1/98; 'Easy Learning' from *Topic 5*, Jan. 98; 'Im Schlaf lernen, das ist die Zukunft!' from *Kopfgeburten oder die Deutschen sterben aus* by Günther Grass, Steidl Verlag, Göttingen 1993; 'Alles nur ein Spiel?' from *Start: Das Magazin für Ausbildung, Beruf und Karriere* 1/98; 'Karriere mit

Chinesisch' from *Start: Das Magazin für Ausbildung, Beruf und Karriere* 1/98; 'Webworker' from *!Look* 4/97; 'Wir bleiben doch optimistisch' from *X-mag* 10/98; 'Telearbeit: Fluch oder Segen?' from *X-mag* 10/98; 'Hägar der Schreckliche' from *Hägar der Schrekliche: Gut gegeben!*, KFS/Distr. Bulls.; 'Die Superfrau' from *Rund Schau* 2/98; 'Bundesanstalt für Arbeit Logo', Bundesanstalt für Arbeit; 'Stern Logo' from *Stern Magazine*; 'Photostory' from *Start: Das Magazin für Ausbildung, Beruf und Karriere* 1/98.

5 Drück dich aus!

'Kultur?' from http://www.aphorismen.de; 'Astphalt-Künstler' from *Junge Zeit* 7/91; 'Moderne Kunst – alles nur Bluff?' from *Jugendscala* 4/87; 'Mozart' by Jürgen Kesting from *Stern* 16/5/91; Poems by Dagmar and Franz from *Musenalp*; 'Kino allein genügt nicht mehr' from *Quick* 19, 29/4/92; 'Das kleinste Ölgemälde', 'Ausgeliehen' from *Gibt's denn so was?* by Ekkehard Drechsel, Ravensburger Buchverlag/Otto Maier GmbH; 'Farbbericht' from *PZ* 9/86; 'Schüttelreime' from *Lektüre 5* by Schroedel Schulbuch Verlag; 'Begriffe finden' from *Authentik*; 'Kunst mit dem Computer' from *Jugendmagazine* 2/90, Frankfurter Societäts Druckerei; 'Edle Kunst auf vier Rädern' from *Scala* 5, 9-19/89; 'Ein erschreckender Anblick', 'Gedanken über die Schule' from *Lesebogen*, Langenscheidt Verlag, Berlin und München; '1995 gab es…' from http://www.stastik-bund.de; 'Karneval der Kulturen' from *JUMA* 1/99; 'Moderne Kunst' from *Jugendscala* 4/87; 'Ein Fettkäse namens Amadeus' by Hollow Skai from *Stern* 21, 16/5/91; 'Unternehmen Kultur' from *Jugendscala* 4, 7-8/92; 'Kulturetat einer Gemeinde…' from *Inter Nationes*

6 Leib und Seele

'7 Regeln' from *KKH Kaufmännische Krankenkasse*; 'Guten Appetit' from *Jo – das AOK Jugendmagazin* 2/98; 'Bioland Anbau' from *Bioland Ökologischer Anbau*, Bioland Bundesverband; 'Der Tod liegt in der Luft' from *Stern* 4.6.92; 'Bleiben Sie doch nicht passiv' from Bundeszentrale für gesundheitliche Aufklärung; 'Bessere Vorsorge…'/'Weil die Gefahr…' from *Stern* 30.10.97; 'Nahezu ein Drittel…' from *TAZ* 7.4.99; 'Gesundheitsbericht' from *Drogen und Suchtbericht* 1998, Bundesministerium für Gesundheit; 'Was liegt uns auf der Seele' from *JUMA* 3/93, *Junge Zeit* 5/93, *X-mag* 3/98; 'Stark vertreten ist…'/'Im Deutschen Reich…' from *Tatsachen über Deutschland*, Frankfurter Societätsverlag; 'Man schätzt…' from *JUMA*; 'Wie kam der Hamburger nach Amerika?' from *Topic* Mai 1998; 'Vegetarische Ernährung auch für Hunde?' from *Frauenzeitschrift Maxi* 3/98; 'Vegetarische Lebensweise' from *Natur Media*; 'Hamburger light' from *Jo – das AOK Jugendmagazin*; 'Duftende Bohnen' by Christiane Schnarrenbroch from *Frankfurter Allgemeine Zeitung* 25.5.98; 'Eine Einladung zum Essen' from 'Haus ohne Hüter' von Heinrich Böll © 1954, 1982 by Verlag Kiepenheuer und Witsch Köln; 'Psychotest ' from *Pop Rocky* 9/89; 'Himmlische Weihe'

by Winifried Thomsen in *Stille Nacht allerseits! Ein garstiges Allerlei*, Rowohlt Taschenbuch Verlag; 'Lebenslauf' by Zafer Senocak from *Fremde Augenblicke. Multikulturelle Literatur in Deutschland, Inter Nationes*; 'Die Frage, ob es einen Gott gibt' by Bertolt Brecht, *Suhrkamp Verlag*; 'Sind Sie gesundheitsbewußt?' from *Brigitte* 12/97, *Brigitte* 5/95, *Natur Media*, *Stern* 4.6.92, *Freundin* 6.4.98, *Stern* 6.11.97, Frankfurter Societäts Druckerei; 'Mehr Schutz für Nichtraucher' from Bundeszentrale für gesundheitliche Aufklärung; 'Essen Sie sich fit!' from *'Wasa Kräuterbrot'*, *'vita-Distelöl – Brändle'*; 'Die meisten Hunde' from *Bleib gesund, das AOK Magazin* 1/92, Wirtschaftsdienstgesellschaft für Medien und Kommunikation; 'Wenn du weiter…' by Markus from *Stern* 14.11.91; 'Bioland logo' from *Bioland-Bundesverband*; 'House with cigarette' from *Die Freiheit des Abenteuers*, Bundeszentrale für gesundheitliche Aufklärung; 'Man with mousetrap' by Reinald Blanck from *Stern* 23.12.91; 'Hägar: Soll ich Dir einen Witz erzählen' from *Hägar der Schreckliche: Gut gegeben!* By Dik Browne, KFS/Distr. Bulls

7 Geld regiert die Welt

'Kohle machen, aber wie?' from *LIFT Uni-Tip*, 1998; 'Welche Jobs gibt es, und wie kommt man dran?' from *Bravo Girl!* 25.3.92; 'Mit 20 die erste Million' from *Stern* 5.12.91; 'Immer mehr Deutsche…' from *Tatsachen über Deutshland*, Frankfurter Societäts Druckerei; 'Seit 4. Januar…'/'Über 400 Banken…' from *Deutschland* 3/98, Frankfurter Societäts Druckerei; 'Der Wolkenkratzer-Boom…' from *Focus* 20/97; 'Transit für Alpträume' from *Stern* 18.12.97; 'Die Gesamtzahl…' from *Datenreport 1997. Zahlen und Fakten über die Bundesrepublik Deutschland* Seite 511, Bundeszentrale für politische Bildung; 'Wohlfahrtsverbände schätzen…' from *Allgemeine Zeitung Mainz* 27.6.98; 'Von der Lederhose zum Laptop' from *Deutschland* 5/98; 'Die BRD gehört…'/ 'Deutschlands größter Handelspartner…'/'Die bedeutendsten Wirtschaftszweige…' from *Tatsachen über Deutschland*, Frankfurter Societäts Druckerei; 'Auf in die Zukunft' from *Deutschland* 5/97, Frankfurter Societäts Druckerei; 'Einigkeit und Arbeitslosigkeit' from *X-mag* 3/98; 'Hallo Partner' from *Deutschland* 4/97, Frankfurter Societäts Druckerei; 'Armut hat viele Gesichter' from *Tag und Nacht* 2/92, *Misereor*, Bischöfliches Hilfswerk Misereor e.V.; 'Was tun die Deutschen dafür?' from *Deutschland* 1/98, Frankfurter Societäts Druckerei, *Scala* 5-6/89; 'Obwohl die BRD…' from *Tatsachen über Deutschland*, Frankfurter Societäts Druckerei; 'Eine spürbare Erleichterung…' *X-mag* 01/99; 'Erlebnis-Shopping' from *Junge Zeit* 5/92, *JUMA/TIP* 3/94; 'Diebstahl hat Folgen' from *Junge Zeit* 5/92; 'Misereor hat den Auftrag…' from *Misereor*, Bischöfliches Hilfswerk Misereor e.V.; 'Bitte eine Spende' from *Und sagte kein einziges Wort* by Heinrich Böll © 1953, 1995 by Verlag Kiepenheuer & Witsch Köln; 'Deutsche Welthungerhilfe advertisement' from *Deutsche Welthungerhilfe*; 'Wenn Laila Wasser holt', Rowohlt

Taschenbuch Verlag GmbH; 'Geld regiert die Welt' from *Deutschland* 6/98, Frankfurter Societäts Druckerei / *Stern* 18.3.93, Gruner & Jahr AG & Co., *Misereor, Terre des hommes, Brot für die Welt* / *X-mag* 3/98 and 1/99 / *Junge Zeit* 11/93; 'Geldsachen' from *Freundin*; 'Börsenbericht' from *SDR 3*, 24.4.92; 'Eine deutsche Erfolgsstory' from *Deutschland* 5/98, Frankfurter Societäts Druckerei; 'Aufschwung Ost' from *Tatsachen über Deutschland*, Frankfurter Societäts Druckerei; 'Erbärmlich diese Studenten…' by Rauschenbach from *Schweine mit Igeln, Goldmanns großer Cartoonband*, Elefanten Press Verlag GmbH; 'Kredite' by Willnat from *Schweine mit Igeln, Goldmanns großer Cartoonband*, Elefanten Press Verlag GmbH; 'Schulden' from *Bundestag Report* 2/93

8 Die Medien

'Fünf Jahre lang…' from *Die Zeit* 26.11.98; 'Neues Aidshilfenetz im Internet' from *TAZ* 27.7.98; 'Fastfood-Politik' from *TAZ* 20.8.98; 'Liveübertragung einer Geburt im Internet' from *TAZ* 18.6.98; 'Neonazi-Propaganda im Internet' from *TAZ* 20.7.98; 'Schulbesuch per Internet' *TAZ* 12.6.98; 'Pornowächter versus Internet' from Verlag Heinz Heise; 'Ich lasse mich gerne verführen' from *PZ* 8/90; 'Anonyme Anzeige gegen Herzchirurg' from *TAZ* 12.6.98; 'Männerbastion bleibt in der Kritik' from *Yahoo, Associated Press*; 'Teure Liebesnacht' from *Yahoo, Associated Press*; 'Schweizer Spion entlassen' from *Yahoo, Associated Press*; 'Korruption im internationalen Sport "Alltäglich" from *DSF New Media GmbH*; 'Pressefreiheit um jeden Preis?' from *Tatsachen über Deutschland* 1996, Frankfurter Societäts Druckerei; *'Die verlorene Ehre der Katharina Blum'* by Heinrich Böll © 1974, 1984, 1991 by Verlag Kiepenheuer &Witsch Köln; 'Virtuelle Realität' from *Zeitmagazin* 6/3/92; 'In Los Angeles…' from *Der Spiegel* 26/92; 'Sie hängt ständig vor der Glotze' from *Pop Rocky* 8/89; 'Talkshows' from *SPD* 1998; 'Geschichte des Internets' by Rainer Duffner 1997; 'Die deutsche Presse' from *Tatsachen über Deutschland*, Frankfurter Societäts Druckerei 1996; 'Die Presse' advert from *Profil* 24.10.88, Junge Presse NW e.V.; 'Mörderische Entscheidung' by Joachim Friedmann, Carlsen Verlag GmbH; 'Burger King logo' used with permission from Burger King Corporation, Inc.

9 Warum in aller Welt?

'Die Wunden unserer Erde' from *Bunte* 29.4.92 / *Greenpeace Austria* / Bundeszentrale für politische Bildung (Ed.): *Zeitlupe 36* Seite 23: 'Der Wald – eine natürliche Klimaanlage' / *Brigitte* 3/97, Verlag Gruner & Jahr AG; 'Wir verheizen die Erde' from *Greenpeace*; 'Was man über Tropenwälder wissen sollte'/'Tropenwälder, die reichhaltigsten Ökosysteme der Erde' from © Text, 1/2000 all rights with *Umweltstiftung WWF-Deutschland, Frankfurt*; 'Das macht uns sauer' from *Tatsachen über Deutschland*, Frankfurter Societäts Druckerei / Bundeszentrale für politische Bildung (Ed.): *Zeitlupe 36* Seite 23:

'Der Wald – eine natürliche Klimaanlage' / *Junge Zeit* 3/94; 'Heute ist Deutschland…'/'Insgesamt sind fast…' from *Greenpeace e.V.*; 'Angesichts des Treibhauseffekts…' from *Greenpeace e.V.*; 'Ende der 90er Jahre…' from *Deutschland* Feb/März 1999, Frankfurter Societäts Druckerei; 'Wegen der hohen…' from Bundeszentrale für politische Bildung; 'Atommüll wird…'/'Deutschlands zwei wichtigste…' from *X-mag* 4/98; 'Klimaveränderung in der Politik' from Bundesministerium für Umwelt; 'Die großen Windmacher' from Klaus Thews, *Stern* 6.11.97; '1990 erzeugten…'/'Den größten Zuwachs…'/ 'Zur Jahrtausendwende…'/'Insgesamt tragen…' from *Deutschland* Feb/März 1999; 'Sonnenklar' from *Deutschland* Feb/März 1999; 'Umwelttechnik auf der Autobahn' from *Deutschland* Okt. 1997; 'Jeder kann mitmachen' from *Brigitte* 28.4.92 / *Zeitlupe 36*; 'Grünes Licht für die Zukunft' from *Junge Zeit* Sept. 1997; 'Heiße Luft' from *Jo – das AOK Jugendmagazin* 3/98; 'Sparen ist angesagt' from *Jo – das AOK Jugendmagazin* 3/98; 'Greift zur Flasche' from *Jo – das AOK Jugendmagazin*; 'Das grüne Band' from *Bund für Umwelt und Naturschutz, BUNDmagazin*; 'Katastrophe' from *Junge Zeit* 8/92; 'Die Emscherquelle' from 'Deutschland umsonst' by Michael Holzach, © 1999 by Hoffman und Campe Verlag, Hamburg; 'Die Wolke' by Gudrun Pausewang, Ravensburg Buchverlag, Ravensburg 1987; 'Das autogerechte Land' from *Greenpeace e.V Deutschland.*; 'Fahrverbot wegen Ozon in vier Bundesländern' from *Zeitlupe 36*; 'Weniger Autos' from *Deutschland* Feb/März 1999; 'Das Auto der Zukunft' from *Deutschland* Dez 1997; 'Was ich mir wünsche' from *Greenpeace Österreich/Zeitlupe 36/Wir und unsere Umwelt*, Bundesumweltministerium für Umwelt, Naturschutz und Reaktorsicherheit; 'Abholzung' from *Deutschlandfunk* 3.6.92; 'Leichter gesagt als getan?' from *Greenpeace*; 'Sonnenklar' from *Deutschland* Feb/März 1999; 'Ich verpflichte mich' from *Brigitte* 28.4.92; 'Grünes Licht für die Zukunft' from *Junge Zeit* 9/92; 'Leider ist der Meeresspiegel…' from *Energie Depesche*, Bund der Energieverbraucher; 'Die Entstehung des sauren Regens' from *Frische Luft* by Jeremy Legget and Rod Ferring, Templar Publishing, Hamburg 1991; 'Ist das nicht fantastisch…' from *Natur und Umwelt* 2/91, BUND; 'Meinst du wirklich…' from *Quick* 11.6.92; 'Greenpeace Superman cartoon' by Michael Pammesberger, *ACT* July 1997; 'Die Erde braucht Freunde' from *Bund für Umwelt und Naturschutz, BUNDmagazin*

10 Alle Menschen sind gleich…

'Flucht nach Deutschland' from *Junge Zeit* 10/92; 'Nicht alle Inländer sind Deutsche' from *DGB Jugend*; 'Vorurteile und die Wirklichkeit' from *Junge Zeit* 1/92; 'Aktion Courage e.V. SOS Rassismus' from *Aktion Courage*; 'Die Unterschiede zwischen…' from *Eurostat Pressemitteilungen* 8.6.99; 'Frauen in Europa' from *Eurostat Pressemitteilungen* 8.6.99/*EUR-OP News* 30.6.99; 'Ist Abtreibung Mord?' from *Junge Zeit*; '1998 wurden in Deutschland…' from *TAZ* 5/99;

'Die Abtreibungspille...' from *Junge Zeit*; 'Weltweit sterben...' from *Statistisches Bundesamt* 25.5.99; 'Haben wir Deutsche...' from *Brigitte* 8.1.92; 'Hass und Abneigung...' from *Jo – das AOK Jugendmagazin* 2/92; 'Ich bin eine deutsche Türkin' by Ranka Keser, Gulliver zwei, 1995 *Beltz Verlag*, Weinheim und Basel, Programm Beltz & Gelberg, Weinheim; 'Gesamtleistung'/'Sie sprechen null Deutsch' from www.rep-berlin.de 5.11.99; 'Polizei gegen Rassismus' from *Education Guardian*; 'Fremdenfreundliches Deutschland' from *Bundesregierung online* 17.2.99; 'Wo fühlst du dich zu Hause?' by Nicole Prestle from *Education Guardian* 2.2.99; 'Fremdenhass' from *Junge Zeit* 12/91; 'Sind Frauen gleichberechtigt?' from *TAZ Magazin*; 'Abtreibung – weitere Meinungen' from *Junge Zeit*; 'Mach' meinen Kumpel nicht an!' from *DGB Jugend*; 'German flag' and 'REP-logo' from www.rep.de

11 Geschichte lebt!

'Hätte man nicht mehr gegen die Judenverfolgung machen können?' from *Scala Jugendmagazin* 5/79; 'Errichtung der Mauer: Quelle A' by *Burkhard Kirste*, www.chemie.fu-berlin.de; 'Errichtung der Mauer: Quelle B + C' from *Das war die DDR* © 1993 by Rowohlt Verlag, Berlin; 'Neues Deutschland' from www.tufts.edu; 'Das Leben ist billig...' two poems by Wolfgang Borchert from *Lesebuchgeschichten, Das Gesamtwerk* © Rowohlt Verlag GmbH, Hamburg; 'Damals lernten wir in der Schule...' from Käthe Recheis: *Unser Hund und der Krieg in Damals war ich vierzehn* © 1978 Esslinger Verlag J.F. Schreiber GmbH, Esslingen – Wien; 'In meine Arme, Bruderherz!' by *Horst Haitzinger*; 'Das Tagebuch der Anne Frank' from Otto H. Frank and Mirjam Pressler. S. Fischer Verlag GmbH, Frankfurt am Main 1991. © 1991 by Anne Frank-Fonds, Basel; 'Die Küchenuhr' by Wolfgang Borchert, *Das Gesamtwerk* © 1949 by Rowohlt Verlag GmbH, Hamburg; 'Geschichte lebt!'/'Der Weg in den zweiten Weltkrieg' from *Jugendscala Sonderheft Wir* 10/5-8/84 Nr. 3; 'Wer stoppt Hitler?' from *Scala Jugendmagazin Wir* 5/79

12 Von mir aus...

'Habt endlich Mut zur Wahrheit' from *Jugendscala* 1/88; 'Was steht zur Wahl?: Die Grünen/CDU/PDS/FDP/SPD' *Inter Nationes* 1998; 'Die staatliche Ordnung der Bundesrepublik' from *Tatsachen über Deutschland*, Frankfurter Societäts Druckerei; 'Mit anderen Augen' from *Junge Zeit* 7/91; 'Die Grenzen fallen' from *Herzogenrath*; '...doch vielleicht nicht alle' from *Neue Zürcher Zeitung*, 4.2.1999; 'Täuschen wir uns nicht...' by Thomas Mann from *Ansprache vor Hamburger Studenten*, S. Fischer Verlag Gmbh, Frankfurt am Main; 'Meine Stimme, mein Besitz' from *Scala Sonderheft Wir* 5/79; 'Bei der Geburt eines Sohnes' by Bertolt Brecht from *Dich singe ich, Demokratie*, Steidl Verlag, Göttingen 1993; 'Ich bin nur ein Tropfen...' from *Musenalp* 3; 'Enthüllungen einer Prinzessin' by Wolfgang Mattes in *Zeitlupe* 27

"Europa", Bundeszentrale für politische Bildung, Bonn 1991; 'Kein schöner Land' by Elke Heidenreich, *Rio Verlag und Medienagentur, Elster bei Rio*; 'Cover from Kein schöner Land' from Rowohlt Verlag; 'Das legendäre Mäuerchen' from www.herzogenrath.de; 'Die Grünen Logo' from *Bündnis 90/Die Grünen*; 'CDU Logo' from *CDU*; 'PDS Logo' from *PDS*; 'FDP Logo' from *FDP*; 'SPD Logo' from *SPD*; 'Wählt SPD, CDU, FDP'/'Parteien' by *Walter Hanel*

13 Unter dem Einfluss ...

'Einflussreiche Freunde' from *Junge Zeit* 7/92; 'Fernsehen oder fernhalten'/'Was ist mit unserer Gesellschaft los?' from *Stern*, Gruner & Jahr AG; 'In Deutschland ereignen...'/'Ca. Alle 9 Minuten...' from *Globus Kartendienst*; 'Um die Jahrtausendwende...' from *Der Fischer Weltalmanach*, S. Fischer Verlag; 'Im letzten Jahrzehnt...' from *Stern*, Gruner & Jahr AG; 'Rauch oder Nicht-Rauch' from *Zeit Junge* 7/92/ *Drogen und Sucht* Okt. 1996, Hauptstelle gegen die Suchtgefahren .V.; 'Genuss, Gewohnheit oder Sucht?' from *Fakten zum Rauchen*, Bundeszentrale für gesundheitliche Aufklärung; 'Abhängig' from *Spiegel* 48/1992; 'Techno-Infos' from *Brigitte* 15/97; 'Überlegungspause' from *Bravo Girl!*, Heinrich Bauer Spezialzeitschriften Verlag; 'Die Drogenszene in Deutschland...' from *Inter Nationes*; 'Etwa 25%...' from *Drogen und Sucht* Okt. 1996, Hauptstelle gegen die Suchtgefahren e.V.; 'Wieder fit fürs Leben' from *Quick Verlag*; 'Sorgen ertrinken nicht...' from *Musenalp* 3; 'Nikotin'/'Die Tabak-Story' from *Junge Zeit* 7/92; 'Christiana F' from *Stern*, Gruner & Jahr AG; 'Streit auf dem Grillfest'/'Bahn-Anschlag' from *Stuttgarter Nachrichten* 25.5.98; 'Apothekerin schreit Räuber an' from *Münchener Abendzeitung* 25.5.98; 'Alkohol am Steuer' from *Stern* 16.10.1997, Gruner & Jahr AG; 'Die Wette' from Friedrich Dürrenmatt *Der Richter und sein Henker* © 1985 by Diogenes Verlag AG Zürich; 'Ungeschriebene Gesetze' from *Junge Zeit* 5/91; 'Schädlicher Einfluss' from *Focus* 15.3.93; 'Wo soll das nur hinführen' from *Stern* 11.6.92, Gruner & Jahr AG; 'Ein paar Fragen zur Modedroge' from *Brigitte* 15/97; 'Der Weg in die Sucht' from *Junge Zeit* 12/91; 'Ich habe zwar jetzt...'/'Geld oder Leben?'/'Manches Mal fürchte ich...' by Rauschenbach from *Schweine mit Igeln*, Elefanten Press Verlag GmbH; 'Eindeutig' by Renate Alf, Lappan Verlag; 'Keine Macht den Drogen Logo' from *Keine Macht den Drogen Gemeinnütziger Förderverein*; 'Er nimmt Drogen der Bengel' from Bundeszentrale für gesundheitliche Aufklärung; 'Um Himmels Willen...' by Liebermann, *Schweine mit Igeln*, Elefanten Press Verlag GmbH.

14 Heimat

'Ein deutsches Alphabet' from *Menschen in Deutschland*, Langenscheidt Verlag AG, Berlin und München 1995; 'Welches ist das beste Land?' from *Zeitlupe* 33, Bundeszentrale für politische Bildung; 'Gefühlsarme Briten und sentimentale Deutsche'/ 'Cat in Lederhosen' from *DAAD letter* 3, Sept. 90;

'Rostbratwurst im grünen Herzen Deutschlands?'/
'Buch- und Kinderläden in Frankfurt?'/'Die "kleinere"
Heimat einer Sprachminderheit?' from *PZ* 78, May
1994; 'In Russland und Osteuropa' from *Kommentare*
29.5.92, Westdeutscher Rundfunk; 'Deutsche in
Amerika' from *PZ* 31, 12/82; 'Deutschland und
Frankreich treiben EU-Reform voran'/'Kein deutscher
Sitz…'/'Angst vor dem Briten-Beef' from *Die
Tageszeitung* 25.11.98; 'Ein schwieriges Vaterland'
from *PZ* 78, 5/94; 'Die Bundeswehr ist eine reine
Verteidigungsarmee'/'Die Bundeswehr im
Auslandseinsatz' from *Tatsachen über Deutschland*,
Frankfurter Societäts Druckerei 1996; 'Bosnien 1997'
from *Deutschland* April 1997, Frankfurter Societäts
Druckerei; 'Daheim'/'Patria'/'Heimat' from *Materialien
zur österreichischen Landeskunde für den Unterricht:
Deutsch als Fremdsprache*; 'Deutschlands letzter Krieg'
from *Jungle World*; 'Ich bin 16 Jahre alt…' from *Die
Glocke* 12/91, Verlag Holterdorf/ "Die Glocke"; 'Am
19. Januar…' by Jürgen Bischoff from *Die Zeit* 18,
26.4.91; 'Deutschland heute' from *Du sprichst von
Nähe* by Kristiane Allert-Wybranietz, Heyne Verlag
GmbH & Co. KG, München 1986; 'Kommt einer' by
Nelly Sachs from *Fahrt in Staublose* © Suhrkamp
Verlag, Frankfurt am Main 1961; 'Was wollen die
Rußlanddeutschen?' from *Kommentare* 29.5.92, W3,
Westdeutscher Rundfunk; 'German Flag' by Borislav
Sajtinac, *ZEIT-Punkte* 5/95

15 Es liegt an uns

'Das Ende des Versuchskaninchens?' from *Junge Zeit*
10/92; 'Für Tierversuche' from *Informatik, Universität
Konstanz*; 'Gegen Tierversuche' from *Vereinigung Ärzte
gegen Tierversuche e.V.*'; 'Einstieg in das Gen-Food-
Zeitalter' from *TAZ/Focus/Junges Forum Gentechnologie/
Greenpeace*; 'Diese Menschen warten auf Hilfe' from
Ärzte für die Dritte Welt, Frankfurt am Main; 'Vatikan
segnet Roboter' from *TAZ* 23.6.99; 'Beton' from *Scala
Sonderheft "Wir"* 8, 4/82; 'Deutsches Schrumpfen'/
'Jeder hatte so ein ding, viele hatten zwei'/'Bremen
contra Tierversuche' from *TAZ* 1998; 'Computerwelt'
from *Musenalp*; 'Ein Unverantwortlicher' from *PZ* 51,
11/87; 'Verantwortung' from *PZ* 72, 3/93; 'Der Traum
vom humanoiden Roboter' from *TAZ* 1999; 'Das grüne
Kreuz' from *Stern* 29.4.92; 'Hägar der Schreckliche'
from '*Hägar der Schreckliche: Gut gegeben!* By Dik
Browne, KFS/Distr. Bulls; 'Jufogen Logo' from *Jufogen*;
'Médicins sans Frontières Logo' by *Médicins sans
Frontières*; 'Stimmt es, dass Ihr…' by Karma from
Freiburger Nachrichten 9.1.99; 'Herr Professor' by
Quino from Lappan Verlag; 'Die Verantwortlichen'
from *PZ* 51, 11/87

EXAM PRACTICE

'Das neue Geld ab 2002' from *EXPRESS-online*,
M. DuMont Schauberg Neven DuMont Haus,
Köln; 'Bericht von K.A., Jugendkriminalität' from
Inter Nationes; 'Der Mensch im Mittelpunkt' from
M Terminal, Munich Airport

PHOTOGRAPHS

(b-bottom, t-top, r-right, l-left, c-centre)

Start pp. 40, 73(t); Brigitte pp. 52–53; Frauenzeitschrift
Maxi p. 53(t); Welt der Wunder p. 68(t); Gettyone Stone
p. 73; Deutsche Welthungerhilfe pp. 81(m), 191(t); Lift
Uni-Tip pp. 82(r), 83(r); Stern pp. 84, 86(t), 86(b); SIPA
Press p. 89(b); Umweltstiftung WWF-Deutschland,
Frankfurt p. 108; SPD p. 141(m); David Simson p. 151(tr);
Greenpeace p. 180; Focus p. 190(b); FU Berlin Bereich
Chemie p. 202(tl);

Reuters Newmedia Inc/Corbis UK Ltd. p. 2; Hulton-Deutsch
Collection/Corbis UK Ltd. p. 5(tl); Transglobe Agency/
Powerstock Zefa Picture Library p. 5(bl); Yaghobzadeh/Rex
Features p. 6; Dave Bartruff/Corbis UK Ltd. p. 10; Galen
Rowell/Corbis UK Ltd. p. 11; Adrian Arbib/Corbis UK Ltd.
p. 18; Kevin Fleming/Corbis UK Ltd. p. 19; Sedona/
Powerstock Zefa Picture Library p. 20; James L.
Amos/Corbis UK Ltd. p. 20; Bob Krist/Corbis UK Ltd.
p. 21(tl); Adam Woolfitt/Corbis UK Ltd. p. 21(cl);
Lauterwasser/Rex Features p. 21(bl); Patrick Ward/Corbis
UK Ltd. p. 21(tr); Gregor M. Schmid/Corbis UK Ltd.
p. 21(cr); Bryan Pickering/Corbis UK Ltd. p. 21(r); Rex
Features p. 21(c); Robbie Jack/Corbis UK Ltd. p. 22(tl);
Bettmann/Corbis UK Ltd. p. 22; Adam Woolfitt/Corbis
UK Ltd. p. 23; Hulton-Deutsch Collection/Corbis UK Ltd.
p. 23; Rex Features p. 24; Waltraud Grubitzsch
Zentralbild/Deutsche Presse Agentur p. 26; Michelle
Chaplow/Corbis UK Ltd. p. 26; Dan Guravich/Corbis UK
Ltd. p. 27(l); Luca I. Tettoni/Corbis UK Ltd. p. 27(r);
Wolfgang Kaehler/Corbis UK Ltd. p. 28(t); Eric
Bach/Britstock-IFA p. 28(b); Paul A. Souders/Corbis UK Ltd.
p. 31(cl); Warren Morgan/Corbis UK Ltd. p. 31(br); Liba
Taylor/Corbis UK Ltd. p. 31; Eurostar Group Limited p. 37;
ZEFA- K+H Benser/Powerstock Zefa Picture Library p. 41(tl);
Jim McDonald/Corbis UK Ltd. p. 41(tc); Barney Burstein/
Corbis UK Ltd. p. 41(tr); Archivo Iconografico, S.A./Corbis
UK Ltd. p. 41(br); Michael S. Yamashita/Corbis UK Ltd.
p. 43; Bonhams, London/Bridgeman Art Library p. 44(tl);
Museum Oskar Reinhart Am Stadtgarten p. 44(bl); Fine Art
Photographic Library p. 44(tr); Kunstmuseum Bern p.
44(br); Christie's Images, London/Bridgeman Art Library
p. 45(t); Carmontelle, National Gallery Collection; By kind
permission of the Trustees /Corbis UK Ltd. p. 46(t); W. J.
Mahler, Archivo Iconografico, S.A./Corbis UK Ltd. p. 46(c);
Archivo Iconografico, S.A./Corbis UK Ltd. p. 46(b);
Scheidemann/Deutsche Presse Agentur p. 49; Warren
Morgan/Corbis UK Ltd. p. 51(cl); Steve Raymer/Corbis UK
Ltd. p. 51(bc); Adam Woolfitt/Corbis UK Ltd. p. 51(tr);
Galen Rowell/Corbis UK Ltd. p. 51(cr); Brigitte pp.
52–53(b); Chinch Gryniewicz/Corbis UK Ltd. p. 56; Frank
Wartenberg/Corbis UK Ltd. p. 57; Frank Wartenberg/Corbis
UK Ltd. p. 58(b); Corbis UK Ltd. p. 62; Keystone/Hulton
Getty Picture Collection Ltd. p. 64; Donald Cooper/
Photostage p. 66; Adam Woolfitt/Corbis UK Ltd. p. 67;
David Marshall/Powerstock Zefa Picture Library p. 68(tr);
AKG - London p. 68(b); Roy Garner/Rex Features p. 69; V.
Sichov/Rex Features p. 70(t); Gianni Dagli Orti/Corbis UK
Ltd. p. 70(c); Teufelhart/Britstock-IFA p. 70(b); Gettyone
Stone p. 73(b); Scansoft (Europe) p. 75(t); James L.
Amos/Corbis UK Ltd. p. 79(bl); Wolfgang Kaehler/

Corbis UK Ltd. p. 79(br); Jim McDonald/Corbis UK Ltd. p. 79(t); David H. Wells/Corbis UK Ltd. p. 80(r); Deutsche Welthungerhilfe p. 81(c); Panther /Powerstock Zefa Picture Library p. 81(bl); SIPA /Rex Features p. 81(cr); Denis Cameron /Rex Features p. 81(br); Ernst Wrba/Picture Press/Corbis UK Ltd. p. 81(t); Adam Woolfitt/Corbis UK Ltd. p. 81(b); Jockel Finck/Associated Press p. 87(b); Owen Franken/Corbis UK Ltd. p. 88; Sichov /Rex Features p. 89(t); SIPA Press p. 89 (b); Carmen Redondo/Corbis UK Ltd. p. 90; Paul Almasy/Corbis UK Ltd. p. 91(t); GAL/Cinetext p. 94; Corbis UK Ltd. p. 97; RM/Cinetext p. 100(l); Gamma/Frank Spooner Pictures p. 100(r); Frank Spooner Pictures p. 102(t); Bettmann/Corbis UK Ltd. p. 102(b); LAIF/Rex Features p. 106(cl); Gary Braasch/ Corbis UK Ltd. p. 106(tr); Tom Brakefield/Corbis UK Ltd. p. 106(cr); Photo Library International/Corbis UK Ltd. p. 106(r); Rex Features p. 106(b); L. Chaperon/Rex Features p. 107; Ted Spiegel/Corbis UK Ltd. p. 109; Charles E. Rotkin/Corbis UK Ltd. p. 110(tr); Jim McDonald/Corbis UK Ltd. p. 111(t); Yann Arthus-Bertrand/Corbis UK Ltd. p. 111(b); Joseph Sohm/Corbis UK Ltd. p. 112; Chinch Gryniewicz/Corbis UK Ltd. p. 113(t); Peter Kneffel/ Deutsche Presse Agentur p. 113(b); PH2(AC) Mark Kettenhofen/Corbis UK Ltd. p. 117(tl); Peter Turnley/Corbis UK Ltd. p. 117(bl); Carl Purcell/Corbis UK Ltd. p. 117(tr); Petit Format/ Nestle/Science Photo Library p. 117(br); Petit Format/ Nestle/Science Photo Library p. 127(tl); David Spears, Science Pictures Limited/Corbis UK Ltd. p. 127(bl); David Spears, Science Pictures Limited/Corbis UK Ltd. p. 127(tr); Jamie Stevenson/Science Photo Library p. 127(br); Pvt. H. Miller/Corbis UK Ltd. p. 129(tl); Peter Leibing/Interfoto Pressebild p. 129(bl); Bettmann/Corbis UK Ltd. p. 129(tr); Peter Turnley/Corbis UK Ltd. p. 129(br); Hulton-Deutsch Collection/Corbis UK Ltd. p. 130(t); Hulton-Deutsch Collection/Corbis UK Ltd. p. 130(b); Bettmann/Corbis UK Ltd. p. 131(l); Jim Sugar/Corbis UK Ltd. p. 131(r); Bettmann/Corbis UK Ltd. p. 132; Hulton-Deutsch Collection/Corbis UK Ltd. p. 133(l); Rex Features p. 133; Hulton-Deutsch Collection/Corbis UK Ltd. p. 134(t); Bettmann/Corbis UK Ltd. p. 134(c); Hulton Getty Picture Collection Ltd. p. 134(b); Keystone/Hulton Getty Picture Collection Ltd. p. 135(l); Bettmann/Corbis UK Ltd. p. 136(cl); Bettmann/Corbis UK Ltd. p. 136(cr); Keystone/ Hulton Getty Picture Collection Ltd. p. 136(r); Bettmann/ Corbis UK Ltd. p. 136; Roy Smith/Corbis UK Ltd. p. 137; AKG - London p. 138(tl); Owen Franken/Corbis UK Ltd. p. 138(bl); Haley/ Witt/Rex Features p. 138(tr); Owen Franken/Corbis UK Ltd. p. 138(br); Owen Franken/Corbis UK Ltd. p. 143(tl); Ed Eckstein/Corbis UK Ltd. p. 145(c); Manfred Vollmer/Corbis UK Ltd. p. 146(t); David Simson p. 151 (tr); Kevin R. Morris/Corbis UK Ltd. p. 153(cl); Robert Maass/Corbis UK Ltd. p. 153(bl); Jim Preston/Rex Features p. 153(cr); Garry Watson/Science Photo Library p. 153(br); Pablo Corral V/Corbis UK Ltd. p. 153(t); Powerstock Zefa Picture Library p. 157; Peter Turnley/Corbis UK Ltd. p. 158; Bob Rowan/Corbis UK Ltd. p. 159(l); Peter Russell/Corbis UK Ltd. p. 159(b); Neil Stevenson/Rex Features p. 162(t); Paul Biddle & Tim Maylon/Science Photo Library p. 162(b); David Hoffman p. 163(t); Jeffrey L. Rotman/Corbis UK Ltd. p. 163(b); Rex Features p. 164; Empics p. 165(tl); Owen Franken/Corbis UK Ltd. p. 165(bc); Franck Seguin/Corbis UK Ltd. p. 165(br); Kluiters/Deutsche Presse Agentur p. 166; Hulton-Deutsch Collection/Corbis UK Ltd. p. 168; AKG - London p. 170; Peter Finger/Corbis UK Ltd. p. 171(l); Dave Bartruff/Corbis UK Ltd. p. 171(r); Roger Ressmeyer/Corbis UK Ltd. p. 172(t); Greg Williams/Rex Features p. 172; Leif Skoogfors/Corbis UK Ltd. p. 174(t); Fritz Reiss/Associated Press p. 174(c); Steve Raymer/Corbis UK Ltd. p. 174(b); Laruffa/Rex Features p. 175(r); Gamma Press/Frank Spooner Pictures p. 175; Robin Adshead; The Military Picture Library/Corbis UK Ltd. p. 177(tl); Neil Armstrong, Bettmann/Corbis UK Ltd. p. 177(tr); Randy Jolly, Aero Graphics, Inc./Corbis UK Ltd. p. 177(br); Dean Conger/Corbis UK Ltd. p. 178(t); Charles E. Rotkin/Corbis UK Ltd. p. 178(b); Medical Research Council/Science Photo Library p. 179; Greenpeace p. 180; Reuters Newmedia Inc/Corbis UK Ltd. p. 181; Roger Ressmeyer/Corbis UK Ltd. pp. 182, 183; Adam Woolfitt/Corbis UK Ltd. p. 183(l); Honda UK p. 183(r); Lowell Georgia/Corbis UK Ltd. p. 184(t); Leif Skoogfors/Corbis UK Ltd. p. 185(b); Jeremy Horner/Corbis UK Ltd. p. 186(t); Hulton Getty Picture Collection Ltd. p. 190(t); Rex Features p. 190; J. Sutton Hibert/Rex Features p. 192(t); Liba Taylor/Corbis UK Ltd. p. 192(b); Corbis UK Ltd. p. 195; Manfred Vollmer/Corbis UK Ltd. p. 196(tl); Niall Benvie/Corbis UK Ltd. p. 196(bl); Oriol Alamany/Corbis UK Ltd. p. 196(br); Erik Schaffer/Corbis UK Ltd. p. 196(b); SIPA/Rex Features p. 197(l); Edouard Berne/Stone p. 197(r); Patrick Seeger/Deutsche Presse Agentur p. 198(cl); Dean Conger/Corbis UK Ltd. p. 198(bl); Mercedes-Benz (UK) Ltd. p. 198(br); Corbis UK Ltd. p. 202(t); Michael S. Yamashita/Corbis UK Ltd. p. 202(c); Deutsche Presse Agentur p. 205(t); Philip de Bay, Historical Picture Archive/Corbis UK Ltd. p. 205(b); Transglobe agency/Powerstock Zefa Picture Library p. 207(bl); Deutsche Presse Agentur p. 207(br); Michael S. Yamashita/Corbis UK Ltd. p. 209(tl); Colin Garratt/Corbis UK Ltd. p. 209(b); Philip de Bay, Historical Picture Archive/ Corbis UK Ltd. p. 210; Image Library, State Library of New South Wales p. 211(bl); Galen Rowell/Corbis UK Ltd. p. 211(br); Museo Thyssen-Bornemisza p. 212(t); Wolfgang Maria Weber/Interfoto Pressebild p. 212(b); Bob Krist/Corbis UK Ltd. p. 213(t); Corbis UK Ltd. p. 213(b).

All other photographs by David Alexander Simson/ Das Photo

ILLUSTRATIONS

Bernard Thornton Artists: George Fryer pp. 96, 134, 195, Douglas Pledger pp. 12, 17, 39, 74, 122, 123, Clive Spong pp. 75, 206, David Thelwell p. 1; Clive Goodyer pp. 20, 35, 71, 76, 107, 211; Jeremy Long pp. 9, 101, 152, 176, 188; Pennant: Julian Mosedale pp. 13, 31, 71; David Shenton pp. v, 18, 35, 55, 74, 115, 124, 167, 173